图 7-2 车身吸能理念

图 7-4 整体式车身及受力关系图

图 7-11 变速器油底壳受损

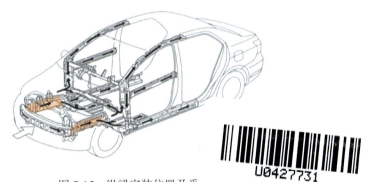

图 7-15 纵梁安装位置及受力

a) 外侧板件　　　　　　　　　b) 内侧板件

图 7-17 前纵梁内板及溃缩区设置

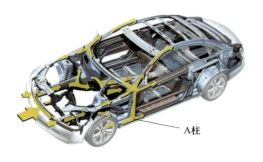

a）正面　　　　b）背面　　　c）内侧加强板

图 7-19　A 柱将来自前部的撞击力向多个方向分散

图 7-20　大众 Polo 轿车 A 柱及内侧加强板

 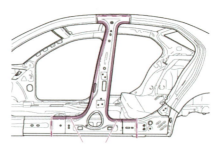

a）车身结构图　　　　　　　　　　b）车身示意图

图 7-21　大众 Polo 轿车 B 柱

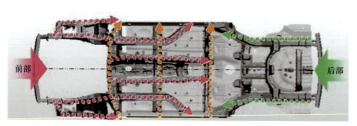 

图 7-42　防撞梁受到撞击后的力量传导图　　　图 7-48　车身表面过火迹象

图 7-46　奔驰轿车左前车身烧毁　　　　图 7-49　车身底部过火迹象

a）拆卸两个前座椅并晾晒　　　　　　　　b）拆卸后排座椅（可以看到较多污泥）

图 7-60　拆卸前后排座椅

a）拆卸地胶检查，可以看到满是泥污　　　　　　b）拆卸地胶

c）拆卸的座椅　　　　　　　　　　　d）拆卸的地胶

e）冲洗内饰　　　　　　　　　　　f）晾晒内饰

图 7-61　清除底板上的污水和泥沙并晾干

g）清除前

h）冲洗后

图 7-61　清除底板上的污水和泥沙并晾干（续）

a）空调开关受水侵蚀严重（更换）

b）插头已经开始锈蚀（清洗）

c）车身控制单元外观

d）车身控制单元针脚腐蚀

e）车身控制单元电路板腐蚀

f）玻璃升降开关电路板

g）玻璃升降开关电路板腐蚀（更换）

图 7-62　浸水后电器件受损检查

a）检查正时带，传动带上有泥沙

b）张紧轮、惰轮轴承浸水（更换）

图 7-64　正时机构受损情况

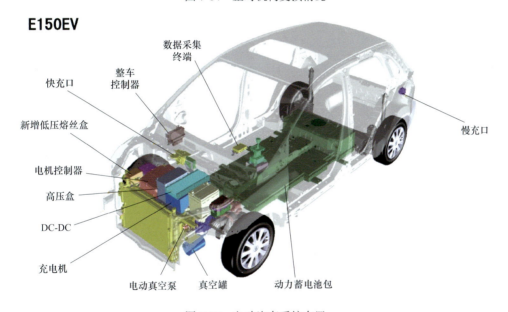

图 7-77　电动汽车系统布置

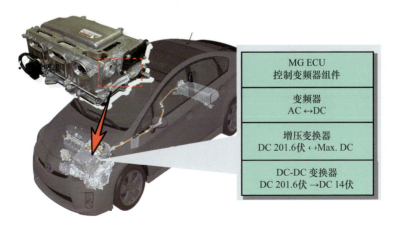

图 7-84　变频器总成

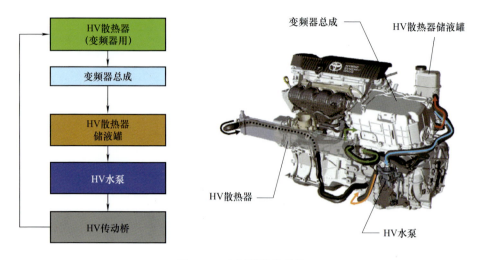

图 7-85 变频器散热系统

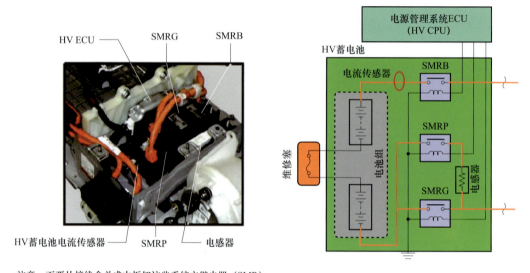

注意：不要从接线盒总成中拆卸这些系统主继电器（SMR）。

图 7-86 高压电路保护继电器

图 7-92 燃烧之后的红旗轿车

a）驾驶人气囊残留毛发或淡淡血迹的情形

b）DNA鉴定

图 9-6　气囊血迹鉴定意见

a）碰撞力由前往后

b）碰撞力由后往前

图 9-10　痕迹所显示的碰撞力方向

a）车与线杆（造痕体）碰撞

b）车辆（承痕体）受损

图 9-16　通过变形与刮擦痕迹判定事故情形

c）车与护栏（造痕体）刮擦

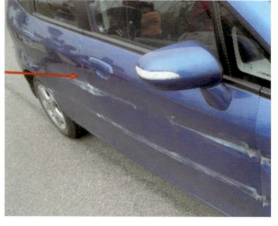
d）车辆（承痕体）受损

图 9-16　通过变形与刮擦痕迹判定事故情形（续）

图 9-25　湿滑的事故现场中干燥的石墩

a）事故现场

b）左前门门槛处的血迹

图 9-27　事故现场及车内的血迹

"十四五"职业教育国家规划教材

"十二五"职业教育国家规划教材
经全国职业教育教材审定委员会审定
中国汽车人才培养工程教材

汽车保险理赔

第4版

主　编　赵长利　李景芝
参　编　韩广德　班孝东　李方媛
　　　　颜　宇　窦肖菲　宋　苗

机械工业出版社

本书为"十四五"职业教育国家规划教材，是编者根据长期从事"汽车保险与理赔"课程的教学，以及经常承担财产保险公司、保险行业协会、保险公估公司所组织的汽车保险理赔人员培训的经验所编写的，主要介绍汽车保险的查勘、定损、核赔、核保等工作岗位实际需要的相关知识，包括汽车保险产品、承保理赔实务、事故现场查勘、车辆损失定损、财产损失与人伤定损、保险欺诈的识别与预防等内容。全书共安排了10个项目24个学习任务。每个学习任务均开篇即提出任务目标、任务导入，然后介绍任务准备的相关知识，最终完成任务实施和评价，将理论和实践融为一体，具有很强的实用性。在每个项目最后设计了"项目小结""知识训练""技能训练"和"工作页"，便于学生掌握和运用所学知识点。

本书适合作为高职院校汽车保险与理赔课程的教材，也可作为财产保险公司、保险公估公司、汽车评估公司、汽车4S店等从事汽车保险理赔、损失鉴定评估、保险索赔代理等岗位人员的培训用书。

图书在版编目（CIP）数据

汽车保险理赔/赵长利，李景芝主编. —4版. —北京：机械工业出版社，2020.8（2025.1重印）

"十二五"职业教育国家规划教材　中国汽车人才培养工程教材

ISBN 978-7-111-66429-1

Ⅰ. ①汽… Ⅱ. ①赵… ②李… Ⅲ. ①汽车保险-理赔-中国-高等职业教育-教材　Ⅳ. ①F842.634

中国版本图书馆CIP数据核字（2020）第162973号

机械工业出版社（北京市百万庄大街22号　邮政编码100037）
策划编辑：赵海青　责任编辑：赵海青　丁　锋
责任校对：赵　燕　封面设计：马精明
责任印制：刘　媛
涿州市般润文化传播有限公司印刷
2025年1月第4版第9次印刷
184mm×260mm・22印张・4插页・532千字
标准书号：ISBN 978-7-111-66429-1
定价：59.00元

电话服务　　　　　　　　网络服务
客服电话：010-88361066　机　工　官　网：www.cmpbook.com
　　　　　010-88379833　机　工　官　博：weibo.com/cmp1952
　　　　　010-68326294　金　书　网：www.golden-book.com
封底无防伪标均为盗版　机工教育服务网：www.cmpedu.com

关于"十四五"职业教育国家规划教材的出版说明

为贯彻落实《中共中央关于认真学习宣传贯彻党的二十大精神的决定》《习近平新时代中国特色社会主义思想进课程教材指南》《职业院校教材管理办法》等文件精神,机械工业出版社与教材编写团队一道,认真执行思政内容进教材、进课堂、进头脑要求,尊重教育规律,遵循学科特点,对教材内容进行了更新,着力落实以下要求:

1. 提升教材铸魂育人功能,培育、践行社会主义核心价值观,教育引导学生树立共产主义远大理想和中国特色社会主义共同理想,坚定"四个自信",厚植爱国主义情怀,把爱国情、强国志、报国行自觉融入建设社会主义现代化强国、实现中华民族伟大复兴的奋斗之中。同时,弘扬中华优秀传统文化,深入开展宪法法治教育。

2. 注重科学思维方法训练和科学伦理教育,培养学生探索未知、追求真理、勇攀科学高峰的责任感和使命感;强化学生工程伦理教育,培养学生精益求精的大国工匠精神,激发学生科技报国的家国情怀和使命担当。加快构建中国特色哲学社会科学学科体系、学术体系、话语体系。帮助学生了解相关专业和行业领域的国家战略、法律法规和相关政策,引导学生深入社会实践、关注现实问题,培育学生经世济民、诚信服务、德法兼修的职业素养。

3. 教育引导学生深刻理解并自觉实践各行业的职业精神、职业规范,增强职业责任感,培养遵纪守法、爱岗敬业、无私奉献、诚实守信、公道办事、开拓创新的职业品格和行为习惯。

在此基础上,及时更新教材知识内容,体现产业发展的新技术、新工艺、新规范、新标准。加强教材数字化建设,丰富配套资源,形成可听、可视、可练、可互动的融媒体教材。

教材建设需要各方的共同努力,也欢迎相关教材使用院校的师生及时反馈意见和建议,我们将认真组织力量进行研究,在后续重印及再版时吸纳改进,不断推动高质量教材出版。

机械工业出版社

前言

进入 21 世纪以来,我国社会发生了极大的变化。由于改革开放的日益深入,国民经济的高速发展,居民收入的连年增加,老百姓的购买力水平持续提高,使许多人具备了购买汽车的经济实力,汽车消费的政策、观念、环境也得到了很大改善。我国居民对汽车的消费需求越来越大,汽车逐渐走进了寻常百姓家。

汽车产业是我国的支柱产业。2023 年我国汽车产量达到了 3011 万辆;截至 2023 年底,全国汽车保有量达到 3.36 亿辆,汽车驾驶人 4.86 亿人。汽车,已经渗透到了我们社会的方方面面,也形成了一个庞大的汽车后市场。

作为汽车后市场的一个重要组成部分,汽车保险的市场份额非常庞大,而且还会越来越大。具体体现在:在整个保险领域,目前几乎所有财产保险公司,都以汽车保险作为自己的主要经营收入;在财产保险领域,从事汽车查勘定损的人员越来越多;在教育领域,既有研究生领域的机动车保险研究方向,也有本科院校的汽车服务工程专业,更有高职院校的汽车技术服务与营销、汽车运用与维修技术专业,还有中职学校的汽车整车与配件营销、汽车运用与维修专业,已经形成了一个规模庞大的在校学生群体。其中,职业院校的学生,由于拥有具备一定的专业知识、动手能力强、岗位稳定性好等优势,同时又学习了汽车保险与理赔课程,掌握了相关技能,受到了保险公司的极大欢迎。

不过,汽车保险在我国起步较晚,该领域的专业教育也显薄弱。本书主要为满足高职院校汽车保险与理赔课程的教学而编写。当然,由于本书充分注重了对读者动手能力的培养,也非常适合保险公司从事汽车保险查勘定损、核赔核保岗位工作人员以及汽车维修服务企业车辆保险从业人员阅读。

本书共分 10 个项目,分别介绍了汽车保险基础、汽车保险合同与原则、汽车保险产品、汽车保险承保实务、汽车保险理赔实务、车险事故现场查勘、车险事故车辆损失评估、车险事故非车损失评估、汽车保险欺诈识别与预防、汽车保险从业人员职业道德等内容,涵盖了财产保险公司汽车保险领域查勘、定损、核赔、核保工作岗位对知识的需求。其中,对车险事故现场查勘、车辆损失评估、汽车保险欺诈识别与预防等,介绍得尤其详细、实用。

本书编写分工为：项目一、五由山东交通学院赵长利编写，项目二、十由山东交通学院李方媛编写，项目三由山东交通学院赵长利和中华联合财产保险股份有限公司山东分公司宋苗编写，项目四由济南职业学院颜宇和潍坊职业学院窦肖菲编写，项目六由山东交通学院李景芝编写，项目七由山东交通学院班孝东编写，项目八、九由山东交通学院韩广德编写。全书由赵长利统稿。

本书编者深入学习习近平新时代中国特色社会主义思想，牢牢把握立德树人为教材建设的主旋律，注重"社会主义核心价值体系""保障和改善民生""人与自然和谐共生""全面依法治国"等内容贯彻到教材编写中，注重职普融通、产教融合、科教融汇、思政教育、数字资源、低碳环保等元素和理念融入教材建设，实现"知识传递、能力养成、价值塑造"的全方位育人目标，使学生意识到个人发展与社会发展息息相关，唯有顺应时代潮流，才能真正"走进新时代、奋斗新征程"。

在编写本书过程中，除了所列参考文献外，还参考了许多书籍、文章等，以及部分保险公司的培训内容，在此对原作者、编译者表示由衷的感谢。

由于编著者水平有限，书中可能存在某些不足，敬请广大读者、行业从业人员批评指正，我们不胜感激。

编著者

素养目标

职业规划

岗位介绍

全书彩图

最新车险条款和有关规定

素材名称	小程序码
中国保险行业协会机动车商业保险示范条款（2020版）	
中国保险行业协会特种车商业保险示范条款（2020版）	
中国保险行业协会摩托车、拖拉机商业保险示范条款（2020版）	
中国保险行业协会机动车单程提车保险示范条款（2020版）	
中国保险行业协会驾乘人员意外伤害保险示范条款	
中国保险行业协会新能源汽车商业保险示范条款（试行）	
中国保险行业协会新能源汽车驾乘人员意外伤害保险示范条款（试行）	

目录

前　言
最新车险条款和有关规定
项目一　汽车保险基础……………… 1
　任务1　风险事故分析…………… 1
　任务2　保险保障分析…………… 8
　任务3　汽车保险认知…………… 16
项目二　汽车保险合同与原则……… 28
　任务1　汽车保险合同签订……… 28
　任务2　汽车保险原则运用……… 38
项目三　汽车保险产品……………… 54
　任务1　交强险展业……………… 54
　任务2　商业险展业……………… 67
项目四　汽车保险承保实务………… 109
　任务1　承保实务………………… 110
　任务2　投保实务………………… 122
项目五　汽车保险理赔实务………… 145
　任务1　理赔实务………………… 145
　任务2　索赔实务………………… 164
项目六　车险事故现场查勘………… 175
　任务1　案件受理与查勘准备…… 175
　任务2　现场查勘内容与方法…… 184
项目七　车险事故车辆损失评估…… 208
　任务1　碰撞事故车辆定损……… 208
　任务2　火烧事故车辆定损……… 233
　任务3　水淹事故车辆定损……… 241
　任务4　新能源车辆定损………… 259
项目八　车险事故非车损失评估…… 273
　任务1　财产损失定损…………… 273
　任务2　人伤费用赔偿…………… 279
项目九　汽车保险欺诈识别与预防…… 291
　任务1　汽车保险欺诈的成因与
　　　　　特征分析………………… 291
　任务2　汽车保险欺诈的识别…… 300
　任务3　汽车保险欺诈的预防…… 315
项目十　汽车保险从业人员职业
　　　　道德………………………… 328
　任务1　保险职业道德要求认知…… 328
　任务2　保险职业道德监督与教育
　　　　　认知……………………… 334
参考文献……………………………… 343

项目一

汽车保险基础

【项目概述】

本项目介绍风险基础、保险基础、汽车保险基础等内容。

"天有不测风云,人有旦夕祸福",现实生活中存在许多风险,时刻威胁着人们的生命和财产安全。

为规避风险,保护自我,人们已经想出了多种举措进行风险管理,比如对风险事故采取预防措施、发生事故后采取减损措施、购买人身和财产保险等。其中,购买保险是一种比较简单、便于计算成本的风险管理方法,保险在现实生活中充分发挥了稳定社会生产、生活的作用。

车辆在使用过程中,也面临多种风险,比如碰撞、火灾、水灾、被盗抢等,除造成车辆损失外,还会造成车辆第三者人员伤亡或财产的损坏,以及车上人员伤亡或车上货物损坏,往往事故损失惨重(图1-1)。有时会因一次事故使家庭生活陷入困境,甚至债台高筑。因此,人们除谨慎驾驶外,还应根据个人意愿及支付能力购买相应的保险。

a) 汽车水灾

b) 汽车着火

图1-1 汽车事故

【建议学时】

6学时

任务1 风险事故分析

【任务目标】

通过"风险事故分析"任务的学习,要求学生:

1. 掌握风险的特征、要素、分类、管理步骤、管理方法等基础知识。

2. 能根据风险基础知识分析风险现象，并能进行简单的风险管理。

【任务导入】

2019年9月11日，驾驶人李某开车沿国道回老家，车上有一起回家的两个老乡老王和老赵。行至一村庄时，突然在非常小的路口处有一个骑自行车的人横穿马路，由于车速太快、观察不周，李某虽然已紧急躲避，但为时已晚。汽车将骑自行车的张某碰撞出数米，伤势严重。在躲避过程中，车辆又与路旁的树木撞击，起火燃烧，火苗又引燃了路旁堆积的稻草，树木及车辆均损失较多，车上的李某和老赵不同程度受伤，老王死亡。经交警认定，驾驶人李某负事故全部责任。

本案中，事故损失较大，分为车辆损失、物品损失、人员伤亡三类。物品损失包括树木、稻草和自行车等；人员伤亡包括车外第三者人员（张某）的受伤和车上人员的一死二伤。作为车辆使用者的李某肯定对事故损失承担全部赔偿责任。那么，就此事故分析，车辆使用风险有哪些？如何对车辆使用风险进行有效管理？

【任务准备】

无风险则无保险，风险的客观存在是保险产生与发展的自然基础。因此，保险的研究必须从风险入手。

保险理论中的风险，通常是指损害发生的不确定性，包括三层含义：一是风险是一种随机事件，有可能发生也有可能不发生；二是风险一旦发生，其结果是损失，而不可能是获利；三是风险事件发生所造成的损失是不确定的，可能大也可能小。

一、风险的特征

根据风险的概念及其发展规律的外在表现，可以概括出风险具有以下特征：

1. 客观性

风险独立于人的意识而客观存在，不以人的意志为转移。比如自然界的地震、台风、洪水，人类社会的瘟疫、战争、意外事故等，无论人们是否意识到，它们都一直存在。正是由于风险的存在具有客观性，保险的产生和发展才有其必要性。

不过，人们通过对风险事件长期大量的观察，已经发现了许多风险的存在方式、发生规律等，从而可在一定时间和空间内改变风险存在和发生的条件，降低风险发生的频率和损失幅度，使风险得到一定程度的控制。

2. 损失性

风险与人们的利益密切相关，其发生后果是损失，表现为人们经济利益的减少。财产损失的经济利益可以用货币直接进行衡量，而人身损害的经济利益一般表现为所得的减少或支出的增多。保险的作用就是对损失的经济利益进行补偿。

3. 不确定性

风险总体表现为客观存在，数量大体确定，但对风险个体来说是一种随机现象，其发生与否、发生时间、发生地点、损失数量、由谁承担损失等都表现为不确定性。

4. 可测性

个别风险的发生是偶然的，但人们根据以往发生的一系列类似事件的统计资料，运用概率统计的方法，可对某类风险进行预测、衡量与评估，这体现了风险总体的可测性。风险的可测性为风险的可经营性奠定了基础。

5. 发展性

风险并不是一成不变的，在一定条件下是会发展变化的。尤其是随着人类生产范围的扩大，经济交往的增强，科学技术的发展，风险呈现出空间范围扩大、损失数额增加、风险性质改变、新风险不断出现等变化趋势。

6. 普遍性

风险是无处不在、无时不有的，已渗入到社会经济生活的方方面面，随时威胁着人类的生命和财产的安全。古代社会有风险，现代社会也有风险；国外有风险，国内也有风险；大到一个国家，小到一个人、家庭、企事业单位、机关团体等，都面临着各种各样的风险，因此风险具有普遍性。风险的普遍性决定了保险需求的普遍性。

7. 社会性

风险是一个社会范畴，社会由人构成。只有风险给人们的生命和财产造成损害时，才称其为风险，否则只是一种普通的自然现象。

二、风险的要素

风险三要素
▲风险因素
▲风险事故
▲风险损失

1. 风险因素

风险因素是指引起和促使风险事故发生及风险事故发生时导致损失增加、扩大的条件。通常有实质风险因素、道德风险因素和心理风险因素三种类型。实质风险因素是指有形的并能直接影响事件物理功能的风险因素，如建筑物的建筑材料、结构等；道德风险因素是指与人的品行修养有关的无形因素，如诈骗、纵火等；心理风险因素是指与人的心理状态有关的无形因素，如人的疏忽、过失等。

2. 风险事故

风险事故是指可能引起人身伤亡或财产损失的偶然事件，是造成风险损失的直接外因。

3. 风险损失

风险损失是指非故意的、非预期的和非计划的经济价值的减少，是风险事故的直接结果。

4. 三者关系

风险由风险因素、风险事故和风险损失构成。其关系可概括为：风险因素可能引起风险事故，风险事故可能导致风险损失，但只要出现了风险损失必然存在着风险事故，只要出现了风险事故必然存在着风险因素。它们之间都是必要而不充分条件，因此，尽管风险因素客观存在，人们还是有可能减少或避免事故发生的，或当事故发生后尽量减少或避免损失。

三、风险分类

风险是多种多样的，可根据不同的研究目的，按照不同的分类方式进行多种分类。

1. 按风险产生的原因分类

按风险产生的原因，可将风险分为自然风险、社会风险、政治风险、经济风险。

自然风险是指自然力的不规则变化引起的种种现象所造成的财产损失及人身伤害风险，如风灾、雹灾、火灾、地震、海啸等。在所有风险中，自然风险所占比重比较大，已成为保险中承保最多的风险。

社会风险是指个人或团体的故意或过失行为、不当行为等所导致的损害风险，如盗窃、抢劫、玩忽职守等。

政治风险是指由于政局的变化、政权的更替、政府法令和决定的颁布实施等导致损失的风险，如对外投资风险。

经济风险是指在生产经营过程中，因各种因素的变化或估计错误，导致经济损失的风险，如市场预期失误、经营管理不善、消费需求变化、通货膨胀、汇率变动等导致的经济损失。

2. 按风险的性质分类

按风险的性质，可将风险分为纯粹风险与投机风险。

纯粹风险是指一旦发生风险事故只有损失而无获利可能的风险，如自然灾害。纯粹风险所导致的结果只有两种：损失或无损失。纯粹风险的变化较为规则，有一定的规律性，可利用数理统计法计算其发生的频率、损失的程度。保险公司所承保的风险基本上是纯粹风险。

投机风险是指既有损失可能又有获利希望的风险，如赌博。投机风险所导致的结果有三种：损失、无损失和盈利。投机风险一般都是不规则的，无规律可循，难以利用数理统计的方法加以测算。保险人通常将投机风险视为不可保风险。

3. 按风险损害对象分类

按风险损害对象，可将风险分为财产风险、人身风险、责任风险和信用风险。

财产风险是指导致各种财产发生损毁、灭失和贬值的风险，如房屋发生火灾的风险。

人身风险是指由于人的生老病死残和自然、政治、军事、社会等原因给人们带来的风险，如人意外伤残的风险。

责任风险是指由于侵权行为造成他人财产损失或人身伤害，根据法律规定应承担经济赔偿责任的风险，如汽车肇事导致第三者受伤的风险。

信用风险是指权利人因义务人不履行义务而导致损失的风险，如贷款人因借款人不按期还款而遭受损失的风险。

四、风险的管理

面对种类繁多、时刻威胁人们身体和财产安全的风险，人们在长期的生活实践中，不断进行分析、总结，识别风险、控制风险、处理风险，以获得较大的安全保障，这就是风险的管理。具体地讲，风险管理是指人们对各种风险的认识、控制和处理的主动行为，它要求人们研究风险发生和变化的规律，估算风险对社会经济生活可能造成损害的程度，并选择有效的手段，有计划有目的地处理风险，以期用最小的成本，获得最大的安全保障。

风险管理基本程序
▲ 风险的识别
▲ 风险的估测
▲ 风险管理方法的选择
▲ 实施风险管理的决策
▲ 风险管理效果的评价

汽车使用风险分析

五、风险管理方法

风险管理方法分为控制型和财务型两类。

1. 控制型风险管理方法

控制型风险管理方法是指采取各种措施避免、防止、排除或减少风险,其目的在于改善损失的不利条件、降低损失频率、缩小损失幅度。常见的控制型方法有风险避免、风险预防、风险抑制、风险集合和风险分散等。

① 风险避免。是指放弃或根本不去做可能发生风险的事情。这是一种最彻底的风险处理方法,也是一种极消极的方法,容易失去与该事情相关的利益。另外,在现实经济生活中,绝大多数的风险是难以避免的。

采用风险避免方法通常在两种情况下进行:一是某特定风险所导致的损失频率和损失幅度相当高时;二是在处理风险时,其成本大于其产生的效益时。

② 风险预防。是指在风险发生前为了消除或减少可能引发损失的各种因素而采取的具体处理措施,其目的在于通过消除或减少风险因素降低损失发生频率。风险预防措施可分为工程物理法和人类行为法。工程物理法指在风险单位的物质因素方面设置预防措施,如防盗装置的设置;人类行为法指在人们行为教育方面设置预防措施,如安全教育。

③ 风险抑制。是指在损失发生时或之后为缩小损失幅度而采取的各项措施,如发生火灾后应及时灭火。它是处理风险的有效技术。

④ 风险集合。是指集合同类风险的多数单位,使之相互协作,提高各自应对风险的能力。如多只小船连接在一起以抵抗风浪冲击翻船的风险。

⑤ 风险分散。是指将企业面临损失的风险单位进行分散,如企业采用商品多样化经营方式以分散或减轻可能遭受的风险。

2. 财务型风险管理方法

财务型风险管理方法是指采用财务技术来处理风险,目的在于建立财务基金消除损失成本。常见的财务型方法有风险自留和风险转嫁。

① 风险自留。是指企业自行承担一部分或全部风险的方法。风险自留可分为主动自留和被动自留。当风险管理者经过对风险的衡量,考虑各种风险处理方法后,决定不转移风险的,为主动自留;当风险管理者没有意识到风险的存在,没有采取措施处理风险的,为被动自留。

② 风险转嫁。是指企业将自己的风险转嫁给他人的方法。风险转嫁可分为保险转嫁和非保险转嫁两种。保险转嫁是指通过购买保险将风险转嫁给保险公司,这是一种最重要最常用的风险处理方法。非保险转嫁是指通过保险以外的方式将风险转嫁给他人,如出让转嫁等。

不同的风险管理方法,具有不同的特点,应从实际出发,根据最小成本原则,择优选用或组合应用,才能取得最佳的风险管理效果。

【任务实施】

1. "任务导入"中的车辆风险特征分析

体现了风险的客观性、损失性、不确定性等风险特征。

2. "任务导入"中的车辆风险要素分析

1) 风险因素：李某驾车速度太快、观察不周、路口未提前减速。
2) 风险事故：汽车撞了自行车，后又撞了路旁树木并导致起火。
3) 风险损失：李某车辆的损失；物品的损失，包括树木、稻草、自行车以及车上物品等的损失；人员的伤亡，包括车外张某严重受伤、车上驾驶人李某与乘客赵某受伤、车上乘客王某死亡等。

3. "任务导入"中的车辆风险分类分析

1) 按风险产生原因，为驾驶人个人过失行为导致，即为社会风险。
2) 按风险性质，为纯粹风险，且导致了风险损失，如果车辆投保了汽车保险，则该风险可获得保险赔偿。
3) 按风险损害对象，为财产风险和责任风险，车辆自身损失为财产风险所致，车上人员伤亡、车外人员受伤、车外物品损坏等为责任风险。

如果按风险损害对象进一步分析，则车辆使用风险可分为三大类：车辆自身风险、车辆使用责任风险、其他风险（如事故产生的相关费用风险），具体如下：

① 车辆自身风险分析。常见的导致车辆自身损失的风险为碰撞、火灾、水灾、被盗抢等。除此之外，还有汽车倾覆、被坠落或倒塌物体砸毁、车身被划，以及雹灾、暴风、雷击、海啸、地陷、冰陷、崖崩、雪崩、泥石流、滑坡、地震等自然灾害风险。

② 车辆使用责任风险分析。车辆在使用过程中发生意外事故，容易造成第三者人身伤害、财产损失，车上人员的人身伤害、车上货物的损失，以及因车载货物掉落、泄漏、污染等造成第三方人身伤害或财产的损失等，此时作为车辆的使用者或所有者必须对受害人员的人身伤害或财产损失履行赔偿责任。

③ 其他风险分析。车辆除了因意外事故导致车辆自身损失和相关赔偿责任外，还容易导致一些其他损失，常见的有：

a. 车辆施救费。如翻入沟中的车辆需要吊车吊装，不能行驶的车辆需要拖车，着火的车辆需要灭火，车辆在行驶途中因多个轮胎损坏或油量、电量不足需要救援等。施救过程中如果方法不合理，还可能导致损失扩大。

b. 车辆营业收入的减少。如出租车因事故而不能运营，导致收入减少；运输车辆因事故而不能顺利到达目的地导致的损失等。

c. 车辆因在外地发生事故而必须额外支出的住宿费、交通费等。

d. 因车辆事故与第三者之间产生法律纠纷而支出的相关费用，如诉讼费、仲裁费等。

e. 为准确确定车辆损失数额、第三者财产损失数额、人员伤残等级等，而支出的相关费用，如评估费、鉴定费等。

4. "任务导入"中的车辆风险管理方法分析

管理车辆使用风险时，风险避免方法应用受限，风险预防和风险抑制及保险转嫁应联合使用。风险预防就是时时小心驾车，人人遵守交通规则。风险抑制就是出现事故后，避免损失进一步扩大，比如汽车被水淹后尽快施救、着火后尽快灭火等。购买保险是最常用的方法，常见的汽车保险产品种类有交强险、车辆损失险、第三者责任险、车上人员责任险、不计免赔率险等。

"任务导入"中的车辆如果有保险保障，则：车辆损失由车辆损失险赔偿；第三者损失

（张某受伤，树木、稻草、自行车的损失等）先由交强险赔偿，不足部分由第三者责任险赔偿；车上驾驶人李某与乘员赵某受伤、乘员王某死亡由车上人员责任险赔偿；李某负事故全部责任的免赔部分由不计免赔率险赔偿。

【任务评价】

风险事故分析任务评价表

序号	内容及要求	评分	评分标准	自评	组评	师评	得分
1	识别风险特征	15	每给出一个风险特征并简单分析得5分；以满分为限				
2	识别风险要素	15	根据具体事故准确分析风险的三要素，每个要素得5分				
3	按风险分类依据对风险归类	15	按分类依据，每给出一个风险归类并简单分析得5分；以满分为限				
4	能根据生活中的汽车事故归纳汽车使用风险类别	30	对汽车使用风险分类，每列出一类并简单分析得10分；以满分为限				
5	能根据实际情况给出合理的风险管理方法	25	每列出一种风险管理方法且分析合理、有效，得10分，以满分为限				

指导教师总体评价

指导教师：

年 月 日

【知识拓展】

一、风险估测

风险估测是在风险识别的基础上，通过对所收集的大量资料进行分析，利用概率统计理论，估计和预测风险发生的概率和损失程度。风险估测不仅使风险管理建立在科学的基础上，而且使风险分析定量化，为风险管理者进行风险决策、选择最佳管理技术提供了科学依据。

> **风险估测所提供的主要信息**
> ▲每一风险所引起的致损事故发生的概率和损失分布
> ▲几种风险对同一单位所致损失的概率和损失分布
> ▲单一风险单位的损失程度，并在此基础上进一步估测整个企业发生致损事故的概率和总损失分布，以及某一时期内的损失金额
> ▲所有风险单位损失的期望值和标准差

二、可保风险

可保风险是指保险人愿意并能够承保的风险，是符合保险人承保条件的特定风险。

可保风险需符合的条件
▲必须是纯粹风险
▲必须使保险标的有存在遭受损失的可能
▲必须使保险标的有导致重大损失的可能
▲不能使大多数保险标的同时遭受损失
▲必须具有现实的可测性

任务2　保险保障分析

【任务目标】

通过"保险保障分析"任务的学习，要求学生：

1. 掌握保险的概念、术语、要素、分类、职能、作用等基础知识。
2. 能根据保险基础知识分析现实生活中的保险活动。

【任务导入】

2007年7月18日，济南市及周边地区遭受特大暴雨袭击。降水从17时开始，到20时30分减弱，市区1小时最大降水量达151毫米，2小时最大降水量达167.5毫米，3小时最大降水量达180毫米。这次降水历时短、雨量大，为有气象记录以来历史最大值。突如其来的暴雨造成部分人员死亡或失踪，大量车辆出险（图1-2），城市低洼地区积水，部分地区受灾，大部分路段交通瘫痪，财产损失严重。

图1-2　济南"7·18"暴雨中的被淹车辆

特大暴雨的袭击，使得济南各保险公司理赔案件激增，客服电话成了真正的"热线"。山东保监局8月20日通报了"7·18"暴雨灾害保险理赔情况：截至8月17日，山东保险业共支付各类赔款1.26亿元，赔付伤亡人员20人，财产损失案件10544件，结案率达96.2%，保险业充分发挥了经济补偿的职能。在暴雨灾害面前，山东保险业以快速、优质的理赔服务，帮助受灾客户尽快恢复正常的生产生活秩序，在维护社会稳定、保障经济运行、减少和化解各种社会矛盾和纠纷方面做出了积极贡献，在灾害救助体系中发挥了重要的作用，在抗灾救灾中树立了保险业的良好形象。

【任务准备】

一、保险概念

可从不同角度阐述保险概念。

从经济学角度看：保险是通过收取保费建立保险基金，然后对个别客户出现的意外事故损失进行赔偿，所以保险是分摊意外事故损失的财务安排。

从法律角度看：保险是保险人根据保险合同对被保险人的经济损失给予赔偿，并且损失无论多少，都必须按合同执行。

从社会角度看：保险是稳定社会生产和社会生活的一种事物，具有积极的作用。

从风险管理角度看：保险是一种具有分散风险、消化损失的非常有效的风险管理方法。

法律规定

《保险法》第2条 本法所称保险，是指投保人根据合同约定，向保险人支付保险费，保险人对于合同约定的可能发生的事故因其发生所造成的财产损失承担赔偿保险金责任，或者当被保险人死亡、伤残、疾病或者达到合同约定的年龄、期限等条件时承担给付保险金责任的商业保险行为。

二、保险术语

1. 四种保险活动直接人

保险人：是指与投保人订立保险合同，并承担赔偿或者给付保险金责任的保险公司。

投保人：是指与保险人订立保险合同，并按照保险合同负有支付保险费义务的人。

被保险人：是指其财产或者人身受保险合同保障，享有保险金请求权的人。

受益人：是指人身保险合同中由被保险人或者投保人指定的享有保险金请求权的人。

2. 三种保险活动辅助人

代理人：是根据保险人的委托，向保险人收取代理手续费，并在保险人授权的范围内代为办理保险业务的单位或者个人。

经纪人：是基于投保人的利益，为投保人与保险人订立保险合同提供中介服务，并依法收取佣金的单位。

公估人：是指为保险合同中的保险人或被保险人办理保险标的的查勘、鉴定、估损、赔款理算并予以证明的受委托人。

3. 其他术语

保险标的：是保险保障的目标和实体，是保险合同双方当事人权利和义务所指向的对象。

保险费：是投保人为转嫁风险支付给保险人的与保险责任相对应的价金。

保险金额：是指保险人承担赔偿或者给付保险金责任的最高限额。

保险合同：是投保人与保险人约定保险权利义务关系的协议。

三、保险要素

保险要素是指进行保险经济活动所应具备的基本条件。一般来讲，现代商业保险包括以下五大要素。

1. 必须存在可保风险

风险虽多，但有些风险保险人是不能接受的，只有符合保险人承保条件的风险，保险人才可以接受。

2. 大量同质风险的集合与分散

保险是将众多投保人所面临的分散风险集合起来，当少数投保人发生保险责任范围内的损失时，保险人给予补偿。因补偿费用来自于所有投保人，所以保险补偿实际上是通过保险人这个枢纽将少数投保人遭受的损失分摊给了全体投保人。这体现了保险"一人为众，众人为一"的互助精神。

3. 保险费率的厘定

保险作为一个比较特殊的产品，也必须制定其价格，即厘定保险费率。保险费率由纯费率和附加费率构成，纯费率是根据保险标的所面临的风险程度而厘定的，附加费率是根据保险经营的成本和保险人应得的利润而厘定的。

4. 保险基金的建立

保险基金是保险分摊损失和补偿功能的物质基础，只有建立了雄厚的保险基金，保险才能发挥其损失补偿和经济给付的职能。保险基金的主要来源是保险公司的开业资金和保险费收入，并以保险费收入为主。

5. 保险合同的订立

保险作为一种复杂的经济关系，必须通过法律形式固定，这就是保险合同。订立保险合同有利于保护合同相关人员的权利实现。

四、保险分类

保险种类繁多，根据不同的分类依据，有不同的分类结果。

1. 按保险实施方式分类

按保险实施方式，可分为自愿保险与强制保险。

自愿保险也称任意保险，是指投保人与保险人在平等自愿的基础上建立的保险关系，如商业汽车保险。

强制保险也称法定保险，是指投保人与保险人按照国家法律或行政命令的要求必须建立的保险关系，否则属于违法行为，如机动车交通事故责任强制保险。

2. 按保险标的分类

按保险标的，可分为财产保险和人身保险。

（1）财产保险

财产保险是指以财产及其相关利益为保险标的，由保险人对保险标的可能遭受的意外损失负赔偿责任的一种保险。此处的财产既包括一些有形财产又包括一些无形财产，所以是一种广义的财产，称为广义的财产保险。

我国将财产保险又分为财产损失保险、责任保险、信用保证保险。

财产损失保险中的财产是指有形财产，是狭义的财产，所以财产损失保险有时称为狭义的财产保险，常见种类有企业财产保险、家庭财产保险、汽车保险、船舶保险、航空保险、货物运输保险、工程保险、农业保险等。

责任保险是指以被保险人依法应负的民事赔偿责任或经过特别约定的合同责任为保险标的的一种保险，常见种类有公众责任保险、产品责任保险、职业责任保险、雇主责任保险、机动车第三者责任保险等。

信用保证保险是指以信用关系为保险标的的一种保险，它是一种担保性质的保险。按投保对象的不同，信用保证保险可分为信用保险和保证保险两种。信用保险是指权利人（债权人）向保险人投保义务人（债务人）的信用风险的保险，常见种类有国内商业信用保险、出口信用保险等。保证保险是指义务人（债务人）根据权利人（债权人）的要求，请求保险人担保自己信用的保险，常见种类有合同保证保险、产品质量保证保险、诚实保证保险等。无论是信用保险还是保证保险,其被保险人都是权利人(债权人)。

(2) 人身保险

人身保险是指以人的身体或生命为保险标的,以生存、年老、疾病、死亡、伤残等为保险事故,当被保险人在保险期内发生保险事故或生存到保险期满,保险人按合同约定的条件,向被保险人或受益人给付保险金的保险。我国将人身保险分为人寿保险、意外伤害保险和健康保险等;人寿保险分为死亡保险、生存保险、两全保险;近年来,人寿保险领域又开发出许多新型保险业务,如分红保险、投资联结保险、万能保险等。

3. 按风险转嫁方式分类

按风险转嫁方式,可分为足额保险、不足额保险与超额保险。

足额保险是指投保时约定的保险金额与保险标的实际价值相等的保险。当保险标的遭受损失时,如果是全部损失,保险人按保险金额赔偿;部分损失,保险人按保险标的实际损失赔偿。

不足额保险是指投保时约定的保险金额小于保险标的实际价值的保险。当保险标的全损,保险人按保险金额赔偿;当保险标的的部分损失,保险人按保险金额与保险价值比例赔偿。

超额保险是指投保时约定的保险金额大于保险标的实际价值的保险。造成超额保险的主要原因有:一是投保人想获得超过保险价值的赔偿;二是投保人在投保时高估了保险标的的实际价值;三是保险标的的市价下跌了。不管出于什么原因,超额保险的超额部分无效。其赔偿同足额保险。

【案例1-1】 一保险标的实际价值为5万元,如果保额也为5万元,则为足额保险;如果保额为3万元,则为不足额保险;如果保额为7万元,则为超额保险。如果该保险标的因保险事故发生全损,则足额保险将赔偿5万元;不足额保险将赔偿3万元;超额保险将赔偿5万元。如果该保险标的因保险事故发生部分损失,损失金额2.5万元,则足额保险将赔偿2.5万元;不足额保险将赔偿2.5×(3/5)=1.5万元;超额保险将赔偿2.5万元。

4. 按保险价值在合同中是否确定分类

按保险价值在合同中是否确定,可分为定值保险、不定值保险。

定值保险是指以保险当事人双方商定的价值作为保险金额,并载明于保险合同的保险形式。定值保险适用于货物运输保险以及财产险中某些贵重物品的保险。定值保险的赔偿,如果是全损,则按保险金额全数赔偿;如果是部分损失,则需确定损失程度,按损失程度比例赔偿。法律允许定值保险,并非默认超额保险是合法的,超额部分仍无效。

不定值保险是指不列明保险标的的实际价值,只列保险金额作为最高赔偿限度,并载明于保险合同的保险形式。不定值保险的赔偿按事故发生时保险标的的实际损失与保险金额比较后的小者确定。财产损失保险多为不定值保险。

【案例1-2】 一保险标的以定值保险的方式投保。投保时按实际价值与保险人约定保险价值为24万元,保险金额也为24万元,后保险标的的发生保险事故,出险时当地完好市价为20万元。如果保险标的的全损,保险人应按保险金额赔偿,赔款为24万元。如果保险标的的部分损失,损失程度为80%,则保险人应按损失程度比例赔偿。因此,赔款=保险金额×损失程度=24×80%=19.2万元。

如果该保险标的以不定值保险方式投保,投保时按实际价值与保险人约定保险金额为

24万元，后保险标的发生保险事故，出险时当地完好市价为20万元。如果保险标的全损，保险人应按保险标的实际损失赔偿，赔款为20万元。如果保险标的部分损失，损失程度为80%，则保险人应按比例赔偿。因此，赔款＝实际损失×损失程度＝20×80%＝16万元。

五、保险的职能

保险的职能是指保险内在的、固有的功能。保险的职能有基本职能和派生职能之分。基本职能是反映保险原始与固有的职能，它不以时间的推移和社会形态的不同而改变。派生职能是在保险基本职能的基础上，伴随着保险分配关系的发展而产生的。基本职能包括补偿损失职能和经济给付职能；派生职能包括融资职能和防灾防损职能。

补偿损失职能具体体现在特定风险损害发生时，在保险的有效期和保险合同约定的责任范围以及保险金额内，按其实际损失数额给予赔付。

经济给付职能具体体现在人身保险事故的保险保障方面。由于人的价值是难以用货币具体量化的，因此，人身保险责任事故发生造成的损失，难以用补偿实现其保险保障，所以人身保险的保障是通过保险人和投保人双方约定的经济给付行为来实现的。

融资职能具体体现在保险把多个投保人的闲散资金先积累成雄厚的保险基金，然后再利用多种投资形式对其进行有效运用，实现其增值。融资职能的发挥能增强保险人的补偿和给付能力，促进保险基本职能的实现。

防灾防损职能具体体现在整个保险过程中保险双方一直强化防灾防损意识，实施防灾防损的措施，力争降低损失发生的频率；如果真的出现了损失，投保方依据保险合同的约定，也会采取有效的施救措施，将风险损失控制在最小的范围内。防灾防损职能可降低保险人所积累的社会资产出现的不必要的损失，这对保险保障基本职能的发挥也有一定的促进作用。

六、保险的作用

保险在社会经济生活中的作用，实质是保险职能的发挥在社会经济生活中所产生的效果。在我国社会主义市场经济条件下，其作用表现为宏观和微观两个层次。

1. 保险的宏观作用

保险的宏观作用是指保险对全社会以及国民经济在整体上所产生的效果。

保险的宏观作用
▲有利于积累资金，支援国家经济建设
▲有利于推动科学技术转化为现实生产力
▲有利于增加外汇收入，增强国际支付能力
▲有利于促进社会稳定

2. 保险的微观作用

保险的微观作用是指保险对于企业、家庭、个人所起的保障作用。

保险的微观作用
▲有利于企业及时恢复生产或经营
▲有利于企业加强经济核算
▲有利于促进企业加强风险管理和防灾防损
▲有利于安定人民生活

【任务实施】

1. "任务导入"中"7·18"暴雨灾害保险理赔情况分析

（1）从保险概念角度分析

企业或个人交纳保费购买了保险，当企业或个人遭受暴雨灾害时，保险对灾害损失予以赔偿。从投保人和保险人角度来说，这既是保险的经济补偿行为，又是保险的法律合同行为；从社会角度来说，保险是稳定生产和生活的一种"稳定器"；从风险管理角度来说，保险是分散风险、消化损失的非常有效的一种风险管理方法。

（2）从保险要素角度分析

暴雨属于可保风险，保险公司可以承保该风险；很多企业和个人愿意投保保障暴雨风险的相关险种，如企财险、汽车保险等，形成了大量同质风险的集合；企业和个人购买保险时，需要按厘定的费率缴纳保费，并签订保险合同；全体投保企业和个人缴纳的保费，促使保险公司形成了雄厚的保险基金；当个别企业或个人遭受暴雨灾害损失时，保险公司履行合同，给予那些个别企业或个人灾害损失的足额赔偿，这时就通过保险纽带实现了个别企业或个人损失由全体投保企业和个人分摊损失的功能。

（3）从保险分类角度分析

保障暴雨灾害的保险，在财产保险中，一般为自愿保险、财产损失保险、不定值保险。人身保险中，一般为死亡保险或意外伤害保险。

（4）从保险职能角度分析

保险对暴雨灾害导致的损失赔偿，对财产保险而言履行了补偿损失职能，对人身保险而言履行了经济给付职能。暴雨中，乃至暴雨前或者暴雨后，保险企业的积极参与、快速反应、采取措施、抢救财产、降低损失等，体现了保险的防灾防损职能。

（5）从保险作用角度分析

"7·18"暴雨灾害，属于特大暴雨，历时短、雨量大，为有气象记录以来历史最大值。在暴雨灾害面前，山东保险业以快速、优质的理赔服务，帮助受灾客户尽快恢复正常的生产生活秩序，在维护社会稳定、保障经济运行、减少和化解各种社会矛盾和纠纷方面做出了积极贡献，在灾害救助体系中发挥了重要的作用，在抗灾救灾中树立了保险业的良好形象。这既体现了保险的宏观作用，又体现了保险的微观作用。

2. "任务导入"案例的启发：提高风控意识，应对巨灾风险

① 我国是世界上自然灾害频发的国家之一，企业和个人应树立良好的风控意识，采取多种措施减少灾害引发的损失，保障企业顺利生产，个人安心生活。

② 保险作为市场经济风险管理的基本手段，通过市场机制引导商业保险公司积极参与巨灾风险管理，能够丰富我国灾害损失补偿渠道、健全灾害救助体系、提高巨灾保障水平、增强风险管理能力，是政府运用现代金融手段降低灾害损失影响的有效途径。

③ 做好保险防灾防损工作。保险人与被保险人对所承保的保险标的采取措施，减少或消除风险发生的因素，防止或减少灾害事故所造成的损失，从而降低保险成本、增加经济效益。实施防灾防损，维护人民生命和财产安全，减少社会财产损失，既是提高保险企业经济效益和社会效益的重要途径，也是强化社会风险管理和安全体系的必要措施。

【任务评价】

保险保障分析任务评价表

序号	内容及要求	评分	评分标准	自评	组评	师评	得分
1	理解保险概念	15	结合具体任务分析保险概念,每给出一个角度的理解并简单分析得5分;以满分为限				
2	理解保险要素	30	结合具体任务分析保险要素,每给出一个要素点并简单分析得10分;以满分为限				
3	识别保险类型	15	结合具体任务,按分类依据,每给出一个保险类型并简单分析得5分;以满分为限				
4	理解保险职能	20	结合具体任务,分析保险职能,每分析一项职能得10分;以满分为限				
5	分析保险作用	20	结合具体任务,分析保险作用,每分析一项作用得10分;以满分为限				

指导教师总体评价

指导教师:

年 月 日

【知识拓展】保险市场

保险市场是指保险商品交换关系的总和,它既包括保险商品交换的场所,也包括保险商品交换中供给与需求的关系及其有关活动。

保险市场与一般的产品市场不同。它是直接经营风险的市场,实际上保险商品的交换过程就是风险的分散和聚集过程。同时,因风险的不确定性和保险的射幸性,使得双方都不可能确切知道交易结果。保险单的签发,看似是保险交易的完成,实则是保险保障的开始,最终的交易结果是看双方约定的事件是否发生。因此保险市场是一个非即时清结的市场。

保险市场虽然是个特殊市场,但仍受市场机制的制约,所以在保险经营过程中,需要考虑价值规律、供求规律和竞争规律对保险经营的作用。

1. 保险市场的构成要素

保险市场由市场主体和市场客体两部分构成。

市场主体由保险的供给方、需求方、中介方构成。供给方就是各类保险人;需求方为各类投保人;中介方主要是代理人、经纪人、公估人、律师、理算师、精算师等。

市场客体名为保险商品,实为一种经济保障,具有许多特殊性,比如,它是一种无形商品,其生产过程和消费过程不可分离、其服务质量缺乏稳定性、其价格具有相对固定性等。

2. 保险市场类型

保险市场类型可分为四种：完全竞争型、完全垄断型、垄断竞争型和寡头垄断型。

完全竞争型市场的特点是有数量众多的保险公司，每个公司所占市场份额很小，不能单独左右市场价格，而是由市场自发调节商品价格。

完全垄断型市场的特点是市场由一家公司操控，价值规律、供求规律、竞争规律受到极大限制，市场上没有可替代产品，没有可供选择的保险人。商品价格往往是根据垄断者的自身利益确定。完全垄断型市场可分为专业型完全垄断和地区型完全垄断两类。

垄断竞争型市场的特点是大小公司并存，较多表现为竞争性，竞争体现在大公司间、大公司与小公司间、小公司间。

寡头垄断型市场的特点是只存在少数相互竞争的公司，较多表现为垄断性。

3. 保险市场供给与需求

① 保险供给。保险供给是指在一定的社会经济条件下，国家或从事保险经营的企业所能提供的并已实现的保险种类和保险总量。

保险供给的影响因素包括保险人的经营管理水平、保险市场竞争、保险产品成本、保险供给者的数量和素质、保险利润率等。

我国保险公司名录

② 保险需求。保险需求是指在一定时期内和一定价格条件下，消费者愿意并且有能力购买的保险商品的数量。

保险需求的影响因素包括风险存在程度、经济发展水平、保险价格、相关商品价格、商品经济的发展、人口、强制保险实施等。

③ 供求平衡。保险商品的供给与需求必须遵循供求规律，最终实现供求平衡。供求规律的作用过程是：当社会所提供的保险商品超过社会的需求时，保险商品的价格就会下跌，保险商品只能按照低于其价值的价格出售；较低的保险商品价格具有抑制供给、刺激需求的作用，从而使保险供给和需求逐渐趋于平衡。当社会所提供的保险商品满足不了社会的需求时，保险商品的价格就会上涨，保险商品就必然按照高于其价值的价格出售；较高的保险商品价格具有刺激供给、抑制需求的作用，从而促使保险商品的供给和需求逐渐趋于平衡。

4. 我国保险市场状况

自 1980 年我国全面恢复保险业务以来，经过 40 多年的快速发展，我国保险市场呈现出以下几个特点：

① 我国保险市场保费收入规模迅猛增长。2023 年全国保险业保费收入约 5.12 万亿元，为 1980 年全国保险业保费收入（约 4.6 亿元）的 11130 倍。

② 保险市场主体呈现多样化。无论是供给方，还是需求方，甚至包括保险中介，都呈现出多样化。供给方除了有中资保险公司，还有外资保险公司；除了有全国性保险公司，还有区域性保险公司；除了有综合性保险公司，还有专业性保险公司。需求方已经由原先的单位、集体逐渐扩大到个人、家庭，并且后者所占比重越来越大。中介方除了保险代理人和保险经纪人，保险公估人也开始发展起来，其作用也越来越重要。

③ 保险企业逐渐走向市场。随着保险业改革的深入和外资保险的加入，使保险市场的竞争加剧，保险公司作为企业，必须走向市场，独立经营，自负盈亏。同时，保险公司应注重加强公司内部管理、降低消耗、提高效益，以提高市场竞争能力。

④ 保险市场由垄断向垄断竞争过度。随着保险公司数量的增多，已由原先独家经营转

变为多家保险公司并存,形成了保险竞争的新格局。

⑤ 保险市场潜力很大。我国经济形势的发展使保险需求大大增加,而目前的保险服务无论从数量上还是质量上,都远远不能满足社会需要,所以保险市场潜力很大。

⑥ 保险市场还存在一些问题。我国保险业正处于起步阶段,市场环境还不十分成熟,保险法规尚不健全,市场存在一些不正当竞争,保险业在各地区的发展还很不平衡,部分专业岗位人才和复合型经营管理人才还比较匮乏等。

任务3　汽车保险认知

【任务目标】

通过"汽车保险认知"任务的学习,要求学生:

1. 掌握车险的概念、作用、特点、发展简史等基础知识。
2. 能根据汽车保险基础知识分析汽车保险活动。

【任务导入】

2019年8月11日,浙江省保险行业协会发布的信息显示,截至8月10日16时,浙江省(不含宁波)各财险公司共接到因台风"利奇马"造成损失的各类报案30768件,报损10.65亿元。其中,机动车辆保险接报案27466件(图1-3、图1-4),报损6.04亿元。

图1-3　"利奇马"导致大量车辆被淹

图1-4　施救被淹车辆

人保财险、平安产险、太保产险、国寿财险、大地财险、阳光财险、中华财险、浙商保险、太平财险等各产险省级分公司第一时间纷纷召开防台抗台紧急会议,启动防灾预案,部署相关工作要求,众志成城,全力投入防台抗台备战状态中。

据不完全统计,全省共出动查勘人员12745人,查勘车辆6071台次。

截至8月11日15时,中国太保已接到"利奇马"相关报案13374件。其中,车险报案11456件。

截至8月11日11时,平安产险本次台风共收到报案26046件。其中,车险报案24669件。

值得关注的是,在此次理赔中,还闪现了不少高科技的身影及人性化服务,例如平安车险AI自动定损理赔。平安好车主APP紧急上线台风快速报案通道,8月10日上午10时29

分，受台风影响，台州林先生停放的车辆不慎被树枝砸到，导致前照灯及翼子板受损，林先生发现后通过平安好车主APP快速报案通道报案，在上传现场及车辆损失照片后2分钟，赔款1107.2元即已赔付到账。

【任务准备】

一、汽车保险概念

汽车保险是指以机动车辆为保险标的的保险，其保障范围包括车辆本身因自然灾害或意外事故导致的损失，以及车辆所有人或其允许的合格驾驶人因使用车辆发生意外事故所负的赔偿责任。

车辆本身损失常见原因有碰撞、倾覆、坠落、火灾、爆炸、外界物体坠落、倒塌、雷击、暴风、暴雨、洪水、龙卷风、冰雹、台风、热带风暴、地陷、崖崩、滑坡、泥石流、雪崩、冰陷、暴雪、冰凌、沙尘暴，以及自燃、盗窃、抢劫、玻璃破碎、车辆停驶利润、车身划痕、标准配置外的设备损坏、随车行李物品损坏、事故发生后的抢险救灾费用等。为保障以上风险，分别有相对应的保险险种，如车辆损失险、全车盗抢险、自燃险、玻璃单独破碎险、发动机特别损失险、车辆停驶损失险、车身划痕险、新增设备损失险、随车行李物品损失险等，这些都属于损失类保险，可归为财产损失保险范畴。

车辆在使用过程中常引发的责任有因车辆发生碰撞、倾覆、坠落、火灾等意外事故导致第三者人身或财产损害的赔偿责任，车上人员或财产损害的赔偿责任，因车载货物掉落而引起的第三者人身或财产损害的赔偿责任。与之相对应的一些险种，如机动车第三者责任险、车上人员责任险、车上货物责任险、车载货物掉落责任险等，这些都属于责任类保险，可归为责任保险范畴。

总之，汽车保险既属于财产损失保险范畴，又属于责任保险范畴，是综合性保险。

二、汽车保险的作用

汽车保险的作用是其职能在现实生活中发挥所表现出的效果。我国自1980年恢复保险业务以来，汽车保险经过40多年的发展，取得了长足进步。汽车保险作为机动车辆使用的"保护神"，其在社会生产和生活中所发挥的作用越来越突出。

汽车保险的作用
▲ 扩大了人们对汽车的需求
▲ 维护了受害者的利益
▲ 促进了汽车安全性能的提高

三、汽车保险的特点

1. 从保险标的自身来看

① 车辆经常处于运动状态。作为运输工具，车辆大多时间处于动态。保险标的所处的状态直接影响其面临的风险大小及种类，这对保险人来说，应在开发产品、厘定费率时要特别考虑，在承接业务时要加强"验标"，在理赔时要迅速、准确，并有一个为之及时查勘定损的庞大网络，同时应注重研究核保和核赔技术以及风险的防范工作。

② 车辆出事故的频率非常高。如表 1-1 为我国近年来机动车交通事故的次数和直接财产损失，平均每年发生事故 31 万多起，每分钟发生 0.60 起事故，每次事故直接财产损失 4886 元。除机动车交通事故外，属于汽车保险赔偿的事故还有很多，如车辆盗抢事故、火烧事故、水淹事故、雹灾事故、玻璃破碎事故等，因此，汽车保险损失频率非常高。但同时，汽车保险每次事故的赔付额与其他保险险种相比，却比较低，此种情况下，就要求精细化管理，降低单次事故的查勘、定损、理算等理赔成本。

表 1-1　2000~2022 年我国机动车交通事故数据统计

年份	2000	2001	2002	2003	2004	2005	2006	2007	2008	2009	2010	2011
机动车交通事故发生数（起）	577282	705396	675449	627029	471080	424409	358249	309261	251077	225096	207156	198113
直接财产损失（亿元）	26.23	30.32	30.17	33.05	22.48	18.38	14.64	11.72	9.91	8.94	9.04	10.48
年份	2012	2013	2014	2015	2016	2017	2018	2019	2020	2021	2022	
机动车交通事故发生数（起）	190756	183404	180321	170130	192585	182343	216178	215009	211074	233729	215627	
直接财产损失（亿元）	11.42	10.00	10.34	9.89	11.46	11.56	13.10	12.58	12.28	13.45	11.37	

2. 从与其他保险比较来看

① 保险标的种类繁多且差异大。机动车辆种类非常多，按用途可分为客车、货车、特种车、摩托车、拖拉机。按性质可分为营业车辆和非营业车辆，营业车辆又可分为出租租赁、固定路线运输、公路运输，非营业车辆又可分为家庭自用、企业非营业、机关非营业。按座位客车可分为 6 座以下、6~10 座、10~20 座、20~36 座、36 座以上。按载质量货车可分为 2 吨以下、2~5 吨、5~10 吨、10 吨以上。特种车按用途可分为用于各类装载油料、气体、液体等的专用罐车；用于清障、清扫、清洁、起重、装卸（不含自卸车）、升降、搅拌、挖掘、推土、压路等的各种专用机动车；用于装有冷冻或加温设备的厢式机动车；车内装有固定专用仪器设备，从事专业工作的监测、消防、运钞、医疗、电视转播、雷达、X 光检查等机动车；专门用于牵引集装箱箱体（货柜）的集装箱拖头。摩托车按结构特点分为两轮摩托车和三轮摩托车，按排量分为 50 毫升及以下、50~250 毫升（含）、250 毫升以上等。拖拉机按其使用性质分为兼用型拖拉机和运输型拖拉机，按功率分为 14.7 千瓦及以下和 14.7 千瓦以上两种。

种类、性质、座位、载质量、用途、排量、功率不同的汽车，其结构、性能、零件、材料等也有很大差异，其风险状况也不同，所以对保险人来说，经营汽车保险要从多方面增强风险控制，不同的机动车辆，收费要有所差别。同时，还要拥有一支懂汽车专业、知识结构不断更新的理赔队伍为保险标的的查勘定损工作服务。

② 汽车保险占财产险比重大。表 1-2 为我国近年财产保险、汽车保险的保费收入统计。可见，历年我国汽车保险保费收入均占财产保险保费收入的 60% 左右，汽车保险已成为各财产保险公司的"支柱险种"，其经营的好坏，直接关系到整个财产保险业的经济效益。

表1-2 2000~2023年我国财产保险与汽车保险保费收入统计

年份	2000	2001	2002	2003	2004	2005	2006	2007	2008	2009	2010	2011
财产保险保费收入（亿元）	608	685	780	869	1125	1283	1579	2086	2446	2993	4027	4779
汽车保险保费收入（亿元）	373	422	472	540	745	858	1108	1484	1703	2156	3004	3505
汽车保险保费收入占财产保险保费收入的比例（%）	61.3	61.6	60.5	62.1	66.2	66.9	70.2	71.1	69.6	72.0	74.6	72.4
年份	2012	2013	2014	2015	2016	2017	2018	2019	2020	2021	2022	2023
财产保险保费收入（亿元）	5530	6481	7544	8423	9266	9835	11756	13016	13584	13676	14867	15868
汽车保险保费收入（亿元）	4005	4721	5516	6199	6834	7521	7834	8188	8245	7773	8210	8673
汽车保险保费收入占财产保险保费收入的比例（%）	72.4	72.8	73.1	73.6	73.8	76.5	66.6	62.9	60.7	56.8	55.2	54.7

③ 被保险人人数众多且差异大。截至2019年底，全国机动车保有量达到3.48亿辆。数量巨大的车辆分布于民族、地域、学历、素质、风俗习惯等方面存在不同的众多被保险人手中，而汽车保险业务需要保险公司和每个投保人接触，需要和发生事故并索赔的每个被保险人接触，要融洽地处理好与众多接触对象的关系，需要汽车保险从业人员素质高、能力强、见识广。

④ 汽车保险是保险业运用新技术的试验田。由于汽车保险具有面广、量大、品种单一等特点，便于新技术的推广。风靡全球的网上销售和电话销售，就是首先在汽车保险产品的销售上被应用的，并取得了良好效果。尤其是近几年，保险公司更加关注保险科技在汽车保险中的应用，以有效提升获客效率、降低业务成本、优化工作流程，从而实现高质量的发展。

⑤ 汽车保险是各财产保险公司业务竞争的焦点。随着我国汽车工业的迅猛发展和人民生活水平的提高，汽车保有量呈逐年快速上升趋势。这对保险公司来说，汽车保险是一个保源相对稳定，且快速扩大的险种，所以各财产保险公司集中精兵强将，展开竞争。另一方面，汽车保险能使保险公司接触到社会各界，可让社会各界通过车险这个窗口直接感受自己的承保是否热情、理赔是否真诚，进而树立良好的企业形象，吸引客户购买其他保险产品，因此，各公司对汽车保险业务尤为重视。

3. 从汽车保险业发展来看

① 汽车保险费率改革市场化。我国汽车保险费率改革历程为：

2003年以前，保监会在全国范围内实行统一的车险费率。

2002年8月，中国保监会下发《关于改革机动车辆保险条款费率管理制度的通知》，规定：自2003年1月1日起，在全国范围实施新的车险条款和费率管理制度。即要求各家保险公司自主制定条款和费率，报保监会备案即可。

汽车保险新技术运用

2006年7月，我国推出交强险，全国价格统一。同时推出商业险A、B、C三套条款，要求各保险公司从中选择一套执行。A、B、C三套条款只是对车辆损失险、第三者责任险的条款给予统一，附加险条款由各家保险公司自行开发。A、B、C三套条款的费率基本一致，附加险的费率差别较大。

2007年4月，中国保险行业协会又对已有的商业险A、B、C三套条款进行完善，并且主要的附加险也给予统一，此时主险、主要的附加险的费率都基本一致，只有其他的附加险条款和费率由各公司自行制定。

2008年2月，交强险责任限额调整，基础费率也有一定幅度的降低，与此相对应，商业车险的价格也进行了调整。

2012年3月14日,中国保险行业协会对外发布了《机动车辆商业保险示范条款》。后对2012年版商业车险示范条款进行修订完善,形成《中国保险行业协会机动车综合商业保险示范条款(2014版)》。

2015年3月24日,保监会发布了《深化商业车险条款费率管理制度改革试点工作方案》,开启了商业车险的进一步改革。

从各国实践看,费率厘定大都经历过从无序竞争到在相当长时期实行刚性管理,然后,在条件成熟时再过渡到在确保保险人偿付能力基础上实行自由费率的管理体系。我国汽车保险费率变革也基本符合这一规律。

② 汽车保险市场发展潜力巨大。截至2023年底,全国汽车保有量达到3.36亿辆,而人口已超过13亿,人均汽车数量则远低于美国、日本。正是差距大,才有潜力可挖,表1-3为我国近年的汽车产量,从中可以看出我国汽车工业发展迅猛,这对汽车保险市场的扩大有极大的促进作用。

表1-3　2000~2023年我国汽车产量

年份	2000	2001	2002	2003	2004	2005	2006	2007	2008	2009	2010	2011
产量(万辆)	207	234	325	444	509	570	728	889	931	1380	1827	1842
年份	2012	2013	2014	2015	2016	2017	2018	2019	2020	2021	2022	2023
产量(万辆)	1928	2212	2373	2450	2812	2902	2783	2568	2532	2626	2714	3011

③ 汽车使用者投保意识大大增强。随着私家车的增多和我国交强险的施行,人们购买保险的主动性大大增强。交通事故的存在、自然灾害的影响,使得多数有车者愿意通过购买保险把自己的用车风险转嫁给保险公司。如何购买汽车保险、如何索赔已成为多数车辆使用者讨论的话题,应该说,汽车保险是诸多保险产品中人们保险意识最高且能主动购买的一个险种。

四、汽车保险发展简史

1886年德国人卡尔·本茨获得了世界上第一项汽车发明专利,汽车问世了。

早期的汽车作为交通工具后,由于汽车设施简陋、工艺粗糙、操纵性能一般、安全性能较差,驾驶人的驾驶经验比较欠缺,再加之道路状况不好,驾驶汽车非常容易出事故。事故除了造成车辆自身损坏外,还经常导致他人财产损失和人身损害。汽车的这种使用风险,被精明的保险商瞅准,认为驾驶汽车存在财产损失和人身损害的可能,这是保险产生的商机。于是在1895年,英国的法律意外保险有限公司签发了世界上最早的汽车保险单,为汽车责任险保单,保险费为10~100英镑,于是汽车保险诞生了。1898年,美国的旅行者保险公司签发了美国历史上第一份汽车人身伤害责任保险;1899年,英国将汽车保险范围扩大到与其他车辆碰撞所造成的损失;1901年,英国将汽车保险范围又扩大到盗窃和火灾等引起的损失;1902年,美国第一张汽车损失保险单问世;1903年,英国成立了第一家专门经营汽车保险的公司,即"汽车综合保险联合社";1906年,英国成立了"汽车保险有限公司",该公司有专门的工程技术人员,负责每年对被保汽车免费检查一次,这与目前我国对汽车保险的"验标核保"、提供风险控制建议等基本相同,所以这种成功的运作经验极大地推进了汽车保险的发展;1927年,美国的马萨诸塞州首先将汽车造成他人的财产损失和人身伤害视为社会问题,于是公布实施了汽车强制保险法，成为世界上首个将汽车的第三者责任险规定为强制责任保险的地区；1931年英国开始强制实施汽车责任保险；1936年，英国国会成立了强制责任保险调查小组，该小组于1937年提交了著名的"卡斯奥报告"，报告讨论了在实行强制汽车责任保险后，如果部分车辆所有人未依法投保责任险或者保险单失效时，受害人将无法得到保险人的赔偿，对此应如何处理的问题。但由于第二次世界大战于当年爆发，"卡斯奥报告"的建议当时没有付诸实施。1945年底（第二次世界大战结束后），英国根据"卡斯奥报告"的建议成立了"汽车保险人赔偿局"，规定当事故受害人因肇事者未依法投保责任险，或者保险单失效而无法得到赔偿时，由该局承担赔偿责任，受害人获得赔偿后，须将其向肇事者索赔的权利转移给汽车保险人赔偿局。目前，对肇事者逃逸，受害人无法得到保险赔偿的情况，也由该局负责赔偿。后来，日本、法国、德国等也纷纷实施了强制汽车责任保险。

总之，汽车保险是伴随着汽车的出现而产生的，在财产保险领域中属于一个相对年轻的险种。汽车保险的发展过程是先出现汽车责任保险，后出现车辆损失保险。汽车责任保险是先实行自愿方式，后实行强制方式。车辆损失保险一般是先负责保障碰撞危险，后扩大到非碰撞危险，如盗窃、火灾等。

1949年中国人民保险公司成立，开始开办汽车保险，不久后出现了争议，认为汽车保险以及第三者责任保险对肇事者予以经济补偿，会导致交通事故的增加，对社会产生负面影响，于是中国人民保险公司1955年停办了汽车保险。20世纪70年代，随着我国对外关系的开展，世界各国纷纷与我国建立友好关系，为满足各国驻华使领馆汽车的保险需要，70年代中期，开始办理以涉外业务为主的汽车保险业务。1980年我国全面恢复国内保险业务，汽车保险也随之恢复。1983年11月我国将汽车保险更名为机动车辆保险，使其具有了更广泛的适用性。1987年汽车保险保费收入首次超过企业财产保险保费收入，成为财产保险的第一大险种。总之，自1980年以来，我国汽车保险业步入了快速发展的轨道。

【任务实施】
1. "任务导入"中台风"利奇马"灾害的汽车保险与理赔情况分析
（1）从汽车保险概念角度分析
"利奇马"造成的车辆损失是自然灾害导致的，属于保险赔偿范围。
（2）从汽车保险作用角度分析
案例中提到：截至8月10日16时，浙江省（不含宁波）各财险公司共接到因台风"利奇马"造成损失的各类报案中，机动车辆保险接报案27466件，报损6.04亿元。可见，灾害造成的受害者人数多、损失金额大，保险公司的赔偿维护了受害者的利益，也能尽快地完成车辆修复工作，解决了人们的用车问题。同时，保险公司通过大量水淹车辆施救和定损案例，能发现车辆在水淹事故中存在的问题，提出车辆在水淹方面的防灾防损建议，进而促进汽车安全性能的提高。
（3）从汽车保险特点角度分析
案例中提到：仅"利奇马"灾害，截至8月10日16时，浙江省（不含宁波）各财险公司就接到机动车辆保险报案27466件，报损6.04亿元。若再加上其他自然灾害及汽车使用意外事故（如碰撞、火灾、盗抢等）的案件，汽车出险频率确实高。

案例中提到：浙江省（不含宁波）各财险公司共接到各类报案30768件，报损10.65亿元。其中，机动车辆保险接报案27466件，报损6.04亿元。汽车保险在财产险中案件数量

占比 89.27%，报损占比 56.71%。再看各财产险公司：太保公司汽车保险案件数量占比 85.66%，平安公司汽车保险案件数量占比 94.71%。可见，汽车保险在财产险中占比最大。

案例中提到：值得关注的是，在此次理赔中，还闪现了不少高科技的身影及人性化服务，例如平安车险 AI 自动定损理赔。可见，汽车保险是新技术的试验田。

案例中提到：人保财险、平安产险、太保产险、国寿财险、大地财险、阳光财险、中华财险、浙商保险、太平财险等各产险省级分公司第一时间纷纷召开防台抗台紧急会议，启动防灾预案，部署相关工作要求，众志成城，全力投入防台抗台备战状态中。可见，汽车保险作为各公司的主要业务，各财产险公司均非常重视。

2. "任务导入"案例的启发：汽车进入千家万户，人人需提高保险意识

① 汽车已经普及。截至 2019 年底，全国机动车保有量达到 3.48 亿辆，其中汽车保有量达到 2.6 亿辆，机动车驾驶人 4.35 亿人，其中汽车驾驶人超过 3.97 亿人。

② 风险时时存在。根据我国近年机动车交通事故的次数和直接财产损失统计，平均每年发生事故 34 万多起，每分钟发生 0.65 起事故，每次事故财产损失 5623 元。除机动车交通事故外，属于汽车保险赔偿的事故还有很多，如车辆盗抢事故、火灾事故、水灾事故、雹灾事故、玻璃破碎事故等，因此，汽车保险损失频率非常高。

③ 车险保障大家。根据汽车保险保费收入与汽车保有量的比值，可知车均保费约为 3260 元。有限的支出，巨大的保障。因此，每个有车的家庭都要防止因事故影响家庭生活，更要防止因重大事故导致家庭贫困。有车险保障，才能安心用车！

【任务评价】

汽车保险认知任务评价表

序号	内容及要求	评分	评分标准	自评	组评	师评	得分
1	理解汽车保险概念	20	针对具体任务，依据汽车保险概念进行分析，每给出一个分析点得 10 分；以满分为限				
2	理解汽车保险作用	20	针对具体任务，分析汽车保险作用，每指出一项作用并简单分析得 10 分；以满分为限				
3	理解汽车保险特点	30	针对具体任务，分析汽车保险特点，每指出一项特点并简单分析得 10 分；以满分为限				
4	能统计汽车保险相关数据	30	针对具体任务，或根据行业发展相关数据，能对汽车保险相关数据进行统计分析，每给出一个统计点并简单分析得 10 分；以满分为限				

指导教师总体评价

指导教师：

年　月　日

【知识拓展】我国汽车保险市场现状

改革开放，特别是加入WTO以来，我国经济建设取得重大成就，呈现出快速发展、平稳增长的良好态势。大好的国内经济形势为我国保险业和汽车业的发展提供了良好的条件。汽车保险是保险业与汽车业结合而产生的一门交叉学科，隶属财产保险范畴，其发展受保险业大环境的影响，更与汽车工业的发展息息相关。近年来，我国汽车保险业发展迅速，局面喜人，具体表现在以下方面。

1. 车险条款日益完善

1985年，我国首次制订车险条款；保监会2000年颁布《机动车辆保险条款》；2003年，为适应保险市场化，要求各保险公司制定自己的条款，报保监会备案；2006年，推出交强险条款，同时推出商业险的A、B、C三套主险条款；2007年，保险行业协会又重新对商业险的A、B、C三套条款进行修正和补充。2012年，保险行业协会公布了《机动车辆商业保险示范条款》，后经修订，形成了《机动车辆商业保险示范条款（2014版）》。

2. 车险保费规模增长快速

随着车辆的增多，全国保险市场承保的机动车辆数量迅速上升，车险保费收入迅速增长，2023年达到8673亿元。目前车险已成为财产险公司的支柱险种，其保费收入占财产险保费收入的60%左右。

3. 开办车险业务的公司数量增多

开办车险业务的公司已由最初的中国人民保险公司一家，发展到现在的几十家（表1-4）。目前，大多数财产保险公司都开展车险业务。其中，有专业性的汽车保险公司，也有综合性的财产保险公司，有中资公司，也有外资公司，这使得我国汽车保险业的竞争加剧。

表1-4　我国经营车险业务的财产保险公司（部分）

序号	资本结构	公司名称（简称）	序号	资本结构	公司名称（简称）	序号	资本结构	公司名称（简称）
1	中资	人保财险	14	中资	英大财险	27	中资	富德财险
2		平安产险	15		永诚财险	28		众诚车险
3		太保产险	16		紫金产险	29		中煤财险
4		国寿财险	17		都邦财险	30		泰山财险
5		大地保险	18		浙商财险	31		锦泰财险
6		中华联合	19		安诚财险	32		北部湾财险
7		阳光产险	20		国任财险	33		华海财险
8		太平财险	21		渤海财险	34		华农财险
9		天安财险	22		亚太保险	35		国元农险
10		华安保险	23		中银保险	36		诚泰财险
11		永安保险	24		长安责任	37		燕赵财险
12		大家财险	25		安华农险	38		长江财险
13		华泰财险	26		鼎和财险	39		恒邦财险

（续）

序号	资本结构	公司名称（简称）	序号	资本结构	公司名称（简称）	序号	资本结构	公司名称（简称）
40	中资	阳光农险	49	中资	众安在线	58	外资	三星财险
41		鑫安车险	50		中原农险	59		中意财险
42		铁路自保	51		安心财险	60		安联财险
43		中路财险	52		安信农险	61		日本财险
44		合众财险	53	外资	安盛天平	62		东京海上日动
45		前海联合	54		利宝保险	63		现代财险
46		海峡金桥	55		富邦财险	64		三井住友
47		久隆财险	56		国泰产险	65		史带保险
48		珠峰财险	57		中航安盟	66		美亚保险

4. 为车险服务的中介机构增多

保险中介主要是指保险代理人、保险经纪人、保险公估人，这三类保险中介由于具有专业化、职业化、技术强、服务好的特点，适应了保险业结构调整和保险市场化发展的需要，近年来发展迅速。2002 年末，我国专业保险中介机构仅有 114 家。到 2022 年末，全国共有保险中介集团 5 家，保险专业中介机构 2592 家，其中，保险专业代理机构 1721 家，保险经纪机构 494 家，保险公估机构 377 家。

5. 建立了完善的服务体系和服务机制

比如，为适应车辆流动性的特点，解决车辆异地出险后的处理工作，各保险公司均建立了全国统一的客服电话，对被保险人实行就近、快速的全方位服务，同时客服电话可以提供接受报案、业务咨询和受理投诉等多种服务。

6. 实施了强制性的法律法规

2004 年 5 月 1 日实施的《中华人民共和国道路交通安全法》（简称《道路交通安全法》），在法律上明确了汽车责任保险的强制性；该法第 17 条规定，国家实行机动车第三者责任强制保险制度，设立道路交通事故社会救助基金。2006 年 3 月 21 日，国务院总理温家宝签署第 462 号国务院令，颁布了《机动车交通事故责任强制保险条例》，规定自 2006 年 7 月 1 日起施行机动车交通事故责任强制保险。交强险的实施，有利于道路交通事故受害人获得及时有效的经济保障和医疗救治，有利于减轻交通事故肇事方的经济负担，有利于促进驾驶人增强安全意识，有利于充分发挥保险的社会保障功能，维护社会稳定，这是我国在交通管理方面的一大进步，是我国在汽车保险制度发展方面迈出的一大步。

【项目小结】

1. 保险理论中的风险，通常是指损害发生的不确定性。风险由三要素构成：风险因素、风险事故、风险损失。

2. 风险管理基本程序包括风险的识别、风险的估测、风险管理方法的选择、实施风险管理的决策、风险管理效果的评价。风险管理方法分为控制型和财务型两类。控制型方法有风险避免、风险预防、风险抑制、风险集合和风险分散等。财务型方法有风险自留和风险转嫁。

3. 保险是指投保人根据合同约定,向保险人支付保险费,保险人对于合同约定的可能发生的事故因其发生所造成的财产损失承担赔偿保险金责任,或者当被保险人死亡、伤残、疾病或者达到合同约定的年龄、期限等条件时承担给付保险金责任的商业保险行为。

4. 现代商业保险包括五大要素:必须存在可保风险、大量同质风险的集合与分散、保险费率的厘定、保险基金的建立、保险合同的订立。

5. 保险按保险标的分为财产保险和人身保险。财产保险又分为财产损失保险、责任保险、信用保证保险。人身保险分为人寿保险、意外伤害保险和健康保险等。

6. 保险的职能有基本职能和派生职能之分。基本职能包括补偿损失职能和经济给付职能;派生职能包括融资职能和防灾防损职能。

7. 汽车保险是指以机动车辆为保险标的的保险,其保障范围包括车辆本身因自然灾害或意外事故导致的损失,及车辆所有人或其允许的合格驾驶人因使用车辆发生意外事故所负的赔偿责任。汽车保险既属于财产损失保险范畴,又属于责任保险范畴,是综合性保险。

8. 汽车保险的特点包括:①从保险标的自身来看,车辆经常处于运动状态;车辆出事故的频率非常高。②从与其他保险比较来看,保险标的种类繁多且差异大;汽车保险占财产险比重大;被保险人人数众多且差异大;汽车保险是保险业运用新技术的试验田;汽车保险是各财产保险公司业务竞争的焦点。③从汽车保险业发展来看,汽车保险费率改革市场化;汽车保险市场发展潜力巨大。

9. 汽车保险发展简史中的关键时间点:1895 年,英国的法律意外保险有限公司签发了世界上最早的汽车保险单;1927 年,美国的马萨诸塞州成为世界上首个将汽车的第三者责任险规定为强制责任保险的地区;1949 年,中国人民保险公司成立并开办汽车保险;1955 年,我国停办了汽车保险;1980 年,我国汽车保险业务恢复;1983 年,我国将汽车保险更名为机动车辆保险;1987 年,汽车保险成为财产保险的第一大险种。

【重要概念】

风险　风险因素　风险事故　风险损失　纯粹风险　投机风险　风险管理　保险　公估人　财产保险　人身保险　责任保险　信用保险　定值保险　不定值保险　汽车保险

【知识训练】

1. 填空题

① 纯粹风险导致的结果有_____和_____。

② 风险管理方法分为_____和_____两类。

③ 从经济学角度看,保险是_____的财务安排。

④ 保险的基本职能包括_____和_____,派生职能包括_____和_____。

⑤ 保险市场类型分为_____、_____、_____和_____四种。

⑥ 我国车险保费收入占财产保险保费收入的比例约为_____。

⑦ 世界上最早的汽车保险单是_____年由英国的法律意外保险有限公司签发的。1927 年,_____公布实施了汽车强制保险法,为世界上首个将汽车第三者责任险规定为强制责任保险的地区。_____年英国开始强制实施汽车责任险。20 世纪 50 年代初,中国人民保险公司开办了汽车保险。但不久后出现争议,于是_____年我国停办汽车保险业务。1983 年 11 月我国将汽车保险更名为_____。

⑧ 我国交强险于_____开始实施。

2. 简答题
① 风险有哪些特征？
② 风险要素有哪些？它们相互之间是什么关系？
③ 风险管理的方法有哪些？
④ 何谓保险？
⑤ 保险的构成要素有哪些？
⑥ 汽车保险有哪些特点？
⑦ 简述汽车保险的发展历史。

【技能训练】

1. 台风"海燕"过境，保监局组织保险公司理赔损失五千多万元。

2013年11月13日海口网报道：截至12日中午12时，全省12家财产险公司共接到因台风暴雨所致的案件3450件，其中车险总报案数2950起，非车险500起，农险176起，企财险195起，工程险47起，意外险3起，其他险种45起，总报损金额5670.19万元。

据新华保险海南分公司相关负责人介绍，11月12日，公司接到报案，被保险人赵某10日在三亚值勤时遭遇台风，被树木砸伤脚部，当天在就近诊所治疗。公司接到报案后，理赔人员从海口赶赴三亚现场慰问核实，实施理赔预付管理，将400多元的保险金当即给付赵某，从报案到给付不足5小时。

就目前保险公司提供的统计数据表明，报案涉及的基本情况包括车险、工程险、农险、企财险、意外险。其中，接到的报案电话多数为企业财产和车辆受损。平安产险海南分公司表示，目前所有案件都在有序处理中，所有出险客户全部安排了专人跟踪，随时提供咨询服务。如客户的爱车不慎受损，在该公司合作快赔厂维修则可以享受先赔付再修车的便利，索赔资料交由公司后，客户只需等待理赔即可。

请问：① 按风险的分类，本报道中涉及哪些风险种类？
② 按保险标的的分类依据，本报道中共涉及哪些种类？
③ 本报道体现了保险的什么作用？

2. 汽车全损的赔偿问题。

车主老李给自己用了4整年的爱车投保了交强险、第三者责任险、车辆损失险等。其中，车辆损失险是按照新车购置价格10万元确定的保险金额。某日老李开车途中，由于驾驶疏忽，与路边电线杆相撞，并导致车辆起火。经过路人员施救，老李被从车中救出，而车辆火灾由于没有得到及时控制，导致全车过火，损失严重。经保险公司人员查勘，认为车辆达到报废程度，此次事故属于车辆碰撞事故，为车辆损失险赔偿范围，按车辆折旧并扣除残值1200元，保险公司赔偿老李车辆损失7万元。老李不同意，双方产生纠纷。

请问：① 车辆损失险是定值保险还是不定值保险？二者的赔偿有何区别？
② 保险公司采用上述赔偿方式有何好处？

3. 某财产实际价值10万元，假若分别以15万元、10万元、5万元的保险金额在某保险公司投保，则构成了超额保险、足额保险、不足额保险。

请问：① 若发生了保险事故，导致保险标的全损，则三种投保方式分别如何赔偿？
② 若发生了保险事故，导致保险标的损失5万元，则三种投保方式分别如何赔偿？

【工作页】

汽车保险基础工作页

教师布置日期：　　年　月　日　　　　　　　　个人完成时间：　　　（分钟）

问题：	任务：
若想今后在汽车保险行业工作，应了解哪些保险方面的基础知识呢	作为一名汽车保险行业从业人员，应掌握保险基础知识，以便为从事相关岗位工作打下坚实基础
车险基础知识要点：	

工作步骤	注意事项
1. 常见的导致车辆自身损失的风险有哪些	
2. 车辆在使用过程中因发生意外事故，容易造成哪些责任风险	
3. 车辆除了因意外事故导致车辆自身损失和相关赔偿责任外，还容易导致哪些损失	
4. 汽车保险有何作用	
5. 经营汽车保险业务的公司有哪些	

学习纪要：

项目二

汽车保险合同与原则

【项目概述】

　　购买汽车保险的目的是对车主的人身财产安全提供一定的保障,最终落脚点是理赔保障,而保险公司的理赔依据就是保险合同,所以这就显示出保险合同的重要性。许多消费者购买车险产品时,发现一份汽车保险合同包含的内容非常多,保险条款长达十几甚至几十页,全是晦涩难懂的专业术语,看起来就像一本"天书",导致很多人并不仔细地研读合同。此外,一部分消费者抱怨,买保险时被保险销售员忽悠,出险后这个不能赔那个也不能赔。其实,解读一份保险合同并不难,时间也不需要太长,关键要有正确的阅读方法。

　　汽车保险原则是在汽车保险业发展的过程中逐渐形成并被人们公认的基本原则,这些原则作为人们进行保险活动的准则,始终贯穿于整个保险业务。例如,投保人对保险标的应当具有保险利益,否则汽车保险合同无效;保险理赔中要先判定事故发生的近因,这对保险公司做出的赔付结果有决定性作用。坚持这些基本原则有利于维护保险双方的合法权益,更好地发挥保险的职能和作用,有利于保障人们的生活安定、社会进步。

【建议学时】

6 学时

任务1　汽车保险合同签订

【任务目标】

　　通过"汽车保险合同签订"任务的学习,要求学生:

　　1. 能够描述汽车保险合同的特征、订立生效要件、履行义务、变更情形、解除程序和终止原因。

　　2. 能够为客户解释投保单、保险单及相关汽车保险合同的内容和相关规定。

　　3. 能运用保险合同相关规定处理车险投保和理赔事宜。

【任务导入】

　　某企业一辆载货汽车,因使用年限已久且明显老化,经上级主管部门批准予以报废。但该企业并未将车辆按照规定的报废手续进行处理,而是以数千元的价格卖给了王某。王某将该车拼装整修后,通过非法手段办理了车辆的年审合格假证,再以1.5万元的价格卖给了赵某。赵某明知该车有"问题",但也抵不住低价诱惑而将车买下,并向某保险公司投保了机动车辆损失险,保险金额为6万元。

数月后,该车在使用时翻入了路旁的沟内,损毁较重。查勘员在检查车辆相关证件时,发现证件有问题。经请示领导后,拒绝赔偿,但赵某不同意保险公司的拒绝主张,双方产生纠纷。

【任务准备】

一、保险合同的概念

《中华人民共和国保险法》(以下简称《保险法》)第10条规定:保险合同是投保人与保险人约定保险权利义务关系的协议。是双方约定,投保人向保险人支付保险费,在保险标的遭受约定事故或者约定的事件出现时,由保险人承担经济赔偿责任或履行给付义务的一种民事法律关系。汽车保险合同属于财产保险合同的一种,是以汽车以及相关利益作为保险标的的保险合同。汽车保险合同不仅适用于《保险法》《机动车交通事故责任强制保险条例》《道路交通安全法》等法律法规的规定,而且适用于《中华人民共和国合同法》和《中华人民共和国民法通则》的相关规定。

二、保险合同的特征

与一般经济合同相比,汽车保险合同具有如下特征。

1. 保险合同是双务合同

双务合同是指双方当事人都要承担一定的义务,如保险合同中被保险人应维护保险标的的安全,保险人应赔偿保险事故中标的损失和施救费用。

2. 保险合同是有偿合同

有偿合同是指合同双方当事人的权利取得需花费一定代价,如保险合同中投保人以支付保险费为代价获得保险的保障,而保险人收取保费的前提是承诺当保险标的发生保险事故后给予经济补偿。

3. 保险合同是附和合同

附和合同是指合同双方当事人不充分商议合同的重要内容,而是由一方提出合同的主要内容,另一方只能取与舍,即要么接受对方提出的合同内容,签订合同,要么拒绝。保险合同中,其主要内容一般由保险人事先拟定好,供投保人或被保险人选择,没有变更或修改的余地。

4. 保险合同是射幸合同

射幸是指偶然或不确定的意思。射幸合同是指当事人双方在签订合同时不能确定履行内容的合同。保险合同即为此种合同,比如,如果保险标的发生保险事故,那么保险人必须依照合同赔偿被保险人的经济损失,并且赔偿额度往往超过投保人所付保费,而若保险标的在保险期内没有发生保险事故,则保险人只收取保费而无任何赔偿。

5. 保险合同是最大诚信合同

《保险法》第5条规定:保险活动当事人行使权利、履行义务应当遵循诚实信用原则。合同订立时,投保人应如实告知保险人汽车的使用情况,并如实回答保险人提出的问题,不得隐瞒。保险人应对保险合同相关事宜向投保人解释,不得引诱或误导。所以,保险合同对当事人的诚信度要求非常高。

6. 保险合同具有属人性

保险标的的出险概率往往与被保险人的年龄、性别、职业、习惯等有一定的相关性，所以当保险标的转让时，需考虑被保险人的相关情况，经保险人同意后，方可办理保险变更手续。

三、保险合同主客体及合同内容

1. 保险合同主体

保险合同主体是指在保险合同订立、履行过程中享有合同赋予的权利和承担相应义务的人。根据在合同订立、履行过程中发挥的作用不同，保险合同的主体分为当事人和关系人两类。与汽车保险合同订立发生直接关系的人是当事人，包括保险人和投保人；与汽车保险合同订立发生间接关系的人是关系人，包括被保险人和受益人。

解读汽车保险合同

2. 保险合同客体

保险合同客体是投保人对保险标的的保险利益，表现为因保险标的完好无损而使其受益，因保险标的遭受损坏而使其蒙受经济损失。汽车保险合同的客体不是保险标的本身，而是投保人或被保险人对保险标的具有的合法的经济利害关系，也称为可保利益。

3. 保险合同内容

保险合同内容是投保人、被保险人与保险人之间所约定的权利与义务及其他有关事项，用保险条款加以固定。当保险合同生效后，双方都必须遵守合同的内容。保险合同的内容分为基本内容和约定内容。

（1）基本内容

基本内容是《保险法》规定必须列明的、涉及合同双方当事人权利义务的内容，是保险合同必不可少的组成部分。《保险法》第18条规定了保险合同应具备的事项，汽车保险合同的基本内容见表2-1。

表2-1 汽车保险合同的基本内容

序号	合同内容	注释
1	合同主体的名称和住所	合同主体包括保险人、投保人和被保险人
2	保险标的	损失险的保险标的是被保险机动车；责任险的保险标的是车辆使用过程中对他人造成了财产损失或人身伤害时依法应承担的经济赔偿责任
3	保险责任	规定了保险人承担赔偿或给付保险金责任的范围
4	责任免除	规定了保险人不承担赔偿或给付保险金责任的范围
5	保险期间和保险责任开始时间	保险期间是指保险人为被保险人提供保险保障的起讫时间，保险责任开始时间是保险人承担保险责任的开始时刻
6	保险金额	保险人承担赔偿或给付保险金责任的最高限额
7	保险费	投保人需向保险人缴纳的费用
8	保险金赔偿或者给付办法	《保险法》第23条规定：保险人收到被保险人或者受益人的赔偿或者给付保险金的请求后，应当及时做出核定；情形复杂的，应当在三十日内做出核定，但合同另有约定的除外。保险人应当将核定结果通知被保险人或者受益人；对属于保险责任的，在与被保险人或者受益人达成赔偿或者给付保险金的协议后十日内，履行赔偿或者给付保险金义务。保险合同对赔偿或者给付保险金的期限有约定的，保险人应当按照约定履行赔偿或者给付保险金义务

(续)

序号	合同内容	注释
9	违约责任和争议处理	违约责任是违约方向另一方当事人承担相应的违约责任。争议处理是保险合同发生争议时采取的解决方法，主要有协商、仲裁或诉讼
10	订立合同的时间	保险人同意承保后，在保单上签字盖章的同时，所注明的时间

（2）约定内容

《保险法》第18条规定：投保人和保险人可以约定与保险有关的其他事项。当保险合同的基本内容不能完全表达当事人双方的意愿时，当事人双方可以通过协商约定其他内容，这些称为保险合同的约定内容。

四、保险合同的形式

保险合同的形式主要有投保单、保险单、保险凭证、暂保单和批单五种。

1. 投保单

投保单是投保人向保险人申请订立保险合同的书面要约。投保单是保险人承保的依据，保险合同成立后，投保单是保险合同的重要组成部分。经保险人签章后的投保单效力与保险单相同。

2. 保险单

保险单是保险人和投保人之间订立保险合同的正式书面文件，是保险人向被保险人履行赔偿或给付义务的重要依据。

3. 保险凭证

保险凭证是保险人签发给投保人或被保险人证明保险合同已经订立的书面凭证，是一种内容和形式简化了的保险单，但与保险单具有同等的法律效力。保险凭证未列明的事项以相应的保险单记载内容为准。

4. 暂保单

暂保单是保险人或保险代理人向投保人出具保险单或保险凭证之前签发的临时保险凭证。暂保单的法律效力等同于保险单或保险凭证。暂保单的有效期限较短，一般只有30天，且当保险单或保险凭证出具后，暂保单将自动失效。保险人可以在保险单出具前终止暂保单，但必须提前通知被保险人。

5. 批单

批单是保险合同双方当事人对于保险单的内容进行修改或变更的证明文件。批单是保险合同的重要组成部分。批单的内容与原保险合同内容冲突的，以批单为准。多次批改签发的批单，应以最后批改的批单为准。批单的形式有两种，一种是在原保险单或保险凭证上批注；另一种是出立一张变更保险合同内容的附贴便条。

五、保险合同的订立与生效

1. 保险合同的订立

保险合同的订立是指投保人和保险人在意思表示一致时双方订立保险合同的行为。合同

的订立包括要约阶段与承诺阶段。要约阶段是投保人向保险人提出保险要求的意思表示。承诺阶段是保险人同意投保人提出的保险要求的意思表示。

在保险实务中，由于保险合同是附和合同，投保人的要约为书面要约形式，即填写投保单。无论是投保人自己向保险人提出投保，还是投保人的代理人向保险人提出，投保要约自到达保险人时生效。保险人接到投保单后，经核保审核认为符合承保条件，在投保单上签字盖章并通知投保人后，构成承诺。

2. 保险合同的生效

保险合同的生效是指保险合同对当事人双方发生约束力，即合同条款产生法律效力。一般的合同成立即生效。但是，在保险实践中，保险合同往往约定在合同成立后的某一时间生效。所以，保险合同的成立时间和生效时间有时不一致。保险合同即使已经订立，但生效前发生的保险事故，保险人不承担赔偿责任。

法律规定

《保险法》第13条 投保人提出保险要求，经保险人同意承保，保险合同成立。保险人应当及时向投保人签发保险单或者其他保险凭证。

保险单或者其他保险凭证应当载明当事人双方约定的合同内容。当事人也可以约定采用其他书面形式载明合同内容。

依法成立的保险合同，自成立时生效。投保人和保险人可以对合同的效力约定附条件或者附期限。

第14条 保险合同成立后，投保人按照约定交付保险费，保险人按照约定的时间开始承担保险责任。

第19条 采用保险人提供的格式条款订立的保险合同中的下列条款无效：
（一）免除保险人依法应当承担的义务或者加重投保人、被保险人责任的；
（二）排除投保人、被保险人或者受益人依法享有的权利的。

六、保险合同的履行

保险合同的履行，分为投保人义务的履行和保险人义务的履行两种。

1. 投保人义务的履行

投保人作为合同的当事人之一，其应尽的义务包括：

① 投保人应如实填写保单并回答保险人提出的询问，履行如实告知义务。

② 投保人必须按约定的缴费期限、保险费数额、缴纳方式履行自己的缴费义务。及时缴纳保险费是合同生效的必要条件。

③ 保险合同生效后，投保人或被保险人应当遵守国家有关消防、安全、生产操作、劳动保护等方面的规定，维护保险标的的安全。如果投保人或被保险人未履行上述义务，保险人有权要求增加保险费或解除合同。

④ 当保险标的的危险程度增加时，投保人或被保险人应及时通知保险人。否则，因保险标的的危险程度增加而发生的保险事故，保险人不承担赔偿责任。

⑤ 当发生保险合同约定的保险事故后，被保险人应当及时通知保险人。否则，由此造成的损失扩大，保险人将不承担扩大部分的保险责任。

⑥ 当保险事故发生后，被保险人应当积极采取各种施救措施，防止损失程度的扩大。

否则，对保险标的因此而扩大的损失，保险人有权拒绝承担赔付责任。施救费用在保险金额外另行计算，不得超过保险金额。

2. 保险人义务的履行

① 在订立保险合同时，保险人有义务向投保人详细说明保险合同的各项条款及含义，尤其是对责任免除条款必须明确说明。否则，该条款不产生效力。

② 保险合同成立后，保险人应及时签发保险单证。

③ 保险事故发生后，保险人应积极查勘、准确定损、及时支付赔偿金。否则，由此造成被保险人或受益人损失的，保险人除赔付保险金外，还要承担违约责任。

④ 保险人应赔偿被保险人合理的施救费用及其他费用，如核定事故性质和评估保险标的损失的费用、仲裁费用、诉讼费用等。

⑤ 保险人应为在订立和履行保险合同的过程中所知晓的投保人、被保险人的秘密、隐私以及其他不愿公开的事项保密。

七、保险合同的变更

保险合同的变更是指在保险合同有效期内，当事人依法对合同条款所做的修改和补充。《保险法》第20条规定：投保人和保险人可以协商变更合同内容。变更保险合同的，应当由保险人在保险单或者其他保险凭证上批注或者附贴批单，或者由投保人和保险人订立变更的书面协议。保险合同的变更主要包括三种：合同主体的变更、合同客体的变更、合同内容的变更。

1. 保险合同主体的变更

这是指合同当事人或关系人的变更，主体变更不会改变合同的权利义务和客体，其变更对象主要是投保人、被保险人或受益人，而保险人一般不会变更，只有当保险人破产、被责令停业、公司合并或分立时，才可能出现保险人变更。

2. 保险合同客体的变更

保险合同客体的变更通常是因保险标的价值变化而引起保险利益的变化，如新车价格降低、汽车的使用损耗等会使得投保人的汽车价值减少，进而使得投保人对汽车的保险利益减少，所以此时投保人或被保险人应向保险人提出，经其同意后在保险单上注明，以改变保费交纳的数额。

3. 保险合同内容的变更

保险合同内容的变更是指主体权利义务的变更，一般由投保人根据实际需要或法律规定而提出，经双方协商一致后，给予变更。如汽车使用性质发生改变的，投保人需要变更合同的内容。

八、保险合同的解除与终止

1. 保险合同的解除

保险合同的解除是指保险合同有效成立之后，有效期届满之前，保险合同当事人双方协议或一方行使合同解除权，使合同关系归于消灭的法律行为。保险合同的解除分为投保人解除和保险人解除。

汽车保险合同的解除

> **法律规定**
>
> 《保险法》**第15条** 除本法另有规定或者保险合同另有约定外，保险合同成立后，投保人可以解除合同，保险人不得解除合同。
>
> **第50条** 货物运输保险合同和运输工具航程保险合同，保险责任开始后，合同当事人不得解除合同。
>
> **第54条** 保险责任开始前，投保人要求解除合同的，应当按照合同约定向保险人支付手续费，保险人应当退还保险费。保险责任开始后，投保人要求解除合同的，保险人应当将已收取的保险费，按照合同约定扣除自保险责任开始之日起至合同解除之日止应收的部分后，退还投保人。

① 投保人解除保险合同。一般情况下，投保人有随时解除保险合同的权利，可在合同生效前解除，也可在合同生效后解除。合同生效前解除的，投保人应当向保险人支付一定的手续费，保险人应当退还保险费。合同生效后解除的，保险人按短期费率收取自保险责任开始之日起至合同解除之日止期间的保险费，并退还剩余部分保险费。

但有特殊规定的保险合同，投保人是不得解除的，比如货物运输和运输工具航程等保险合同，保险责任开始后不允许解除，强制险的保险合同不允许解除等。

② 保险人解除保险合同。一般情况下，保险人不得随意解除保险合同。但当投保人、被保险人有违约或违法行为时，保险人可以解除保险合同。

> **法律规定**
>
> 《保险法》**第16条** 订立保险合同，保险人就保险标的或者被保险人的有关情况提出询问的，投保人应当如实告知。
>
> 投保人故意或者因重大过失未履行前款规定的如实告知义务，足以影响保险人决定是否同意承保或者提高保险费率的，保险人有权解除合同。
>
> 前款规定的合同解除权，自保险人知道有解除事由之日起，超过三十日不行使而消灭。自合同成立之日起超过二年的，保险人不得解除合同；发生保险事故的，保险人应当承担赔偿或者给付保险金的责任。
>
> 投保人故意不履行如实告知义务的，保险人对于合同解除前发生的保险事故，不承担赔偿或者给付保险金的责任，并不退还保险费。
>
> 投保人因重大过失未履行如实告知义务，对保险事故的发生有严重影响的，保险人对于合同解除前发生的保险事故，不承担赔偿或者给付保险金的责任，但应当退还保险费。
>
> 保险人在合同订立时已经知道投保人未如实告知的情况的，保险人不得解除合同；发生保险事故的，保险人应当承担赔偿或者给付保险金的责任。
>
> 保险事故是指保险合同约定的保险责任范围内的事故。
>
> **第27条** 未发生保险事故，被保险人或者受益人谎称发生了保险事故，向保险人提出赔偿或者给付保险金请求的，保险人有权解除合同，并不退还保险费。
>
> 投保人、被保险人故意制造保险事故的，保险人有权解除合同，不承担赔偿或者给付保险金的责任；除本法第43条规定外，不退还保险费。
>
> 保险事故发生后，投保人、被保险人或者受益人以伪造、变造的有关证明、资料或者其他证据，编造虚假的事故原因或者夸大损失程度的，保险人对其虚报的部分不承担赔偿或者给付保险金的责任。
>
> 投保人、被保险人或者受益人有前三款规定行为之一，致使保险人支付保险金或者支出费用的，应当退回或者赔偿。
>
> **第49条** 保险标的的转让的，保险标的的受让人承继被保险人的权利和义务。
>
> 保险标的的转让的，被保险人或者受让人应当及时通知保险人，但货物运输保险合同和另有约定的合同除外。

> 因保险标的转让导致危险程度显著增加的，保险人自收到前款规定的通知之日起三十日内，可以按照合同约定增加保险费或者解除合同。保险人解除合同的，应当将已收取的保险费，按照合同约定扣除自保险责任开始之日起至合同解除之日止应收的部分后，退还投保人。
>
> 被保险人、受让人未履行本条第二款规定的通知义务的，因转让导致保险标的的危险程度显著增加而发生的保险事故，保险人不承担赔偿保险金的责任。
>
> **第51条** 被保险人应当遵守国家有关消防、安全、生产操作、劳动保护等方面的规定，维护保险标的的安全。
>
> 保险人可以按照合同约定对保险标的的安全状况进行检查，及时向投保人、被保险人提出消除不安全因素和隐患的书面建议。
>
> 投保人、被保险人未按照约定履行其对保险标的的安全应尽责任的，保险人有权要求增加保险费或者解除合同。
>
> 保险人为维护保险标的的安全，经被保险人同意，可以采取安全预防措施。
>
> **第52条** 在合同有效期内，保险标的的危险程度显著增加的，被保险人应当按照合同约定及时通知保险人，保险人可以按照合同约定增加保险费或者解除合同。保险人解除合同的，应当将已收取的保险费，按照合同约定扣除自保险责任开始之日起至合同解除之日止应收的部分后，退还投保人。
>
> 被保险人未履行前款规定的通知义务的，因保险标的的危险程度显著增加而发生的保险事故，保险人不承担赔偿保险金的责任。
>
> **第58条** 保险标的发生部分损失的，自保险人赔偿之日起三十日内，投保人可以解除合同；除合同另有约定外，保险人也可以解除合同，但应当提前十五日通知投保人。
>
> 合同解除的，保险人应当将保险标的未受损失部分的保险费，按照合同约定扣除自保险责任开始之日起至合同解除之日止应收的部分后，退还投保人。

2. 保险合同的终止

保险合同的终止是指保险合同双方当事人消灭保险合同确定的权利和义务的行为。常见的导致合同终止的原因有：

① 当法律规定或合同约定的事由出现时，当事人通过行使解除权使保险合同效力终止。

② 保险合同因保险期限到期而终止，又称自然终止，这是最常见的一种方式。

③ 在保险合同有效期内，保险事故发生后，保险人依合同规定履行了赔付保险金的全部责任后使合同终止，即保险合同因义务履行而终止。

④ 保险标的发生部分损失，在保险人赔偿后，合同的双方当事人都可以行使终止权使合同效力终止。

⑤ 因非保险事故引起保险标的的全部灭失而导致保险合同终止。

3. 保险合同解除与终止的区别

① 直接原因不同。解除的直接原因是一方意思的表示或解除合同的协议；而终止的直接原因往往是合同到期、合同履行完毕或保险标的的灭失等。

② 履行程度不同。解除通常是合同未到期，也未履行完毕，而是将正在生效的合同提前终止其效力；而终止通常是合同到期、合同履行完毕。

③ 法律后果不同。解除是提前解除合同，存在溯及既往的问题；而终止是合同权利义务归于消灭，不存在溯及既往的问题。

【任务实施】

1. 保险人和投保人就保险供需达成一致是汽车保险合同成立的基本条件

《保险法》第13条规定：投保人提出保险要求，经保险人同意承保，保险合同成立。

导入案例中的赵某向保险公司提出保险需求,保险人也同意承保,并签发了保单,因此,该汽车保险合同成立。

2. 合同生效是保险公司赔偿保险金的前提

保险合同的无效,是指保险合同虽已订立,但由于违反国家规定或者其他原因,合同在法律上自始不发生效力,双方当事人不受合同约束的情形。根据不同的原因来划分,无效有约定无效与法定无效两种;根据不同的范围来划分,无效有全部无效与部分无效两种;根据时间来划分,无效有自始无效和失效两种。导入案例中赵某明知该车有问题,仍以低价买入,投保时不仅超额投保了机动车辆损失保险,还隐瞒了该车的真实情况,违反了被保险人应该如实告知的义务。而合同当事双方必须完全履行如实告知的义务也是汽车保险合同生效的要件。因此,该汽车保险合同属于法定无效、全部无效、自始无效合同,所以,该保险合同是无效合同,从开始订立起就没有任何法律效力。

(1)约定无效与法定无效

约定无效由合同的当事人任意约定。只要约定的理由出现,则合同无效。法定无效由法律明文规定。法律规定的无效原因一旦出现,则合同无效。各国的保险法通常都规定,符合下列情况之一者,保险合同无效。

① 合同系代理他人订立而不做申明。
② 恶意的重复保险。
③ 人身保险中未经被保险人同意的死亡保险。
④ 人身保险中被保险人的真实年龄已超过保险人所规定的年龄限制。

(2)全部无效与部分无效

全部无效是指保险合同全部不发生效力,以上讲的几种情况就属于全部无效;部分无效是指保险合同中仅有一部分无效,其余部分仍然有效。如善意的超额保险,保险金额超过保险价值的部分无效,但在保险价值限额以内的部分仍然有效。又如在人身保险中,被保险人的年龄与保单所填写的不符(只要没有超过保险人所规定的保险年龄的限度),保险人按照被保险人的实际年龄给付保险金额,这也是部分无效。

(3)自始无效与失效

自始无效是指合同自成立起就不具备生效的条件,合同从一开始就不生效;失效是指合同成立后,因某种原因而导致合同无效。如被保险人因对保险标的失去保险利益,保险合同即失去效力。失效不需要当事人做意思表示,只要失效的原因一出现,合同即失去效力。

3. 保险合同的解除是保险人拒绝承担保险责任的前提

保险人只有享有保险合同解除权,才可以拒绝承担保险责任。在司法实践中,判断保险人是否可以拒赔,应首先判断其是否具有保险合同解除权。《保险法》第16条规定:投保人故意或者因重大过失未履行前款规定的如实告知义务,足以影响保险人决定是否同意承保或者提高保险费率的,保险人有权解除合同。投保人故意不履行如实告知义务的,保险人对于保险合同解除前发生的保险事故,不承担赔偿或者给付保险金的责任,并不退还保险费。因此,导入案例中保险公司有权解除该保险合同,并不负担已经发生的交通事故的赔偿责任,甚至可以不退保费。

4. 案件评析

由于汽车保险市场上在保险公司和投保人之间存在着严重的信息不对称,该市场上也产生了逆向选择和道德风险的问题。尤其是汽车保险中的道德风险，让汽车保险更是多出了很多欺诈保赔的案件。造成此类案件的主要原因：

① 保险公司内部管理不规范。既有保险公司管理不严的原因，也有从业人员思想业务素质不高的原因。一是承保、定损人员缺乏应有的专业知识和操作技能，难以对标的风险情况做出正确的评估。二是在承保、查勘定损过程中有章不循，操作不严。如承保时对标的不查验或查勘时不到现场等，这些在客观上助长了保险欺诈之风。此外，少数保险从业人员思想素质较差，缺乏职业道德，与社会上的不法之徒串通一气，合谋骗赔。由于他们熟悉保险条款、规章制度和运作过程，因而手段更加狡诈、隐蔽，成功率也较大，不仅使保险人蒙受直接经济损失，而且也损害了保险人的社会形象。

② 现有法律不健全，专业司法人员缺乏。由于保险诈骗罪是结果犯罪，没有保险诈骗未遂罪，即如果没有造成实质性后果和损失，就不构成保险诈骗罪，无法追究其刑事责任。公安部门对保险欺诈未遂案件，一般采取批评教育的方式处理。

③ 社会上一些不良风气助长了保险诈保骗赔案件的发生，从而引发道德风险。社会上一些部门和人员，缺乏应有的职业道德感，为那些想诈保骗赔的人提供方便，有的甚至同这些部门的相关人员串谋诈保骗赔，使许多诈保骗赔的人员可以获取索赔所需的证明材料。再者，现在社会上存在制假、造假现象，这也为一些不法分子利用假发票、假公章、假证明材料进行诈保骗赔打开了方便之门。

【任务评价】

汽车保险合同签订任务评价表

序号	内容及要求	评分	评分标准	自评	组评	师评	得分
1	识读汽车保险合同的基本内容	20	指出保险合同的基本组成并做简要解释，每答对1个组成得1分，解释恰当再得1分				
2	辨识与保险合同订立有关人员的关系	10	每说出一个合同关系人及其法律责任（包括合同辅助人）得2分，以满分为限				
3	列举订立合同时投保人和保险人应履行的义务	20	每缺少一条扣2分				
4	列举合同变更的不同情况	20	每列出一种合同变更情形得2分，以满分为限				
5	列举保险合同解除的情形	20	每列出一个合同解除情形得2分，以满分为限				
6	列出保险合同终止的可能原因，并举例	10	每列出一个合同终止原因得1分，举例得当再得1分				

指导教师总体评价

指导教师：
年　　月　　日

【知识拓展】

一、保险合同的解释原则

在保险实践中,保险双方当事人由于种种原因对保险合同往往有不同的理解,经常引发保险纠纷,此时必须依据一定的原则作为准绳,正确解释合同的含义,并使双方均认同。解释保险合同的常用原则有文义解释、意图解释、有利于被保险人或受益人的解释、尊重保险惯例的解释。

① 文义解释。是指对保险合同中所使用的文字词句用最通常含义进行解释。它是解释保险合同的最主要方法。

② 意图解释。是指用文义解释原则解释保险合同时,如果所使用的文字词句或者某些条款可能做两种及以上解释,此时应根据双方当事人订立合同时的真实意图来进行解释。

③ 有利于被保险人或受益人的解释。是指当保险合同某些条款出现一词多义时,并且各种解释都有一定道理时,应当做有利于被保险人或受益人(即非合同起草人)的解释。

④ 尊重保险惯例的解释。是指在对保险业专业用语和行业习惯用语做解释时,应考虑其在保险业中的特别含义,能为保险经营者所承认和接受。

法律规定

《保险法》第 30 条 采用保险人提供的格式条款订立的保险合同,保险人与投保人、被保险人或者受益人对合同条款有争议的,应当按照通常理解予以解释。对合同条款有两种以上解释的,人民法院或者仲裁机构应当做出有利于被保险人和受益人的解释。

二、保险合同争议的处理

当保险合同双方对合同内容的解释产生异议,又无法达成妥协时,即产生了保险合同的争议。其处理方法通常有协商、仲裁和诉讼三种。

协商是指双方当事人本着互谅互让、实事求是的原则,在平等互利、合法的基础上自行解决争议。该处理方式双方气氛友好、处理事情的灵活性大并能节省仲裁或诉讼的费用。

仲裁是指双方当事人把保险合同的纠纷诉诸有关仲裁机关做出判断或裁决。该处理方式费用较诉讼低,且不公开进行,不至于损害双方的利益。

诉讼是指双方当事人请求人民法院依照法定程序,对于保险纠纷予以审查,并做出判决。该处理方式是司法活动,司法判决具有国家强制力,当事人必须予以执行。

任务2 汽车保险原则运用

【任务目标】

通过"汽车保险原则运用"任务的学习,要求学生:

1. 能够描述最大诚信原则的内容、保险利益的构成要素、近因的判定规则、损失补偿的限度、代位原则的前提条件、分摊原则的计算方法。

2. 能运用保险的基本原则分析实际案例和进行车险理赔。

【任务导入】

2015 年夏天,南京市民陈女士骑电动车正常行驶时,被一辆右转私家车撞上,后经鉴定，陈女士的颅脑和颅骨分别构成九级和十级伤残。肇事车主当时正在跑一个网约车订单。相关部门认定肇事车负全责。肇事车主在保险公司给该车投保了交强险及100万元第三者责任险。事故发生后，车主要求保险公司出险并理赔。不过，保险公司以车辆当时是在跑网约车为由，拒绝了车主的第三者责任险理赔要求。2016年5月，陈女士将肇事车主及保险公司诉至江宁区人民法院，索赔包括医药费、残疾赔偿金等近30万元。

【任务准备】

保险的基本原则是人们在保险业务的长期经营过程中总结出来的规律性的东西，是保险合同相关人员应当遵守的基本准则。深刻理解这些原则，对保险合同相关人员理解条款、分析案例、解决纠纷具有指导意义。保险的基本原则包括最大诚信原则、保险利益原则、近因原则、损失补偿原则以及损失补偿原则派生出来的代位原则和分摊原则。

一、最大诚信原则

1. 最大诚信原则定义

诚信是指诚实和守信。讲诚信是做人的基本准则，是进行任何民事活动都必须遵循的。与一般民事活动不同的是，在保险活动中，对当事人的诚信要求更为严格，必须具有"最大诚信"。这是由保险经营对象的特殊性、保险合同双方信息的不对称性以及随合同的成立易诱发新的风险等特点决定的。首先，保险经营的对象是风险，不像有形产品，能通过严格的工艺流程控制产品的次品率，而风险是否容易发生、发生后损失程度是否能控制，与当事人的态度有很大关系。其次，保险双方当事人所知晓的信息具有不对称性，投保人对保险标的情况非常熟悉，而保险人对保险合同内容、保险条款含义非常熟悉。第三，购买了保险后，被保险人容易放松对保险标的的防护而诱发较大的心理风险。因此，保险中只有双方都如实告知，诚实守信，遵守规定，才能使保险活动正常进行。

最大诚信原则是指保险合同的双方当事人在保险合同的签订和履行过程中，必须以最大的诚意，履行自己的义务，互不欺骗和隐瞒，恪守合同的约定，否则保险合同无效。

2. 最大诚信原则内容

最大诚信原则的内容包括告知、保证、弃权与禁止反言。

（1）告知

告知分为投保人告知和保险人告知两种。

投保人告知是指将保险标的的相关事项和被保险人的有关信息如实陈述给保险人。投保人告知的形式有无限告知和询问回答告知两种。无限告知是指法律对告知的内容没有具体的规定，只是要求投保人或被保险人自行尽量将保险标的的风险状况及其有关重要事实如实告知保险人。询问回答告知是指投保人或被保险人对保险人询问的问题必须如实告知，对询问以外的问题视为非重要事实，不需要告知。无限告知对投保人要求非常严格，大多数国家采取询问回答告知形式，我国保险法即规定采用此种形式。投保人的告知多是表现为填写投保单。投保单中列出了保险人认定的重要问题，投保人如实填写即可。投保人告知的具体内容包括：合同订立时，与保险标的及其危险程度有关的重要事实；合同订立后，保险标的的危险程度增加、保险标的的转让、保险事故发生、存在重复保险情况等。投保人违反告知义务的法律后果是：投保人故意隐瞒事实，不履行如实告知义务的，或者因过失未履行如实告知义务，足以影响保险人决定是否同意承保或者提高保险费率的，保险人有权解除保险合同；投保人故意不履行如实告知义务的，保险人对保险合同解除前发生的保险事故，不承担赔偿或者给付保险金的责任，并不退还保险费；投保人因过失未履行如实告知义务，对保险事故的发生有严重影响的，保险人对保险合同解除前发生的保险事故，不承担赔偿或者给付保险金的责任，但可以退还保险费。

保险人告知是指保险人应当向投保人据实说明保险合同条款内容。保险人告知形式有明确列明和明确说明两种。明确列明是指保险人只需将保险的主要内容明确列明在保险合同中，即视为已告知投保人；明确说明是指保险人不仅应将保险的主要内容明确列明在保险合同中，还必须对投保人进行明确的提示和正确的解释。在国际上，通常只要求保险人采用明确列明的告知形式。我国为更好地保护被保险人的利益，要求保险人采用明确说明的告知形式。保险人告知的具体内容包括：合同订立时，保险人应当主动向投保人说明保险条款中保险责任，责任免除，投保人、被保险人义务等内容，尤其要明确说明责任免除部分；其他可能会影响投保人做出投保决定的事实。保险人违反告知义务的法律后果是：未明确说明的保险合同中规定的有关保险人的责任免除条款，该条款不产生效力。

> **法律规定**
>
> 《保险法》**第 16 条** 订立保险合同，保险人就保险标的或者被保险人的有关情况提出询问的，投保人应当如实告知。
>
> 投保人故意或者因重大过失未履行前款规定的如实告知义务，足以影响保险人决定是否同意承保或者提高保险费率的，保险人有权解除合同。
>
> 前款规定的合同解除权，自保险人知道有解除事由之日起，超过三十日不行使而消灭。自合同成立之日起超过二年的，保险人不得解除合同；发生保险事故的，保险人应当承担赔偿或者给付保险金的责任。
>
> 投保人故意不履行如实告知义务的，保险人对于合同解除前发生的保险事故，不承担赔偿或者给付保险金的责任，并不退还保险费。
>
> 投保人因重大过失未履行如实告知义务，对保险事故的发生有严重影响的，保险人对于合同解除前发生的保险事故，不承担赔偿或者给付保险金的责任，但应当退还保险费。
>
> 保险人在合同订立时已知道投保人未如实告知的，保险人不得解除合同；发生保险事故的，保险人应当承担赔偿或者给付保险金的责任。
>
> 保险事故是指保险合同约定的保险责任范围内的事故。
>
> **第 17 条** 订立保险合同，采用保险人提供的格式条款的，保险人向投保人提供的投保单应当附格式条款，保险人应当向投保人说明合同的内容。
>
> 对保险合同中免除保险人责任的条款，保险人在订立合同时应当在投保单、保险单或者其他保险凭证上做出足以引起投保人注意的提示，并对该条款的内容以书面或者口头形式向投保人做出明确说明；未做提示或者明确说明的，该条款不产生效力。

(2) 保证

保证是指投保人或被保险人根据保险合同的规定，在保险期间内对某一投保事项的作为或不作为，或某种事态的存在或不存在向保险人做出的承诺。

保证分为明示保证和默示保证。

明示保证是以语言、文字和其他习惯方式在保险合同内说明的保证。明示保证按事项内容又可以分为确认保证和承诺保证。确认保证是指投保人对过去或现在某种事态存在或不存在的保证，其所保证的事项不涉及将来。承诺保证是指投保人对将来某一特定投保事项的作为或不作为。违反确认保证的，保险合同自始无效，故意违反的，不退还保险费，过失违反的，可退还保险费；违反承诺保证的，自违反之时起保险合同归于无效，并不退还保险费。

默示保证是指在保险单中，虽没有文字明确列出，但在习惯上已经被社会公认为是投保人或被保险人应该遵守的规则，如要求被保险的车辆必须有正常的行驶能力等。

对于保证条款，包括明示保证和默示保证，投保人或被保险人应严格遵守，一旦违反，无论是否给保险人造成损害，保险人均有权解除合同，并不承担赔偿或给付保险金的责任。

（3）弃权和禁止反言

弃权是指保险合同的当事人放弃其在保险合同中可以主张的权利。禁止反言是指保险合同的一方当事人既然已经放弃了这种权利，当保险合同生效后，就不得反悔再向对方主张这种权利。在保险活动中，弃权与禁止反言主要用以约束保险人。

二、保险利益原则

1. 保险利益原则定义

保险利益是指投保人或被保险人对保险标的具有的法律上承认的利益，即在保险事故发生时，可能遭受的损失或失去的利益。这种经济利益因保险标的的完好、健在而存在，因保险标的的损毁、伤害而受损。

保险利益原则是指在保险合同签定时，投保人或被保险人对保险标的必须具有保险利益；在保险合同有效期内，投保人或被保险人不能失去对标的的保险利益，否则合同将失效。比如，一行人将路边停放的汽车投保，由于他对该车不具有保险利益，签订的合同无效；如果这位行人给自己拥有的汽车投保，则保险合同有效，但当车辆转让他人后，由于他对该车辆失去了利益，合同也会随之失效，如果此时车辆再发生事故，保险公司便不会对其进行赔偿。保险法规要求，对此种情况，需要办理合同变更手续，以维持合同继续有效。

法律规定

《保险法》第 12 条 人身保险的投保人在保险合同订立时，对被保险人应当具有保险利益。

财产保险的被保险人在保险事故发生时，对保险标的应具有保险利益。

人身保险是以人的寿命和身体为保险标的的保险。

财产保险是以财产及其有关利益为保险标的的保险。

被保险人是指其财产或者人身受保险合同保障，享有保险金请求权的人。投保人可以为被保险人。

保险利益是指投保人或被保险人对保险标的具有的法律上承认的利益。

第 48 条 保险事故发生时，被保险人对保险标的不具有保险利益的，不得向保险人请求赔偿保险金。

第 49 条 保险标的转让的，保险标的的受让人承继被保险人的权利和义务。

保险标的转让的，被保险人或者受让人应当及时通知保险人，但货物运输保险合同和另有约定的合同除外。

因保险标的的转让导致危险程度显著增加的，保险人自收到前款规定的通知之日起三十日内，可以按照合同约定增加保险费或者解除合同。保险人解除合同的，应当将已收取的保险费，按合同约定扣除自保险责任开始之日起至合同解除之日止应收的部分后，退还投保人。

被保险人、受让人未履行本条第二款规定的通知义务的，因转让导致保险标的的危险程度显著增加而发生的保险事故，保险人不承担赔偿保险金的责任。

2. 保险利益构成条件

投保人或被保险人对保险标的所拥有的利益并非都能成为保险利益，保险利益必须符合一定的条件，这些条件是：

首先，保险利益必须是合法利益，即符合法律要求，为法律承认和受法律保护。对违法行为所产生的利益，不能成为保险标的，投保人或被保险人对其没有保险利益。例如，小偷对盗窃赃物的利益便不能成为保险利益。

其次，保险利益必须是经济利益，即可以用货币估算其价值。保险实质是对被保险人遭受的经济损失给予补偿。如果不能用货币衡量其价值损失的多少，也就无法实现对损失的补偿。比如，亲人的照片、爱人的书信，虽然所有人对其拥有利益甚至是重大利益，但由于该利益无法用金钱计算，不能构成保险利益。

第三，保险利益必须是确定利益，包括已经确定的利益和可以确定的利益。已经确定的利益为现有利益，如车主对投保汽车的利益；尚未确定但可以确定的利益，为预期利益，如农民对投保的农产品的收成利益。现有利益比较容易确定，预期利益容易引起争议。

【案例2-1】 合资车辆的保险利益划分

孙某与王某合资购车，二人约定，孙某负责货车驾驶，王某负责联系业务，所得利润按双方出资的比例分配。车辆投保是孙某自己办理的，车险保单上被保险人只有孙某。某天孙某驾车与他人车辆发生碰撞，货车全部受损，孙某死亡。经交警判定，对方车辆负全责。事故发生后，王某与孙某的家人一起向保险公司提出索赔。

案情分析：本案争议点在于，孙某对于事故车辆是否具有保险利益。投保车辆是孙某与王某共同所有，孙某虽仅对车辆享有部分所有权，但其负责实际保管及经营该车辆，依据保险利益的构成条件应认定孙某对投保车辆具有完全的保险利益。孙某的家人在获得保险公司的保险赔款后，无权占为己有，应与共有人王某按照对共有财产享有的份额分配财产损失保险赔款。

三、近因原则

1. 近因原则定义

近因是指造成保险标的损失的最直接、最有效、起主导作用或支配性作用的原因，而不是指在时间上或空间上与损失最接近的原因。

汽车保险近因原则的应用

近因原则是指造成保险标的损失的近因属于保险责任范围的，保险人承担损失赔偿责任；造成保险标的损失的近因不属于保险责任范围的，保险人不承担损失赔偿责任。在保险业务中，近因原则是认定保险责任的一个重要原则，对判定事故损失是否属于保险赔偿范围具有重要的意义。

2. 近因的判定

任何一起事故的理赔都必须坚持近因原则，所以对事故的近因判定非常关键。事故的近因判定可分为以下几类。

（1）单一原因造成的损失

该种情况下，造成损失的原因唯一，该原因即为近因。若这一原因符合条款的保险责任范围，则保险人应赔偿事故损失；否则，保险人不应赔偿事故损失。例如，一投保了车辆损失险的车辆，若因雹灾导致车辆受损，则雹灾为近因，且雹灾属于车辆损失险的保险范围，所以保险人负责赔偿车辆损失；若因饮酒导致车辆受损，则饮酒为近因，而饮酒不属于车辆损失险的保险范围，所以保险人不负责赔偿车辆损失。

（2）多种原因同时发生造成的损失

该种情况下，造成损失的多种原因均为近因。若这些原因均符合条款的保险责任范围，则保险人应赔偿事故损失。若这些原因均不符合条款的保险责任范围，则保险人不应赔偿事故损失。若这些原因中既有符合保险责任范围的，也有不符合保险责任范围的，且损失比例划分清楚，则保险责任范围内的原因导致的损失保险人负责赔偿，而保险责任范围外的原因导致的损失，保险人不负责赔偿；如果损失比例难以划分清楚，则保险人不予赔偿或保险双方协商后按比例赔偿。例如，意外事故中对死亡人员"伤病比"的讨论，单纯的"伤"不会产生死亡结果，单纯的"病"也不会产生死亡结果，但在二者共同作用下导致了人的死亡，所以，此时应确定两种因素对死亡结果起作用的比例。

（3）多种原因连续发生造成的损失

该种情况下，要分析前因与后因之间有无因果关系。若有因果关系，那么最先发生并造成一连串事故的前因是事故损失的近因。此时，只需要判断最先的原因是否属于保险责任范围即可。若无因果关系，只是时间有先后，则后因是事故近因。若后因属于保险责任范围，则保险人应负赔偿责任，否则，不负赔偿责任。如保险车辆暴雨中行驶时熄火，强行起动后导致发动机受损的案例。用近因原则分析可知：发动机受损的过程是"暴雨——强行起动——发动机受损"，有暴雨的前因，有强行起动的后因，但后因与前因之间没有必然联系，因此，该起事故的近因是强行起动发动机。

（4）多种原因间断发生造成的损失

在一连串间断发生的原因中，有一项新的独立的原因介入，导致损失，若它为保险责任，保险人应负赔偿责任；反之，保险人不负赔偿责任。

四、损失补偿原则

1. 损失补偿原则定义

损失补偿原则是指当保险标的发生保险责任范围内的损失时，保险人按照合同规定，给予被保险人一定的保险赔偿，使被保险人恢复到受灾前的经济原状，但不能因损失而获得额外利益。损失补偿是保险的基本职能，通过保险补偿，避免被保险人因保险事故造成的损失而影响生产或生活的稳定。

2. 损失补偿方式

保险人履行损失赔偿责任的方式有现金给付、重置和维修三种。

① 现金给付。是财产保险最常见的损失补偿方式，它简单方便，结案迅速，深受欢迎，如机动车第三者责任险中人身伤害的赔偿。

② 重置。是指保险人重新购置与保险标的相同或相似的物品给予被保险人作为补偿，如汽车总成部件的损坏赔偿。

③ 维修。是指当保险标的受损时，保险人采用维修的办法，将保险标的的性能恢复到未受损时的状况，如车辆损失的赔偿。

3. 损失补偿限度

保险人履行损失赔偿责任时，必须把握三个限度，以保证被保险人既能恢复失去的经济利益，又不会由于保险赔款而额外受益。

① 以实际损失为限。即保险赔偿金额不能超过保险标的损失时的市价。

② 以保险金额为限。即保险赔偿金额不得高于保险金额。

③ 以保险利益为限。即被保险人获得的赔款，不得超过对被损财产所具有的保险利益。

例如，某房屋价值50万元，房主投保了半年的火灾保险，保额50万元。由于市场波动，一个月后该房市价变为40万元，如果此时发生火灾，房屋全损，那房主可从保险公司获得40万元的赔偿，这是以实际损失为限。两个月后该房市价又变为60万元，如果此时发生火灾，房屋全损，那房主可从保险公司获得50万元的赔偿，这是以保险金额为限。九个月后该房市价又变为50万元，此时，房主向银行贷款30万元，并以房屋做抵押，银行为安全起见，将该房屋投了为期一年的火灾保险，保险金额50万元，如果买了保险后发生火灾，房屋全损，那银行可从保险公司获得30万元的赔偿，这是以保险利益为限。可见，保险的补偿以保险金额、实际损失、保险利益中最小的一个作为赔偿限度。

五、代位原则

代位原则是损失补偿原则的派生原则。

1. 代位原则定义

代位原则是指保险人依照约定，对被保险人遭受的损失进行赔偿后，依法取得向对损失负有责任的第三者进行追偿的权利，或取得被保险人对保险标的的所有权。其中，依法取得向对损失负有责任的第三者进行追偿的权利，为权利代位，又称代位追偿；依法取得被保险人对保险标的的所有权，为物上代位。所以代位原则包括权利代位和物上代位两部分。

2. 权利代位

（1）权利代位产生条件

产生代位追偿权，必须具备三个条件：

首先，保险标的的损失必须是由第三者造成的，依法应由第三者承担赔偿责任。

其次，保险标的的损失是保险责任范围内的损失，根据合同约定，保险公司理应承担赔偿责任。

第三，保险人必须在赔偿保险金后，才能取代被保险人的地位与第三者产生债务债权关系。

（2）权利代位的规定

保险人通过代位追偿得到的第三者赔偿额度，只能以保险人支付给被保险人的实际赔偿额为限，超出部分的权利属于被保险人，保险人无权处理。如保险人在支付了15000元的保险赔款后向有责任的第三方追偿，追偿款为20000元，则要将多余的5000元退还给被保险人。

代位追偿的对象是负民事赔偿责任的第三者，既可以是法人、自然人，也可以是其他经济组织，但保险人不得对被保险人的家庭成员或者其组成人员行使代位追偿权利，除非被保险人的家庭成员或者其组成人员故意造成保险事故。

保险人向负民事赔偿责任的第三者行使代位请求赔偿的权利，不影响被保险人就未取得赔偿的部分向第三者请求赔偿的权利。

保险事故发生后，保险人未赔偿保险金之前，被保险人放弃对第三者请求赔偿权利的，保险人不承担赔偿保险金的责任。保险人向被保险人赔偿保险金后，被保险人未经保险人同意放弃对第三者请求赔偿的权利的,该行为无效。由于被保险人的过错致使保险人不能行使代位请求赔偿权利的,保险人可以相应地扣减保险赔偿金。

法律规定

《保险法》第60条 因第三者对保险标的的损害而造成保险事故的,保险人自向被保险人赔偿保险金之日起,在赔偿金额范围内代位行使被保险人对第三者请求赔偿的权利。

前款规定的保险事故发生后,被保险人已经从第三者取得损害赔偿的,保险人赔偿保险金时,可以相应扣减被保险人从第三者已取得的赔偿金额。

保险人依照本条第一款规定行使代位请求赔偿的权利,不影响被保险人就未取得赔偿的部分向第三者请求赔偿的权利。

第61条 保险事故发生后,保险人未赔偿保险金之前,被保险人放弃对第三者请求赔偿的权利的,保险人不承担赔偿保险金的责任。

保险人向被保险人赔偿保险金后,被保险人未经保险人同意放弃对第三者请求赔偿的权利的,该行为无效。

被保险人故意或者因重大过失致使保险人不能行使代位请求赔偿的权利的,保险人可以扣减或者要求返还相应的保险金。

第62条 除被保险人的家庭成员或者其组成人员故意造成本法第六十条第一款规定的保险事故外,保险人不得对被保险人的家庭成员或者其组成人员行使代位请求赔偿的权利。

第63条 保险人向第三者行使代位请求赔偿的权利时,被保险人应当向保险人提供必要的文件和所知道的有关情况。

【案例2-2】 放弃对第三者请求赔偿的权利,保险公司还会不会赔偿

2018年底,史某就自己的一辆新捷达轿车向保险公司投保交强险、车损险和第三者责任险。2019年初,史某的车辆被追尾,史某跳下车,发现追尾的是其好朋友常某,遂转怒为笑,称我的车已经上保险了,我找保险公司赔偿,你就不要管了。史某找保险公司验了车,然后修车花了4000元,要求保险公司赔偿损失。保险公司要求史某告知肇事者的姓名以便行使代位索赔权,但是史某称肇事者是自己的朋友,已经不要她赔偿了,保险公司听说此情况后拒绝赔偿。

案情分析:本案争议点在于,史某是否有权要求保险公司赔偿自己的损失。本案中史某有权不要肇事者赔偿自己车辆的损失,因为财产人有权放弃自己的财产权利。而保险公司拒绝赔偿也有法律依据。依据《保险法》第61条规定:"保险事故发生后,保险人未赔偿保险金之前,被保险人放弃对第三者请求赔偿的权利的,保险人不承担赔偿保险金的责任"。史某不能要求保险公司赔偿自己的损失,因为自己对常某的弃权行为对保险公司也发生效力。

3. 物上代位

保险事故发生后,保险人已支付了全部保险金额,并且保险金额等于保险价值的,受损保险标的的全部权利归于保险人;保险金额低于保险价值的,保险人按照保险金额与保险价值的比例取得受损保险标的的部分权利。物上代位实际上是一种物权的转移,当保险人在处理标的物时,若得到的利益超过赔偿的金额,应属保险人所有。

法律规定

《保险法》第59条 保险事故发生后,保险人已支付了全部保险金额,并且保险金额等于保险价值的,受损保险标的的全部权利归于保险人;保险金额低于保险价值的,保险人按照保险金额与保险价值的比例取得受损保险标的的部分权利。

六、分摊原则

分摊原则是损失补偿原则的另一派生原则。

1. 分摊原则定义

分摊原则是指在重复保险的情况下,当保险事故发生时,各保险人应采取适当的分摊方法分配赔偿责任,使被保险人既能得到充分的补偿,又不会超过其实际损失而获得额外利益。

分摊原则适用于重复保险。重复保险是指投保人对同一标的、同一保险利益、同一保险事故分别与两个以上保险人订立保险合同,其保险金额总和超过保险标的实际价值的保险。重复保险是允许的,但不允许重复赔款,几个保险人只能按一定原则分摊被保险人的损失,以防止被保险人获得超过实际损失以外的不当利益,从而引发道德风险。

2. 分摊方式

重复保险的保险人之间分摊赔款的方式有三种:比例责任分摊、限额责任分摊、顺序责任分摊。其中,比例责任分摊应用最多。

比例责任分摊是将各保险人的保险金额相加,除以各个保险人的保险金额,得出每个保险人应分摊的比例,然后按比例分摊损失金额。即

$$赔款 = 损失金额 \times \frac{该保险人的保险金额}{各保险人保险金额总和}$$

限额责任分摊是假定在没有重复保险的情况下,由各保险人单独应负的责任限额比例分摊损失金额。即

$$赔款 = 损失金额 \times \frac{该保险人责任限额}{各保险人责任限额总和}$$

顺序责任分摊是根据多个保险合同生效的先后顺序,由先出立保单的保险人首先负责赔偿,第二个保险人只负责赔偿超出第一保险人保险金额的部分,如果仍有超出部分,即依次由第三、第四个保险人负责赔偿。因这种分摊方式不符合公平原则,所以目前很少使用。

法律规定

《保险法》第 56 条 重复保险的投保人应当将重复保险的有关情况通知各保险人。

重复保险的各保险人赔偿保险金的总和不得超过保险价值。除合同另有约定外,各保险人按照其保险金额与保险金额总和的比例承担赔偿保险金的责任。

重复保险的投保人可以就保险金额总和超过保险价值的部分,请求各保险人按比例返还保险费。

重复保险是指投保人对同一保险标的、同一保险利益、同一保险事故分别与两个以上保险人订立保险合同,且保险金额总和超过保险价值的保险。

例如,某人将一批财产先后向 A、B 两家保险公司投保,保额分别为 6 万元和 4 万元。如果被保险财产发生保险事故损失 5 万元,A、B 两家保险公司应分别赔付多少?

按比例责任分摊:

A 保险公司的赔偿额 = 5×6÷(6+4)= 3 万元

B 保险公司的赔偿额 = 5×4÷(6+4)= 2 万元

按限额责任分摊:

项目二　汽车保险合同与原则

A 保险公司的赔偿额=5×5÷（5+4）=25/9 万元
B 保险公司的赔偿额=5×4÷（5+4）=20/9 万元
按顺序责任分摊：
A 保险公司的赔偿额=5 万元
B 保险公司的赔偿额=0 元

【任务实施】

1）投保人的如实告知义务是保险合同最大诚信原则的体现。此告知义务既适用于合同订立时，也适用于合同订立后。例如合同订立之后，保险标的的危险程度增加、保险标的转让、保险事故发生、存在重复保险情况等。《保险法》第 16 条指出了投保人违反告知义务的法律后果：投保人故意隐瞒事实，不履行如实告知义务的，或者因过失未履行如实告知义务，足以影响保险人决定是否同意承保或者提高保险费率的，保险人有权解除保险合同。导入案例中肇事车辆投保时的使用性质为家庭自用，事故发生时肇事车主通过打车软件接网约车订单，有收取费用的意图，且所载乘客与肇事车主没有特定关系，符合营运的特征，显著增加了车辆的危险程度，被保险人理应及时通知保险公司。这是一种很常见的投保人不履行诚信原则的现象。

2）最大诚信原则是车险事故赔偿的主要判定依据。以家庭自用名义投保的车辆从事网约车营运活动，被保险人未及时通知保险公司，也没有按营运车辆变更保单。投保人隐瞒实情的目的就是为了节省保费，殊不知这违背了保险的诚信原则，根据《保险法》等法律规定，出险后保险公司有权拒赔。此外，通过肇事车主行车路线与上下班位置的差异，间接印证交通事故的发生与肇事车主的载客营运行为具有因果关系。因此，保险公司只需在交强险范围内承担赔偿，剩余的赔偿则要肇事车主自己承担。

3）案例评析。网约车满足了社会公众多样化的出行需求，但相关配套制度并未健全，网约车参与人的权利义务缺乏清晰的界定，一定程度上影响了行业的健康发展。网约车市场存在的主要问题：①监管制度不完善。主要体现在政府对平台的监管制度不全面、网约车平台对驾驶人审查不严及对车辆审查不力。②缺乏完善的权利救济机制。主要体现在消费者面临个人信息泄露的风险、乘客人身安全得不到保障、驾驶人的人身财产安全得不到保障、第三方平台赔偿的救济机制不够完善。而要解决网约车问题，需要政府监管部门、网约车平台和保险公司共同努力，从统一网约车市场准入规则开始，保证驾驶人和车辆的合法资质，规范网约车平台的经营，做到保护消费者从接单开始，建立一套从驾驶人到平台到消费者的完善的网约车运营和监管制度，从而促进网约车市场健康有序的发展。

【任务评价】

汽车保险原则运用任务评价表

序号	内容及要求	评分	评分标准	自评	组评	师评	得分
1	列举汽车保险利益的表现形式	20	每列出一种得 2 分，以满分为限				
2	列举保险人和投保人告知的具体情形，并举例	10	每列出一个告知情形得 1 分，举例得当再得 1 分，以满分为限				

(续)

序号	内容及要求	评分	评分标准	自评	组评	师评	得分
3	判定事故发生的近因	10	给出5个案例,近因判定正确一个得2分				
4	说明保险人损失赔偿责任的限度及赔偿金额	20	给出5个案例,赔偿限度正确得2分;赔偿金额正确得2分				
5	列举代位追偿权产生的条件	20	每对一个得10分,以满分为限				
6	利用比例责任分摊方式和限额责任分摊方式计算重复保险中各保险公司的赔偿金额	20	计算公式正确,每个2分;公司赔款每对一个得4分				

指导教师总体评价

指导教师:

年 月 日

【知识拓展】最大诚信原则的中美对比

由于各国各地区法系的不同,各国保险对最大诚信原则的具体要求表现出了显著的差异性。对比中美两国保险经营原则,美国保险独特的错误原则、合理期待原则对投保人及被保险人利益的保护力度更高。

1. 错误原则

美国保险的错误原则旨在保护被保险人及投保人的利益。对于投保人或被保险人在投保时犯的无意识、非本意的错误,如笔误,且合同双发在签约时都没有发现并及时纠正,在理赔时要明确按照投保人或被保险人当初的原本意思进行,保险人不得以投保人故意过失作为拒赔的理由。

对于投保时被保险人未尽到如实告知义务的状况,按照《中华人民共和国保险法》第16条第1款及第2款法律条文的规定,仅仅存在投保人因为"故意"或"因重大过失"没有履行如实告知义务两种情况,忽略了由于投保人或者被保险人一时的粗心大意造成的笔误,这样类似的非本意的"未如实告知"情况,也没有具体条款对此类情况进行合理的规定及约束。

目前我国的保险业在销售端,主要靠保险代理人开展业务。根据最新数据显示,我国目前存在的个人代理人有近800万,其个人素质参差不齐,在与客户签署保险合同时,难免忽略掉投保人或被保险人因粗心大意而造成的如笔误等非本意错误,这就为之后潜在的索赔纠纷埋下了诸多隐患。然而现行的《中华人民共和国保险法》对比美国现行的保险原则,我国的保险法在对投保人和被保险人投保时利益的保护上显然不够充分,完善之路仍然任重道远。

2. 合理期待原则

美国法律在解释保单时，以"应满足合同当事人一方的合理的心理期待"为原则。合理期待原则的出现，可以追溯到19世纪末。到20世纪90年代，美国法院已经能够将合理期待原则运用得得心应手。1947年美国的"Garnet 案"中，保险人给被保险人的"附条件保费收据"约定："被保险人须经过健康体检且体检结果合格，并且经保险人核保及批单以后，本保险合同宣告成立。"但可惜的是，未经保险人核保和批单，被保险人就不幸而逝，保险人据此声称，因保险单未被核保，没有完成核对程序，根据之前双方的附条件约定，保险合同不应生效。但是，原告一方坚持认为，当时的投保交易情形让其以为保险已经生效，并且已经获得保险的保障，据此请求主审法官适用疑义条款解释原则，做出对原告有利的判决。最终，法院认可了原告的主张，并且做出了不利于被告的判决。这一判决，在法官看来就是合理期待原则的适用。他认为"附条件收据的意图并不具有模糊不明的特征，且不具有疑义解释条款规则的适用余地。实际上，法庭及法官实质上采用了全新的合理期待法则作为理念，指导了本案的最终判决。"

我国《保险法》中，仅有第17条第2款规定，对于保险合同中保险人的免责条款，未做提示或者明确说明的，该合同条款不产生效力。所以，法律条文细节的差异，导致了适用的显著区别。

【项目小结】

1. 保险合同的特征包括双务合同、有偿合同、附和合同、射幸合同、最大诚信合同、属人合同。

2. 保险合同的内容分为基本内容和约定内容；保险合同的形式主要有投保单、保险单、保险凭证、暂保单、批单。

3. 保险合同的主体包括当事人和关系人。当事人包括保险人和投保人，关系人包括被保险人和受益人；保险合同的客体是投保人对保险标的的保险利益。

4. 保险合同的订立是指投保人和保险人在意思一致时双方订立保险合同的行为；保险合同的生效是指合同对当事人双方发生约束力；依法成立的保险合同，自成立时生效。投保人和保险人可以对合同的效力约定附条件或者附期限。

5. 保险合同的履行分为投保人义务履行和保险人义务履行；保险合同的变更主要包括主体变更、客体变更和内容变更。

6. 保险合同的解除分为投保人解除和保险人解除；保险合同的终止原因有因合同解除而终止、自然终止、义务履行终止、行使终止权终止、因标的灭失而终止。

7. 保险合同的解释原则有文义解释、意图解释、有利于被保险人或受益人解释、尊重保险惯例的解释；保险合同争议处理的方式有协商、仲裁和诉讼。

8. 最大诚信原则要求保险双方在签订和履行保险合同时，必须以最大的诚意履行自己的义务，互不欺骗和隐瞒，恪守合同的约定，否则保险合同无效。最大诚信原则的内容包括告知、保证、弃权与禁止反言。

9. 保险利益原则强调了保险利益在保险合同签订和履行过程中的重要性。保险利益必须是合法利益、经济利益、确定利益。

10. 近因原则要求近因属于保险责任的，保险人应承担赔偿责任；反之，不承担赔偿责任。在保险实务中，如何判定损失近因，要根据具体的情况做具体分析。

11. 损失补偿原则规定如果发生保险责任范围内的损失，被保险人有权按照合同的约定，获得全面、充分的赔偿，但不能由此而获得额外的利益，所以赔偿时，必须以实际损失、保险金额和保险利益为限度。

12. 代位原则是损失补偿原则的派生原则，包括权利代位和物上代位。

13. 分摊原则也是损失补偿原则的派生原则，适用于重复保险。分摊方式有三种：比例责任分摊、限额责任分摊、顺序责任分摊。

【重要概念】

保险合同　附和合同　射幸合同　保险单　合同生效　文义解释　意图解释　保证　保险利益　近因　权利代位　物上代位　比例责任分摊　限额责任分摊　顺序责任分摊

【知识训练】

1. 填空题

① 对合同个体而言，_____射幸；而对合同总体而言，_____射幸。

② 保险凭证是一种简化的保险单，与保险单具有_____的法律效力。

③ 暂保单的法律效力_____保险单或保险凭证。

④ 保险合同的主体分为_____和_____两类；保险合同的客体是_____。

⑤ 我国保险实务中普遍实行_____起保。

⑥ 最大诚信原则的内容包括_____、_____、_____和_____。

⑦ 近因是造成保险标的损失_____的原因，而不是指_____与损失最接近的原因。

⑧ 保险损失补偿有_____、_____和_____三种方式。

2. 简答题

① 阐述汽车保险合同的特征。

② 在哪些情况下保险人可以解除保险合同？

③ 保险合同履行时，投保人和保险人各有哪些义务？

④ 保险合同终止的原因有哪些？

⑤ 保险合同的解释原则有哪些？

⑥ 何谓最大诚信原则？

⑦ 何谓保险利益原则？保险利益的构成条件有哪些？

⑧ 何谓近因原则？如何判定事故损失的近因？

【技能训练】

1. 保险合同是非本人签字的赔偿问题。

2017年，殷某作为代办人在某保险公司为李某的奔驰汽车投保了机动车交强险和综合商业保险，投保单投保人签名为殷某。2018年5月，李某驾驶投保车辆与他车相撞，造成两车不同程度损坏。事故发生后，李某弃车离开现场，于次日早上到公安局交通警察大队接受处理。交警大队认定，李某负事故主要责任。事后，李某向保险公司提出理赔申请，保险公司拒赔。李某遂将保险公司诉至法院，要求判令保险公司赔付因交通事故给其造成的车辆损失20万元。一审法院认为，保险公司未提供充分证据证明其对免责条款向李某进行了明确说明，判决保险公司赔付李某车辆损失20万元。宣判后，保险公司不服提起上诉，要求改判其不承担赔偿责任。

思考题：① 你认为保险合同是否生效？依据是什么？

② 弃车离开现场对保险理赔有什么影响？
③ 在投保时，委托他人投保的注意事项有哪些？

2. 发动机进水案的近因判定。

2000年8月5日，袁某为自己的轿车购买了汽车保险，车辆损失险保险金额为19万元，保险期自2000年8月6日零时起至2001年8月5日24时止。2000年8月20日凌晨，市区下了一场倾盆大雨，大多数道路有积水现象。同日上午9时，袁某准备开车上班，见停放在其住宅区通道的上述投保车辆轮胎一半受水淹，且驾驶室中有浸水的痕迹，经简单擦抹后就上车点火起动，发动机发出起动声后熄火，然后就无法起动。袁某即将车辆拖至某汽车维修公司，经该公司检查认为故障原因系发动机进气系统进水并被吸进燃烧室，活塞运转时，由于水不可压缩，进而导致连杆折断，缸体破损。袁某向保险公司报案后，因争议太大，保险公司没有赔偿损失，袁某遂诉至法院。该案在审理期间，经保险公司申请，法院委托市产品质量监督检验所对车辆受损原因进行鉴定。市产品质量监督检验所认为：① 造成发动机缸体损坏的直接原因是进气口浸泡在水中或空气滤清器有余水，起动发动机，气缸吸入了水，导致连杆折断，从而打烂缸体。② 事发时的可能：当天晚上下了大雨，该车停放的地方涨过水，使该车被雨水严重浸泡，进气管空气滤清器进水，当水退至车身地台以下，驾驶人起动汽车时，未先检查汽车进气管空气滤清器有无进水，使空气滤清器余水被吸入发动机气缸，造成连杆折断，缸体破损。袁某和保险公司对质监所的鉴定意见均无异议，只是对造成保险标的损失的近因，保险公司应否赔偿车辆损失这一问题存在较大分歧。

保险公司认为，造成保险车辆发动机缸体损坏的原因是由于进气管空气滤清器有余水，起动发动机，气缸吸入了水，导致连杆折断，从而打烂缸体。而进气管空气滤清器有余水，则是由暴雨造成。暴雨和起动发动机这两个危险事件先后间断出现，前因与后因之间不具有关联性，后因既不是前因的合理延续，也不是前因自然延长的结果，后因是完全独立于前因之外的一个原因。根据近因原则，起动发动机是直接导致保险车辆发动机缸体损坏的原因，故为发动机缸体损坏的近因。暴雨为发动机缸体损坏的远因。而起动发动机属于除外风险，由起动发动机这一除外风险所致发动机缸体损坏的损失，保险人不负赔偿责任，保险公司只需赔偿因暴雨造成汽车浸水后进行清洗的费用。

袁某认为，从危险事故与保险标的的损失之间的因果关系来看，本案属于多种原因连续发生造成损失的情形，其中暴雨是前因，车辆进气管空气滤清器进水相对于暴雨是后因，而相对于起动发动机是前因，起动发动机是后因，正是由于暴雨的发生，才导致车辆进气管空气滤清器进水，才使起动发动机这一开动汽车必不可少的条件发生作用，导致发动机缸体损坏，根据近因原则，暴雨才是近因，因此保险公司应向袁某赔偿车辆的实际损失。

思考题：① 你认为发动机损坏的近因是什么？依据是什么？
② 近因原则在保险理赔中有什么作用？
③ 结合车辆损失险条款，谈谈除了发动机损坏部分外，对汽车被水淹部分的损失保险公司负责赔偿吗？

3. 代位追偿权的理赔问题。

2004年8月17日，老王给自己的汽车购买了车辆损失险、第三者责任险、车上人员责任险、全车盗抢险，保险期限一年。10月7日，老王在开车回老家的路上，被老李的车追尾。经交警认定，老李负事故的全部责任。老王修车花费5000元，并从保险公司索要了赔款,同时将向老李追偿的权利转移给保险公司。保险公司代替老王向老李索要事故损失赔偿时,老李认为事故原因是由于自己驾驶技术不熟练,责任在自己,心中也感觉十分愧疚,于是马上拿出了6000元,给了保险公司人员小赵。小赵将6000元全部交回了保险公司。一段时间后,老王听说了此事,向保险公司要多余的1000元钱,保险公司坚决不给。

2005年5月3日,老王的汽车被偷,老王马上向公安部门和保险公司报案,三个月后,车辆仍未找回,保险公司给予了老王全部赔款10万元。一个月后,车辆被找回,老王不愿再要车,将车辆的权利转让给保险公司。保险公司对车辆进行拍卖时,竟拍出15万元的价格。老王听说了此事后,又向保险公司索要多出的5万元,保险公司还是坚决不给。

思考题:① 对第一种情况,若给双方调解,你应如何处理?
② 对第二种情况,若再给双方调解,应如何处理?

4. 重复保险的赔款计算。

车主将自己价值10万元的汽车先后向A、B、C三家保险公司分别购买了车辆损失险,保险金额分别为4万元、6万元、8万元。某日,发生一起碰撞事故,导致车辆损失7万元。试用三种分摊方式计算A、B、C三家保险公司分别应赔偿车主多少赔款?

【工作页】

汽车保险合同与原则工作页

教师布置日期: 　年　月　日　　　　　个人完成时间: 　　　(分钟)

问题: 若想今后在保险行业工作,应了解哪些保险合同和保险原则方面的知识呢	任务: 作为一名保险行业从业人员,应能指导客户签订保险合同,出事故后,应能根据保险原则的规定确定是否赔偿
保险合同与原则知识要点:	指导客户签订合同　　　事故后电话报案
工作步骤	注意事项
1. 客户购买保险,最常见的保险合同形式为投保单和保险单,哪个需要客户填写	
2. 保险条款是合同内容的组成,对合同内容是否应告知客户	

（续）

工作步骤	注意事项
3. 签订合同后，客户应履行什么义务	
4. 客户签订了保险合同后，发生事故后，保险是否赔偿？阐述依据（考虑点：合同是否生效、被保险人对标的是否有利益、被保险人是否尽了最大诚信、事故的近因是否属于保险范围、损失额度是否大于保险金额等）	
5. 如果标的转让，客户需对保险合同办理什么手续	
6. 对于保险索赔，双方产生纠纷应如何处理	

学习纪要：

项目三

汽车保险产品

【项目概述】

汽车保险产品分为交强险、商业险。

交强险必须投保。机动车交通事故责任强制保险（简称"交强险"）是我国首个由国家法律规定实行的强制保险制度。《道路交通安全法》《机动车交通事故责任强制保险条例》等法律规定机动车所有人、管理人必须投保机动车交通事故责任强制保险，否则公安机关交通管理部门将扣留在道路上行驶的机动车，并通知机动车所有人、管理人依照规定投保，同时处依照规定投保最低责任限额应缴纳保费的两倍罚款。因此交强险作为车辆上道路行驶的必备条件，是必须购买的险种，这也是机动车所有人遵守法律的良好表现。

商业汽车保险应量力而行。交强险只是对第三者损害的基本保障，对车辆损失、车上人员受伤等不予保障，即使对第三者的赔偿许多情况下交强险也不能完全补偿。商业险种很多，不同的险种对应不同的保险范围，投保险种越多，保障越全面，但保费也越多，所以客户为获得保险的充足保障，对商业险应根据自身风险状况和经济实力综合考虑后选择购买。

商业汽车保险险种分主险和附加险两部分。主险是对车辆使用过程中大多数车辆使用者经常面临的风险给予保障。附加险是对主险保险责任的补充，它承保的一般是主险不予承保的自然灾害或意外事故。附加险不能单独承保，必须投保相应的主险后才能承保。随着汽车保险业的发展，主险险种、附加险险种都在不断地进行补充或改革创新，险种数量及其保障内容也在不断优化。

【建议学时】

12 学时

任务1 交强险展业

【任务目标】

通过"交强险展业"任务的学习，要求学生：

1. 掌握交强险的保险责任、责任免除、垫付与追偿。
2. 能对汽车事故分析交强险是否赔偿。
3. 能对不同车型计算交强险应缴保费。

【任务导入】

2019年3月，吴先生购买了一辆宝来车，并购买了交强险。某天在路口等绿灯时被一辆奔驰轿车追尾，宝来车的后保险杠被撞坏，奔驰车的前保险杠与前照灯等也有部分损坏。交警认定奔驰车主需要承担本次交通事故的全责。宝来车维修费300元，奔驰车维修费3150元。在此种情况下，奔驰车主肯定要赔偿吴先生车辆的维修费300元，那么作为无事故责任一方的吴先生或其投保的保险公司是否需要赔偿奔驰车的损失呢？如果要赔偿，最多应赔偿多少呢？有了这个赔偿，第二年购买交强险时，是否会提高保费？其中，宝来车是家庭自用车，奔驰车是企业办公用车。

【任务准备】

机动车交通事故责任强制保险也称为法定汽车责任保险，是在机动车保有量增加、交通事故矛盾日益突出的情况下，国家或地区基于维护社会大众利益，保障交通事故受害者能获得基本的赔偿，以颁布法律或行政法规的形式实施的机动车责任保险。

一、机动车交通事故责任强制保险概述

第一次世界大战以后，汽车产量激增，汽车销售成了难题。为了促进销售，出现了分期付款的促销方式，于是汽车迅速在大众中普及。由于汽车价格仍比较昂贵，购车首付几乎花光了车主所有的积蓄，而日后的分期付款和使用费也使得车主收入基本没有剩余，于是出现了许多无力购买汽车保险或无相应财产做担保的驾车人。当事故发生时不仅自己的损失无法弥补，而且受害人的损害也无法得到及时有效的赔偿。为了确保受害人能得到及时补偿，许多国家和地区相继制订了有关法令，强制实行汽车责任保险。

最初将车辆损害视为社会问题的是美国的马萨诸塞州，该州认为公路是为全体行人修建的，驾车者在使用汽车时对其他行人会构成威胁，万一发生事故，必须具有赔偿能力，因此要求驾车者应该预先投保汽车责任保险或者提供保证金以证明自己具有赔偿能力，于是1925年着手起草保险史上著名的强制汽车保险法，并于1927年实施。

之后，英国于1931年实施了强制汽车责任保险；日本于1956年实施了强制汽车责任保险；法国于1959年施行强制汽车责任保险制度；德国于1965年制定了《汽车所有人强制责任保险法》，强制汽车所有人投保。

我国于2004年5月1日实施的《道路交通安全法》第17条规定，国家实行机动车辆第三者责任强制保险制度，设立道路交通事故社会救助基金。但是，《道路交通安全法》只是对机动车辆强制责任保险做了一个原则性的规定，与之配套施行的《机动车交通事故责任强制保险条例》是2006年7月1日起施行的，自此我国也正式施行了强制汽车责任保险制度。

目前，世界上绝大多数国家或地区都实行了强制汽车责任保险制度。

二、交强险条款

交强险条款共分10部分，分别为总则，定义，保险责任，垫付与追偿，责任免除，保险期间，投保人、被保险人义务，赔偿处理，合同变更与终止，附则。

1. 总则

主要是对条款制定的法律依据、合同的组成与形式、费率的影响因素、交费情况等内容进行阐述。条款制定的法律依据是《道路交通安全法》《保险法》《机动车交通事故责任强制保险条例》。

交强险合同由条款、投保单、保险单、批单和特别约定五部分组成,均应采用书面形式。

交强险费率实行与被保险机动车道路交通安全违法行为、交通事故记录相联系的浮动机制。

签订合同时,投保人应一次性支付全部保险费。保险费按照保监会批准的费率计算。

2. 定义

主要对合同中的被保险人、投保人、受害人、责任限额、抢救费用等术语进行解释。

被保险人是指投保人及其允许的合法驾驶人。

投保人是指与保险人订立合同,并按合同负有支付保险费义务的机动车所有人、管理人。

受害人是指因被保险机动车发生交通事故遭受人身伤亡或者财产损失的人,但不包括被保险机动车本车车上人员、被保险人。

责任限额是指被保险机动车发生交通事故,保险人对每次保险事故所有受害人的人身伤亡和财产损失所承担的最高赔偿金额。责任限额分为死亡伤残赔偿限额、医疗费用赔偿限额、财产损失赔偿限额以及被保险人在道路交通事故中无责任的赔偿限额。

抢救费用是指被保险机动车发生交通事故导致受害人受伤时,医疗机构对生命体征不平稳和虽然生命体征平稳但如果不采取处理措施会产生生命危险,或者导致残疾、器官功能障碍,或者导致病程明显延长的受害人,参照国务院卫生主管部门组织制定的交通事故人员创伤临床诊疗指南和国家基本医疗保险标准,采取必要的处理措施所发生的医疗费用。2007年5月卫生部印发了《道路交通事故受伤人员临床诊疗指南》,以便在道路交通事故受伤人员医疗救治过程中参照执行。

3. 保险责任

规定了交强险保险责任的具体内容和责任限额的具体数额。

保险责任是,被保险机动车在中华人民共和国境内使用时,发生交通事故,造成受害人的人身伤亡或者财产损失,依法应当由被保险人承担的损害赔偿责任,保险人按照合同的约定对每次事故在各责任限额内负责赔偿。

交强险保险责任限额
▲死亡伤残赔偿限额:有责180000元,无责18000元
▲医疗费用赔偿限额:有责18000元,无责1800元
▲财产损失赔偿限额:有责2000元,无责100元
▲总限额:有责200000元,无责19900元

责任限额中死亡伤残赔偿限额和医疗费用赔偿限额项目中负责赔偿的具体项目分别为:

① 死亡伤残赔偿限额和无责任死亡伤残赔偿限额项:丧葬费、死亡补偿费、受害人亲属办理丧葬事宜支出的交通费用、残疾赔偿金、残疾辅助器具费、护理费、康复费、交通费、被扶养人生活费、住宿费、误工费,被保险人依照法院判决或者调解承担的精神损害抚慰金。

② 医疗费用赔偿限额和无责任医疗费用赔偿限额:医药费、诊疗费、住院费、住院伙食补助费,必要的、合理的后续治疗费、整容费、营养费。

4. 垫付与追偿

规定了垫付情形和具体操作,以及保险人向受害人垫付抢救费用后有权向致害人追偿。

交强险规定的垫付抢救费用情形
▲ 驾驶人未取得驾驶资格的
▲ 驾驶人醉酒的
▲ 被保险机动车被盗抢期间肇事的
▲ 被保险人故意制造交通事故的

在以上任一情形下发生交通事故,造成受害人受伤需要抢救的,分别在有责、无责限额内负责垫付。对于其他损失和费用,保险人不负责垫付和赔偿。保险人垫付抢救费用后有权向致害人追偿。垫付抢救费用的具体操作是在接到公安机关交通管理部门的书面通知和医疗机构出具的抢救费用清单后,按照国务院卫生主管部门组织制定的交通事故人员创伤临床诊疗指南和国家基本医疗保险标准进行核实,对符合规定的抢救费用进行垫付。

5. 责任免除

交强险规定的责任免除情形
▲ 因受害人故意造成的交通事故的损失
▲ 被保险人所有的财产及被保险机动车上的财产遭受的损失
▲ 被保险机动车发生交通事故,致使受害人停业、停驶、停电、停水、停气、停产、通信或者网络中断、数据丢失、电压变化等造成的损失以及受害人财产因市场价格变动造成的贬值、修理后因价值降低造成的损失等其他各种间接损失
▲ 因交通事故产生的仲裁或者诉讼费用以及其他相关费用

6. 保险期间

交强险的保险期间为1年,但有下列情形之一的,可以投保短期保险:临时入境的境外机动车;距报废期限不足一年的机动车;临时上道路行驶的机动车(例如:领取临时牌照的机动车,临时提车,到异地办理注册登记的新购机动车等);保监会规定的其他情形。

投保短期保险的,按照短期月费率计算保费,不足一个月按一个月计算,短期基础保险费=年基础保险费×短期月费率系数。短期月费率系数见表3-1。

表3-1 交强险短期月费率系数

保险期间/月	1	2	3	4	5	6	7	8	9	10	11	12
短期月费率系数(%)	10	20	30	40	50	60	70	80	85	90	95	100

7. 投保人、被保险人义务

投保人、被保险人在履行了相应义务后,才能获得保险的保障。应履行的义务包括:

① 投保人投保时,应如实填写投保单,向保险人如实告知重要事项,并提供被保险机动车的行驶证复印件。投保人未如实告知重要事项,对保险费计算有影响的,保险人重新核定保险费。

重要事项包括机动车的种类、厂牌型号、识别代码、发动机号、牌照号码(临时移动证编码或临时号牌)、使用性质和机动车所有人或者管理人的姓名(名称)、性别、年龄、住所、身份证或者驾驶证号码(组织机构代码)、续保前该机动车发生事故的情况(仅无车险信息平台地区的转保业务须提供）以及保监会规定的其他告知事项。

② 签订交强险合同时，投保人应一次性支付全部保险费。不得在保险条款和保险费率之外，向保险公司提出附加其他条件的要求。

③ 投保人续保时，应提供被保险机动车上一年度交强险的保险单。

④ 在保险合同有效期内，被保险机动车因改装、加装、使用性质改变等导致危险程度增加的，被保险人应及时通知保险人，并办理批改手续。否则，保险人按照保单年度重新核定保险费计收。

⑤ 被保险机动车发生交通事故时，被保险人应及时采取合理、必要的施救和保护措施，并在事故发生后及时通知保险人。

⑥ 发生保险事故后，被保险人应积极协助保险人进行现场查勘和事故调查。同时，发生与保险赔偿有关的仲裁或者诉讼时，被保险人应及时书面通知保险人。

8. 赔偿处理

主要规定了被保险人索赔时应提供的材料、人身伤亡和财产损失赔偿方面的注意事项。

交强险索赔材料
▲ 交强险保险单
▲ 被保险人出具的索赔申请书
▲ 被保险人和受害人身份证明、被保险机动车行驶证和驾驶人的驾驶证
▲ 交警出具的事故证明，或法院等机构出具的法律文书及其他证明
▲ 被保险人依法选择自行协商方式处理交通事故的，应提供合乎规定的协议书
▲ 受害人财产损失证明、人身伤残证明、医疗证明及损失清单和费用单据
▲ 其他与确认保险事故的性质、原因、损失程度等有关的证明和资料

交强险赔款计算

人身伤亡和财产损失赔偿方面的注意事项包括：

① 核定人身伤亡赔偿金额的标准有：有关法律法规，主要是《最高人民法院关于审理人身损害赔偿案件适用法律若干问题的解释》；卫生主管部门组织制定的交通事故人员创伤临床诊疗指南；国家基本医疗保险标准。

② 因保险事故造成受害人人身伤亡的，未经保险人书面同意，被保险人自行承诺或支付的赔偿金额，保险人在交强险责任限额内有权重新核定。

③ 因保险事故损坏的受害人财产需修理的，被保险人应在修理前会同保险人检验，协商确定修理或者更换项目、方式和费用。否则，保险人在交强险责任限额内有权重新核定。

④ 发生涉及受害人受伤的交通事故，因抢救受害人需保险人支付抢救费用的，保险人在接到公安机关交通管理部门的书面通知和医疗机构出具的抢救费用清单后，按照国务院卫生主管部门组织制定的交通事故人员创伤临床诊疗指南和国家基本医疗保险标准进行核实。对于符合规定的抢救费用，保险人在被保险人有责、无责医疗费用赔偿限额内分别支付。

9. 合同变更与终止

主要规定了合同变更和解除的条件以及合同终止后保费的退还办法。

在合同有效期内，被保险机动车所有权发生转移的，投保人应及时通知保险人，并办理合同变更手续。

因交强险是法定保险，所以投保人一般是不能解除的，保险人也不接受投保人解除合同的申请。但以下特殊情况除外：

交强险允许投保人解除合同的情况
▲被保险机动车被依法注销登记的 ▲被保险机动车办理停驶的 ▲被保险机动车经公安机关证实丢失的 ▲投保人重复投保交强险的（解除后期投保的交强险） ▲被保险机动车被转卖、转让、赠送至车籍所在地以外的地方 ▲新车因质量问题被销售商收回或因相关技术参数不符合国家规定交管部门不予上户的

交强险合同解除后，保险人按照日费率收取自保险责任开始之日起至合同解除之日止期间的保险费，退还剩余保险费，而投保人应及时将保险单、保险标志交还保险人。无法交回保险标志的，应当向保险人说明情况，征得保险人同意。

10. 附则

主要规定了合同争议的处理方式、适用法律及条款未尽事宜的处理等。

合同争议解决有三种方式：由合同当事人协商解决；协商不成的，提交保险单载明的仲裁机构仲裁；保险单未载明仲裁机构或者争议发生后未达成仲裁协议的，可向人民法院起诉。

交强险合同争议处理适用中华人民共和国法律。

条款未尽事宜，按照《机动车交通事故责任强制保险条例》执行。

三、交强险费率

交强险保费计算

交强险价格与消费者切身利益息息相关，交强险费率厘定坚持不盈不亏原则。第一年的交强险费率实行全国统一保险价格，之后通过实行"奖优罚劣"的费率浮动机制，并根据各地区经营情况，逐步在费率中加入地区差异化因素等，进而实行差异化费率。

1. 交强险基础费率

交强险基础费率将所有机动车共分为八大类42小类。八大类分别为家庭自用车、非营业客车、营业客车、非营业货车、营业货车、特种车、摩托车和拖拉机（表3-2）。

表3-2 机动车交通事故责任强制保险基础费率表

车辆大类	序号	车辆明细分类	保费/元
一、家庭自用车	1	家庭自用汽车6座以下	950
	2	家庭自用汽车6座及以上	1100
二、非营业客车	3	企业非营业汽车6座以下	1000
	4	企业非营业汽车6~10座	1130
	5	企业非营业汽车10~20座	1220
	6	企业非营业汽车20座以上	1270
	7	机关非营业汽车6座以下	950
	8	机关非营业汽车6~10座	1070
	9	机关非营业汽车10~20座	1140
	10	机关非营业汽车20座以上	1320

（续）

车辆大类	序号	车辆明细分类	保费/元
三、营业客车	11	营业出租租赁 6 座以下	1800
	12	营业出租租赁 6~10 座	2360
	13	营业出租租赁 10~20 座	2400
	14	营业出租租赁 20~36 座	2560
	15	营业出租租赁 36 座以上	3530
	16	营业城市公交 6~10 座	2250
	17	营业城市公交 10~20 座	2520
	18	营业城市公交 20~36 座	3020
	19	营业城市公交 36 座以上	3140
	20	营业公路客运 6~10 座	2350
	21	营业公路客运 10~20 座	2620
	22	营业公路客运 20~36 座	3420
	23	营业公路客运 36 座以上	4690
四、非营业货车	24	非营业货车 2 吨以下	1200
	25	非营业货车 3~5 吨	1470
	26	非营业货车 5~10 吨	1650
	27	非营业货车 10 吨以上	2220
五、营业货车	28	营业货车 2 吨以下	1850
	29	营业货车 2~5 吨	3070
	30	营业货车 5~10 吨	3450
	31	营业货车 10 吨以上	4480
六、特种车	32	特种车一	3710
	33	特种车二	2430
	34	特种车三	1080
	35	特种车四	3980
七、摩托车	36	摩托车 50 毫升及以下	80
	37	摩托车 50~250 毫升（含）	120
	38	摩托车 250 毫升以上及侧三轮	400
八、拖拉机	39	兼用型拖拉机 14.7 千瓦及以下	按保监产险 [2007] 53 号实行地区差别费率
	40	兼用型拖拉机 14.7 千瓦以上	
	41	运输型拖拉机 14.7 千瓦及以下	
	42	运输型拖拉机 14.7 千瓦以上	

注：1. 座位和吨位的分类都按照"含起点不含终点"的原则来解释。

2. 特种车一：油罐车、气罐车、液罐车。

特种车二：专用净水车、特种车一以外的罐式货车，以及用于清障、清扫、清洁、起重、装卸、升降、搅拌、挖掘、推土、冷藏、保温等的各种专用机动车。

特种车三：装有固定专用仪器设备从事专业工作的监测、消防、运钞、医疗、电视转播等的各种专用机动车。

特种车四：集装箱拖头。

3. 低速载货汽车参照运输型拖拉机 14.7 千瓦以上的费率执行。

费率表中每种类型含义如下：

家庭自用车：是指家庭或个人所有，且用途为非营业性的客车。

非营业客车：是指党政机关、企事业单位、社会团体、使领馆等机构从事公务或在生产经营活动中不以直接或间接方式收取运费或租金的客车，包括党政机关、企事业单位、社会团体、使领馆等机构为从事公务或在生产经营活动中承租且租赁期限为1年或1年以上的客车。非营业客车分为党政机关、事业团体客车，企业客车。用于驾驶教练、邮政公司用于邮递业务、快递公司用于快递业务的客车、警车、普通囚车、医院的普通救护车、殡葬车按照其行驶证上载明的核定载客数，适用对应的企业非营业客车的费率。

营业客车：是指用于旅客运输或租赁，并以直接或间接方式收取运费或租金的客车。营业客车分为城市公交客车，公路客运客车，出租、租赁客车。旅游客运车按照其行驶证上载明的核定载客数，适用对应的公路客运车费率。

非营业货车：是指党政机关、企事业单位、社会团体自用或仅用于个人及家庭生活，不以直接或间接方式收取运费或租金的货车（包括客货两用车）。货车是指载货机动车、厢式货车、半挂牵引车、自卸车、蓄电池运输车、装有起重机械但以载重为主的起重运输车。用于驾驶教练、邮政公司用于邮递业务、快递公司用于快递业务的货车按照其行驶证上载明的核定载质量，适用对应的非营业货车的费率。

营业货车：是指用于货物运输或租赁，并以直接或间接方式收取运费或租金的货车（包括客货两用车）。

特种车：是指用于各类装载油料、气体、液体等专用罐车；或用于清障、清扫、清洁、起重、装卸（不含自卸车）、升降、搅拌、挖掘、推土、压路等的各种专用机动车，或适用于装有冷冻或加温设备的厢式机动车；或车内装有固定专用仪器设备，从事专业工作的监测、消防、运钞、医疗、电视转播、雷达、X光检查等机动车；或专门用于牵引集装箱箱体（货柜）的集装箱拖头。特种车按其用途共分成4类，不同类型机动车采用不同收费标准。

摩托车：是指以燃料或蓄电池为动力的各种两轮、三轮摩托车。摩托车分三类：50毫升及以下，50~250毫升，250毫升以上及侧三轮。正三轮摩托车按照排气量分类执行相应的费率。

拖拉机按其使用性质分为兼用型拖拉机和运输型拖拉机。兼用型拖拉机是指以田间作业为主，通过铰接连接牵引挂车可进行运输作业的拖拉机。兼用型拖拉机分为14.7千瓦及以下和14.7千瓦以上两种。运输型拖拉机是指货箱与底盘一体，不通过牵引挂车可运输作业的拖拉机。运输型拖拉机分为14.7千瓦及以下和14.7千瓦以上两种。低速载货汽车参照运输型拖拉机14.7千瓦以上的费率执行。

注意：座位按行驶证上载明的核定载客数计算；吨位按行驶证上载明的核定载质量计算。

2. 费率浮动暂行办法

2007年6月27日，保监会公布了《机动车交通事故责任强制保险费率浮动暂行办法》，规定在全国范围统一实行交强险费率浮动与道路交通事故相联系，暂不实行与道路交通安全违法行为相联系。交强险费率浮动因素及比率见表3-3。

表 3-3　交强险费率浮动暂行办法考虑因素及比率

浮动因素（内蒙古、海南、青海、西藏 4 个地区实行费率调整方案 A）			浮动比率
与道路交通事故相联系的浮动 A	A1	上一个年度未发生有责任道路交通事故	-30%
	A2	上两个年度未发生有责任道路交通事故	-40%
	A3	上三个及以上年度未发生有责任道路交通事故	-50%
	A4	上一个年度发生一次有责任不涉及死亡的道路交通事故	0%
	A5	上一个年度发生两次及两次以上有责任道路交通事故	10%
	A6	上一个年度发生有责任道路交通死亡事故	30%
浮动因素（陕西、云南、广西 3 个地区实行费率调整方案 B）			浮动比率
与道路交通事故相联系的浮动 B	B1	上一个年度未发生有责任道路交通事故	-25%
	B2	上两个年度未发生有责任道路交通事故	-35%
	B3	上三个及以上年度未发生有责任道路交通事故	-45%
	B4	上一个年度发生一次有责任不涉及死亡的道路交通事故	0%
	B5	上一个年度发生两次及两次以上有责任道路交通事故	10%
	B6	上一个年度发生有责任道路交通死亡事故	30%
浮动因素（甘肃、吉林、山西、黑龙江、新疆 5 个地区实行费率调整方案 C）			浮动比率
与道路交通事故相联系的浮动 C	C1	上一个年度未发生有责任道路交通事故	-20%
	C2	上两个年度未发生有责任道路交通事故	-30%
	C3	上三个及以上年度未发生有责任道路交通事故	-40%
	C4	上一个年度发生一次有责任不涉及死亡的道路交通事故	0%
	C5	上一个年度发生两次及两次以上有责任道路交通事故	10%
	C6	上一个年度发生有责任道路交通死亡事故	30%
浮动因素（北京、天津、河北、宁夏 4 个地区实行费率调整方案 D）			浮动比率
与道路交通事故相联系的浮动 D	D1	上一个年度未发生有责任道路交通事故	-15%
	D2	上两个年度未发生有责任道路交通事故	-25%
	D3	上三个及以上年度未发生有责任道路交通事故	-35%
	D4	上一个年度发生一次有责任不涉及死亡的道路交通事故	0%
	D5	上一个年度发生两次及两次以上有责任道路交通事故	10%
	D6	上一个年度发生有责任道路交通死亡事故	30%
浮动因素（江苏、浙江、安徽、上海、湖南、湖北、江西、辽宁、河南、福建、重庆、山东、广东、深圳、厦门、四川、贵州、大连、青岛、宁波 20 个地区实行费率调整方案 E）			浮动比率
与道路交通事故相联系的浮动 E	E1	上一个年度未发生有责任道路交通事故	-10%
	E2	上两个年度未发生有责任道路交通事故	-20%
	E3	上三个及以上年度未发生有责任道路交通事故	-30%
	E4	上一个年度发生一次有责任不涉及死亡的道路交通事故	0%
	E5	上一个年度发生两次及两次以上有责任道路交通事故	10%
	E6	上一个年度发生有责任道路交通死亡事故	30%

费率浮动时，应注意以下事项：

① 交强险最终保险费=交强险基础保险费×（1+与道路交通事故相联系的浮动比率A）。

② 摩托车和拖拉机暂不浮动。

③ 与道路交通事故相联系的浮动比率 A 为 A1 至 A6 其中之一，不累加。同时满足多个浮动因素的，按照向上浮动或者向下浮动比率的高者计算。

④ 仅发生无责任道路交通事故的，交强险费率仍可享受向下浮动。

⑤ 浮动因素计算区间为上期保单出单日至本期保单出单日之间。

⑥ 与道路交通事故相联系浮动时，应根据上年度交强险已赔付的赔案浮动。上年度发生赔案但还未赔付的，本期交强险费率不浮动，直至赔付后的下一年度交强险费率向上浮动。

⑦ 几种特殊情况的交强险费率浮动方法：

a. 首次投保交强险的机动车费率不浮动。

b. 在保险期限内，被保险机动车所有权转移，应办理合同变更手续，且费率不浮动。

c. 机动车临时上道路行驶或境外机动车临时入境投保短期交强险的，交强险费率不浮动。其他投保短期交强险的情况下，根据交强险短期基准保险费并按照上述标准浮动。

d. 被保险机动车经公安机关证实丢失后追回的，根据投保人提供的公安机关证明，在丢失期间发生道路交通事故的，交强险费率不向上浮动。

e. 机动车上一期交强险保单满期后未及时续保的，浮动因素计算区间仍为上期保单出单日至本期保单出单日之间。

f. 在全国车险信息平台联网或全国信息交换前，机动车跨省变更投保地时，如投保人能提供相关证明文件的，可享受交强险费率向下浮动。不能提供的，交强险费率不浮动。

⑧ 交强险保单出单日距离保单起期最长不能超过三个月。

⑨ 除投保人明确表示不需要的，保险公司应在完成保险费计算后、出具保险单前，向投保人出具《机动车交通事故责任强制保险费率浮动告知书》，经投保人签章确认后，再出具交强险保单、保险标志。投保人有异议的，应告知其有关道路交通事故查询方式。

⑩ 已经建立车险联合信息平台的地区，通过车险联合信息平台实现交强险费率浮动。除当地保险监管部门认可的特殊情形以外，《机动车交通事故责任强制保险费率浮动告知书》和交强险保单必须通过车险信息平台出具。未建立车险信息平台的地区，通过保险公司之间相互报盘、简易理赔共享查询系统或者手工方式等，实现交强险费率浮动。

3. 最终保险费计算办法

先根据基础费率方案计算出基础保险费，再根据费率浮动办法计算出与道路交通事故相联系的浮动比率，两者相乘即为最终保险费，即

最终保险费=基础保险费×(1+与道路交通事故相联系的浮动比率)

4. 解除保险合同保费计算办法

根据《机动车交通事故责任强制保险条例》规定解除保险合同时，保险人应按如下标准计算退还投保人保险费。

① 投保人已交纳保险费，但保险责任尚未开始的，全额退还保险费。

② 投保人已交纳保险费，但保险责任已开始的，退回未到期责任部分保险费：

退还保险费=保险费×(1-已保险责任天数/保险期间天数)

【任务实施】

1)"任务导入"中的宝来车被奔驰车追尾事故的赔偿需要按交强险保险责任规定进行。

① 本次事故中双方只有车辆损失,奔驰车全责,宝来车无责,因此按交强险保险责任规定,奔驰车从自身交强险的财产损失限额(有责)2000元中赔偿宝来车损失300元,宝来车从自身交强险的财产损失限额(无责)100元中赔偿奔驰车损失100元。

② 案例中的奔驰车共损失3150元,剩余的3050元宝来车不负责,而由奔驰车的车损险负责赔偿。假如宝来车损失超出2000元,则奔驰车先从自身交强险的财产损失限额(有责)2000元中赔偿2000元,超出部分由第三者责任险赔偿。

③ 案例中假如宝来车或者奔驰车出现驾驶人或乘员的人身伤亡时,宝来车上的人身伤亡由奔驰车从其交强险的医疗费用限额(有责)10000元、死亡伤残限额(有责)110000元中分别赔偿相关费用;奔驰车上的人身伤亡由宝来车从其交强险的医疗费用限额(无责)1000元、死亡伤残限额(无责)11000元中分别赔偿相关费用。死亡伤残赔偿限额负责赔偿的项目包括丧葬费、死亡补偿费、受害人亲属办理丧葬事宜支出的交通费用、残疾赔偿金、残疾辅助器具费、护理费、康复费、交通费、被扶养人生活费、住宿费、误工费,被保险人依照法院判决或者调解承担的精神损害抚慰金;医疗费用赔偿限额负责赔偿的项目包括医药费、诊疗费、住院费、住院伙食补助费,必要的、合理的后续治疗费、整容费、营养费。

④ 交强险与商业险的归责原则不同。交强险以无过失责任为基础,商业险以过失责任为基础。交强险根据相关法律的规定,基于损害的存在对受害者予以补偿,有责时不论责任大小在责任限额内予以全赔,无责时则在无责任限额内赔偿。商业险依据保险合同的规定,以被保险人在事故中所负责任比例确定损害赔偿范围和大小,无责任时则不用赔偿。

2)"任务导入"中的吴先生在事故中无责的情况下对奔驰车损失予以赔偿后,第二年购买交强险时,应缴保费计算如下:

① 保费计算公式:最终保险费=基础保险费×(1+与道路交通事故相联系的浮动比率)。

② 宝来车基础保费为950元,家庭自用汽车;与道路交通事故相联系的浮动比率为-10%,上一年度未发生有责任道路交通事故;因此第二年保费为855元。

③ 假如考虑奔驰车购买交强险,则奔驰车基础保费为1000元,企业非营业汽车;与道路交通事故相联系的浮动比率为0,上一年度发生一次有责任不涉及死亡的道路交通事故;因此第二年保费为1000元。

【任务评价】

交强险展业任务评价表

序号	内容及要求	评分	评分标准	自评	组评	师评	得分
1	熟悉交强险责任限额	20	明确说出交强险责任限额数额(包括总限额、分项限额)一个得3分;以满分为限				
2	熟悉死亡伤残限额赔偿项目	15	每说出一项得3分;以满分为限				
3	熟悉医疗费用限额赔偿项目	15	每说出一项得3分;以满分为限				

(续)

序号	内容及要求	评分	评分标准	自评	组评	师评	得分
4	熟悉交强险责任免除	10	每说出一项得2分；以满分为限				
5	熟悉交强险垫付抢救费用情形和具体操作	10	每说出一项得2分；以满分为限				
6	熟悉交强险索赔时应提交的材料	10	每说出一项得2分；以满分为限				
7	能计算交强险应缴纳的保费	20	能说出保费计算公式，得5分；能从基础费率表中准确查找对应车型的基础保费，得5分；能根据费用浮动因素准确确定费率浮动系数，得5分；能计算交强险合同解除时应退还的保费，得5分				

指导教师总体评价

指导教师：
年　月　日

【知识拓展】

一、交强险赔偿规定

1. 互碰自赔

为进一步简化交强险理赔手续，提高客户满意度，准确归集交强险理赔成本，2009年2月1日，由中国保险协会下发《交强险财产损失"互碰自赔"处理办法》，规定了"互碰自赔"的条件，具体如下：

① 多车互碰：两车或多车互碰。
② 有交强险：事故各方都有交强险。
③ 只有车损：事故只导致各方车辆损失，没有发生人员伤亡和车外的财产损失。
④ 不超2000：各方车损都不超过2000元。
⑤ 都有责任：交警裁定或事故各方自行协商确定为各方都有责任（同等或主次责任）。
⑥ 各方同意：事故各方都同意采用"互碰自赔"。

2. 无责代赔

交强险"无责代赔"是一种交强险简化处理机制。即两方或多方机动车互碰，对于应由无责方交强险承担的对有责方车辆损失的赔偿责任，由有责方保险公司在本方交强险项下代为赔偿。

二、拖拉机交强险费率方案

拖拉机交强险基础费率因地而异、因车型而异，具体见表3-4。

表 3-4　拖拉机交强险费率方案　　　　　　　　　　　　　　　　　　（单位：元）

省份	兼用型 14.7 千瓦及以下	兼用型 14.7 千瓦以上	运输型 14.7 千瓦及以下	运输型 14.7 千瓦以上
北京	60	90	400	560
天津	60	90	400	560
河北	60	90	400	560
山西	60	90	340	480
内蒙古	50	80	280	340
辽宁	60	90	340	560
吉林	60	90	340	560
黑龙江	60	90	340	560
上海	60	90	340	560
江苏	80	120	540	700
浙江	80	120	540	700
安徽	70	110	540	700
福建	70	110	400	560
江西	70	110	460	640
山东	70	110	460	640
河南	70	110	460	640
湖北	70	110	460	640
湖南	70	110	460	640
广东	60	90	400	560
广西	60	90	340	480
海南	60	90	340	480
重庆	60	90	400	560
四川	60	90	400	560
贵州	60	90	400	560
云南	60	90	400	560
西藏	50	80	280	340
陕西	60	90	400	560
甘肃	60	90	400	560
青海	50	80	340	480
宁夏	60	90	400	560
新疆	50	80	280	340

注：深圳、宁波、大连、青岛、厦门等计划单列市执行本省费率。

项目三 汽车保险产品

任务 2　商业险展业

【任务目标】

通过"商业险展业"任务的学习，要求学生：

1. 掌握商业险的保险责任、责任免除、保险金额、赔偿处理。
2. 能对购买险种合理确定保险金额并计算应缴保险费。
3. 能依据购买险种确定汽车事故是否属于保险责任、如何赔偿处理等。

【任务导入】

广东的王先生刚刚花费 23 万元购买了一辆比亚迪汉（BYD 7009 BEV1 超长续航版）乘用车（图 3-1）作为家庭自用，在购买了交强险后，顺利办理了车辆的挂牌等手续，而此时 4S 店人员又向其推荐了许多保险产品，比如第三者责任险、机动车损失险、车上人员责任险、绝对免赔率特约条款、车轮单独损失险、新增加设备损失险、车身划痕损失险、法定节假日限额翻倍险、修理期间费用补偿险、医保外医疗费用责任险、新能源汽车增值服务特约条款，等等。王先生一时糊涂了，怎么这么多保险呀？可是我已经买了交强险，再买这些还有必要吗？如果要买，还需要花多少钱呀？

图 3-1　比亚迪汉

【任务准备】

一、机动车商业险改革历程

1. 2000 版统颁条款

商业险保费计算

2003 年前，我国采用严格的汽车保险条款管理制度，各保险公司统一实行 2000 年由保监会颁布的条款，其险种数量非常有限，具体见表 3-5。

表 3-5　2000 版条款的险种

主险	车辆损失险	第三者责任险		
附加险	盗抢险	玻璃单独破碎险	车辆停驶损失险	自燃损失险	车上责任险
	无过失责任险	新增设备损失险	车载货物掉落责任险	不计免赔特约条款	

2. 2003 年个性化条款

为促进我国机动车辆保险业务的发展，提高保险公司经营管理水平和服务质量，保监会于 2002 年 3 月 4 日发布《关于改革机动车辆保险条款费率管理办法有关问题的通知》，规定机动车辆保险条款费率不再由保监会统一制订，而是由各保险公司自主制订、修改和调整，经保监会备案后，向社会公布使用，个性化的条款自 2003 年 1 月 1 日起在全国范围内实施。人保、平保、太保三大公司的个性化车险险种见表 3-6。

表 3-6　2003 年 1 月 1 日施行的人保、平保、太保三大公司的个性化车险险种

险别	中国人民财产保险股份有限公司	中国平安财产保险股份有限公司	中国太平洋财产保险股份有限公司
主险	车辆损失险 第三者责任险 家庭自用汽车损失险 非营业用汽车损失险 营业用汽车损失险 特种车辆保险 摩托车保险 拖拉机保险	车辆损失险 第三者综合责任险 第三者人身伤亡责任险	车辆损失险 第三者责任险
附加险	盗抢险 玻璃单独破碎险 车辆停驶损失险 自燃损失险 车上人员责任险 车上货物责任险 无过失责任险 不计免赔特约条款 火灾、爆炸、自燃损失险 车身划痕损失险 救助特约条款 起重、装卸、挖掘车辆损失扩展条款 特种车辆固定设备、仪器损坏扩展条款	全车盗抢险 车上人员责任险 车上货物责任险 无过错损失补偿险 车载货物掉落责任险 玻璃单独破碎险 车辆停驶损失险 自燃损失险 新增设备损失险 代步车费用险 交通事故精神损害赔偿险 他人恶意行为损失险 全车盗抢附加高尔夫球具盗窃险 指定驾驶人特约条款	全车盗抢险 玻璃单独破碎险 车辆停驶损失险 自燃损失险 新增设备损失险 车上责任险 无过失责任险 车载货物掉落责任险 基本险不计免赔 沿海气象灾害险 地陷险 地质灾害险 冰雪灾害险 过渡险 可选免赔额特约条款 里程变额特约条款 换件特约条款 价值损失特约条款 指定部位赔偿特约 救援费用特约条款 代步车特约条款 附加险不计免赔条款 指定行驶区域特约 法律服务特约条款

3. 2006 年 A、B、C 三套条款

经过几年的放开之后，为规范汽车保险行业，促进其有序竞争和良性发展，我国在 2006 年 7 月 1 日开始施行由保险行业协会统一制定的 A、B、C 三套条款，各保险公司任选其一（天平汽车保险公司除外）。A、B、C 三套条款只是对车辆损失保险和第三者责任保险两个主要险种的条款进行了统一，其他险种的条款由各保险公司自己制定，报保险监督管理部门备案即可。2006 版 A、B、C 三套条款的险种构成见表 3-7。

项目三 汽车保险产品

表 3-7 2006 版 A、B、C 三套条款的险种构成

A 款险种构成	B 款险种构成	C 款险种构成
机动车第三者责任保险 家庭自用汽车损失保险 非营业用汽车损失保险 营业用汽车损失保险 摩托车、拖拉机保险 特种车保险	商业第三者责任保险 车辆损失险	机动车损失保险 机动车第三者责任保险

4. 2007 版 A、B、C 三套条款

2007 年 4 月 1 日起,由中国保险行业协会牵头开发的 2007 版 A、B、C 三套条款正式启用,国内经营车险的保险公司都必须从这三套条款中选择一款经营(天平汽车保险公司除外)。2007 版 A、B、C 条款与 2006 版相比,涵盖险种增多,包含车辆损失保险、第三者责任保险、车上人员责任保险、全车盗抢险、不计免赔率特约险、玻璃单独破碎险、车身划痕损失险和可选免赔额特约险 8 个险种。2007 版 A、B、C 三套条款的险种构成见表 3-8。

表 3-8 2007 版 A、B、C 三套条款的险种构成

A 款险种构成	B 款险种构成	C 款险种构成
机动车第三者责任保险 家庭自用汽车损失保险 非营业用汽车损失保险 营业用汽车损失保险 特种车保险 摩托车、拖拉机保险 机动车车上人员责任保险 机动车盗抢保险 玻璃单独破碎险 车身划痕损失险 可选免赔额特约条款 不计免赔率特约条款	商业第三者责任保险 车辆损失险 全车盗抢险 车上人员责任险 摩托车、拖拉机保险 玻璃单独破碎险条款 车身划痕损失险条款 基本险不计免赔率特约条款	机动车损失保险 机动车第三者责任保险 机动车车上人员责任险 机动车全车盗抢损失险 摩托车、拖拉机保险 玻璃单独破碎险 车身油漆单独损伤险 车损免赔额特约条款 基本险不计免赔特约条款

5. 2014 版示范条款

为更好地维护保险消费者的合法权益,切实提升车险承保、理赔工作质量,促进保险业的持续健康发展,中国保险行业协会于 2012 年 3 月 14 日,对外发布了《机动车辆保险示范条款》。后对 2012 年版商业车险示范条款进行修订完善,形成《中保协机动车辆商业保险示范条款(2014 版)》(以下简称为《2014 版示范条款》)。

《2014 版示范条款》简化了商业车险的产品体系,除对特种车、摩托车、拖拉机、单程提车单独设置条款外,其余机动车采用统一的条款。每个条款分为总则、主险条款、通用条款、附加险条款、释义等部分。同时《2014 版示范条款》还对现有商业车险的附加险条款进行了大幅简化,把部分附加险纳入主险保障范围,保留玻璃单独破碎险、自燃损失险、车身划痕损失险等 10 个附加险,并增加了无法找到第三方特约险。具体见表 3-9。

表 3-9 《2014 版示范条款》产品体系和条款体例

产品体系	机动车综合商业保险示范条款	机动车单程提车保险示范条款	摩托车、拖拉机综合商业保险示范条款	特种车综合商业保险示范条款
条款体例	总则 第一章 机动车损失保险 　保险责任 　责任免除 　免赔率与免赔额 　保险金额 　赔偿处理 第二章 机动车第三者责任保险 　保险责任 　责任免除 　免赔率 　责任限额 　赔偿处理 第三章 机动车车上人员责任保险 　保险责任 　责任免除 　免赔率 　责任限额 　赔偿处理 第四章 机动车全车盗抢保险 　保险责任 　责任免除 　免赔率 　保险金额 　赔偿处理 第五章 通用条款 　保险期间 　其他事项 附加险 　玻璃单独破碎险 　自燃损失险 　新增设备损失险 　车身划痕损失险 　发动机涉水损失险 　修理期间费用补偿险 　车上货物责任险 　精神损害抚慰金责任险 　不计免赔率险	总则 第一章 机动车损失保险 　保险责任 　责任免除 　免赔率 　保险金额 　赔偿处理 第二章 机动车第三者责任保险 　保险责任 　责任免除 　免赔率 　责任限额 　赔偿处理 第三章 机动车车上人员责任险 　保险责任 　责任免除 　免赔率 　责任限额 　赔偿处理 第四章 通用条款 　保险期间 　其他事项 附加险 　不计免赔险 　机动车损失保险无法找到第三方特约险 释义	总则 第一章 摩托车、拖拉机损失保险 　保险责任 　责任免除 　免赔率 　保险金额 　赔偿处理 第二章 摩托车、拖拉机第三者责任保险 　保险责任 　责任免除 　免赔率 　责任限额 　赔偿处理 第三章 摩托车、拖拉机车上人员责任险 　保险责任 　责任免除 　免赔率 　责任限额 　赔偿处理 第四章 摩托车、拖拉机全车盗抢险 　保险责任 　责任免除 　免赔率 　保险金额 　赔偿处理 第五章 通用条款 　保险期间 　其他事项 附加险 　不计免赔率险 　摩托车、拖拉机损失保险无法找到第三方特约险 释义	总则 第一章 特种车损失保险 　保险责任 　责任免除 　免赔率与免赔额 　保险金额 　赔偿处理 第二章 特种车第三者责任保险 　保险责任 　责任免除 　免赔率 　责任限额 　赔偿处理 第三章 特种车车上人员责任保险 　保险责任 　责任免除 　免赔率 　责任限额 　赔偿处理 第四章 特种车全车盗抢保险 　保险责任 　责任免除 　免赔率 　保险金额 　赔偿处理 第五章 通用条款 　保险期间 　其他事项 附加险 　玻璃单独破碎险 　自燃损失险 　新增设备损失险 　修理期间费用补偿险 　车上货物责任险 　精神损害抚慰金责任险 　不计免赔率险

(续)

产品体系	机动车综合商业保险示范条款	机动车单程提车保险示范条款	摩托车、拖拉机综合商业保险示范条款	特种车综合商业保险示范条款
条款体例	机动车损失保险无法找到第三方特约险 　指定修理厂险 **释义**			特种车损失保险无法找到第三方特约险 　指定修理厂险 　起重、装卸、挖掘车辆损失扩展条款 　特种车辆固定设备、仪器损坏扩展条款 **释义**

6. 2020 版示范条款

为全面贯彻落实《关于实施车险综合改革的指导意见》精神，深化车险市场的供给侧结构性改革，保护消费者合法权益，在中国银保监会的指导下，中国保险行业协会组织行业力量对 2014 版商业车险示范条款进行了修订完善，在征求多方意见的基础上，2020 年 9 月形成了《中国保险行业协会机动车商业保险示范条款（2020 版）》《中国保险行业协会机动车单程提车保险示范条款（2020 版）》《中国保险行业协会摩托车、拖拉机商业保险示范条款（2020 版）》《中国保险行业协会特种车商业保险示范条款（2020 版）》《中国保险行业协会驾乘人员意外伤害保险示范条款》等五个商业车险示范条款。具体见表 3-10。

表 3-10 中国保险行业协会 2020 版商业车险示范条款产品体系和条款体例

产品体系	机动车商业保险示范条款(2020版)	机动车单程提车保险示范条款(2020版)	摩托车、拖拉机商业保险示范条款(2020版)	特种车商业保险示范条款(2020版)	驾乘人员意外伤害保险示范条款(2020版)
条款体例	**总则** **第一章 机动车损失保险** 　保险责任 　责任免除 　免赔额 　保险金额 　赔偿处理 **第二章 机动车第三者责任保险** 　保险责任 　责任免除 　责任限额 　赔偿处理 **第三章 机动车车上人员责任保险** 　保险责任 　责任免除	**总则** **第一章 机动车损失保险** 　保险责任 　责任免除 　保险金额 　赔偿处理 **第二章 机动车第三者责任保险** 　保险责任 　责任免除 　责任限额 　赔偿处理 **第三章 机动车车上人员责任保险** 　保险责任 　责任免除 　责任限额	**总则** **第一章 摩托车、拖拉机损失保险** 　保险责任 　责任免除 　保险金额 　赔偿处理 **第二章 摩托车、拖拉机第三者责任保险** 　保险责任 　责任免除 　责任限额 　赔偿处理 **第三章 摩托车、拖拉机车上人员责任保险** 　保险责任	**总则** **第一章 特种车损失保险** 　保险责任 　责任免除 　免赔额 　保险金额 　赔偿处理 **第二章 特种车第三者责任保险** 　保险责任 　责任免除 　责任限额 　赔偿处理 **第三章 特种车车上人员责任保险** 　保险责任 　责任免除	**总则** 　保险责任 　责任免除 　保险金额 　保险金给付 　保险期间 　其他事项 **附加险** 　住院津贴保险 　医保外医疗费用补偿险 **释义**

（续）

产品体系	机动车商业保险示范条款（2020版）	机动车单程提车保险示范条款（2020版）	摩托车、拖拉机商业保险示范条款（2020版）	特种车商业保险示范条款（2020版）	驾乘人员意外伤害保险示范条款（2020版）
条款体例	责任限额 赔偿处理 **第四章 通用条款** 保险期间 其他事项 **附加险** 绝对免赔率特约条款 车轮单独损失险 新增加设备损失险 车身划痕损失险 修理期间费用补偿险 发动机进水损坏除外特约条款 车上货物责任险 精神损害抚慰金责任险 法定节假日限额翻倍险 医保外医疗费用责任险 机动车增值服务特约条款 **释义**	赔偿处理 **第四章 通用条款** 保险期间 其他事项 **附加险** 绝对免赔率特约条款 车轮单独损失险 精神损害抚慰金责任险 医保外医疗费用责任险 **释义**	责任免除 责任限额 赔偿处理 **第四章 摩托车、拖拉机全车盗抢险** 保险责任 责任免除 保险金额 赔偿处理 **第五章 通用条款** 保险期间 其他事项 **附加险** 绝对免赔率特约条款 精神损害抚慰金责任险 医保外医疗费用责任险 **释义**	责任限额 赔偿处理 **第四章 特种车全车盗抢保险** 保险责任 责任免除 保险金额 赔偿处理 **第五章 通用条款** 保险期间 其他事项 **附加险** 绝对免赔率特约条款 车轮单独损失险 新增加设备损失险 修理期间费用补偿险 车上货物责任险 精神损害抚慰金责任险 医保外医疗费用责任险 起重、装卸、挖掘车辆损失扩展条款 特种车辆固定设备、仪器损坏扩展条款 **释义**	

7. 新能源汽车商业保险专属条款（试行）

为充分发挥保险保障功能，服务国家"碳达峰、碳中和"战略目标，支持国家新能源汽车产业发展，在银保监会的指导下，中国保险行业协会认真落实《关于实施车险综合改革的指导意见》工作部署，2021年12月开发完成行业《新能源汽车商业保险专属条款（试行）》。具体见表3-11。

表3-11 中国保险行业协会新能源汽车商业保险专属条款（试行）产品体系和条款体例

产品体系	新能源汽车商业保险示范条款（试行）	新能源汽车驾乘人员意外伤害保险示范条款（试行）
条款体例	总则 第一章　新能源汽车损失保险 　　保险责任 　　责任免除 　　免赔额 　　保险金额 　　赔偿处理 第二章　新能源汽车第三者责任保险 　　保险责任 　　责任免除 　　责任限额 　　赔偿处理 第三章　新能源汽车车上人员责任保险 　　保险责任 　　责任免除 　　责任限额 　　赔偿处理 第四章　通用条款 　　保险期间 　　其他事项 附加险 　　外部电网故障损失险 　　自用充电桩损失保险 　　自用充电桩责任保险 　　绝对免赔率特约条款 　　车轮单独损失险 　　新增加设备损失险 　　车身划痕损失险 　　修理期间费用补偿险 　　车上货物责任险 　　精神损害抚慰金责任险 　　法定节假日限额翻倍险 　　医保外医疗费用责任险 　　新能源汽车增值服务特约条款 释义	总则 保险责任 责任免除 保险金额 保险金给付 保险期间 其他事项 附加险 　　住院津贴保险 　　医保外医疗费用补偿险 释义

下面以新能源汽车商业保险示范条款（试行）为例介绍相关险种。

二、主险

1. 新能源汽车损失保险

（1）保险责任

① 保险期间内，被保险人或被保险新能源汽车驾驶人（以下简称"驾驶人"）在使用被

保险新能源汽车过程中，因自然灾害、意外事故（含起火燃烧）造成被保险新能源汽车下列设备的直接损失，且不属于免除保险人责任的范围，保险人依照本保险合同的约定负责赔偿。

  a. 车身。

  b. 电池及储能系统、电机及驱动系统、其他控制系统。

  c. 其他所有出厂时的设备。

  使用包括行驶、停放、充电及作业。

  ② 保险期间内，被保险新能源汽车被盗窃、抢劫、抢夺，经出险地县级以上公安刑侦部门立案证明，满60天未查明下落的全车损失，以及因被盗窃、抢劫、抢夺受到损坏造成的直接损失，且不属于免除保险人责任的范围，保险人依照本保险合同的约定负责赔偿。

  ③ 发生保险事故时，被保险人或驾驶人为防止或者减少被保险新能源汽车的损失所支付的必要的、合理的施救费用，由保险人承担；施救费用数额在被保险新能源汽车损失赔偿金额以外另行计算，最高不超过保险金额。

> **释义：**
>
> 【新能源汽车】指采用新型动力系统，完全或者主要依靠新型能源驱动的汽车，包括插电式混合动力（含增程式）汽车、纯电动汽车和燃料电池汽车等。
>
> 【使用被保险新能源汽车过程】指被保险新能源汽车作为一种工具被使用的整个过程，包括行驶、停放、充电及作业，但不包括在营业场所被维修养护期间、被营业单位拖带或被吊装等施救期间。
>
> 【自然灾害】指对人类以及人类赖以生存的环境造成破坏性影响的自然现象，包括雷击、暴风、暴雨、洪水、龙卷风、冰雹、台风、热带风暴、地陷、崖崩、滑坡、泥石流、雪崩、冰陷、暴雪、冰凌、沙尘暴、地震及其次生灾害等。
>
> 【意外事故】指被保险人不可预料、无法控制的突发性事件，但不包括战争、军事冲突、恐怖活动、暴乱、污染（含放射性污染）、核反应、核辐射等。

  （2）责任免除

  ① 在上述保险责任范围内，下列情况下，无论任何原因造成被保险新能源汽车的任何损失和费用，保险人均不负责赔偿。

  a. 事故发生后，被保险人或驾驶人故意破坏、伪造现场、毁灭证据。

  b. 驾驶人有下列情形之一者：交通肇事逃逸；饮酒、吸食或注射毒品、服用国家管制的精神药品或者麻醉药品；无驾驶证，驾驶证被依法扣留、暂扣、吊销、注销期间；驾驶与驾驶证载明的准驾车型不相符合的新能源汽车。

  c. 被保险新能源汽车有下列情形之一者：发生保险事故时被保险新能源汽车行驶证、号牌被注销；被扣留、收缴、没收期间；竞赛、测试期间，在营业性场所维修、保养、改装期间；被保险人或驾驶人故意或重大过失，导致被保险新能源汽车被利用从事犯罪行为。

  ② 下列原因导致的被保险新能源汽车的损失和费用，保险人不负责赔偿。

  a. 战争、军事冲突、恐怖活动、暴乱、污染（含放射性污染）、核反应、核辐射。

  b. 违反安全装载规定。

  c. 被保险新能源汽车被转让、改装、加装或改变使用性质等，导致被保险新能源汽车危险程度显著增加，且未及时通知保险人，因危险程度显著增加而发生保险事故的。

  d. 投保人、被保险人或驾驶人故意制造保险事故。

  ③ 下列损失和费用，保险人不负责赔偿。

a. 因市场价格变动造成的贬值、修理后因价值降低引起的减值损失。
b. 自然磨损、电池衰减、朽蚀、腐蚀、故障、本身质量缺陷。
c. 投保人、被保险人或驾驶人知道保险事故发生后，故意或者因重大过失未及时通知，致使保险事故的性质、原因、损失程度等难以确定的，保险人对无法确定的部分，不承担赔偿责任，但保险人通过其他途径已经知道或者应当及时知道保险事故发生的除外。
d. 因被保险人违反本条款约定，导致无法确定的损失。
e. 车轮单独损失，无明显碰撞痕迹的车身划痕，以及新增加设备的损失。
f. 非全车盗抢、仅车上零部件或附属设备被盗窃。
g. 充电期间因外部电网故障导致被保险新能源汽车的损失。

> **释义：**
> 【交通肇事逃逸】是指发生道路交通事故后，当事人为逃避法律责任，驾驶或者遗弃车辆逃离道路交通事故现场以及潜逃藏匿的行为。
> 【饮酒】指驾驶人饮用含有酒精的饮料，驾驶新能源汽车时血液中的酒精含量大于等于20mg/100ml 的。
> 【污染（含放射性污染）】指被保险新能源汽车正常使用过程中或发生事故时，由于油料、尾气、货物或其他污染物的泄漏、飞溅、排放、散落等造成的被保险新能源汽车和第三方财产的污损、状况恶化或人身伤亡。
> 【电池衰减】动力电池不能满足特定的容量、能量或功率性能标准。
> 【车轮单独损失】指未发生被保险新能源汽车其他部位的损失，因自然灾害、意外事故，仅发生轮胎、轮毂、轮毂罩的分别单独损失，或上述三者之中任意二者的共同损失，或三者的共同损失。
> 【车身划痕】仅发生被保险新能源汽车车身表面油漆的损坏，且无明显碰撞痕迹。
> 【新增加设备】指被保险新能源汽车出厂时原有设备以外的，另外加装的设备和设施。
> 【外部电网故障】外部电网无法提供正常服务或降低服务质量的状态。

（3）免赔额

对于投保人与保险人在投保时协商确定绝对免赔额的，保险人在依据本保险合同约定计算赔款的基础上，增加每次事故绝对免赔额。

（4）保险金额

保险金额按投保时被保险新能源汽车的实际价值确定。投保时被保险新能源汽车的实际价值由投保人与保险人根据投保时的新车购置价减去折旧金额后的价格协商确定或其他市场公允价值协商确定。

新车购置价指本保险合同签订地购置与被保险新能源汽车同类型新车的价格，无同类型新车市场销售价格的，由投保人与保险人协商确定。折旧金额可根据本保险合同列明的参考折旧系数表（见表3-12）确定。折旧按月计算，不足一个月的部分，不计折旧。最高折旧金额不超过投保时被保险新能源汽车新车购置价的80%。折旧金额＝新车购置价×被保险新能源汽车已使用月数×月折旧系数。凡涉及新车购置价区间分段的陈述都按照"含起点不含终点"的原则来解释。

市场公允价值指熟悉市场情况的买卖双方在公平交易的条件下和自愿的情况下所确定的价格，或无关联的双方在公平交易的条件下一项资产可以被买卖或者一项负债可以被清偿的成交价格。

表 3-12 参考折旧系数表

车辆种类	月折旧系数			
	家庭自用	非营业	营业	
			出租	其他
9 座以下客车	见表 3-13、表 3-14	见表 3-13、表 3-14	1.10%	0.90%
10 座以上客车	0.90%	0.90%	1.10%	0.90%
微型载货汽车	—	0.90%	1.10%	1.10%
带拖挂的载货汽车	—	0.90%	1.10%	1.10%
低速货车和三轮汽车	—	1.10%	1.40%	1.40%
其他车辆	—	0.90%	1.10%	0.90%

表 3-13 9 座以下客车家庭自用和非营业纯电动新能源汽车折旧系数

新车购置价格区间（万元）	纯电动汽车折旧系数（每月）
0~10	0.82%
10~20	0.77%
20~30	0.72%
30 以上	0.68%

表 3-14 9 座以下客车家庭自用和非营业插电式混合动力与燃料电池新能源汽车折旧系数

新车购置价格区间	插电式混合动力与燃料电池汽车折旧系数（每月）
所有价格区间	0.63%

（5）赔偿处理

① 发生保险事故后，保险人依据本条款约定在保险责任范围内承担赔偿责任。赔偿方式由保险人与被保险人协商确定。

② 因保险事故损坏的被保险新能源汽车，修理前被保险人应当会同保险人检验，协商确定维修机构、修理项目、方式和费用。无法协商确定的，双方委托共同认可的有资质的第三方进行评估。

③ 被保险新能源汽车遭受损失后的残余部分由保险人、被保险人协商处理。如责归被保险人的，由双方协商确定其价值并在赔款中扣除。

④ 因第三方对被保险新能源汽车的损害而造成保险事故，被保险人向第三方索赔的，保险人应积极协助；被保险人也可以直接向本保险人索赔，保险人在保险金额内先行赔付被保险人，并在赔偿金额内代位行使被保险人对第三方请求赔偿的权利。被保险人已经从第三方取得损害赔偿的，保险人进行赔偿时，相应扣减被保险人从第三方已取得的赔偿金额。保险人未赔偿之前，被保险人放弃对第三方请求赔偿的权利的，保险人不承担赔偿责任。被保险人故意或者因重大过失致使保险人不能行使代位请求赔偿的权利的，保险人可以扣减或者要求返还相应的赔款。保险人向被保险人先行赔付的，保险人向第三方行使代位请求赔偿的权利时，被保险人应当向保险人提供必要的文件和所知道的有关情况。

⑤ 被保险新能源汽车损失赔款按以下方法计算。

a. 全部损失。赔款=保险金额−被保险人已从第三方获得的赔偿金额−绝对免赔额。

> **释义：**
> 【全部损失】指被保险新能源汽车发生事故后灭失，或者受到严重损坏完全失去原有形体、效用，或者不能再归被保险人所拥有的，为实际全损；或被保险新能源汽车发生事故后，认为实际全损已经不可避免，或者为避免发生实际全损所需支付的费用超过实际价值的，为推定全损。

b. 部分损失。被保险新能源汽车发生部分损失，保险人按实际修复费用在保险金额内计算赔偿：赔款=实际修复费用-被保险人已从第三方获得的赔偿金额-绝对免赔额。

c. 施救费。施救的财产中，含有本保险合同之外的财产，应按本保险合同保险财产的实际价值占总施救财产的实际价值比例分摊施救费用。

⑥ 被保险新能源汽车发生本保险事故，导致全部损失，或一次赔款金额与免赔金额之和（不含施救费）达到保险金额，保险人按本保险合同约定支付赔款后，本保险责任终止，保险人不退还新能源汽车损失保险及其附加险的保险费。

2. 新能源汽车第三者责任保险

（1）保险责任

① 保险期间内，被保险人或其允许的驾驶人在使用被保险新能源汽车过程中发生意外事故（含起火燃烧），致使第三者遭受人身伤亡或财产直接损毁，依法应当对第三者承担的损害赔偿责任，且不属于免除保险人责任的范围，保险人依照本保险合同的约定，对于超过机动车交通事故责任强制保险各分项赔偿限额的部分负责赔偿。

使用包括行驶、停放、充电及作业。

② 保险人依据被保险新能源汽车一方在事故中所负的事故责任比例，承担相应的赔偿责任。

被保险人或被保险新能源汽车一方根据有关法律法规选择自行协商或由公安机关交通管理部门处理事故，但未确定事故责任比例的，按照下列规定确定事故责任比例。

被保险新能源汽车一方负主要事故责任的，事故责任比例为70%。

被保险新能源汽车一方负同等事故责任的，事故责任比例为50%。

被保险新能源汽车一方负次要事故责任的，事故责任比例为30%。

涉及司法或仲裁程序的，以法院或仲裁机构最终生效的法律文书为准。

（2）责任免除

① 在上述保险责任范围内，下列情况下，无论任何原因造成的人身伤亡、财产损失和费用，保险人均不负责赔偿。

a. 事故发生后，被保险人或驾驶人故意破坏、伪造现场、毁灭证据；

b. 驾驶人有下列情形之一者：交通肇事逃逸；饮酒、吸食或注射毒品、服用国家管制的精神药品或者麻醉药品；无驾驶证，驾驶证被依法扣留、暂扣、吊销、注销期间；驾驶与驾驶证载明的准驾车型不相符合的新能源汽车；非被保险人允许的驾驶人。

c. 被保险新能源汽车有下列情形之一者：发生保险事故时被保险新能源汽车行驶证、号牌被注销的；被扣留、收缴、没收期间；竞赛、测试期间，在营业性场所维修、保养、改装期间；全车被盗窃、抢劫、抢夺、下落不明期间。

② 下列原因导致的人身伤亡、财产损失和费用，保险人不负责赔偿。

a. 战争、军事冲突、恐怖活动、暴乱、污染（含放射性污染）、核反应、核辐射。

b. 第三者、被保险人或驾驶人故意制造保险事故、犯罪行为，第三者与被保险人或其他致害人恶意串通的行为。

　　c. 被保险新能源汽车被转让、改装、加装或改变使用性质等，导致被保险新能源汽车危险程度显著增加，且未及时通知保险人，因危险程度显著增加而发生保险事故的。

　　③ 下列人身伤亡、财产损失和费用，保险人不负责赔偿。

　　a. 被保险新能源汽车发生意外事故，致使任何单位或个人停业、停驶、停电、停水、停气、停产、通信或网络中断、电压变化、数据丢失造成的损失以及其他各种间接损失。

　　b. 第三者财产因市场价格变动造成的贬值，修理后因价值降低引起的减值损失。

　　c. 被保险人及其家庭成员、驾驶人及其家庭成员所有、承租、使用、管理、运输或代管的财产的损失，以及本车上财产的损失；其中：家庭成员指配偶、父母、子女和其他共同生活的近亲属。

　　d. 被保险人、驾驶人、本车车上人员的人身伤亡。

　　e. 停车费、保管费、扣车费、罚款、罚金或惩罚性赔款。

　　f. 超出《道路交通事故受伤人员临床诊疗指南》和国家基本医疗保险同类医疗费用标准的费用部分。

　　g. 律师费，未经保险人事先书面同意的诉讼费、仲裁费。

　　h. 投保人、被保险人或驾驶人知道保险事故发生后，故意或者因重大过失未及时通知，致使保险事故的性质、原因、损失程度等难以确定的，保险人对无法确定的部分，不承担赔偿责任，但保险人通过其他途径已经知道或者应当及时知道保险事故发生的除外。

　　i. 因被保险人违反本条款条约定，导致无法确定的损失。

　　j. 精神损害抚慰金。

　　k. 应当由机动车交通事故责任强制保险赔偿的损失和费用。

　　保险事故发生时，被保险新能源汽车未投保机动车交通事故责任强制保险或机动车交通事故责任强制保险合同已经失效的，对于机动车交通事故责任强制保险责任限额以内的损失和费用，保险人不负责赔偿。

　　（3）责任限额

　　① 每次事故的责任限额，由投保人和保险人在签订本保险合同时协商确定。

　　② 主车和挂车连接使用时视为一体，发生保险事故时，由主车保险人和挂车保险人按照保险单上载明的第三者责任保险责任限额的比例，在各自的责任限额内承担赔偿责任。

　　（4）赔偿处理

　　① 保险人对被保险人或其允许的驾驶人给第三者造成的损害，可以直接向该第三者赔偿。被保险人或其允许的驾驶人给第三者造成损害，对第三者应负的赔偿责任确定的，根据被保险人的请求，保险人应当直接向该第三者赔偿。被保险人怠于请求的，第三者就其应获赔偿部分直接向保险人请求赔偿。保险人可以直接向该第三者赔偿。被保险人或其允许的驾驶人给第三者造成损害，未向该第三者赔偿的，保险人不得向被保险人赔偿。

　　② 发生保险事故后，保险人依据本条款约定在保险责任范围内承担赔偿责任。赔偿方式由保险人与被保险人协商确定。因保险事故损坏的第三者财产，修理前被保险人应当会同保险人检验，协商确定维修机构、修理项目、方式和费用。无法协商确定的，双方委托共同认可的有资质的第三方进行评估。

　　③ 赔款计算。

a. 当（依合同约定核定的第三者损失金额-机动车交通事故责任强制保险的分项赔偿限额）×事故责任比例等于或高于每次事故责任限额时：赔款=每次事故责任限额。

b. 当（依合同约定核定的第三者损失金额-机动车交通事故责任强制保险的分项赔偿限额）×事故责任比例低于每次事故责任限额时：赔款=（依合同约定核定的第三者损失金额-机动车交通事故责任强制保险的分项赔偿限额）×事故责任比例。

④ 保险人按照《道路交通事故受伤人员临床诊疗指南》和国家基本医疗保险的同类医疗费用标准核定医疗费用的赔偿金额。未经保险人书面同意，被保险人自行承诺或支付的赔偿金额，保险人有权重新核定。不属于保险人赔偿范围或超出保险人应赔偿金额的，保险人不承担赔偿责任。

3. 新能源汽车车上人员责任保险

（1）保险责任

① 保险期间内，被保险人或其允许的驾驶人在使用被保险新能源汽车过程中发生意外事故（含起火燃烧），致使车上人员遭受人身伤亡，且不属于免除保险人责任的范围，依法应当对车上人员承担的损害赔偿责任，保险人依照本保险合同的约定负责赔偿。

使用包括行驶、停放、充电及作业。

② 保险人依据被保险新能源汽车一方在事故中所负的事故责任比例，承担相应的赔偿责任。

被保险人或被保险新能源汽车一方根据有关法律法规选择自行协商或由公安机关交通管理部门处理事故，但未确定事故责任比例的，按照下列规定确定事故责任比例：

被保险新能源汽车一方负主要事故责任的，事故责任比例为70%。

被保险新能源汽车一方负同等事故责任的，事故责任比例为50%。

被保险新能源汽车一方负次要事故责任的，事故责任比例为30%。

涉及司法或仲裁程序的，以法院或仲裁机构最终生效的法律文书为准。

（2）责任免除

① 在上述保险责任范围内，下列情况下，不论任何原因造成的人身伤亡，保险人均不负责赔偿。

a. 事故发生后，被保险人或驾驶人故意破坏、伪造现场、毁灭证据。

b. 驾驶人有下列情形之一者：交通肇事逃逸；饮酒、吸食或注射毒品、服用国家管制的精神药品或者麻醉药品；无驾驶证，驾驶证被依法扣留、暂扣、吊销、注销期间；驾驶与驾驶证载明的准驾车型不相符合的新能源汽车；非被保险人允许的驾驶人。

c. 被保险新能源汽车有下列情形之一者：发生保险事故时被保险新能源汽车行驶证、号牌被注销的；被扣留、收缴、没收期间；竞赛、测试期间，在营业性场所维修、保养、改装期间；全车被盗窃、抢劫、抢夺、下落不明期间。

② 下列原因导致的人身伤亡，保险人不负责赔偿。

a. 战争、军事冲突、恐怖活动、暴乱、污染（含放射性污染）、核反应、核辐射。

b. 被保险新能源汽车被转让、改装、加装或改变使用性质等，导致被保险新能源汽车危险程度显著增加，且未及时通知保险人，因危险程度显著增加而发生保险事故的。

c. 投保人、被保险人或驾驶人故意制造保险事故。

③ 下列人身伤亡、损失和费用，保险人不负责赔偿。

a. 被保险人及驾驶人以外的其他车上人员的故意行为造成的自身伤亡。

b. 车上人员因疾病、分娩、自残、斗殴、自杀、犯罪行为造成的自身伤亡。

c. 罚款、罚金或惩罚性赔款。

d. 超出《道路交通事故受伤人员临床诊疗指南》和国家基本医疗保险同类医疗费用标准的费用部分。

e. 律师费、未经保险人事先书面同意的诉讼费、仲裁费。

f. 投保人、被保险人或驾驶人知道保险事故发生后，故意或者因重大过失未及时通知，致使保险事故的性质、原因、损失程度等难以确定的，保险人对无法确定的部分，不承担赔偿责任，但保险人通过其他途径已经知道或者应当及时知道保险事故发生的除外。

g. 精神损害抚慰金。

h. 应当由机动车交通事故责任强制保险赔付的损失和费用。

（3）责任限额

驾驶人每次事故责任限额和乘客每次事故每人责任限额由投保人和保险人在投保时协商确定。投保乘客座位数按照被保险新能源汽车的核定载客数（驾驶人座位除外）确定。

（4）赔偿处理

① 赔款计算。

a. 对每座的受害人，当（依合同约定核定的每座车上人员人身伤亡损失金额–应由机动车交通事故责任强制保险赔偿的金额）×事故责任比例高于或等于每次事故每座责任限额时：赔款＝每次事故每座责任限额。

b. 对每座的受害人，当（依合同约定核定的每座车上人员人身伤亡损失金额–应由机动车交通事故责任强制保险赔偿的金额）×事故责任比例低于每次事故每座责任限额时：赔款＝（依合同约定核定的每座车上人员人身伤亡损失金额–应由机动车交通事故责任强制保险赔偿的金额）×事故责任比例。

② 保险人按照《道路交通事故受伤人员临床诊疗指南》和国家基本医疗保险的同类医疗费用标准核定医疗费用的赔偿金额。未经保险人书面同意，被保险人自行承诺或支付的赔偿金额，保险人有权重新核定。不属于保险人赔偿范围或超出保险人应赔偿金额的，保险人不承担赔偿责任。

三、附加险

1. 外部电网故障损失险

投保了新能源汽车损失保险的新能源汽车，可投保本附加险。

① 保险期间内，投保了本附加险的被保险新能源汽车在充电期间，因外部电网故障，导致被保险新能源汽车的直接损失，且不属于免除保险人责任的范围，保险人依照本保险合同的约定负责赔偿。

② 发生保险事故时，被保险人为防止或者减少被保险新能源汽车的损失所支付的必要的、合理的施救费用，由保险人承担；施救费用数额在被保险新能源汽车损失赔偿金额以外另行计算，最高不超过主险保险金额。

2. 自用充电桩损失保险

投保了新能源汽车损失保险的新能源汽车，可投保本附加险。

① 保险责任。

保险期间内，保险单载明地址的，被保险人的符合充电设备技术条件、安装标准的自用充电桩，因自然灾害、意外事故、被盗窃或遭他人损坏导致的充电桩自身损失，保险人在保险单载明的本附加险的保险金额内，按照实际损失计算赔偿。

② 责任免除。

投保人、被保险人或驾驶人故意制造保险事故。

③ 保险金额。

保险金额为2000元、5000元、10000元或20000元，由投保人和保险人在投保时协商确定。

④ 赔偿处理。

a. 发生保险事故后，保险人依据本条款约定在保险责任范围内承担赔偿责任，赔偿方式由保险人与被保险人协商确定。赔款=实际修复费用−被保险人已从第三方获得的赔偿金额。

b. 在保险期间内，累计赔款金额达到保险金额，本附加险保险责任终止。

3. 自用充电桩责任保险

投保了新能源汽车第三者责任保险的新能源汽车，可投保本附加险。

① 保险责任。

保险期间内，保险单载明地址的，被保险人的符合充电设备技术条件、安装标准的自用充电桩，造成第三者人身伤亡或财产损失，依法应由被保险人承担的损害赔偿责任，保险人负责赔偿。

② 责任免除。

因被保险人的故意行为导致。

③ 责任限额。

责任限额由投保人和保险人在投保时协商确定。

4. 绝对免赔率特约条款

绝对免赔率为5%、10%、15%、20%，由投保人和保险人在投保时协商确定，具体以保险单载明为准。

被保险新能源汽车发生主险约定的保险事故，保险人按照主险的约定计算赔款后，扣减本特约条款约定的免赔。即：主险实际赔款=按主险约定计算的赔款×(1−绝对免赔率)。

5. 车轮单独损失险

投保了新能源汽车损失保险的新能源汽车，可投保本附加险。

① 保险责任。

保险期间内，被保险人或被保险新能源汽车驾驶人在使用被保险新能源汽车过程中，因自然灾害、意外事故，导致被保险新能源汽车未发生其他部位的损失，仅有车轮（含轮胎、轮毂、轮毂罩）单独的直接损失，且不属于免除保险人责任的范围，保险人依照本附加险合同的约定负责赔偿。

② 责任免除。

a. 车轮（含轮胎、轮毂、轮毂罩）的自然磨损、朽蚀、腐蚀、故障、本身质量缺陷。

b. 未发生全车盗抢，仅车轮单独丢失。

③ 保险金额。

保险金额由投保人和保险人在投保时协商确定。

④ 赔偿处理。

a. 发生保险事故后,保险人依据本条款约定在保险责任范围内承担赔偿责任。赔偿方式由保险人与被保险人协商确定。

b. 赔款=实际修复费用−被保险人已从第三方获得的赔偿金额。

c. 在保险期间内,累计赔款金额达到保险金额,本附加险保险责任终止。

6. 新增加设备损失险

投保了新能源汽车损失保险的新能源汽车,可投保本附加险。

① 保险责任。

保险期间内,投保了本附加险的被保险新能源汽车因发生新能源汽车损失保险责任范围内的事故,造成车上新增加设备的直接损毁,保险人在保险单载明的本附加险的保险金额内,按照实际损失计算赔偿。

② 保险金额。

保险金额根据新增加设备投保时的实际价值确定。新增加设备的实际价值是指新增加设备的购置价减去折旧金额后的金额。

③ 赔偿处理。

发生保险事故后,保险人依据本条款约定在保险责任范围内承担赔偿责任。赔偿方式由保险人与被保险人协商确定。

赔款=实际修复费用−被保险人已从第三方获得的赔偿金额。

7. 车身划痕损失险

投保了新能源汽车损失保险的新能源汽车,可投保本附加险。

① 保险责任。

保险期间内,被保险新能源汽车在被保险人或被保险新能源汽车驾驶人使用过程中,发生无明显碰撞痕迹的车身划痕损失,保险人按照保险合同约定负责赔偿。

② 责任免除。

a. 被保险人及其家庭成员、驾驶人及其家庭成员的故意行为造成的损失。

b. 因投保人、被保险人与他人的民事、经济纠纷导致的任何损失。

c. 车身表面自然老化、损坏,腐蚀造成的任何损失。

③ 保险金额。

保险金额为2000元、5000元、10000元或20000元,由投保人和保险人在投保时协商确定。

④ 赔偿处理。

a. 发生保险事故后,保险人依据本条款约定在保险责任范围内承担赔偿责任,赔偿方式由保险人与被保险人协商确定。

赔款=实际修复费用−被保险人已从第三方获得的赔偿金额。

b. 在保险期间内,累计赔款金额达到保险金额,本附加险保险责任终止。

8. 修理期间费用补偿险

投保了新能源汽车损失保险的新能源汽车,可投保本附加险。

① 保险责任。

保险期间内，投保了本条款的新能源汽车在使用过程中，发生新能源汽车损失保险责任范围内的事故，造成车身损毁，致使被保险新能源汽车停驶，保险人按保险合同约定，在保险金额内向被保险人补偿修理期间费用，作为代步车费用或弥补停驶损失。

② 责任免除。

下列情况下，保险人不承担修理期间费用补偿。

a. 因新能源汽车损失保险责任范围以外的事故而致被保险新能源汽车的损毁或修理。

b. 非在保险人认可的修理厂修理时，因车辆修理质量不合要求造成返修。

c. 被保险人或驾驶人拖延车辆送修期间。

③ 保险金额。

本附加险保险金额＝补偿天数×日补偿金额。补偿天数及日补偿金额由投保人与保险人协商确定并在保险合同中载明，保险期间内约定的补偿天数最高不超过 90 天。

④ 赔偿处理。

全车损失，按保险单载明的保险金额计算赔偿；部分损失，在保险金额内按约定的日补偿金额乘以从送修之日起至修复之日止的实际天数计算赔偿，实际天数超过双方约定修理天数的，以双方约定的修理天数为准。

保险期间内，累计赔款金额达到保险单载明的保险金额，本附加险保险责任终止。

9. 车上货物责任险

投保了新能源汽车第三者责任保险的营业货车，可投保本附加险。

① 保险责任。

保险期间内，发生意外事故致使被保险新能源汽车所载货物遭受直接损毁，依法应由被保险人承担的损害赔偿责任，保险人负责赔偿。

② 责任免除。

a. 偷盗、哄抢、自然损耗、本身缺陷、短少、死亡、腐烂、变质、串味、生锈，动物走失、飞失、货物自身起火燃烧或爆炸造成的货物损失。

b. 违法、违章载运造成的损失。

c. 因包装、紧固不善，装载、遮盖不当导致的任何损失。

d. 车上人员携带的私人物品的损失。

e. 保险事故导致的货物减值、运输延迟、营业损失及其他各种间接损失。

f. 法律、行政法规禁止运输的货物的损失。

③ 责任限额。

责任限额由投保人和保险人在投保时协商确定。

④ 赔偿处理。

a. 被保险人索赔时，应提供运单、起运地货物价格证明等相关单据。保险人在责任限额内按起运地价格计算赔偿。

b. 发生保险事故后，保险人依据本条款约定在保险责任范围内承担赔偿责任，赔偿方式由保险人与被保险人协商确定。

10. 精神损害抚慰金责任险

投保了新能源汽车第三者责任保险或新能源汽车车上人员责任保险的新能源汽车，可投保本附加险。在投保人仅投保新能源汽车第三者责任保险的基础上附加本附加险时，保险人只负责赔偿第三者的精神损害抚慰金；在投保人仅投保新能源汽车车上人员责任保险的基础上附加本附加险时，保险人只负责赔偿车上人员的精神损害抚慰金。

① 保险责任。

保险期间内，被保险人或其允许的驾驶人在使用被保险新能源汽车的过程中，发生投保的主险约定的保险责任内的事故，造成第三者或车上人员的人身伤亡，受害人据此提出精神损害赔偿请求，保险人依据法院判决及保险合同约定，对应由被保险人或被保险新能源汽车驾驶人支付的精神损害抚慰金，在扣除机动车交通事故责任强制保险应当支付的赔款后，在本保险赔偿限额内负责赔偿。

② 责任免除。

a. 根据被保险人与他人的合同协议，应由他人承担的精神损害抚慰金。

b. 未发生交通事故，仅因第三者或本车人员的惊恐而引起的损害。

c. 怀孕妇女的流产发生在交通事故发生之日起 30 天以外的。

③ 赔偿限额。

本保险每次事故赔偿限额由保险人和投保人在投保时协商确定。

④ 赔偿处理。

本附加险赔偿金额依据生效法律文书或当事人达成且经保险人认可的赔付协议，在保险单所载明的赔偿限额内计算赔偿。

11. 法定节假日限额翻倍险

投保了新能源汽车第三者责任保险的家庭自用汽车，可投保本附加险。

保险期间内，被保险人或其允许的驾驶人在法定节假日期间使用被保险新能源汽车发生新能源汽车第三者责任保险范围内的事故，并经公安部门或保险人查勘确认的，被保险新能源汽车第三者责任保险所适用的责任限额在保险单载明的基础上增加一倍。

> 释义：
> 【法定节假日】法定节假日包括：中华人民共和国国务院规定的元旦、春节、清明节、劳动节、端午节、中秋节和国庆节放假调休日期，及星期六、星期日，具体以国务院公布的文件为准。
> 法定节假日不包括：因国务院安排调休形成的工作日；国务院规定的一次性全国假日；地方性假日。

12. 医保外医疗费用责任险

投保了新能源汽车第三者责任保险或新能源汽车车上人员责任保险的新能源汽车，可投保本附加险。

① 保险责任。

保险期间内，被保险人或其允许的驾驶人在使用被保险新能源汽车的过程中，发生主险保险事故，对于被保险人依照中华人民共和国法律（不含港、澳、台地区法律）应对第三者或车上人员承担的医疗费用，保险人对超出《道路交通事故受伤人员临床诊疗指南》和国家基本医疗保险同类医疗费用标准的部分负责赔偿。

② 责任免除。

下列损失、费用，保险人不负责赔偿。

a. 在相同保障的其他保险项下可获得赔偿的部分。

b. 所诊治伤情与主险保险事故无关联的医疗、医药费用。

c. 特需医疗类费用。

> **释义：**
> 【特需医疗类费用】指医院的特需医疗部门/中心/病房，包括但不限于特需医疗部、外宾医疗部、VIP 部、国际医疗中心、联合医院、联合病房、干部病房、A 级病房、家庭病房、套房等不属于社会基本医疗保险范畴的高等级病房产生的费用，以及名医门诊、指定专家团队门诊、特需门诊、国际门诊等产生的费用。

③ 赔偿限额。

赔偿限额由投保人和保险人在投保时协商确定，并在保险单中载明。

④ 赔偿处理。

被保险人索赔时，应提供由具备医疗机构执业许可的医院或药品经营许可的药店出具的、足以证明各项费用赔偿金额的相关单据。保险人根据被保险人实际承担的责任，在保险单载明的责任限额内计算赔偿。

13. 新能源汽车增值服务特约条款

投保了新能源汽车保险后，可投保本特约条款。本特约条款包括道路救援服务特约条款、车辆安全检测特约条款、代为驾驶服务特约条款、代为送检服务特约条款共四个独立的特约条款，投保人可以选择投保全部特约条款，也可以选择投保其中部分特约条款。保险人依照保险合同的约定，按照承保特约条款分别提供增值服务。

1）道路救援服务特约条款。

① 服务范围。

保险期间内，被保险新能源汽车在使用过程中发生故障而丧失行驶能力时，保险人或其受托人根据被保险人请求，向被保险人提供如下道路救援服务。

a. 单程 50km 以内拖车。

b. 送油、送水、送防冻液、搭电。

c. 轮胎充气、更换轮胎。

d. 车辆脱离困境所需的拖拽、吊车。

② 责任免除。

a. 根据所在地法律法规、行政管理部门的规定，无法开展相关服务项目的情形。

b. 更换轮胎等服务过程中产生的油料、防冻液、配件、辅料等材料费用。

c. 被保险人或驾驶人的故意行为。

③ 责任限额。

保险期间内，保险人提供 2 次免费服务，超出 2 次的，由投保人和保险人在签订保险合同时协商确定，分为 5 次、10 次、15 次、20 次四档。

2）车辆安全检测特约条款。

① 服务范围。

保险期间内，为保障车辆安全运行，保险人或其受托人根据被保险人请求，为被保险新能源汽车提供车辆安全检测服务，车辆安全检测项目包括。

a. 发动机检测（包括机油、空滤、燃油、冷却等）。

b. 变速器检测。

c. 转向系统检测（含车轮定位测试、轮胎动平衡测试）。

d. 底盘检测。

e. 轮胎检测。

f. 汽车玻璃检测。

g. 汽车电子系统检测、电控电器系统检测。

h. 车内环境检测。

i. 车辆综合安全检测。

② 责任免除。

a. 检测中发现的问题部件的更换、维修费用。

b. 洗车、打蜡等常规保养费用。

c. 车辆运输费用。

③ 责任限额。

保险期间内，本特约条款的检测项目及服务次数上限由投保人和保险人在签订保险合同时协商确定。

3）代为驾驶服务特约条款。

① 服务范围。

保险期间内，保险人或其受托人根据被保险人请求，在被保险人或其允许的驾驶人因饮酒、服用药物等原因无法驾驶或存在重大安全驾驶隐患时提供单程30km以内的短途代驾服务。

② 责任免除。

根据所在地法律法规、行政管理部门的要求，无法开展相关服务项目的情形。

③ 责任限额。

保险期间内，本特约条款的服务次数上限由投保人和保险人在签订保险合同时协商确定。

4）代为送检服务特约条款。

① 服务范围。

保险期间内，按照《中华人民共和国道路交通安全法实施条例》，被保险新能源汽车需由机动车安全技术检验机构实施安全技术检验时，根据被保险人请求，由保险人或其受托人代替车辆所有人进行车辆送检。

② 责任免除。

a. 根据所在地法律法规、行政管理部门的要求，无法开展相关服务项目的情形。

b. 车辆检验费用及罚款。

c. 维修费用。

四、商业险费率

1. 新能源汽车损失保险基准纯风险保费

① 当投保时被保险新能源汽车的实际价值等于新车购置价减去折旧金额时，根据被保险新能源汽车车辆使用性质、车辆种类、车型名称、车型编码、车辆使用年限所属档次直接查询基准纯风险保费。新能源汽车损失保险基准纯风险保费示例（广东地区），见表3-15。

表 3-15 新能源汽车损失保险基准纯风险保费表示例（广东地区）

（单位：元）

车辆使用性质	车型名称	车型编码	1年以下	1~2年	2~3年	3~4年	4~5年	5~6年	6~7年	7~8年	8~9年	9~10年	10年以上
非营业性车辆													
家庭自用汽车	宝马 BMW i3	BBMBISUA0001	7253.58	6265.58	5464.37	5215.71	5022.76	4829.82	4636.87	4636.87	4636.87	4636.87	4636.87
家庭自用汽车	北京 BJ7000C7H-BEV	BBQGDRUA0001	3052.52	2636.74	2299.57	2194.92	2113.72	2032.53	1951.33	1951.33	1951.33	1951.33	1951.33
家庭自用汽车	比亚迪 BYD7009BEV1 超长续驶里程版豪华型	BBYDHAUD0002	3790.59	3274.28	2855.58	2725.64	2624.81	2523.98	2423.15	2423.15	2423.15	2423.15	2423.15
家庭自用汽车	比亚迪 BYD6710HLEV4	BBYCBJUA0001	2871.91	2480.73	2163.51	2065.05	1988.66	1912.27	1835.88	1835.88	1835.88	1835.88	1835.88
企业非营业客车	福特 CAF7200A5PHEV 智尊旗舰型	BCAAMEUD0023	4175.57	3606.82	3145.60	3002.46	2891.39	2780.32	2669.25	2669.25	2669.25	2669.25	2669.25
企业非营业客车	东风 EQ6640CLBEV	BDFFYGUA0040	4730.39	4086.07	3563.56	3401.40	3275.57	3149.74	3023.92	3023.92	3023.92	3023.92	3023.92
党政机关、事业团体非营业客车	东宇 NJL6600BEV6	BDYCLNUA0017	1859.39	1606.12	1400.74	1337.00	1287.54	1238.08	1188.62	1188.62	1188.62	1188.62	1188.62
党政机关、事业团体非营业客车	福田 BJ6533EVCA1	BFTBTMUC0007	1449.15	1251.76	1091.69	1042.01	1003.47	964.92	926.37	926.37	926.37	926.37	926.37
党政机关、事业团体非营业客车	海格 KLQ6802EVOX	BHGCBOUA0122	2105.79	1818.96	1586.37	1514.18	1458.16	1402.15	1346.13	1346.13	1346.13	1346.13	1346.13
非营业货车	东宇 EQ5045XXYTBEV14	BDFICEUA0048	1880.29	1983.70	1940.45	1891.57	1853.97	1743.01	1611.41	1382.00	1284.24	1092.45	866.80
非营业货车	大通 SH5041XXYA7BEV	BDTCVCUA0146	2349.83	2479.06	2425.01	2363.92	2316.93	2178.27	2013.80	1727.10	1604.93	1365.25	1083.25
非营业货车	瑞驰 CRC5030XXYB-LBEV	BRCBXTUB0001	1409.47	1486.98	1454.56	1417.92	1389.74	1306.56	1207.91	1035.95	962.67	818.90	649.75
营业性车辆			1年以下	1~2年	2~3年	3~4年	4~5年	5~6年	6~7年	7~8年	8~9年	9~10年	10年以上
出租、租赁营业客车	比亚迪 BYD7005BEV8	BBYDBCUD0007	3925.73	4298.66	4263.34	4565.62	4706.94	4616.66	4306.51	4934.64	4934.64	4934.64	4934.64
出租、租赁营业客车	比亚迪 BYD7005BEVA4 高续驶里程版豪华型	BBYDQRUD0039	3596.71	3938.38	3906.02	4182.96	4312.44	4229.73	3945.58	4521.06	4521.06	4521.06	4521.06
出租、租赁营业客车	传祺 GAM7000BEVA0C 炫 630	BGQKAAUA0002	3294.01	3606.93	3577.28	3830.92	3949.50	3873.75	3613.51	4140.56	4140.56	4140.56	4140.56
城市公交营业客车	宇通 ZK6805BEVG3	BYTJCYUA0040	5011.60	4800.13	4566.06	4566.06	4566.06	4566.06	4566.06	4566.06	4566.06	4566.06	4566.06
城市公交营业客车	比亚迪 CK6100LGEV2	BBYCBBUA0003	4975.36	4765.42	4533.04	4533.04	4533.04	4533.04	4533.04	4533.04	4533.04	4533.04	4533.04
城市公交营业客车	中通 LCK6106PHENV 基本 I 型	BZTTYVUA0019	4591.30	4397.65	4183.20	4202.53	4332.62	4249.45	4183.20	4183.20	4183.20	4183.20	4183.20
公路客运营业客车	宇通 ZK6115BEVZ51	BYTJGRUA0194	2127.18	2037.42	1938.07	1938.07	1938.07	1938.07	1938.07	1938.07	1938.07	1938.07	1938.07
公路客运营业客车	宇通 ZK6906BEVQY15B	BYTJGPUA0132	1948.49	1866.27	1775.27	1775.27	1775.27	1775.27	1775.27	1775.27	1775.27	1775.27	1775.27
公路客运营业客车	东风 DXK6450EC6BEV	BDFIXLUA0479	777.49	851.36	844.36	904.22	932.22	914.34	852.92	977.32	977.32	977.32	977.32
营业货车	开瑞 SQR5021XXYBEVK061	BKRCYBUB0017	2378.75	2754.60	2683.23	2814.06	2947.27	2830.71	2438.22	2145.63	1867.32	1650.86	1146.56
营业货车	开沃 NJL5032XXYBEV1	BKWHKJUA0006	3128.67	3623.00	3529.13	3701.21	3876.42	3723.11	3206.88	2822.05	2456.00	2171.30	1508.02
营业货车	东风 EQ5045XXYTBEV4 基本 I 型	BDFICEUA0076	2447.89	2834.66	2761.23	2895.86	3037.77	2917.64	2513.09	2211.52	1924.66	1701.55	1181.77

② 当投保时被保险新能源汽车的实际价值不等于新车购置价减去折旧金额时，考虑实际价值差异的基准纯风险保费按下列公式计算：新能源汽车损失保险基准纯风险保费＝直接查找的新能源汽车损失保险基准纯风险保费+（协商确定的新能源汽车实际价值-新车购置价减去折旧金额后的新能源汽车实际价值）×0.09%。

③ 如投保时约定绝对免赔额，可按照选择的免赔额、车辆使用年限和实际价值查找费率折扣系数（见表3-16），约定免赔额之后的基准纯风险保费按下列公式计算：约定免赔额之后的新能源汽车损失保险基准纯风险保费 ＝考虑实际价值差异的新能源汽车损失保险基准纯风险保费×费率折扣系数。

表3-16　新能源汽车损失保险可选绝对免赔额系数表

车辆使用年限	免赔额/元	实际价值/元					
		5万以下	5~10万	10~20万	20~30万	30~50万	50万以上
1年以下	300	0.90	0.93	0.95	0.96	0.97	0.98
	500	0.80	0.86	0.91	0.94	0.96	0.96
	1000	0.70	0.77	0.85	0.88	0.91	0.93
	2000	0.57	0.62	0.72	0.79	0.86	0.90
1~2年	300	0.90	0.93	0.95	0.96	0.97	0.98
	500	0.81	0.87	0.91	0.94	0.96	0.96
	1000	0.70	0.78	0.86	0.89	0.91	0.93
	2000	0.57	0.63	0.74	0.81	0.87	0.90
2~6年	300	0.91	0.94	0.96	0.97	0.98	0.99
	500	0.82	0.89	0.94	0.96	0.96	0.97
	1000	0.73	0.83	0.88	0.91	0.93	0.95
	2000	0.58	0.69	0.79	0.87	0.90	0.92
6年以上	300	0.91	0.95	0.97	0.98	0.99	0.99
	500	0.84	0.91	0.95	0.97	0.97	0.97
	1000	0.74	0.86	0.90	0.92	0.95	0.97
	2000	0.59	0.73	0.83	0.90	0.92	0.94

2. 新能源汽车第三者责任险基准纯风险保费

根据被保险新能源汽车车辆使用性质、车辆种类、责任限额直接查询基准纯风险保费。新能源汽车第三者责任保险基准纯风险保费（广东地区），见表3-17。

3. 新能源汽车车上人员责任险基准纯风险保费

根据车辆使用性质、车辆种类、驾驶人/乘客查询基准纯风险费率，其中：

驾驶人基准纯风险保费 ＝ 每次事故责任限额×纯风险费率。

乘客基准纯风险保费 ＝ 每次事故每人责任限额×纯风险费率×投保乘客座位数。

新能源汽车车上人员责任保险基准纯风险费率（广东地区），见表3-18。

表 3-17 新能源汽车第三者责任保险基准纯风险保费（广东地区）

第三者责任保险保费/元

车辆使用性质	车辆种类	10万	15万	20万	30万	50万	100万	150万	200万	300万	400万	500万	600万	800万	1000万
家庭自用汽车	6座以下	358.04	388.30	424.30	458.92	525.36	641.58	716.91	783.77	913.47	1040.47	1164.82	1 286.48	1521.79	1746.42
	6~10座	423.63	459.43	502.02	542.99	621.59	759.49	848.24	927.34	1080.77	1231.04	1378.16	1522.10	1800.49	2066.25
	10座以上	423.63	459.43	502.02	542.99	621.59	759.49	848.24	927.34	1080.77	1231.04	1378.16	1522.10	1800.49	2066.25
企业非营业客车	6座以下	478.21	492.65	537.74	592.55	655.91	803.44	885.79	959.23	1101.70	1241.26	1377.85	1511.52	1770.02	2016.79
	6~10座	550.51	567.15	619.03	682.14	755.09	924.92	1019.71	1104.26	1268.29	1428.94	1586.22	1740.10	2037.73	2321.83
	10~20座	442.30	455.65	497.36	548.05	606.66	743.11	819.27	887.20	1018.97	1148.04	1274.37	1398.01	1637.12	1865.36
	20座以上	924.79	952.73	1039.90	1145.91	1268.46	1553.74	1712.98	1855.02	2130.58	2400.45	2664.63	2923.13	3423.09	3900.33
党政机关、事业团体非营业客车	6座以下	300.76	309.85	338.20	372.67	412.52	505.30	557.10	603.30	692.92	780.68	866.60	950.68	1113.29	1268.51
	6~10座	346.23	356.70	389.33	429.02	474.91	581.71	641.33	694.50	797.67	898.73	997.64	1094.43	1281.63	1460.32
	10~20座	278.18	286.58	312.80	344.69	381.54	467.37	515.27	557.99	640.85	722.02	801.47	879.21	1029.59	1173.11
	20座以上	581.64	599.22	654.03	720.70	797.78	977.21	1077.36	1166.69	1339.99	1509.74	1675.88	1838.48	2152.92	2453.08
非营业货车	2吨以下	834.55	965.29	1002.24	1126.08	1358.45	1770.38	2105.98	2310.52	2707.33	3095.96	3476.42	3848.68	4568.66	5255.94
	2~5吨	1191.28	1377.92	1430.67	1607.45	1939.13	2527.15	3006.20	3298.18	3864.62	4419.38	4962.45	5493.86	6521.62	7502.67
	5~10吨	1653.54	1876.12	2031.92	2283.24	2729.32	3553.78	4345.08	4913.47	6016.16	7096.11	8153.31	9187.80	11188.54	13098.35
	10吨以上	2150.62	2431.62	2621.74	2936.12	3496.28	4551.65	5566.07	6294.20	7706.77	9090.22	10444.54	11769.73	14332.75	16779.27
	低速载货汽车	887.52	1004.37	1082.27	1211.18	1443.95	1879.83	2055.49	2255.49	2642.85	3022.20	3393.58	3756.95	4459.78	5130.64
出租、租赁营业客车	6座以下	1669.33	1758.36	1847.38	2123.81	2541.14	3161.95	3728.24	4079.04	4759.62	5426.15	6078.66	6717.14	7952.00	9130.71
	6~10座	839.24	884.00	928.76	1067.73	1277.53	1589.65	1874.34	2050.71	2392.86	2727.97	3056.02	3377.01	3997.83	4590.43
	10~20座	1431.96	1508.32	1584.70	1821.81	2179.80	2712.33	3198.11	3499.03	4082.80	4654.55	5214.25	5761.93	6821.15	7832.24
	20~36座	2024.74	2132.72	2240.71	2575.97	3082.16	3835.15	4522.00	4947.49	5772.93	6581.36	7372.76	8147.14	9644.85	11074.50
	36座以上	2331.78	2456.13	2580.48	2966.61	3549.56	4416.71	5207.74	5697.74	6648.36	7579.40	8490.81	9382.65	11107.49	12753.94

(续)

第三者责任保险/元

车辆使用性质	车辆种类	10万	15万	20万	30万	50万	100万	150万	200万	300万	400万	500万	600万	800万	1000万
城市公交	6~10座	723.79	762.39	801.00	920.84	1101.78	1370.96	1616.48	1768.60	2063.69	2352.70	2635.62	2912.46	3447.89	3958.98
	10~20座	1234.96	1300.83	1366.69	1571.19	1879.93	2339.21	2758.13	3017.67	3521.15	4014.24	4496.97	4969.30	5882.84	6754.85
	20~36座	1746.19	1839.32	1932.46	2221.61	2658.16	3307.55	3899.90	4266.87	4978.78	5676.01	6358.56	7026.44	8318.16	9551.15
	36座以上	2010.99	2118.24	2225.50	2558.49	3061.24	3809.12	4491.31	4913.91	5733.76	6536.71	7322.75	8091.90	9579.47	10999.42
营业客车 公路客运	6~10座	1092.58	1150.85	1209.11	1390.05	1663.19	2069.51	2440.14	2669.74	3115.17	3551.40	3978.45	4396.32	5204.50	5975.95
	10~20座	1864.21	1963.63	2063.07	2371.76	2837.81	3531.10	4163.50	4555.26	5315.27	6059.63	6788.30	7501.31	8880.32	10196.62
	20~36座	2635.94	2776.51	2917.10	3353.59	4012.56	4992.56	5887.03	6440.96	7515.60	8568.09	9598.41	10606.57	12556.41	14417.64
	36座以上	3035.65	3197.55	3359.46	3862.14	4621.04	5749.97	6779.75	7417.70	8655.31	9867.40	11053.97	12215.01	14460.57	16604.05
营业货车	2吨以下	1670.22	1965.71	2163.92	2547.61	3194.05	4170.54	5156.64	5845.76	7182.64	8491.94	9773.70	11027.88	13453.55	15768.97
	2~5吨	2012.38	2453.72	2545.23	3025.83	3833.49	5020.13	6153.86	6828.85	8138.34	9420.84	10676.33	11904.83	14280.80	16548.79
	5~10吨	2647.77	3228.46	3348.86	3981.21	5043.88	6605.19	8096.90	8985.01	10707.95	12395.37	14047.26	15663.62	18789.78	21773.85
	10吨以上	4227.82	4974.29	5477.08	6449.03	8083.78	10558.65	13050.87	14794.93	18178.42	21492.14	24736.10	27910.29	34049.40	39909.45
	低速载货汽车	1420.19	1671.12	1840.24	2166.65	2714.90	3545.92	4383.08	4968.81	6105.12	7218.01	8307.46	9373.49	11435.25	13403.31

备注

① 挂车根据实际的使用性质并按照对应吨位货车/对应车型特种车的30%计算。
② 如果责任限额为200万元以上、4000万元以下,且未在上表列示,则基准纯风险保费 = $(N-4) \times (A-B) \times (1-N \times 0.005) + A$,式中:$A$ 指同档次限额为200万元时的基准纯风险保费,B 指同档次限额为150万元时的基准纯风险保费;N = 限额/50万元,限额必须是50万元的整数倍。
③ 如果责任限额为4000万元及以上,则基准纯风险保费 = $(N/5 + 30) \times (A-B) + A$,式中 A、B、N 与上述一致。

表 3-18　新能源汽车车上人员责任保险基准纯风险费率（广东地区）

车辆使用性质	车辆种类	车上人员责任保险	
		驾驶人	乘客
家庭自用汽车	6 座以下	0.2174%	0.1397%
	6~10 座	0.2070%	0.1346%
	10 座以上	0.2070%	0.1346%
企业非营业客车	6 座以下	0.2174%	0.1346%
	6~10 座	0.2018%	0.1190%
	10~20 座	0.2018%	0.1190%
	20 座以上	0.2122%	0.1294%
党政机关、事业团体非营业客车	6 座以下	0.2070%	0.1294%
	6~10 座	0.1915%	0.1139%
	10~20 座	0.1967%	0.1190%
	20 座以上	0.2070%	0.1294%
非营业货车	2 吨以下	0.2432%	0.1501%
	2~5 吨	0.2432%	0.1501%
	5~10 吨	0.2432%	0.1501%
	10 吨以上	0.2432%	0.1501%
	低速载货汽车	0.2432%	0.1501%
出租、租赁营业客车	6 座以下	0.2588%	0.1604%
	6~10 座	0.2070%	0.1242%
	10~20 座	0.2174%	0.1294%
	20~36 座	0.2174%	0.1294%
	36 座以上	0.2174%	0.1294%
城市公交营业客车	6~10 座	0.3623%	0.1346%
	10~20 座	0.3795%	0.1397%
	20~36 座	0.4313%	0.1604%
	36 座以上	0.4313%	0.1604%
公路客运营业客车	6~10 座	0.2174%	0.1346%
	10~20 座	0.2277%	0.1397%
	20~36 座	0.2588%	0.1604%
	36 座以上	0.2588%	0.1604%
营业货车	2 吨以下	0.4399%	0.2381%
	2~5 吨	0.4399%	0.2381%
	5~10 吨	0.4399%	0.2381%
	10 吨以上	0.4399%	0.2381%
	低速载货汽车	0.4399%	0.2381%

4. 新能源汽车附加险基准纯风险保费

1)外部电网故障损失险基准纯风险保费。

根据能源类型、车辆使用年限查询纯风险费率,见表3-19。

基准纯风险保费=新能源汽车损失保险保险金额×纯风险费率。

表3-19 外部电网故障损失险基准纯风险费率

能源类型	车辆使用年限			
	1年以下	1~3年	3~5年	5年及以上
插电式混合动力(含增程式)	0.0128%	0.0150%	0.0173%	0.0217%
纯电动	0.0323%	0.0343%	0.0453%	0.0494%

2)自用充电桩损失保险基准纯风险保费。

根据充电桩种类、安装地点查询纯风险费率,见表3-20。

基准纯风险保费 = 自用充电桩损失险保险金额×纯风险费率,其中:充电桩保额分为4档可选:2000、5000、10000、20000元。

表3-20 自用充电桩损失保险基准纯风险费率

充电桩种类	安装地点	
	地面停车场	地面停车楼和地下停车场
地面充电桩	0.4425%	0.3540%
壁挂式充电桩	0.3540%	0.2832%
其他类充电桩	0.5310%	0.4248%

3)自用充电桩责任保险基准纯风险保费。

根据充电桩种类、责任限额查询纯风险费率,见表3-21。

基准纯风险保费 = 自用充电桩责任险责任限额×纯风险费率。

表3-21 自用充电桩损失保险基准纯风险费率

充电桩种类	责任限额							
	1万	2万	3万	5万	10万	20万	30万	50万及以上
地面充电桩	0.2360%	0.2124%	0.1770%	0.1416%	0.1180%	0.0944%	0.0767%	0.0590%
壁挂式充电桩	0.2596%	0.2336%	0.1947%	0.1558%	0.1298%	0.1038%	0.0844%	0.0649%
其他类充电桩	0.2832%	0.2549%	0.2124%	0.1699%	0.1416%	0.1133%	0.0920%	0.0708%

4)绝对免赔率特约条款基准纯风险保费。

根据绝对免赔率查询附加比例,见表3-22。

基准纯风险保费 = 新能源汽车主险基准纯风险保费×附加比例。

表 3-22 绝对免赔率特约条款附加比例表

绝对免赔率	附加比例
5%	−5%
10%	−10%
15%	−15%
20%	−20%

5）车轮单独损失险基准纯风险保费。

根据各公司情况自行制定各车辆使用性质的纯风险费率。

基准纯风险保费＝保险金额×纯风险费率。

××财产保险股份有限公司车轮单独损失险基准纯风险费率，见表3-23。

表 3-23 ××财产保险股份有限公司车轮单独损失险基准纯风险费率

车辆使用性质	纯风险费率			
	1年以下	1~2年	2~6年	6年以上
家庭自用汽车	5.0%	6.0%	8.0%	10.0%
党政机关、事业团体非营业客车	5.0%	6.0%	8.0%	10.0%
企业非营业客车	6.0%	7.2%	9.6%	12.0%
城市公交营业客车	10.0%	12.0%	16.0%	20.0%
出租、租赁营业客车	10.0%	12.0%	16.0%	20.0%
公路客运营业客车	9.0%	10.8%	14.4%	18.0%
营业货车	10.0%	12.0%	16.0%	20.0%
非营业货车	7.5%	9.0%	12.0%	15.0%

说明：挂车费率与对应货车费率一致。

6）新增加设备损失险基准纯风险保费。

根据车辆使用性质查询调整系数，见表3-24。

基准纯风险保费＝保险金额×新能源汽车损失保险基准纯风险保费/新能源汽车损失保险保险金额/调整系数。

表 3-24 新增加设备损失险基准纯风险保费计算公式

车辆使用性质	费率计算公式
家庭自用汽车	保险金额×新能源汽车损失保险基准纯风险保费/新能源汽车损失保险保险金额/1.132
非家庭自用汽车	保险金额×新能源汽车损失保险基准纯风险保费/新能源汽车损失保险保险金额/1.148

7）车身划痕损失险基准纯风险保费。

根据车辆使用性质、车辆使用年限、新车购置价、保险金额所属档次直接查询基准纯风险保费。车身划痕损失险基准纯风险保费（广东地区），见表3-25。

表 3-25　车身划痕损失险基准纯风险保费（广东地区）

车辆使用性质	保额（元）	车辆使用年限					
		2 年以下			2 年及以上		
		新车购置价/元					
		30 万以下	30~50 万	50 万以上	30 万以下	30~50 万	50 万以上
家庭自用汽车	2000	367.35	537.25	780.62	560.21	826.54	1010.22
	5000	523.48	826.54	1010.22	780.62	1239.82	1377.57
	10000	697.97	1074.51	1377.57	1193.90	1653.09	1836.76
	20000	1046.96	1634.72	2066.36	1744.93	2387.79	2755.14
企业非营业客车	2000	228.71	334.49	486.00	348.78	514.59	628.95
	5000	325.91	514.59	628.95	486.00	771.89	857.65
	10000	434.54	668.97	857.65	743.30	1029.18	1143.54
	20000	651.82	1017.75	1286.48	1086.36	1486.60	1715.31
党政机关、事业团体非营业客车	2000	207.00	302.74	439.88	315.68	465.75	569.25
	5000	294.98	465.75	569.25	439.88	698.63	776.25
	10000	393.30	605.48	776.25	672.75	931.50	1035.00
	20000	589.95	921.15	1164.38	983.25	1345.50	1552.50
非营业货车	2000	207.00	302.74	439.88	315.68	465.75	569.25
	5000	294.98	465.75	569.25	439.88	698.63	776.25
	10000	393.30	605.48	776.25	672.75	931.50	1035.00
	20000	589.95	921.15	1164.38	983.25	1345.50	1552.50
出租、租赁营业客车	2000	342.72	501.23	728.28	522.65	771.12	942.49
	5000	488.38	771.12	942.49	728.28	1156.69	1285.21
	10000	651.17	1002.46	1285.21	1113.85	1542.25	1713.61
	20000	976.76	1525.11	1927.81	1627.93	2227.69	2570.42
城市公交营业客车	2000	342.72	501.23	728.28	522.65	771.12	942.49
	5000	488.38	771.12	942.49	728.28	1156.69	1285.21
	10000	651.17	1002.46	1285.21	1113.85	1542.25	1713.61
	20000	976.76	1525.11	1927.81	1627.93	2227.69	2570.42
公路客运营业客车	2000	342.72	501.23	728.28	522.65	771.12	942.49
	5000	488.38	771.12	942.49	728.28	1156.69	1285.21
	10000	651.17	1002.46	1285.21	1113.85	1542.25	1713.61
	20000	976.76	1525.11	1927.81	1627.93	2227.69	2570.42
营业货车	2000	342.72	501.23	728.28	522.65	771.12	942.49
	5000	488.38	771.12	942.49	728.28	1156.69	1285.21
	10000	651.17	1002.46	1285.21	1113.85	1542.25	1713.61
	20000	976.76	1525.11	1927.81	1627.93	2227.69	2570.42

8）修理期间费用补偿险基准纯风险保费。

目前，该险种纯风险费率为6.5%。

基准纯风险保费 = 约定的最高赔偿天数×约定的最高日责任限额×6.5%。

9）车上货物责任险基准纯风险保费。

目前，该险种纯风险费率为2.1294%。

基准纯风险保费 = 责任限额×2.1294%

10）精神损害抚慰金责任险基准纯风险保费。

目前，该险种纯风险费率为0.62%。

基准纯风险保费 = 每次事故责任限额×0.62%。

11）法定节假日限额翻倍险基准纯风险保费。

根据被保险新能源汽车车辆使用性质、车辆种类、基础责任限额、翻倍责任限额直接查询基准纯风险保费。法定节假日限额翻倍险基准纯风险保费（广东地区），见表3-26。

表3-26 法定节假日限额翻倍险基准纯风险保费（广东地区） （单位：元）

车辆使用性质	车辆种类	基础限额	10万	15万	20万	30万	50万	100万	150万	200万	300万	400万	500万	600万	800万	1000万
		翻倍限额	20万	30万	40万	60万	100万	200万	300万	400万	600万	800万	1000万	1200万	1600万	2000万
家庭自用汽车	6座以下		28.64	31.06	33.94	36.71	42.03	51.35	57.35	62.70	73.08	83.24	93.19	102.92	121.74	139.71
	6~10座		33.89	36.75	40.16	43.44	49.73	60.76	67.86	74.19	86.46	98.48	110.25	121.77	144.04	165.30
	10座以上		33.89	36.75	40.16	43.44	49.73	60.76	67.86	74.19	86.46	98.48	110.25	121.77	144.04	165.30
备注	① 如果基础限额为200万元以上、且未在上表列示，则基准纯风险保费 = $(N-4) \times (A-B) \times (1 - N \times 0.005) + A$，式中 A 指同档次基础限额为200万元时的基准纯风险保费，B 指同档次基础限额为150万元时的基准纯风险保费；N = 基础限额/50万元，基础限额必须是50万元的整数倍。 ② 如果责任限额为4000万元及以上，则基准纯风险保费 = $(N/5 + 30) \times (A-B) + A$，式中 A、B、N 与上述一致。														

12）医保外医疗费用责任险基准纯风险保费。

根据各公司情况自行制定基准纯风险保费。××财产保险股份有限公司医保外医疗费用责任险基准纯风险保费，见表3-27。

表3-27 ××财产保险股份有限公司医保外医疗费用责任险基准纯风险保费（单位：元）

保障对象	车辆使用性质	保险金额			
		10000	20000	50000	100000
第三者	家庭自用汽车	50	68	88	110
	党政机关、事业团体非营业客车	60	81	106	133
	企业非营业客车	51	69	89	111
	城市公交营业客车	262	353	459	574
	出租、租赁营业客车	302	408	530	663

（续）

保障对象	车辆使用性质	保险金额			
		10000	20000	50000	100000
第三者	公路客运营业客车	287	387	504	630
	营业货车	215	291	378	473
	非营业货车	108	146	189	236
	费率使用说明	根据使用性质及保险金额查找基准纯风险保费			
驾驶员	车辆使用性质	保险金额			
		10000	20000	50000	100000
	家庭自用汽车	15	20	26	33
	党政机关、事业团体非营业客车	18	25	33	41
	企业非营业客车	16	21	27	34
	城市公交营业客车	38	52	68	85
	出租、租赁营业客车	46	62	81	101
	公路客运营业客车	47	64	83	104
	营业货车	84	114	148	185
	非营业货车	42	57	74	93
	费率使用说明	根据使用性质及保险金额查找基准纯风险保费			
乘客	车辆使用性质	每座保险金额			
		10000	20000	50000	100000
	家庭自用汽车	9	13	17	21
	党政机关、事业团体非营业客车	12	16	21	26
	企业非营业客车	10	13	17	21
	城市公交营业客车	25	33	43	54
	出租、租赁营业客车	30	40	52	65
	公路客运营业客车	30	41	53	66
	营业货车	54	73	95	119
	非营业货车	27	36	47	59
	费率使用说明	根据使用性质及每座保险金额查找基准纯风险保费，基准纯风险保费=每座基准纯风险保费×承保座位数（乘客）			

说明：挂车费率与对应货车费率一致。

13）新能源汽车增值服务特约条款基准纯风险保费。

根据各公司情况自行制定基准纯风险保费。

××财产保险股份有限公司新能源汽车增值服务特约条款基准纯风险保费，见表3-28。

表 3-28　××财产保险股份有限公司新能源汽车增值服务特约条款基准纯风险保费　　（单位：元）

	计算公式	服务次数上限×每次服务价格	
道路救援服务特约条款	基准纯风险保费表	车辆使用性质	每次服务价格
		家庭自用汽车	0
		企业非营业客车	0
		党政机关、事业团体非营业客车	0
		非营业货车	0
		出租、租赁营业客车	0
		城市公交营业客车	0
		公路客运营业客车	0
		营业货车	0
	说明	挂车根据实际的使用性质并按照对应货车的费率计算	
	计算公式	服务次数上限×每次服务价格	
车辆安全检测特约条款	基准纯风险保费表	车辆使用性质	每次服务价格
		家庭自用汽车	0
		企业非营业客车	0
		党政机关、事业团体非营业客车	0
		非营业货车	0
		出租、租赁营业客车	0
		城市公交营业客车	0
		公路客运营业客车	0
		营业货车	0
	说明	挂车根据实际的使用性质并按照对应货车的费率计算	
	计算公式	服务次数上限×每次服务价格	
代为送检服务特约条款	基准纯风险保费表	车辆使用性质	每次服务价格
		家庭自用汽车	0
		企业非营业客车	0
		党政机关、事业团体非营业客车	0
		非营业货车	0
		出租、租赁营业客车	0
		城市公交营业客车	0
		公路客运营业客车	0
		营业货车	0
	说明	挂车根据实际的使用性质并按照对应货车的费率计算	

(续)

	计算公式	服务次数上限×每次服务价格	
代为驾驶服务特约条款	基准纯风险保费表	车辆使用性质	每次服务价格
		家庭自用汽车	0
		企业非营业客车	0
		党政机关、事业团体非营业客车	0
		非营业货车	0
		出租、租赁营业客车	0
		城市公交营业客车	0
		公路客运营业客车	0
		营业货车	0
	说明		

5. 商业险保费计算

商业险保费=基准保费×费率调整系数。

基准保费=基准纯风险保费／（1-附加费用率），基准纯风险保费为投保各主险与附加险基准纯风险保费之和。

费率调整系数=无赔款优待系数×交通违法系数×自主定价系数。

其中：

1）基准纯风险保费：由中国精算师协会统一制定、颁布并定期更新。

2）附加费用率：由保险公司自主设定唯一值，并严格执行经中国保监会批准的附加费用率，不得上下浮动。目前商业车险附加费用率的上限比例为25%。

3）无赔款优待系数：英文No Claim Discount，简称为NCD系数。由中国保险行业协会统一制定颁布，由行业平台自动返回，具体见表3-29。NCD系数共分为10个等级，对应不同的系数值。NCD系数根据被保险人连续投保年限、出险次数，确定NCD系数值，从而影响车辆投保的费用，具体为：

① 连续投保NCD系数浮动规则。

a. 连续4年及以上投保且没有出险，等级为-4，NCD因子系数值为0.5，此为最大折扣。

b. 按照最近3年连续投保年数计算等级数，每连续投保1年降1级，每出险1次升1级，最高为5级，即：NCD等级=车辆出险次数-车辆连续投保年限。

② 非连续投保NCD系数浮动规则。

a. 新车、过户车，投保NCD等级均从0开始，NCD因子系数为1。

b. 脱保3~6个月，NCD等级只升不降，脱保6个月以上，投保NCD等级从0开始。

c. 未找到上年保单的，投保NCD等级从0开始。

表 3-29 无赔优待系数（NCD 系数）

NCD 等级	NCD 系数值
-4	0.5
-3	0.6
-2	0.7
-1	0.8
0	1.0
1	1.2
2	1.4
3	1.6
4	1.8
5	2.0

4）自主定价系数：根据公司车险经营情况确定系数，考虑车型的出险率、赔付额度等，不同的车型定价不同，然后由公司自主上报系数使用规则，在规定的范围之内调整使用。目前自主定价系数范围确定为 0.5~1.5。

5）交通违法系数：根据当地监管及保险行业协会规定，据实使用。已对接的，可以使用该系数进行费率浮动，平台带出，据实使用，保险公司不得调整，如：上海、江苏、北京、深圳四个地区的系数区间分别为 0.9~1.1、0.9~1.5、1~1.45、1~1.5；未对接的，平台带出 1.0，保险公司不得调整。

【任务实施】

1."任务导入"中的王先生购买了交强险后，又被推荐许多保险产品的情形，属于正常，此时 4S 店人员必须向王先生说明白相关情况：

（1）王先生购买的交强险为法定保险，是新车上牌的前提，是所有车辆年审的必要条件，为车主必须购买险种。

（2）4S 店销售人员应向王先生说明商业汽车保险与交强险关系。交强险强制购买，商业险自愿购买，交强险只是对第三方受害人的最基本保障，商业险种类繁多，针对不同的车辆使用风险有不同的保险产品，因此，王先生应该根据自身风险情况和经济基础再选择一些必要的商业险种，以获取比较全面的保险保障。

（3）4S 店销售人员再向王先生说明商业汽车保险险种较多，分主险和附加险。选购较多的险种有：新能源汽车损失保险、新能源汽车第三者责任险、新能源汽车车上人员责任险、绝对免赔率特约条款、车轮单独损失险、新增加设备损失险、车身划痕损失险、法定节假日限额翻倍险、修理期间费用补偿险、医保外医疗费用责任险、新能源汽车增值服务特约条款等。同时，需要简单明了说明每个险种的保险责任要点和责任免除要点，以使客户心中明白。

（4）经 4S 店销售人员介绍，王先生保险意识较高，选择了较全的保障方案，即险种组合包括：新能源汽车损失保险+新能源汽车第三者责任险+新能源汽车车上人员责任险+绝对免赔率特约条款+车轮单独损失险+新增加设备损失险+车身划痕损失险+法定节假日限额翻倍险+修理期间费用补偿险+医保外医疗费用责任险+新能源汽车增值服务特约条款。

2. "任务导入"中的王先生确定了购买险种后,4S店销售人员应为其计算应缴保费:
(1) 计算各险种纯风险保费
① 车损险:按新车购置价23万元确定保险金额。根据新能源汽车损失保险基准纯风险保费表(广东地区)查得:车损险基准纯风险保费=3790.59元。
② 三者险:王先生选取责任限额为200万元。根据新能源汽车第三者责任保险基准纯风险保费(广东地区)查得:三者险基准纯风险保费=783.77元。
③ 车上人员责任险:王先生确定驾驶人和乘客每次事故每人责任限额为10万元。根据新能源汽车车上人员责任保险基准纯风险费率(广东地区)查得:驾驶人基准纯风险保费=每次事故责任限额×费率=100000×0.2174%=217.4元。
乘客纯基准风险保费=每次事故每人责任限额×费率×投保乘客座位数=100000×0.1397%×4=558.8元。
④ 绝对免赔率特约条款:王先生附加绝对免赔率为10%,根据绝对免赔率特约条款附加比例表可知附加比例为-10%。
新能源汽车主险基准纯风险保费=(3790.59+783.77+217.4+558.8)×90%=4815.50元。
⑤ 车轮单独损失险:王先生约定该险种保险金额3000元。该险种基准纯风险费率是保险公司根据公司情况自行制定的。根据车辆使用性质,查询××财产保险股份有限公司车轮单独损失险基准纯风险费率得:车轮单独损失险基准纯风险保费=3000×5.0%=150元。
⑥ 新增加设备损失险:王先生给车辆新增加的冰箱设备,实际价值2000元,根据车辆使用性质查询调整系数为1.132。
新增加设备损失险基准纯风险保费=2000×3790.59/230000/1.132=29.12元。
⑦ 车身划痕险:王先生按2000元确定保险金额。根据附加险基准纯风险保费表查得:车身划痕险基准纯风险保费=367.35元。
⑧ 法定节假日限额翻倍险:根据法定节假日限额翻倍险基准纯风险保费(广东地区)查得:法定节假日限额翻倍险基准纯风险保费=62.70元。
⑨ 修理期间费用补偿险:王先生约定最高赔偿天数10天,最高日赔偿限额200元,根据附加险基准纯风险保费表查得:修理期间费用补偿险基准纯风险保费=10天×200元×6.50%=130元。
⑩ 医保外医疗费用责任险:王先生确定第三者的保险金额为10万元、驾驶人与乘员的保险金额为5万元。根据××财产保险股份有限公司医保外医疗费用责任险基准纯风险保费查得:医保外医疗费用责任险基准纯风险保费=110+26+17×4=204元。
⑪ 新能源汽车增值服务特约条款:王先生根据保险公司增值服务规定,可约定道路救援服务和代为驾驶服务各2次。查询××财产保险股份有限公司新能源汽车增值服务特约条款基准纯风险保费可得:新能源汽车增值服务特约条款基准纯风险保费=0。
(2) 计算王先生商业险应缴保费
商业险保费=[基准纯风险保费/(1-附加费用率)]×NCD因子×交通违法系数×自主定价系数,其中:
① 基准纯风险保费=各险种基准纯风险保费之和=5788.67元。
② 附加费用率=20%(某保险公司系数)。

③ NCD 因子=1（平台系数）。
④ 交通违法系数=1（平台系数）。
⑤ 自主定价系数=0.7（某保险公司系数）。

所以，王先生商业险应缴保费=5065.09元。

（3）计算王先生应缴总保险费。总保险费=交强险保费+商业险保费=950+5065.09=6015.09元。

【任务评价】

商业险展业任务评价表

序号	内容及要求	评分	评分标准	自评	组评	师评	得分
1	熟悉新能源汽车第三者责任险	15	准确说出保险责任，得4分；列举除外责任10条及以上，得4分；说出保险金额确定方法，得4分；说出赔偿处理相关事项，得3分；以满分为限				
2	熟悉新能源汽车车损险	15	准确说出保险责任，得4分；列举除外责任10条及以上，得4分；说出保险金额确定方法，得4分；说出赔偿处理相关事项，得3分；以满分为限				
3	熟悉新能源汽车车上人员责任险	10	准确说出保险责任，得3分；列举除外责任10条及以上，得3分；说出保险金额确定方法，得2分；说出赔偿处理相关事项，得2分；以满分为限				
4	熟悉新能源汽车保险与传统车险产品相比的新增险种	10	准确说出险种名称，得3分；准确说出保险责任，得3分；准确说出除外责任险和保险金额确定方法，得2分；说出赔偿处理相关事项，得2分；以满分为限				
5	熟悉附加险	20	准确说出附加险保险责任、责任免除，每说出一个险种得5分；以满分为限				
6	能计算商业险应缴纳保费	30	能利用公式和基准纯风险费率表准确计算险种纯风险保险，每计算一个险种得5分；能根据公式和系数查找计算出该车型商业险应缴保费，得5分；以满分为限				

指导教师总体评价

指导教师：

年　月　日

【任务拓展】

一、新能源汽车驾乘人员意外伤害保险

1. 保险责任

保险期间内,被保险人驾驶或乘坐保险单载明车牌号码的新能源汽车,在车辆使用过程中因遭受自然灾害、意外事故导致身故、伤残或医疗费用支出的,保险人依照下列约定给付保险金。

① 身故保险责任。

在保险期间内,被保险人驾驶或乘坐保险单载明车牌号码的新能源汽车,在车辆使用过程中因遭受自然灾害、意外事故,并自事故发生之日起一百八十日内因该事故身故的,保险人按意外伤害保险金额给付身故保险金,对该被保险人的保险责任终止。

被保险人因遭受道路交通事故且自该事故发生日起下落不明,后经人民法院宣告死亡的,保险人按意外伤害保险金额给付身故保险金。但若被保险人被宣告死亡后生还的,保险金受领人应于知道或应当知道被保险人生还后三十日内退还保险人给付的身故保险金。

② 伤残保险责任。

在保险期间内,被保险人驾驶或乘坐保险单载明车牌号码的新能源汽车,在车辆使用过程中因遭受自然灾害、意外事故,并自该事故发生之日起一百八十日内因该事故造成《人体损伤致残程度分级》所列伤残之一的,保险人按该表所列给付比例乘以意外伤害保险金额给付伤残保险金。如第一百八十日治疗仍未结束的,以治疗终结、伤情稳定后进行客观评残,其结果为依据给付保险金。

当同一保险事故造成两处或两处以上伤残时,应首先对各处伤残程度分别进行评定,如果几处伤残等级不同,以最重的伤残等级作为最终的评定结论;如果最重的两处或两处以上伤残等级相同,伤残等级在原评定基础上最多晋升一级,最高晋升至第一级。同一部位和性质的伤残,不应采用《人体损伤致残程度分级》条文两条以上或者同一条文两次以上进行评定。

被保险人如在本次保险事故之前已有伤残,保险人按合并后的伤残程度在《人体损伤致残程度分级》中所对应的给付比例给付伤残保险金,但应扣除原有伤残程度在《人体损伤致残程度分级》所对应的给付比例给付伤残保险金。

③ 医疗保险责任。

本保险期间内,被保险人驾驶或乘坐保险单载明车牌号码的新能源汽车,在车辆使用过程中因遭受自然灾害、意外事故导致意外伤害,并因此在符合本保险合同释义的医院(以下简称"释义医院")进行治疗,保险人就其自事故发生之日起一百八十日内实际支出的未超出《道路交通事故受伤人员临床诊疗指南》和国家基本医疗保险同类医疗费用标准的必要、合理的医疗费用,在意外伤害医疗保险金额内负责赔偿。

2. 责任免除

① 被保险人作为驾驶人时存在下列情形之一的,保险人对该被保险人不承担给付保险金责任。

a. 饮酒、吸食或注射毒品、服用国家管制的精神药品或者麻醉药品。

b. 无驾驶证,驾驶证被依法扣留、暂扣、吊销、注销期间。

c. 驾驶与驾驶证载明的准驾车型不相符合的新能源汽车。
d. 竞赛、测试期间。
e. 发生保险事故时保险单载明车牌号码的新能源汽车行驶证、号牌被注销。

② 下列原因导致的被保险人身故、伤残的，保险人不承担给付保险金责任：
a. 投保人、被保险人或驾驶人故意制造保险事故。
b. 被保险人自致伤害或自杀，但被保险人自杀时为无民事行为能力人的除外。
c. 因被保险人挑衅或故意行为而导致的打斗、被袭击或被谋杀。
d. 被保险人妊娠、流产、分娩、疾病、药物过敏、中暑、猝死。
e. 被保险人故意犯罪或者抗拒依法采取的刑事强制措施。
f. 保险单载明车牌号码的新能源汽车被转让、改装、加装或改变使用性质等，导致保险单载明车牌号码的新能源汽车危险程度显著增加，且未及时通知保险人，因危险程度显著增加而发生保险事故的。

③ 下列损失和费用，保险人不承担给付保险金责任。
a. 所诊治伤情与保险事故无关联的医疗、医药费用。
b. 超出《道路交通事故受伤人员临床诊疗指南》和国家基本医疗保险同类医疗费用标准的费用部分。
c. 不以器官功能恢复为目的的整容、矫形手术、植入材料支付的医疗费用。
d. 预防类、保健类、心理治疗类医疗费用。
e. 交通费、伙食费、误工费、丧葬费。
f. 投保人、被保险人或受益人知道保险事故发生后，故意或者因重大过失未及时通知，致使保险事故的性质、原因、损失程度等难以确定的，保险人对无法确定的部分，不承担赔偿责任，但保险人通过其他途径已经及时知道或者应当及时知道保险事故发生的除外。
g. 保险金申请人未能提供有关材料，导致保险人无法核实该申请的真实性的，保险人对无法核实部分不承担给付保险金的责任。

3. 保险金额

保险金额是保险人承担给付保险金责任的最高限额。

本保险合同的保险金额分为意外伤害保险金额、意外伤害医疗保险金额，由投保人、保险人双方约定，并在保险单中载明。保险期间内，身故保险金、伤残保险金的保险金累计给付金额以保险单载明的意外伤害保险金额为限。

4. 保险金给付

① 被保险人身故前保险人已给付伤残保险金的，身故保险金应扣除已给付的伤残保险金。

② 在保险期间内，被保险人如果已从其他途径获得补偿，则保险人只承担合理医疗费用剩余部分的意外伤害医疗保险金给付责任。

被保险人不论一次或多次发生意外伤害保险事故，保险人均按保险责任的医疗保险责任规定分别给付意外伤害医疗保险金。

③ 被保险人发生保险事故，导致以此给付金额达到保险金额，保险人按本合同约定给付保险金后，本保险责任终止，保险人不退还驾乘人员意外伤害保险及其附加险的保险费。

> **释义：**
> 【意外伤害】指以外来的、突发的、非本意的、非疾病的客观事件为直接且单独的原因致使身体受到的伤害。
> 【人体损伤致残程度分级】指最高人民法院、最高人民检察院、公安部、国家安全部、司法部于2016年《关于发布〈人体损伤致残程度分级〉的公告》中所公布的《人体损伤致残程度分级》。
> 【医院】指保险人与投保人约定的定点医院，未约定定点医院的，则指经中华人民共和国卫生部门评审确定的二级或二级以上的公立医院，但不包括主要作为诊所、康复、护理、休养、静养、戒酒、戒毒等或类似的医疗机构。该医院必须具有符合国家有关医院管理规则设置标准的医疗设备，且全天二十四小时有合格医师及护士驻院提供医疗及护理服务。
> 【保险金申请人】指受益人或被保险人的继承人或依法享有保险金请求权的其他自然人。

二、新能源汽车驾乘人员意外伤害保险附加险

1. 住院津贴保险

① 保险责任。

保险期间内，发生主险保险事故，并自事故发生之日起一百八十日内因该事故在医院进行住院治疗，保险人就被保险人的合理住院天数，按照保险单载明的意外伤害住院津贴日额计算给付"意外伤害住院津贴保险金"。

被保险人多次遭受自然灾害、意外事故进行住院治疗，保险人均按上述规定分别给付意外伤害住院津贴保险金，但保险人一次或多次累计给付意外伤害住院津贴保险金的天数以一百八十天为限，当累计给付天数达到一百八十天时，本附加保险合同对被保险人的保险责任终止。

> **释义：**
> 【住院】指被保险人确因临床需要，正式办理入院及出院手续，并确实入住医疗机构正式病房接受治疗的行为过程，且入住医疗机构必须达二十四小时以上且由医疗机构收取病房或床位费用。

② 保险金额。

本保险合同的住院津贴日额由投保人、保险人双方约定，并在保险单中载明。

2. 医保外医疗费用补偿险

① 保险责任。

保险期间内，发生主险保险事故，被保险人需要入院进行治疗，保险人对超出《道路交通事故受伤人员临床诊疗指南》和国家基本医疗保险同类医疗费用标准的部分进行补偿。

② 保险金额。

保险金额由投保人和保险人在投保时协商确定，并在保险单中载明。

③ 责任免除。

下列损失、费用，保险人不负责赔偿。

 a. 被保险人的损失在相同保障的其他保险项下可获得赔偿的部分。
 b. 所诊治伤情与主险保险事故无关联的医疗、医药费用。
 c. 特需医疗类费用。
 d. 保险金给付。

被保险人索赔时，应提供医院出具的，足以证明各项费用的单据。保险人根据被保险人的实际损失，在保险单载明的保险金额内承担保险金给付责任。

【项目小结】

1. 交强险是我国第一个法定强制保险，于2006年7月1日正式施行。

2. 交强险条款分为：总则、定义、保险责任、垫付与追偿、责任免除、保险期间、投保人、被保险人义务、赔偿处理、合同变更与终止、附则等10部分。

3. 交强险的责任限额为20万元。其中：死亡伤残赔偿限额为180000元，医疗费用赔偿限额为18000元，财产损失赔偿限额为2000元；无责任死亡伤残赔偿限额为18000元，无责任医疗费用赔偿限额为1800元，无责任财产损失赔偿限额为100元。

4. 交强险基础费率将所有机动车共分为8大类42小类。8大类分别为：家庭自用车、非营业客车、营业客车、非营业货车、营业货车、特种车、摩托车和拖拉机。

5. 《费率浮动暂行办法》规定：目前在全国范围统一实行交强险费率浮动与道路交通事故相联系，暂不实行与道路交通安全违法行为相联系。

6. 交强险最终保费=基础保险费×（1+与道路交通事故相联系的浮动比率）。

7. 新能源汽车商业保险专属条款（试行）分为主险和附加险。主险包括：新能源汽车损失保险、新能源汽车第三者责任保险、新能源汽车车上人员责任保险；附加险包括：外部电网故障损失险、自用充电桩损失保险、自用充电桩责任保险、绝对免赔率特约条款、车轮单独损失险、新增加设备损失险、车身划痕损失险、修理期间费用补偿险、车上货物责任险、精神损害抚慰金责任险、法定节假日限额翻倍险、医保外医疗费用责任险、新能源汽车增值服务特约条款。

8. 新能源汽车第三者责任保险的保险责任为：保险期间内，被保险人或其允许的驾驶人在使用被保险新能源汽车过程中发生意外事故（含起火燃烧），致使第三者遭受人身伤亡或财产直接损毁，依法应当对第三者承担的损害赔偿责任，且不属于免除保险人责任的范围，保险人依照本保险合同的约定，对于超过机动车交通事故责任强制保险各分项赔偿限额的部分负责赔偿。任限额分为10万元、15万元、20万元、30万元、50万元、100万元、200万元、300万元、400万元、500万元、600万元、800万元、1000万元等档次。

9. 新能源汽车损失保险的保险责任为：保险期间内，被保险人或被保险新能源汽车驾驶人在使用被保险新能源汽车过程中，因自然灾害、意外事故（含起火燃烧）造成被保险新能源汽车车身、电池及储能系统、电机及驱动系统、其他控制系统、其他所有出厂时的设备的直接损失，且不属于免除保险人责任的范围，保险人负责赔偿；被保险新能源汽车被盗窃、抢劫、抢夺，经出险地县级以上公安刑侦部门立案证明，满60天未查明下落的全车损失，以及因被盗窃、抢劫、抢夺受到损坏造成的直接损失，且不属于免除保险人责任的范围，保险人负责赔偿；另外，保险人对事故发生后必要的、合理的施救与保护费用一般也负责赔偿。

10. 商业险保费计算公式为：保费=(基准纯风险保费/(1-附加费用率))×NCD因子××交通违法系数×自主定价系数。

【重要概念】

责任限额　抢救费用　家庭自用汽车　非营业客车　营业客车　非营业货车　营业货车　特种车　摩托车　兼用型拖拉机　运输型拖拉机　新能源汽车　使用被保险新能源汽车过

程　自然灾害　意外事故　交通肇事逃逸　饮酒　污染（含放射性污染）　电池衰减　车轮单独损失　车身划痕　新增加设备　外部电网故障　法定节假日　特需医疗类费用

【知识训练】

1. 填空题

(1) 交强险责任限额为_____万元。

(2) 交强险基础费率将所有机动车共分为_____大类_____小类。

(3) 36座公交车交强险基础费率是_____元；安全行驶一年的55座长途客车第二年的交强险费用是_____元。

(4) 车与所载货物撞击导致的车辆损坏，_____车辆损失险保险责任。

(5) 开车撞伤爱人的医疗费用，_____新能源汽车第三者责任保险赔偿范围。

(6) 新能源汽车损失保险规定：车辆被盗窃、抢劫、抢夺，需经出险地以上_____部门立案证明。

(7) 车身划痕损失险的保险责任是：_____，保险人负责赔偿。

(8) 机动车保险条款规定，只有投保了_____险以后，才能投保车上货物责任险。

(9) 车辆损失险的保险金额一般按照_____方式确定。

(10) 新能源汽车损失保险考虑实际价值差异的基准纯风险保费计算公式为_____。

2. 简答题

(1) 何谓机动车交通事故强制责任保险？

(2) 我国交强险条款制定的法律依据有哪些？

(3) 交强险的责任限额分几类，数额分别为多少？

(4) 交强险垫付的条件有哪些？垫付时需要哪些材料？

(5) 交强险第一年实行什么费率？第二年如何？依据是什么？

(6) 我国交强险费率对机动车辆种类如何划分？

(7) 分别说出一辆轿车家庭自用、企业非营业用、机关非营业用、作为出租车用时购买交强险的价格？（不考虑费率浮动）

(8) 新能源汽车损失保险中属于保险责任范围的常见意外事故和自然灾害各包括哪些？

(9) 根据新能源汽车第三者责任险的责任免除条款，列举十种常见的被保险人索赔遭拒的情况。

(10) 在计算新能源汽车第三者责任保险的赔款时，常用的免赔率有哪几种？

【技能训练】

1. 甲车投保交强险及商业三者险20万元，发生交通事故时撞了一辆正在骑行的自行车，造成自行车上乙、丙两人受伤，财物受损，其中乙医疗费7000元，死亡伤残费50000元，财物损失2500元，丙医疗费8000元，死亡伤残费35000元，财物损失2000元，经事故处理部门认定甲车负事故70%的责任。请问：甲车从交强险中能获得多少赔款？

2. 某物流公司驾驶人李某驾驶解放牌货车在山路上行驶，忽遇路面滑坡，车辆顺势滑至坡下30余米处，所幸李某没有受伤。李某小心翼翼地下车，发现车子还有可能继续下滑，就从工具箱中取出千斤顶，想把车的前部顶起以防继续下滑。就在李某操作千斤顶时，车辆突然下滑，李某躲闪不及，被车辆压住，导致腰椎骨折。

事故发生后，物流公司迅速向保险公司报案，并提出索赔请求。保险公司核赔时发现该车只投保了车辆损失险,遂告知物流公司对李某的伤残费用不负赔偿责任。物流公司认为,李某是在对车辆施救过程中受的伤,其伤残费用属于"施救费",应属车损险赔付范围,并申请在车辆修复金额之外单独计算予以赔偿。保险公司拒绝了物流公司的请求,物流公司遂向法院起诉。

请问:① 法院的判决结果会是怎样的?依据是什么?
② 对事故损失施救时,应注意什么?

3. 2018年5月18日晚,任某和郎某驾驶一辆重型货车,在京福高速路江西段行驶。从始发地山东一路开至江西,任某和郎某均显疲态。任某是车主兼驾驶人,因为这趟是长途,便找来会开车的朋友郎某一同前往。两人决定轮流开车,每过几个小时便换着开。

当晚22时40分左右,他俩发现车有故障,便将车停靠在加速车道上检查车辆。随后,郎某下车检查车辆。事后郎某回忆:"当时,我正在车下修车,看到后面有一辆大货车过来,便赶紧一边收拾修车工具,一边示意在车上休息的任某将车开到旁边去。"谁知当时睡眼惺忪的任某只听到郎某叫他开车,并没注意到车下的郎某还没收拾好工具,起动车辆后,右侧驱动轮将郎某右腿压伤,导致郎某截肢的严重后果,经鉴定伤残等级为五级。江西省公安交警部门通过勘查认定,任某负事故全部责任。试问:驾驶人郎某的受伤损失是否能以第三者责任保险来赔偿?请阐明理由。

4. 2018年2月15日14时,某保险公司承保的被保险人赵某的捷达车在山东海阳市林西路由东向南左转弯时与由南向北行驶的一辆二轮摩托车相撞,致使两车受损,摩托车驾驶人受伤的事故。交警出具的证明显示:由于赵某在路口左转弯时,未让行直行的摩托车,造成了事故,赵某承担此次事故的全部责任。赵某的捷达车在保险公司承保的险种有交强险、车损险、第三者责任险、盗抢险、不计免赔险等。

捷达车受损配件及价格为车门450元,玻璃45元,玻璃升降器220元,后视镜95元,残值共计50元,车辆拆装、喷漆工时费为840元。

摩托车损失项目有前减振器、前圈、前照灯、仪表、转向柱、前导流罩、后视镜等损失共计968元,拆装费40元,残值24元。

摩托车驾驶人左手挫裂伤,右前臂、右大腿肿胀,检查治疗费共计1422元。

试问:本次事故保险公司应如何赔偿?

5. 丁某于2012年10月22日购买了一辆宝来车,花费了16.8万元。他为该车办理了包括全车盗抢险在内的诸多保险。全车盗抢险双方确认保险金额为16.8万元,按照保险合同中的有关规定,如果该车被盗,保险公司将按保险金额予以全额赔偿。

2013年4月28日,该车被盗,丁某立即向公安机关和保险公司报了案。60天后,汽车仍未找到。丁某持公安机关的证明向保险公司索赔,保险公司称要向上级公司申报。

8月初,丁某被盗的汽车被公安机关查获,保险公司将车取回,但这时丁某不愿收回自己被盗的汽车,而要求保险公司按照保险合同支付16.8万元的保险金。而保险公司则认为,既然被盗汽车已经被找回,因汽车被盗而引起的保险赔偿金的问题已不存在,因此,丁某应领回自己的汽车。引发诉讼。

试问:假如你是保险公司理赔人员,如何处理此次事故?

【工作页】

汽车保险产品工作页

教师布置日期：　　年　月　日　　　　　　个人完成时间：　　　（分钟）

问题：	任务：
小王刚花 18 万元购买了一辆新能源 SUV 作为私家车用，所住小区没有车库，他对汽车保险也一窍不通。遂向保险公司的业务员小赵咨询：汽车保险产品有哪些？分别保障哪些方面？费用如何	作为一名汽车保险行业从业人员，应了解新能源车险产品的种类，熟悉保险责任与责任免除，计算车险价格
车险产品框架要点：	

工作步骤	注意事项
1. 小王的私家车，哪些保险必须买	
2. 小王的私家车，哪些保险有必要买	
3. 交强险保障什么？保费是多少	
4. 新能源汽车第三者责任险保障什么？保费是多少	
5. 新能源汽车车辆损失险保障什么？保费是多少	
6. 新能源汽车车上人员责任保险保障什么？保费是多少	
7. 还有什么其他险种最好应考虑	
8. 保费是每个险种保费的直接累加吗？有优惠项目吗	

学习纪要：

项目四

汽车保险承保实务

【项目概述】

本项目介绍车险承保流程、投保实务内容。

随着人们保险意识的增强,为自己心爱的车辆购买保险已经成为车辆拥有者必须完成的工作之一,可见我国国内车险市场正在逐渐扩大。同时各家保险公司也面临着巨大的机遇和挑战,车险种类繁多(图 4-1)、层出不穷,保险公司车险销售人员在给客户介绍时就会耗费大量时间,部分销售人员自己都不是非常了解,对承保相关的知识介绍更是少之又少。因此,作为新时代的车主,掌握必要的车险承保知识已经成为与时俱进的客观要求。

a) 人保车险　　　　　　　　　　　　　　　b) 平安车险

图 4-1　车险险种

保险人向客户宣传并介绍保险产品;客户根据自身需求向保险人提出投保请求,保险人指导客户填写投保单;保险人审核客户的投保申请,评估客户风险并回答客户及营销人员相关方面的咨询,完成核保工作;收取保险费为客户签单。本项目将从投保人向保险人提出投保申请后,经核保部门审核认定符合承保条件并同意投保人的投保申请,签订保险合同并承担相对应的保险责任等方面训练学生,最终完成汽车保险承保任务。

【建议学时】

6 学时

任务1　承保实务

【任务目标】

通过"承保实务"任务的学习,要求学生:
1. 熟悉保险单证并能熟练分清。
2. 掌握承保流程,能熟练开展保险展业,并能提供保险方案。
3. 掌握核保知识,能根据核保政策,审核投保业务的风险大小。
4. 能有效指导客户续保。

【任务导入】

赵先生,35岁,驾龄两年,花25万元新购了一辆别克SUV车自用,该车配置较高,平时一般停放在露天停车位。经常喜欢驾车出游,曾经有过两次追尾事故的记录。赵先生的妻子也需要经常使用该车,驾龄一年,无不良驾驶记录。赵先生想为自己的爱车购买保险,却不知道如何购买?具体的投保方案有哪些?需经过哪几个步骤?可获得哪些保险单证?

赵先生购买汽车保险的行为属于"投保",而保险公司受理客户投保的过程为"承保"。

【任务准备】

汽车承保是保险人与投保人签订保险合同的过程。具体是,从事展业的人员向客户宣传保险产品,帮助客户分析风险种类及相应管理方法,并制定出完善的保险方案;而客户根据自身情况以及展业人员的介绍,产生购买保险的愿望,并填写投保单;然后,保险人审查投保单,向投保人询问有关保险标的和被保险人的各种情况,从而决定是否接受投保。如果保险人接受投保,则收取保险费、出具保险单和保险证,保险合同即告成立,并按约定时间生效。如果保险人认为当前的客户条件尚不能确定,则可向客户提出需要补充的事项,或表明可以接受投保的附加条件。当然,保险人也可以直接拒绝承保。

在保险合同有效期内,如果保险标的的所有权改变,或者投保人因某种原因要求更改或取消保险合同,则需进行批改作业。

保险合同期满前三个月内,保险人会征询投保人意愿,是否继续办理保险事宜,即续保。

因此,一个完整的承保流程由六个环节组成,即展业→投保→核保→签发单证→批改→续保。其核心环节为投保→核保→签发单证。

一、保险展业

保险展业是保险人向客户宣传保险、介绍保险产品的过程,是保险经营的第一步。展业工作做得如何,直接影响保险产品的销售量,直接影响用于事故补偿的保险基金积累的多少。因此,各家保险公司都非常重视展业工作,不断提高展业人员的业务素质,利用代理人、经纪人拓宽服务网络,同时注重加强保险的宣传。

展业人员应具备的业务能力
▲ 掌握保险基本原理、运行原则、保险合同等基础知识
▲ 掌握条款、费率规章、承保规定、理赔流程等
▲ 掌握本地区车险市场动态和竞争对手的业务重点、展业手段
▲ 熟悉机动车辆使用的常见风险及管理方法
▲ 熟悉本地区汽车保有量、增长量、各类车型所占比例、以往保险情况、事故次数、出险赔付等
▲ 熟悉客户需求,尤其是大客户,以便做好公关工作
▲ 了解交通管理、交通事故处理的相关法律法规
▲ 了解汽车保险的相关法律法规
▲ 了解机动车辆管理的相关法律法规,如《机动车强制报废标准规定》等

汽车保险在我国处于起步阶段,许多客户对汽车保险还不甚了解,即使了解一些,也存在部分认识误区,加大保险宣传对开展保险业务、避免保险纠纷具有重要作用。

保险宣传可从多角度展开,比如可通过电视、电影、广播、报纸、网络、杂志、电话等多种媒体,可利用广告、新闻、保险知识讲座、大型事件理赔处理、发放宣传资料等多种方式,还可采用召开座谈会、开展公益活动、开展保险咨询活动等多种场合展开宣传。

宣传内容主要是本公司服务优势、机构网络、偿付能力、保险产品的保险责任、责任免除、投保人义务、保险人义务及承保和理赔手续等。最近几年各家保险公司都在服务上"下足了功夫",且监管部门每年都会对各家保险公司的服务评价进行评级,因此各家保险公司在服务上不断创新。2018年财产保险公司六大重要创新服务项目见表4-1。

表4-1　2018年财产保险公司六大重要创新服务项目

序号	公司名称	创新服务项目	项目简介
1	人保财险	"警保联动"服务新模式	以"交管12123"APP的事故互联网快速处理系统,和保险公司理赔系统为支撑,通过保险公司理赔人员在城市主干道、重要交通节点开展路面巡查,第一时间发现和到达事故现场,协助当事人自行协商,实现简易交通事故的快速处理、快速撤离现场、快速赔付,提升交通事故处理效率
2	平安财险	车主信任理赔	通过人工智能和大数据计算,综合测评车主驾驶习惯、交通违章和车辆维修记录等多个维度,实现一人一车一额度。当保险事故发生后,在信任额度内,客户能够自主进行理赔
3	安盛天平	人伤"安心赔"理赔服务	坚持以客户为中心的设计理念,旨在解决当事人遭遇人伤事故时"垫付难""抢救难""出院难""处理难"的难题,以维护受伤者的生命健康权益,同时缓解当事人的经济、精神压力,有效缓和了当事人之间的矛盾,利于事故的友好协商处理
4	大地财险	"全XIN为您"客户服务系统	"全XIN为您"客户服务体系项目围绕"以客户为中心"的战略思想,建立了新型客户服务体系,该项目由客户分级体系、增值服务体系、客户线上化迁移三部分构成。通过项目实施,客户体验到了更高效、更便捷的全方位服务,建立了与客户互动的桥梁,为客户体验度的进一步提升提供了条件

（续）

序号	公司名称	创新服务项目	项目简介
5	阳光财险	"一键赔"理赔新模式	阳光保险倾力打造推出理赔新模式"一键赔"，只需下载"一键赔"APP，一键报案，自助完成理赔，客户再也不必为理赔烦恼"一键赔"区别于传统的理赔模式，是阳光保险以客户为导向，基于互联网为核心的一款手机自助理赔服务产品，可实现点对点音频、视频沟通，直连后台理赔专家，通过手机即可完成从报案到支付全流程自助，轻松搞定理赔
6	华安财险	智能语音回访系统	智能语音回访解决方案使用语音识别、语音合成、语言理解、语言生成等AI技术赋能保险客服系统，在语音营销、智能催收等领域帮助保险公司提升服务效率，开展业务创新

二、投保业务

客户在使用汽车的过程中，面临多种风险，为规避风险，保障自身利益，客户一般会积极主动地了解汽车保险，并付诸购买行动。

投保是投保人向保险人表达购买汽车保险意愿的行为，具体表现为对汽车保险条款的认真阅读和投保单的如实填写。具体见任务2。

三、核保业务

保险公司除了要大量承揽业务以外，还要保证每笔业务的质量。如果大量承保不符合要求或者是风险较大的业务，将使保险公司赔付率上升，影响其经营效益。保险核保是保险人对每笔业务的风险进行辨认、评估、定价，并确认保单条件，以选择优质业务进行承保的一种行为。所以，核保对控制经营风险，确保保险业务的健康发展有十分重要的作用，它是保险承保过程中的重要环节之一。核保完毕后，核保人在投保单上签署意见，将投保单、核保意见一并转业务内勤据以缮制保险单证。对超出本级核保权限的，报上级公司核保。

1. 核保机构设置模式

① 分级设置模式。根据内部机构设置情况、人员配备情况、开展业务需要、业务技术要求等设立数级核保组织。比如人保公司在各省分公司内设立三级核保组织，即省分公司、地市分公司（营业部）、县支公司（营业部）。这是我国保险公司普遍采用的一种模式。

② 核保中心模式。即在一定的区域范围内设立一个核保中心，通过网络技术，对所辖的业务实行远程核保。其优点在于：所有经营机构均可得到核保中心的技术支持，最大限度地实现技术和优势共享；同时，核保中心可对各机构的经营行为进行有效控制和管理。按照核保管理集中的趋向，核保中心将成为今后保险公司核保的一个重要模式，同时网络技术的发展和广泛应用，为远程集中核保提供了有利的条件和必要的技术保证。

2. 核保人员的等级和权限

目前一般分三个等级，根据核保人员的不同等级，授予不同的权限。

一级核保人主要负责审核特殊风险业务，包括高价值车辆的核保、特殊车型业务的核保、车队业务的核保，以及下级核保人员无力核保的业务。同时，还应及时解决其管辖范围

内出现的有关核保技术方面的问题。

二级核保人主要负责审核非标准业务，即在核保手册中没有明确指明核保条件的业务，如保险金额、赔偿限额、免赔额等有特殊要求的业务。

三级核保人主要负责对常规业务的核保，即按照核保手册的有关规定对投保单的各个要素进行形式上的审核，亦称投保单核保。

3. 核保手册

核保手册即核保指南，是将公司对机动车辆保险核保工作的原则、方针和政策，机动车辆保险业务中涉及的条款、费率以及相关的规定，核保工作中的程序和权限规定，可能遇到的各种问题及其处理的方法，用书面文件的方式予以明确。

核保手册是核保工作的主要依据。通过核保手册，核保人员能按统一标准和程序进行核保，可实现核保工作的标准化、规范化和程序化。

4. 核保的主要内容

核保内容
▲审核投保单是否按规定内容与要求填写，有无错漏
▲审核保险价值与保险金额是否合理
▲审核业务人员或代理人是否验证和查验车辆，是否按要求向投保人履行了告知义务，对特别约定的事项是否在特约栏内注明
▲审核费率标准和计收保费是否正确
▲对于高保额和投保盗抢险的车辆，审核有关证件，查验实际情况是否与投保单的填写一致
▲对高发事故和风险集中的投保单位，提出限制性承保条件
▲对费率表中没有列明的车辆，视风险情况提出厘定费率的意见
▲审核其他相关情况

四、签发单证

1. 打印单证

核保通过后，系统按预先设置的编制规则生成保险单号码。交强险和商业险必须分别出具保险单、保险标志、保险卡、发票。

交强险：使用银保监会监制的保险单、保险标志进行打印。盖章后清分，保单业务联与发票业务联、投保单、投保资料、机动车交通事故强制责任保险费率浮动告知单一并装订归档，保单财务联与发票财务联交财务留存，保单正本与发票正本、保险标志一并交投保人保存，保单公安交管留存联交由投保人在公安交管部门进行登记、检验时交公安交管部门留存。

商业险：用现行印制的商业险单证打印保单、发票和保险卡。盖章后清分，保单业务联与发票业务联、投保单、投保资料一并装订归档，保单财务联与发票财务联交财务留存，保单正本与发票正本、保险卡一并交投保人。

随着互联网保险电子商务的不断发展，电子保单开始出现。2011年8月3日，保监发〔2011〕47号发"关于印发《中国保险业发展"十二五"规划纲要》的通知"（简称《规划纲要》），《规划纲要》中第17条指出："树立节能环保理念，加强知识产权保护，推动

移动互联网、云计算和虚拟化等新技术在保险业的创新应用,研究推动电子保单应用,不断提高保险企业信息化的自主研发能力和创新能力"。由此,保险行业的电子保单开始渐渐进入人们的视野。电子保单不同于纸质保单,电子保单没有纸质凭证,只有一个保单号,通过保单号,需要查看保单的单位或个人均可以通过保险公司网站或者投保的保险电子商务网站查询。电子保单相对于传统的纸质保单来说,节省了纸质印刷和投送成本,省时便利,而且不受时地限制,可申请补发、重寄。

2. 交强险单证

交强险单证由银保监会监制,全国统一式样。交强险单证分为交强险保险单、定额保险单和批单三个类别。除摩托车和农用拖拉机可使用定额保险单外,其他投保车辆必须使用交强险保险单。交强险保险单、定额保险单均由正本和副本组成。正本由投保人或被保险人留存,副本包括业务留存联、财务留存联和公安交管部门留存联。表4-2为交强险保险单式样;表4-3为定额保险单式样。

表4-2 机动车交通事故责任强制保险单

机动车交通事故责任强制保险单(正本)

LOGO ××××保险公司		(地区简称):			
					保险单号:
	被保险人				
	被保险人身份证号码(组织机构代码)				
	地　　址			联系电话	
被保险机动车	号牌号码		机动车种类	使用性质	
	发动机号码		识别代码(车架号)		
	厂牌型号		核定载客	人	核定载质量	千克
	排　量		功　率	登记日期	
责任限额	死亡伤残赔偿限额	110000元	无责任死亡伤残赔偿限额		11000元
	医疗费用赔偿限额	10000元	无责任医疗费用赔偿限额		1000元
	财产损失赔偿限额	2000元	无责任财产损失赔偿限额		100元
与道路交通安全违法行为和道路交通事故相联系的浮动比率				%	
保险费合计(人民币大写):		(¥:	元)其中救助基金(%)	¥:	元
保险期间自　　年　　月　　日零时起至　　年　　月　　日二十四时止					
保险合同争议解决方式					
代收车船税	整备质量		纳税人识别号		
	当年应缴	¥:　　　元	往年补缴	¥:　　　元	滞纳金	¥:　　　元
	合计(人民币大写):			(¥:　　　元)	
	完税凭证号(减免税证明号)		开具税务机关		

（续）

特别约定	
重要提示	1. 请详细阅读保险条款，特别是责任免除和投保人、被保险人义务。 2. 收到本保险单后，请立即核对，如有不符合或疏漏，请及时通知保险人并办理变更或补充手续。 3. 保险费应一次性交清，请您及时核对保险单和发票（收据），如有不符，请及时与保险人联系。 4. 投保人应如实告知对保险费计算有影响的或被保险机动车因改装、加装、改变使用性质等导致危险程度增加的重要事项，并及时通知保险人办理批改手续。 5. 被保险人应当在交通事故发生后及时通知保险人。
保险人	公司名称： 公司地址： 邮政编码：　　　服务电话：　　　签单日期：　　　（保险人签章）

核保：　　　　　　　　制单：　　　　　　　　经办：

表 4-3　机动车交通事故责任强制保险摩托车定额保险单
（排气量 250 毫升以上及侧三轮）

机动车交通事故责任强制保险摩托车定额保险单（正本）

（排气量 250 毫升以上及侧三轮）

LOGO　××××保险公司　　　　　（地区简称）：

保险单号：

被保险人		被保险人身份证号码（组织机构代码）	
被保险人地址		被保险人电话	
号牌号码		厂牌型号　　　　　发动机号码	
识别代码（车架号）			

责任限额	死亡伤残赔偿 限额 110000 元	医疗费用赔偿 限额 10000 元	财产损失赔偿 限额 2000 元
	无责任死亡伤残 赔偿限额 11000 元	无责任医疗费用 赔偿限额 1000 元	无责任财产损失 赔偿限额 100 元

保险费合计（人民币大写）：　　　　　　　（¥：　　　元）其中救助基金（%）¥：　　　元

保险期间自　　年　　月　　日零时起至　　年　　月　　日二十四时止

代收车船税	整备质量		纳税人识别号		
	当年应缴	¥：　　元	往年补缴　¥：　　元	滞纳金	¥：　　元
	合计（人民币大写）：			（¥：　　元）	
	完税凭证号（减免税证明号）		开具税务机关		

特别约定：本保险单涂改无效。

（续）

重要提示	1. 请详细阅读保险条款，特别是责任免除和投保人、被保险人义务。 2. 收到本保险单后，请立即核对，如有不符合或疏漏，请及时通知保险人并办理变更或补充手续。	
投保人声明：保险人已将投保险种对应的保险条款（包括责任免除部分）向本人做了明确说明，本人已充分理解；上述所填写的内容均属实，同意签订本保险合同。	公司名称： 公司地址： 邮政编码：　　　　　服务电话： 签单日期：　　年　月　日　（保险人签章）	
核保：　　　　　　　　　经办：	

3. 交强险标志

交强险标志是指根据法律、法规规定，由保险公司向投保人核发、证明其已经投保的标志。标志由银保监会监制，全国统一式样。交强险标志分内置型（图 4-2）和便携型（图 4-3）两种。具有前风窗玻璃的投保车辆应使用内置型；不具有前风窗玻璃的投保车辆应使用便携型。

交强险
保险标志

图 4-2　内置型交强险标志

图 4-3　便携型交强险标志

4. 商业险保险单

保险单是被保险人向保险人索赔保险事故损失的法律凭证，被保险人应妥善保存。商业险保险单由正本和副本组成。正本由投保人或被保险人留存；副本应包括业务留存联和财务留存联。所以，商业险保险单与交强险保险单相比，缺少公安交管部门留存联，其余相同。表 4-4 为××财产保险股份有限公司商业险保险单。

表 4-4　××财产保险股份有限公司机动车商业险保险单

机动车商业险保险单（正本）

```
┌─────────────────────────────┐
│ LOGO        ××××保险公司    │
└─────────────────────────────┘
```
（地区简称）：

保险单号：

鉴于投保人已向保险人提出投保申请，并同意按约定交付保险费，保险人依照承保险种及其对应条款和特别约定承担赔偿责任。

保险车辆情况	被保险人						
	号牌号码		厂牌型号				
	VIN 码		车架号		机动车种类		
	发动机号码			核定载客　人		核定载质量　千克	已使用年限　年
	初次登记日期		年平均行驶里程　千米		使用性质		
	行驶区域				新车购置价		元

承 保 险 种	费率浮动（±）	保险金额/责任限额（元）	保险费（元）

保险费合计（人民币大写）：　　　　　　　　　　　　　　　　（¥：　　　　　　　元）

保险期间自　　　年　　月　　日零时起至　　　年　　月　　日二十四时止

特别约定	
保险合同争议解决方式	
重要提示	1. 本保险合同由保险条款、保险单、投保单、批单和特别约定组成。 2. 收到本保险单、承保险种对应的保险条款后，请立即核对，如有不符或疏漏，请在 48 小时内通知保险人并办理变更或补办手续；超过 48 小时未通知的，视为投保人无异议。 3. 请详细阅读承保险种对应的保险条款，特别是责任免除和投保人、被保险人义务。 4. 被保险机动车因改装、加装、改变使用性质等导致危险程度增加以及转卖、转让、赠送他人的，应书面通知保险人并办理变更手续。 5. 被保险人应当在交通事故发生后及时通知保险人。
保险人	公司名称：　　　　　　　　　公司地址： 　　　　　　　　　　　　　　联系电话：　　　　　　网址： 邮政编码：　　　　　　　　　签单日期：　　　　　（保险人签章）

核保：　　　　　　　　　制单：　　　　　　　　　经办：

5. 保险卡

保险卡是投保人购买汽车保险的凭证，内容简单，便于随车携带，以方便车辆出险后被保险人能及时向保险公司报案。表4-5为××财产保险股份有限公司机动车保险卡。

（注：各保险公司保险卡样式略有差异）

表4-5 ××财产保险股份有限公司机动车保险卡

（正面）	（反面）
××财产保险股份有限公司 机动车辆保险证 随身携带 就地报案 机构遍布全国 随时提供服务 NO.	保险单号_____ 被保险人_____ 号牌号码_____ 厂牌型号_____ 发动机号_____ 使用性质_____ 车架号_____ 人/千克_____ 承保险种_____ 保险期限自__年__月__日__时起 保险公司 　　　　　至__年__月__日__时止 盖　章 服务报案电话：_____

五、批改

在保险单证签发后，对保险合同内容进行修改、补充或增删所进行的一系列作业称为批改，经批改所签发的书面证明称为批单。

对保险合同的任何修改均应使用批改形式完成。被保险人应事先书面通知保险人申请办理批改手续。保险批单是保险合同的组成部分，其法律效力高于格式合同文本内容，且末次批改内容效力高于前期批改内容。

保单批改的内容主要包括更改被保险人信息、更改车主信息、更改投保车辆信息、增加特别约定、变更约定驾驶人、更改保险期限、增加或减少险种、更改车辆使用性质、更改车辆种类、增加或减少保险金额（限额）、变更行驶区域、变更免赔额、增加或减少保险车辆危险程度等。

六、续保

保险合同到期后，其效力会自然终止，被保险人将不再享受保险保障。为避免合同因到期而效力丧失，投保人一般会采取续保行为。

续保是指在原有保险合同即将期满时，投保人向保险人提出继续投保的申请，保险人根据投保人的实际情况，对原有合同条件稍加修改而继续签约承保的行为。

续保是一项保险合同双方"双赢"的活动。对投保人来说，通过及时续保，一方面可以从保险人那里得到连续不断的、可靠的保险保障与服务，另一方面，作为公司的老客户，可以在保险费率方面享受续保优惠；对保险人来说，老客户的及时续保，可以稳定业务量，同时还能利用与投保人建立起来的关系，减少许多展业工作量与费用。

【任务实施】

"任务导入"中的赵先生为新车购买汽车保险的行为属于"投保"，而保险公司受理客

户投保的过程为"承保",承保步骤包括:

1. 展业

赵先生可以通过保险展业了解汽车保险产品。目前各保险公司的展业宣传比较多,有网络宣传、广播宣传、电视宣传、微信宣传等多种方式;有 4S 店代销、专业代理人销售、保险公司网点销售、网络媒体销售等多个渠道。汽车保险产品有交强险、商业险,交强险为法定保险、必须购买,商业险是根据意愿、自愿购买。以下是家用汽车常见保险方案,供赵先生参考,可以根据自己的实际需求进行选择。鉴于赵先生的车是新车、露天停放、妻子驾龄较短等,推荐在最佳保障方案基础上再增加机动车损失保险无法找到第三方险、指定修理厂险。

(1)最低保障方案

险种组合:交强险。

保障范围:只对第三者的损失负基本赔偿责任。

适用对象:只想完成法律规定的人,以及很少使用车辆、驾驶技术非常熟练的人。

特点:只有最低保障。

优点:只是完成了法律规定,费用低。

缺点:一旦撞车或撞人,对方的损失能得到保险公司的部分赔偿,如果对方伤害严重,自己负担的部分可能较高,而自己车的损失只能自己负担。

(2)基本保障方案

险种组合:交强险+第三者责任险+车损险。

保障范围:只投保了交强险和最主要的主险险种。

特点:费用适度,能够提供基本的保障。

适用对象:经济实力不强的车主。

优点:必要性最高。

缺点:不是最佳组合,车损险中有许多车辆的损失不予赔偿,车上人员得不到保障,且车损险和第三者责任险都有免赔率。

(3)经济保障方案

险种组合:交强险+第三者责任险+车损险+车上人员责任险+盗抢险+不计免赔率特约条款。

特点:投保了交强险和 4 个最必要、最有价值的主险险种及一个不计免赔率特约条款。

适用对象:是个人精打细算的最佳选择。

优点:投保最有价值的险种,保险性价比最高,人们最关心的车辆丢失和 100%赔付等大风险都有保障,保费不高但包含了比较实用的不计免赔特约条款。当然,这仍不是最完善的保险方案。

缺点:车身划痕、新增设备等仍无法得到保障。

(4)最佳保障方案

险种组合:交强险+第三者责任险+车损险+车上人员责任险+盗抢险+不计免赔率特约条款+玻璃单独破碎险+车身划痕险。

特点:在经济投保方案基础上,加入了车身划痕险和玻璃单独破碎险,使车辆的一些非碰撞损坏部分得到安全保障;同时增加了可选免赔额特约条款,可适当降低车损险保费负担。

适用对象：一般公司或个人，及多数新手。新手不能图一时省钱，投保险种较少。

优点：投保价值大的险种，不花冤枉钱，物有所值。

缺点：对新增设备、自燃危险等没有保障。

(5) 完全保障方案

险种组合：交强险+第三者责任险+车损险+车上人员责任险+盗抢险+不计免赔率特约条款+玻璃单独破碎险+车身划痕险+新增加设备损失险+自燃损失险+发动机涉水损失险+修理期间费用补偿险+机动车损失保险无法找到第三方特约险+指定修理厂险+精神损害抚慰金责任险。

特点：保障全面，居安思危才能有备无患。常见风险的对应险种全部投保，从容上路，不必担心交通所带来的种种风险。

适用对象：经济充裕的车主。

优点：几乎汽车全部事故损失都能得到赔偿。投保人不必为少保某一个险种而担心。

缺点：险种数量多，保费高，某些险种出险的概率可能比较小。

2. 投保

根据上述汽车保险投保方案，保险销售人员指导赵先生填写投保单或录入投保信息。此时需要认真阅读保险条款责任免除部分，如有不明白之处，及时与保险销售人员沟通，以防理赔时发生不必要的纠纷。

3. 核保

保险公司核保人员对赵先生的投保材料、购买险种、保费计算等进行审核，确定是否符合公司承保要求，是否能成为保险公司客户。

4. 签单

通过核保审核后，保险公司将签发的相关保险单证给赵先生，包括交强险保单、商业险保单、交强险条款、商业险条款、交强险标志、商业险标志、交强险发票、商业险发票等。

说明：目前部分地区已经实施电子化保单，无纸质保险单证。

至此，赵先生的保险购买已经完成，可以得到保险保障了。如果赵先生有更改保险信息或者保险快到期需要续保，则按后面两步办理，具体如下：

5. 批改

保险合同生效以后赵先生如果想更改保单信息，例如增加或减少险种、更改车辆使用性质、增加或减少保险金额等，需要进行汽车保险单证的批改。

6. 续保

在赵先生车险到期前三个月内，保险公司根据赵先生需求，提供相应的续保方案和优惠活动，帮助赵先生选择最佳的续保方案，也为公司留住老客户。

【任务评价】

承保实务任务评价表

序号	内容及要求	评价	评分标准	自评	组评	师评	得分
1	熟悉汽车保险的一般投保流程	30	说出车险承保流程，每说出一个环节并简单介绍得5分，以满分为限				

(续)

序号	内容及要求	评价	评分标准	自评	组评	师评	得分
2	掌握汽车保险核保工作要点	30	说出核保机构设置模式，得10分；说出核保人员等级权限，得10分；说出核保人员工作内容，得10分				
3	掌握签发单证工作	20	说出保险公司给客户的单证种类，每说出一类得5分，以满分为限				
4	掌握保单批改的主要内容	10	每说出一项得2分，以满分为限				
5	理解汽车保险续保的"双赢"	10	说出续保对保险公司的意义，得5分；说出续保对客户的意义，得5分				

指导教师总体评价：

指导教师：

年　　月　　日

【知识拓展】山东交强险进入"电子保单"时代

2019年1月12日，经济导报记者从山东省保险行业协会获悉，山东省公安厅交通管理局与山东省保险行业协会协作搭建的交通管理业务与保险监管业务的信息共享平台目前已实现信息共享。

经济导报记者了解到，这是全国率先以省为单位实现全流程全电子化的服务平台，也是贯彻"放管服"政策要求，全国率先响应号召并落实落地的省份，标志着山东省进入交强险"电子保单"时代。山东省保险行业协会表示，此举旨在聚焦群众办事难点堵点，建立完善电子保单制度，全面推行保险凭证电子化。

根据省公安厅交通管理局、省保险行业协会联合下发的文件要求，对车辆所有人投保机动车交强险的，可以通过信息共享平台联网核查获取相应机动车交强险电子保险凭证（即"电子保单"）。

保险部门采取短信、微信或者手机APP等方式向车辆投保人、被保险人推送承保信息，提供电子保单的查询、下载、打印等服务，实现"无纸化"证明。

交通警察在执勤执法中，通过信息共享平台实时查询电子保单信息，对已经投保交强险且经查验无误的，不再以未放置保险标志为由扣留车辆和处罚。

在办理机动车登记和申请机动车检验合格标志时，公安机关交通管理部门通过信息共享平台查询核对机动车投保交强险的信息，不再要求当事人提交纸质交强险保险凭证。

经济导报记者注意到，自2018年9月1日正式启用机动车交强险电子保单至今，包括人保财险、太平财险、平安产险在内的各财险机构山东分支在年内陆续上线电子保单系统，并成功签发电子保单。

据人保财险山东省分公司负责人介绍，人保财险济南市分公司于 2018 年 9 月成功签发了全省首张电子保单，其签发的电子保单包含商业险电子保单、交强险电子保单（含车船税信息）及电子交强险标志，其内容和格式与纸质商业险保单、交强险保单、纸质交强险标志一致。电子保单与纸质保单具有同等法律效力。

在财险机构看来，车险电子保单的全面落地应用，将进一步优化出单模式，降低运营成本，加速改革转型，升级客户体验。

山东保险行业协会表示，电子保单的推行，从真正意义上实现了便民利民，实现了政府部门"让数据多跑路，让群众少跑腿"的服务宗旨。同时，促进险企减少运营成本，提升服务质量。

2020 年 3 月 6 日，银保监会新闻发言人就统筹做好疫情防控和经济社会发展答记者问中，关于第六个问题"保险业在支持企业复工复产方面可以发挥哪些作用"下一步工作安排，第一步即指出"一是继续加强疫情期间保险服务工作。及时做好疫情防控期间车险续保提醒工作，优化简化续保流程，加大电子保单推广力度"。

据了解，下一步，山东省公安厅交通管理局与山东省保险行业协会将进一步加强协作，在实现警保数据互联共享的基础上，继续深化在交通事故快处快赔、打击骗保骗赔、交通安全综合治理等方面的探索合作，共同推进警保合作长效机制建设。

任务 2　投保实务

【任务目标】

通过"投保实务"任务的学习，要求学生：

1. 了解投保权益。

2. 熟悉投保注意事项。

3. 掌握汽车保险投保单组成，能熟练填写投保单。

【任务导入】

赵先生，35 岁，驾龄两年，花 25 万元新购了一辆别克 SUV 车自用，该车配置较高，平时一般停放在露天停车位。经常喜欢驾车出游，曾经有过两次追尾事故的记录。赵先生的妻子也需要经常使用该车，驾龄一年，无不良驾驶记录。赵先生想为自己的爱车购买保险，却不知道如何投保？应注意哪些问题？如何缴费？

【任务准备】

客户在使用汽车的过程中，面临多种风险，为规避风险，保障自身利益，客户一般会积极主动地了解汽车保险，并付诸购买行动。

一、客户投保动机

我国当前的汽车保险产品分两类：交强险和商业险。

1. 交强险必须投保

我国于 2006 年 7 月 1 日开始实行交强险。如果机动车所有人、管理人未按照《道路交通安全法》《机动车交通事故责任强制保险条例》等法律规定投保交强险，则公安机关交通管理部门可以扣留在道路上行驶的机动车，并通知机动车所有人、管理人依照规定投保，同时处以依照规定投保最低责任限额应缴纳保费的两倍罚款。因此交强险作为车辆上道路行驶的必备条件,是必须购买的险种,这也是机动车所有人遵守法律的良好表现。

2. 商业险应量力而行

交强险的保障总额为 12.2 万元,其中,死亡伤残赔偿限额 11 万元;医疗费用赔偿限额 1 万元;财产损失赔偿限额 0.2 万元。也就是说,交强险只是体现了对第三者损害的基本保障,许多情况下不能完全补偿第三者的损失。而车辆所有者或使用者除面临第三者赔偿的风险,还面临车辆自身因交通事故、火灾、水灾、盗窃、雹灾、泥石流等意外事故遭受损失的风险,车上人员、车上货物等同样也面临多种风险,这些都需要车辆所有者或使用者进行风险转嫁,即购买第三者责任险、车辆损失险、车上人员责任险、车上货物责任险等商业保险。由于商业保险险种丰富并以盈利为目的,且坚持自愿购买原则,客户应根据自身风险状况和经济能力综合考虑购买相应的险种和额度。

二、投保注意事项

在线投保介绍

1. 投保前

① 了解保险公司财务状况。投保人的投保目的是当保险合同约定的保险事故发生时保险公司能补偿自身的经济损失,而保险公司的财务状况是否良好决定着其偿付能力是否充足。所以,投保人在投保前应了解保险公司的财务状况。

② 了解保险条款准确含义。保险条款是保险合同的组成部分之一,由保险公司单方面制定,因此,投保人应详细了解条款的含义,确切知晓所购买的保险保障的内容。由于保险条款使用了大量专业术语,投保人可以就其不明白的地方询问展业人员,展业人员应据实回答。

③ 比较保险公司服务。主要考虑网点分布、售后服务、附加服务等。网点分布决定了投保、理赔的方便程度;售后服务包括业务人员是否热情周到、及时送达保险单、及时通报新产品、及时赔付、耐心听取并真心解决顾客的投诉、注意与顾客的沟通等;附加服务是提高公司形象的重要手段,也是其提供的延伸产品,如持保险单在日常生活中享受消费优惠、经常召开联谊会、对故障车辆免费施救、给客户免费洗车等。

④ 比较保险产品内容。主要考虑其保险责任、保险费用。目前,各保险公司非常重视车险产品的开发,使保险产品的品种和类型越来越丰富。面对不同的车险产品,投保人应根据自身情况,挑选最适合与满意的产品。挑选保险产品时,首先要注意所选险种的保险责任与自己的风险是否对应,因为保险公司只负责赔偿保险责任范围内的损失;其次,车险产品的价格也是需要考虑的因素,对此,投保人可根据公司提供的费率规章和各种优惠政策进行简单的费用计算,然后比较其价格高低,争取以较少的投入获得适合自身风险的较大保障。

⑤ 比较并选择投保方式。常见的投保方式有上门投保、到保险公司营业部门投保、电话投保、网上投保、通过保险代理人投保、通过保险经纪人投保等。各种投保方式的费率优惠程度不同。一般来说,通过保险代理人、保险经纪人投保的,保费较贵,网上投保费率优惠较大。

2. 投保时

① 投保时应如实告知。投保人无论投保交强险还是投保商业机动车保险都应当如实告知;否则,机动车辆发生保险事故时,保险公司将不负责赔偿。

② 应及时交纳保险费，以保障自身权益。根据规定，交纳保险费一般是保险合同生效的前提条件，而保险费交付前发生的保险事故，保险人不承担赔偿责任。

③ 不重复投保。构成重复保险的车辆出险时，各保险公司一般是按其保险金额与保险金额总和的比例承担赔偿责任，不存在重复保险重复赔偿的问题，只能是多付保费。

④ 不超额投保。超额保险中，其超出部分无效，其赔偿效果等同于足额保险。因此，投保人不要超额投保，避免浪费金钱。

⑤ 确认保险人已明确说明免责事项。保险法规定，对保险合同中免除保险人责任的条款，保险人在订立合同时应当在投保单、保险单或者其他保险凭证上做出足以引起投保人注意的提示，并对该条款的内容以书面或者口头形式向投保人做出明确说明；未做提示或者明确说明的，该条款不产生效力。

3. 投保后

① 了解保险责任开始时间。保险责任开始时间应由双方在保险合同中约定。如果没有约定，保险实务中规定，于次日零时生效。投保人必须清楚合同生效时间，合同生效才对自己有保障，否则，保险公司不承担赔偿责任。

② 注意对保险车辆的安全维护。对车辆的安全维护，是被保险人应尽的义务，也是享受保险合同保障的前提条件。

③ 对保险公司服务不满意的，投保人具有随时退保的权利。退保时，保险公司应收取自保险责任开始之日起至合同解除之日止的保险费，退还剩余部分保险费。

三、汽车保险投保单填写

1. 投保单

投保单是保险合同组成部分之一，投保人必须如实填写。表4-6为××财产保险股份有限公司机动车商业保险/机动车交通事故责任强制保险投保单。表4-7为××财产保险股份有限公司无牌四轮电动车投保单，即个人财产险通用保单。

表4-6 ××财产保险股份有限公司机动车商业保险/机动车交通事故责任强制保险投保单

No：

欢迎您选择××财产保险股份有限公司的保险服务产品！您的选择与信任，是我们的责任和荣誉。为充分保障合同履行，根据《保险法》特做如下说明：我公司就保险标的或者被保险人的有关情况提出询问的，您应当如实告知。在您填写本投保单前，请先详细阅读《机动车交通事故责任强制保险条款》及我公司的机动车商业保险条款，阅读条款时请您特别注意各个条款中的保险责任、责任免除、免赔率与免赔额、赔偿处理等内容，并听取保险人就条款（包括免除保险人责任的条款）所做的明确说明。您在充分理解条款后，再填写本投保单各项内容（请在需要选择的项目前的"□"内划"√"表示）。为合理确定投保机动车的保险费，确认您已按《保险法》的相关要求履行如实告知义务，保证您获得合同约定的风险保障，请您认真填写每个项目，确保内容的真实可靠。您所填写的内容我公司将为您保密。本投保单所填写内容如有变动，请您及时到我公司办理变更手续。

投保人	投保人名称/姓名			电子邮箱	
	联系人姓名		移动电话		固定电话
	投保人住所				
	投保人职业 （自然人）	□国家机关、党群组织、企业、事业单位负责人　□教育科研、医疗机构　□金融保险 □商业、服务业人员、销售类、中介、代理 □生产、运输设备操作人员及交通运输业有关人员　□军队警察 □不便分类的其他从业人员　□无业			

(续)

被保险人	□自然人姓名：		身份证号码	□□□□□□□□□□□□□□□□□□	
	被保险人学历（自然人）	□高中及以下　□大专　□大学本科　□研究生　□博士及以上			
	被保险人职业（自然人）	□国家机关、党群组织、企业、事业单位负责人　□教育科研、医疗机构　□金融保险 □商业、服务业人员、销售类、中介、代理 □生产、运输设备操作人员及交通运输业有关人员　□军队警察 □不便分类的其他从业人员　□无业			
	□法人或其他组织名称：			统一社会信用代码\组织机构代码	
	纳税人识别号		完税凭证号		
	被保险人单位性质	□党政机关、团体　□事业单位　□军队（武警）　□使（领）馆 □个体、私营企业　□其他企业　□其他_____			
	联系人姓名		移动电话		固定电话
	被保险人住所				电子邮箱
投保车辆情况	被保险人与车辆的关系	□所有　□使用　□管理		车主名称/姓名	
	号牌号码		号牌底色	□蓝　□黄　□渐变绿　□黄绿双拼 □白蓝　□白　□黑　□其他_____	
	厂牌型号		发动机号		
	VIN码/车架号				
	初次登记日期		新车购置价		
	能源种类	□燃油　□纯电动　□燃料电池　□插电式混合动力　□其他混合动力			
	机动车种类	□客车　□货车　□自卸车　□客货两用车　□挂车　□低速载货汽车和三轮汽车 □特种车（请填写用途）_____ □摩托车（不含侧三轮）　□侧三轮　□兼用型拖拉机　□运输型拖拉机			
	机动车使用性质	□家庭自用　□非营业用（不含家庭自用）　□出租/租赁　□预约出租客运 □旅游客运　□城市公交　□公路客运　□营业性货运			
	行驶区域	□省内行驶　□全国（港澳台除外）　□场内行驶　□固定行驶路线　具体路线：_____			
	平均年行驶里程	□6000千米以下　□6000~1.2万千米　□1.2万~2万千米　□2万~3万千米 □3万~5万千米　□5万千米及以上			
	是否为未还清贷款的车辆			上年投保公司	
	上年赔款次数	□交强险赔偿次数__次　□商业机动车保险赔偿次数__次		是否使用车联网	
	机动车损失保险的每次事故绝对免赔额				
	商业险保险期间	自___年___月___日___时起至___年___月___日___时止			
	交强险保险期间	自___年___月___日___时起至___年___月___日___时止			

(续)

投保险种		不计免赔	保险金额/责任限额/元	保险费/元	备注
□机动车交通事故责任强制保险					
□机动车损失险	□IACJQL0001				
	□普通型				

(续)

投保险种		不计免赔	保险金额/责任限额/元	保险费/元	备注
□第三者责任险					
□车上人员责任险	驾驶人				
	乘客___人				
□全车盗抢保险					
□附加玻璃单独破碎险					
□附加自燃损失险					
□附加新增加设备损失险					
□附加车身划痕损失险					
□附加发动机涉水损失险					
□附加修理期间费用补偿险：日赔偿金额___元___天					
□附加车上货物责任险					
□附加精神损害抚慰金责任险					
□附加机动车损失保险无法找到第三方特约险					
□附加指定修理厂险					
□附加法定节假日限额翻倍险					
□附加绝对免赔率特约条款					
□附加车轮单独损坏除外特约条款					
□不计免赔（车辆损失险）					
□不计免赔（第三者责任险）					
□不计免赔（车上人员责任险：驾驶人）					
□不计免赔（车上人员责任险：乘客）					
□不计免赔（全车盗抢保险）					
□不计免赔（附加自燃损失险）					
□不计免赔（附加新增设备损失险）					
□不计免赔（附加车身划痕损失险）					
□不计免赔（附加发动机涉水损失险）					
□不计免赔（附加车上货物责任险）					
□不计免赔（附加精神损害抚慰金责任）					

保险费合计（人民币大写）：	（¥： 元）
代收车船税合计： 当年缴纳车船税期间：	
本年车船税（¥： 元）	往年补缴（¥： 元） 滞纳金（¥： 元）
保险费+车船税合计（人民币大写）：	（¥： 元）

（续）

特别约定		
保险合同争议解决方式选择	□诉讼　□提交＿＿＿＿仲裁委员会仲裁	

投保人声明：

1. 保险人已向本人详细介绍并提供了投保险种所适用的条款，并对其中免除保险人责任的条款（包括但不限于责任免除、免赔率与免赔额、投保人被保险人义务、赔偿处理、通用条款等），以及本保险合同中付费约定和特别约定的内容及其法律后果向本人做了明确说明，本人已充分理解并接受上述内容，同意以此作为订立保险合同的依据；本人自愿投保上述险种。
2. 本投保单所填写的各项内容及提供的资料均真实有效，本人清楚故意或因重大过失未履行如实告知义务的法律后果。
3. 本人授权贵公司可以从第三方就有关保险服务事宜查询、收集与本人相关的信息。本人同意贵公司将本人提供的信息、本人接受贵公司保险服务产生的信息以及贵公司从第三方查询、收集的信息（包括本单证签署之前提供、查询收集和产生的），用于贵公司集团及其因服务必要而委托的第三方，向本人提供服务、推介产品、开展市场调查与信息数据分析。贵公司集团及其委托的第三方对上述个人信息依法承担保密和信息安全义务。本条中贵公司是指××财产保险股份有限公司，贵公司集团是指××保险集团股份有限公司及其作为控股股东、实际控制人的公司。本授权自本单证签署时生效，具有独立法律效力，不受合同成立与否及效力状态变化的影响。如取消或变更授权，请携带有效证件在办理业务的我公司营业网点办理。
4. 本人确认选择如下保单形式：□电子保单　□监制保单。

投保人签名/签章：

＿＿＿年＿＿＿月＿＿＿日

验车验证情况	□已验车　□已验证	查验人员签名：	＿＿＿年＿＿＿月＿＿＿日＿＿＿时＿＿＿分
初审情况	业务来源：□直接业务　□个人代理 　　　　　□专业代理　□兼业代理 　　　　　□经纪人　　□网上/电话业务 代理（经纪）人名称： 上年度是否在本公司承保：□是　□否 业务员签字：＿＿＿＿年＿＿月＿＿日	复核意见	□同意按投保单约定项目和条件承保，投保单录入内容与投保单内容相符。 □不同意按照投保单约定项目承保，原因： 复核人签字：＿＿＿＿年＿＿月＿＿日

注：阴影部分内容由保险公司人员填写。

表4-7　××财产保险股份有限公司个人财产险通用保单

××财产保险股份有限公司
个人财产险通用保单

保险公司依据投保人申请，按以下条件承保：××非机动车保险
以下信息来源于您的投保申请，是为您提供理赔服务及售后服务的重要依据，请务必仔细核对。保单号：
如有错误或遗漏请立刻拨打××××××申请修改。　　　　　　　　　　　　　　　　　验证码：

投保人	名称：	证件类型：	证件号码：
	通信地址：	联系人 E-mail：	联系人电话：
产品名称	××非机动车保险		

（续）

被保险人信息	姓名	证件号码	方案名称	购买份数	其他信息
			方案×	1	厂牌型号：××××； 车架号：××××； 使用性质：非营业； 车辆结构：四轮
保险期限					
保险费合计	（大写）		（小写）RMB		
争议解决方式					
方案名称	方案×		购买份数		1
方案保费合计	（大写）		（小写）RMB		
险种名称	责任名称		保额	免赔及责任说明	
××非机动车 第三者责任保险	第三者死亡伤残		300000.00		
	第三者医疗费用		50000.00		
	第三者财产损失		10000.00		

特别约定：无其他特别约定。

（保险人盖章）

------------------------分割线下方无保险单合同正文内容----------------------

签单机构：
出单渠道：
业务员名称：
保险中介名称：
出单日期：

温馨提示：

 1. 为保证您的合法权益，收到本保险单后请立即核对，如所列内容与投保事实不符，或保险事项发生变化，请立即通知我公司进行批改变更，本保险单所列信息如果有误，将会影响到您的后续服务。

 2. 如遇有事故发生，为减少您所受损失，请立即拨打×××××电话与本公司联系。我公司会安排专业人员协助您进行后续处理。

　业务咨询及报案受理统一电话：×××××
　××产险官网地址：×××××××××

注：新能源车和上牌的电动车（如特斯拉等），投保单与机动车投保单一致；四轮无牌电动车与二轮电动车均划归为非机动车，无须投保交强险，商业险投保单如上所示。

2. 投保单填写

（1）投保人与被保险人的信息

① 填写目的：

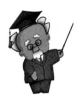

投保单填写目的

▲确定投保人，判断其资格，看是否对保险标的具有保险利益

▲确定缴费义务人，投保人是缴费义务人

▲确定被保险人，被保险人是享有保险金请求权的人

▲为客户提供后续增值服务

② 填写要求：投保人与被保险人为单位的，名称填写全称，应与公章名称一致；投保人与被保险人为个人的，填写姓名，与身份证一致；名称应与车辆行驶证相符，使用人或所有人称谓与行驶证不符或车辆是合伙购买与经营时，应在投保单规定位置注明，以便登录在保险单上；地址是指法律确认的自然人的生活住所或法人的主要办事机构所在地；根据被保险人单位性质，把汽车属性分为党政机关（团体）车辆、事业单位车辆、军队（武警）车辆、使（领）馆车辆、个体或私营企业车辆、其他企业车辆、其他车辆等。

（2）投保车辆信息

① 填写目的：确定投保车辆的唯一性；依据不同属性、使用性质、车辆类型、座位/吨位、车龄、行驶区域等确定费率。

② 填写要求：被保险人与车辆的关系如为所有关系，则被保险人与车主为同一人；如为使用或管理关系，则被保险人与车主不是同一人，此栏主要是看被保险人是否对标的车具有保险利益。

填写车辆管理机关核发的号牌号码并注明底色，如鲁 A××××（蓝）。号牌号码应与车辆行驶证（图 4-4）一致，号牌底色分蓝、黄、渐变绿、黄绿双拼、白蓝、白、黑、其他颜色等八类。

中华人民共和国机动车行驶证

号牌号码＿＿＿＿＿＿ 车辆类型＿＿＿＿＿＿

所 有 人＿＿＿＿＿＿

住　　址＿＿＿＿＿＿

品牌型号＿＿＿＿＿＿ 使用性质＿＿＿＿＿＿

发证机关章

发动机号＿＿＿＿＿＿

车辆识别代号＿＿＿＿＿＿

注册登记日期＿＿＿＿ 发证日期＿＿＿＿

a)

中华人民共和国机动车行驶证副页

号牌号码＿＿＿＿＿＿ 车辆类型＿＿＿＿＿＿

总 质 量＿＿＿＿＿＿ 整备质量＿＿＿＿＿＿

核定载质量＿＿＿＿＿＿ 准牵引总质量＿＿＿＿＿＿

核定载客＿＿＿＿＿＿ 驾驶室共承＿＿＿＿＿＿

货 厢 内 后轴钢板

部 尺 寸＿＿＿＿＿＿ 弹簧片数＿＿＿＿＿＿

外廓尺寸＿＿＿＿＿＿

检验记录＿＿＿＿＿＿

b)

图 4-4　机动车行驶证

厂牌型号、发动机号、VIN/车架号等按照投保车辆行驶证或合格证的内容填写。对新车尤其注意把合格证上的发动机号码、VIN/车架号中的字母和数字都要写完整。

初次登记年月。根据行驶证上的登记日期填写。它是理赔时确定车辆实际价值的依据。

年平均行驶里程。指投保车辆自出厂到投保单填写日的实际已行驶的总里程与已使用年限的比值。一般根据里程表上显示的总里程数计算，若里程表有损坏或进行过调整、更换，应根据车辆实际已行驶的里程计算。

车辆种类。按照车辆行驶证上注明的车辆种类填写。车辆种类主要包括客车、货车、自

卸车、客货两用车、挂车、低速货车和三轮汽车、摩托车（不含侧三轮）、侧三轮、兼用型拖拉机、运输型拖拉机、特种车等种类，若为特种车，还需要写明车辆用途。

汽车使用性质。车辆使用性质主要分营业与非营业两类。目前，多数保险公司又将其细分为家庭自用、非营业用（不含家庭自用）、出租/租赁、预约出租客运、旅游客运、城市公交、公路客运、营业性货运等。

上年是否在本公司投保商业车险？用以判定投保人能否享受无赔款优待以及优待比例，同时还判定投保人是否为本公司的续保客户或忠诚客户。

行驶区域。汽车可指定行驶区域，以获得费率优惠。指定行驶区域分省内行驶、全国（港澳台除外）行驶、场内行驶、固定线路，对固定线路的还需指明具体路线。

是否为未还清贷款的车辆？如果是，贷款方是谁？同时保险人一般会要求投保人选择保险范围较宽的险种，以保障财产的安全。

上年度的赔款次数和交通违法行为，是费率浮动的依据。

（3）保险期间

① 填写目的：明确合同期限。

② 填写要求：保险期限通常为一年，费率表中的费率是保险期限为一年的费率；保险期限不足一年的按短期月费率计收保险费，不足一个月的按一个月计算；短期保险费＝年保险费×短期月费率系数。

（4）投保险种信息

① 填写目的：确定投保险种；确定保险金额或责任限额。

② 填写要求：

投保单填写要求

▲交强险固定赔偿限额，保费根据上一年事故次数进行浮动

▲对车损险，既要告知客户合同为不定值保险合同，也要清楚新车购置价是指保险合同签订的购置与保险车辆同类型新车（含车辆购置税）的价格，还要按车辆信息从费率表中选取基础保费和相应费率

▲对第三者责任险，需根据车辆信息、个人确定的责任限额从费率表中选取不同档次的固定保险费

▲其他险种的保险金额、责任限额及保费确定

▲保费计算时注意费率优惠系数的适用险种

（5）特别约定

① 填写目的：对保险合同的未尽事宜，投保人和保险人协商后，在此栏注明。

② 填写要求：特别约定内容不得与法律相抵触，否则无效。投保单和保险单特别约定内容要一致，且在投保时向客户如实告知。

对保单收费的约定：在保险合同签订时交清保险费，否则本公司不承担保险责任；自起保之日起＊＊日内交清保险费，否则本公司不承担保险责任；本保单保费分＊＊期付款，第一期保费＊＊元于起保前交清，剩余保费于＊＊年＊＊月＊＊日前交清。逾期未交，发生保险事故，按出险时的保费到账比例赔付。

对投保车损险的特别约定：若标的车损超过出险时的实际价值，按出险时的实际价值计

算赔偿；对车况较差的车辆，可以根据车况约定本标的车实际价值为＊＊元。

对投保全车盗抢险的特别约定：若没有办理正式牌照，应约定盗抢险自办理正式牌照并到本公司办理批改之日起生效，保险止期不变；承保主要在本地使用的外省、市籍牌照车辆，可约定盗抢险限在＊＊省、市内。

对投保玻璃单独破碎险的特别约定：进口玻璃按国产玻璃投保，应约定本车按国产玻璃收费，出险时按国产玻璃赔付。

对投保新增设备损失险的特别约定：应准确列出新增设备明细及金额。

对营业性大货车、长途客车：应约定装载必须符合国家法律法规中有关机动车辆装载的规定。

（6）争议解决方式选择

① 填写目的：明确履行合同发生争议时采取的司法手段。

② 填写要求：争议处理方式分仲裁和诉讼两种，根据投保人的要求选择相应的项目即可。

（7）投保人声明

① 投保人声明的含义：投保人声明投保单各项内容均填写属实，核对无误；投保人声明对条款内容特别是责任免除和投保人、被保险人义务无异议；投保人同意投保，完成合同的要约步骤。

② 填写要求：投保人声明必须由投保人本人（本单位）签章。

（8）标的初审

① 审核目的：完成合同是否承诺步骤。

② 填写要求：查验人员要写明验车或验证情况，并签名；业务来源要分类，业务员要签字；复核人签发意见并签名。

【任务实施】

"任务导入"中的赵先生为新车投保，应考虑以下几点：

1. 赵先生投保动机

交强险是国家强制规定必须要投保的；商业险险种较多且保险公司以盈利为目的，赵先生可根据自身需要和家庭经济条件购买，推荐其购买交强险+第三者责任险+车损险+车上人员责任险+盗抢险+不计免赔率特约条款+玻璃单独破碎险+车身划痕险+机动车损失保险无法找到第三方险+指定修理厂险。

2. 赵先生投保注意事项

1）投保前：了解保险公司财务状况和服务情况。

2）投保中：

① 认真阅读保险条款，尤其是责任免除内容（具体内容见《机动车综合商业保险免责事项说明书》），如有疑问，及时咨询保险销售人员。

② 正确填写投保人与被保险人信息、投保车辆信息、保险期限、投保险种信息等投保单中的相关信息。投保单是保险合同的组成部分之一。

③ 仔细阅读投保人声明事项，核对无误后由赵先生本人签字确认。××财产保险有限公司投保人声明见表4-8。

表 4-8　××财产保险有限公司投保人声明

投保人声明：

　　保险人已通过上述书面形式向本人详细介绍并提供了投保险种所适用的条款，并对其中免除保险人责任的条款（包括责任免除条款、免赔额、免赔率等免除或者减轻保险人责任的条款），以及本保险合同中付费约定和特别约定的内容向本人做了书面明确说明，本人已充分理解并接受上述内容，同意以此作为订立保险合同的依据；本人自愿投保上述险种。

　　尊敬的客户，为了充分保障您的权益，请您将以下黑体字内容，在方格内进行手书，以表明您已了解投保内容，并自愿投保：

　　本人确认收到条款及《机动车综合商业保险免责事项说明书》。保险人已明确说明免除保险人责任条款的内容及法律后果。

　　□□□

　　本人确认收到条款及《机动车综合商业保险免责事项说明书》。

投保人签章处：

年　月　日

　　④ 及时交纳保险费。交纳保险费一般是保险合同生效的前提条件。赵先生需要实名制缴费，即保险公司在收取保险费时，应核对付款账户信息的真实性，确保付款账户信息与投保人赵先生一致。严禁保险公司、保险中介机构、其他第三方机构或个人以各种形式为赵先生垫付保费。

　　3）投保后：赵先生应了解保险责任开始时间、维护保险车辆安全，若对保险公司服务不满意，则可以随时退保。

【任务评价】

投保实务任务评价表

序号	内容及要求	评价	评分标准	自评	组评	师评	得分
1	了解客户汽车保险投保动机	10	正确分析客户投保动机得 10 分，每错一处酌情扣 2 分，扣分上限为 5 分				
2	熟悉汽车保险投保前的注意事项	15	正确答出一个得 3 分，满分 15 分				
3	熟悉汽车保险投保时的注意事项	15	正确答出一个得 3 分，全对为满分				
4	熟悉汽车保险投保后的注意事项	15	正确答出一个得 5 分，满分 15 分				
5	掌握汽车保险投保单的填写	45	正确填写投保单得 45 分，每错一处酌情扣 3 分				

指导教师总体评价：

指导教师：

年　月　日

【知识拓展】

××××财产保险股份有限公司机动车综合商业保险免责事项说明书如下：

机动车综合商业保险免责事项说明书

尊敬的客户：

欢迎您选择××××财产保险股份有限公司投保机动车综合商业保险。当您投保本保险后，我公司将根据您选择投保的主险和附加险种，按照保险合同的约定，承担相应的保险赔偿责任。

风险是无处不在的。应对风险带来的损失，您可以采取控制的方式消除或减少，可以采取自留的方式靠自身力量解决，还可以通过购买保险的方式将风险损失转移给保险公司。但是，作为风险管理的技术之一，并不是所有的风险都适合或可以采用保险的方式来处理，只有可保风险才是保险公司所能接受承保的风险。保险公司一般通过保险条款中的保险责任条款和免除保险人责任条款对可保风险予以明确。免除保险人责任条款通过把保险人不承保的情形和事由予以排除，使保险费率保持在合理的水平，减轻消费者的投保压力和保费负担；同时有利于实现保险公司稳健经营。

本保险合同在保险责任的基础上，从风险控制角度出发，设置了免除保险人责任条款，明确约定了保险人不承担保险赔偿责任的范围，或减轻保险人保险赔偿责任的情形、范围和事由。为维护您的合法权益，在您填写投保单前，我公司就保险合同中的免除保险人责任条款做出如下书面说明，请您注意阅读。同时，我公司工作人员会针对本免责事项说明书的内容以及投保单所附机动车综合商业保险条款向您进行详细说明。您也可以随时向我公司工作人员提出询问，或者致电×××客服热线，我们将悉心为您解答。

尊敬的客户，当您已全面了解本免责事项说明书以及机动车综合商业保险条款的内容后，请在本免责事项说明书的投保人签章处签字或盖章确认。祝您投保愉快！

第一部分　责任免除条款

概念： 责任免除是指保险合同约定的，在保险责任内予以剔除的损失和事由。保险人承担的保险赔偿责任，是指属于保险条款列明的保险责任，且不属于免除保险人责任的范围。

原因：

1. 国家道路安全法律法规已有禁止性规定。如："饮酒、吸食或注射毒品、服用国家管制的精神药品或者麻醉药品""无驾驶证""驾驶与驾驶证载明的准驾车型不相符的机动车"等。

2. 缺乏历史统计数据积累，无法得出风险发生概率，缺少费率计算基础。如"战争""军事冲突""核反应""核辐射"等。

3. 属于保险标的本身原因、自然变化或市场变化因素。如"因市场价格变动造成的贬值、修理后因价值降低引起的减值损失""自然磨损、朽蚀、腐蚀、故障、本身质量缺陷""车上人员因疾病、分娩、自残、斗殴、自杀、犯罪行为造成的自身伤亡"等。

4. 可以通过增加保险费，加保相应附加险获得保障。如"发动机进水后导致的发动机损坏""玻璃单独破碎""无明显碰撞痕迹的车身划痕""新增设备的损失"等。

内容： 根据我公司机动车综合商业保险条款的约定，不同险种的责任免除包括：

★ **机动车损失保险**

第八条　在上述保险责任范围内，下列情况下，不论任何原因造成被保险机动车的任何损失和费用，保险人均不负责赔偿。

（一）事故发生后，被保险人或其允许的驾驶人故意破坏、伪造现场、毁灭证据。

（二）驾驶人有下列情形之一者：

1. 事故发生后，在未依法采取措施的情况下驾驶被保险机动车或者遗弃被保险机动车离开事故现场。
2. 饮酒、吸食或注射毒品、服用国家管制的精神药品或者麻醉药品。
3. 无驾驶证，驾驶证被依法扣留、暂扣、吊销、注销期间。
4. 驾驶与驾驶证载明的准驾车型不相符的机动车。
5. 实习期内驾驶公共汽车、营运客车或者执行任务的警车、载有危险物品的机动车或牵引挂车的机动车。
6. 驾驶出租机动车或营业性机动车无交通运输管理部门核发的许可证书或其他必备证书。

7. 学习驾驶时无合法教练员随车指导。
8. 非被保险人允许的驾驶人。
（三）被保险机动车有下列情形之一者：
1. 发生保险事故时被保险机动车行驶证、号牌被注销的，或未按规定检验或检验不合格。
2. 被扣押、收缴、没收、政府征用期间。
3. 在竞赛、测试期间，在营业性场所维修、保养、改装期间。
4. 被保险人或其允许的驾驶人故意或重大过失，导致被保险机动车被利用从事犯罪行为。

第九条 下列原因导致的被保险机动车的损失和费用，保险人不负责赔偿。
（一）地震及其次生灾害。
（二）战争、军事冲突、恐怖活动、暴乱、污染（含放射性污染）、核反应、核辐射。
（三）人工直接供油、高温烘烤、自燃、不明原因火灾。
（四）违反安全装载规定。
（五）被保险机动车被转让、改装、加装或改变使用性质等，被保险人、受让人未及时通知保险人，且因转让、改装、加装或改变使用性质等导致被保险机动车危险程度显著增加。
（六）被保险人或其允许的驾驶人的故意行为。

第十条 下列损失和费用，保险人不负责赔偿。
（一）因市场价格变动造成的贬值、修理后因价值降低引起的减值损失。
（二）自然磨损、朽蚀、腐蚀、故障、本身质量缺陷。
（三）遭受保险责任范围内的损失后，未经必要修理并检验合格继续使用，致使损失扩大的部分。
（四）投保人、被保险人或其允许的驾驶人知道保险事故发生后，故意或者因重大过失未及时通知，致使保险事故的性质、原因、损失程度等难以确定的，保险人对无法确定的部分，不承担赔偿责任，但保险人通过其他途径已经及时知道或者应当及时知道保险事故发生的除外。
（五）因被保险人违反本条款第十六条约定，导致无法确定的损失。
（六）被保险机动车全车被盗窃、被抢劫、被抢夺、下落不明，以及在此期间受到的损坏，或被盗窃、被抢劫、被抢夺未遂受到的损坏，或车上零部件、附属设备丢失。
（七）车轮单独损坏，玻璃单独破碎，无明显碰撞痕迹的车身划痕，以及新增设备的损失。
（八）发动机进水后导致的发动机损坏。

说明：上述第八条是情形除外，即只要具有该条所列举的情形，不论任何原因造成被保险机动车的任何损失和费用，保险人均不负责赔偿。

上述第九条是原因除外，即由于该条所列举的原因导致的被保险机动车的损失和费用，保险人不负责赔偿。

上述第十条是损失和费用除外，即无论造成损失和费用的原因是什么，该条所列举的损失和费用，保险人均不负责赔偿。其中，除第（六）项"车上零部件、附属设备丢失"外，第（六）项损失和费用，投保人可以增加保险费，加保机动车全车盗抢险。除第（七）项"车轮单独损坏"外，第（七）、（八）项损失和费用，投保人可以增加保险费，加保附加险。

上述第八条第（一）项，第（二）项第1、2、3、4、5、6、7目，第（三）项第1目，第九条第（四）项属于《道路交通安全法》和《道路交通安全法实施条例》禁止性规定或强制性规定。

★ 机动车第三者责任保险

第二十四条 在上述保险责任范围内，下列情况下，不论任何原因造成的人身伤亡、财产损失和费用，保险人均不负责赔偿。
（一）事故发生后，被保险人或其允许的驾驶人故意破坏、伪造现场、毁灭证据。
（二）驾驶人有下列情形之一者：
1. 事故发生后，在未依法采取措施的情况下驾驶被保险机动车或者遗弃被保险机动车离开事故现场。
2. 饮酒、吸食或注射毒品、服用国家管制的精神药品或者麻醉药品。
3. 无驾驶证，驾驶证被依法扣留、暂扣、吊销、注销期间。

4. 驾驶与驾驶证载明的准驾车型不相符合的机动车。
5. 实习期内驾驶公共汽车、营运客车或者执行任务的警车、载有危险物品的机动车或牵引挂车的机动车。
6. 驾驶出租机动车或营业性机动车无交通运输管理部门核发的许可证书或其他必备证书。
7. 学习驾驶时无合法教练员随车指导。
8. 非被保险人允许的驾驶人。

（三）被保险机动车有下列情形之一者：
1. 发生保险事故时被保险机动车行驶证、号牌被注销的，或未按规定检验或检验不合格。
2. 被扣押、收缴、没收、政府征用期间。
3. 在竞赛、测试期间，在营业性场所维修、保养、改装期间。
4. 全车被盗窃、被抢劫、被抢夺、下落不明期间。

第二十五条 下列原因导致的人身伤亡、财产损失和费用，保险人不负责赔偿。

（一）地震及其次生灾害、战争、军事冲突、恐怖活动、暴乱、污染（含放射性污染）、核反应、核辐射。

（二）第三者、被保险人或其允许的驾驶人的故意行为、犯罪行为，第三者与被保险人或其他致害人恶意串通的行为。

（三）被保险机动车被转让、改装、加装或改变使用性质等，被保险人、受让人未及时通知保险人，且因转让、改装、加装或改变使用性质等导致被保险机动车危险程度显著增加。

第二十六条 下列人身伤亡、财产损失和费用，保险人不负责赔偿。

（一）被保险机动车发生意外事故，致使任何单位或个人停业、停驶、停电、停水、停气、停产、通信或网络中断、电压变化、数据丢失造成的损失以及其他各种间接损失。

（二）第三者财产因市场价格变动造成的贬值，修理后因价值降低引起的减值损失。

（三）被保险人及其家庭成员、被保险人允许的驾驶人及其家庭成员所有、承租、使用、管理、运输或代管的财产的损失，以及本车上财产的损失。

（四）被保险人、被保险人允许的驾驶人、本车车上人员的人身伤亡。

（五）停车费、保管费、扣车费、罚款、罚金或惩罚性赔款。

（六）超出《道路交通事故受伤人员临床诊疗指南》和国家基本医疗保险同类医疗费用标准的费用部分。

（七）律师费，未经保险人事先书面同意的诉讼费、仲裁费。

（八）投保人、被保险人或其允许的驾驶人知道保险事故发生后，故意或者因重大过失未及时通知，致使保险事故的性质、原因、损失程度等难以确定的，保险人对无法确定的部分，不承担赔偿责任，但保险人通过其他途径已经及时知道或者应当及时知道保险事故发生的除外。

（九）因被保险人违反本条款第三十四条约定，导致无法确定的损失。

（十）精神损害抚慰金。

（十一）应当由机动车交通事故责任强制保险赔偿的损失和费用。

保险事故发生时，被保险机动车未投保机动车交通事故责任强制保险或机动车交通事故责任强制保险合同已经失效的，对于机动车交通事故责任强制保险责任限额以内的损失和费用，保险人不负责赔偿。

说明：上述第二十四条是情形除外，即只要具有该条所列举的情形，不论任何原因造成的人身伤亡、财产损失和费用，保险人均不负责赔偿。

上述第二十五条是原因除外，即由于该条所列举的原因导致的人身伤亡、财产损失和费用，保险人不负责赔偿。

上述第二十六条是损失和费用除外，即无论任何原因，该条所列举的人身伤亡、财产损失和费用，保险人均不负责赔偿。其中第（十）项损失和费用，投保人可以增加保险费，加保附加险。

上述第二十四条第（一）项，第（二）项第1、2、3、4、5、6、7目，第（三）项第1目属于《道路交通安全法》和《道路交通安全法实施条例》禁止性规定或强制性规定。

★ 机动车车上人员责任保险

第四十条 在上述保险责任范围内，下列情况下，不论任何原因造成的人身伤亡，保险人均不负责赔偿。

（一）事故发生后，被保险人或其允许的驾驶人故意破坏、伪造现场、毁灭证据。

（二）驾驶人有下列情形之一者：

1. 事故发生后，在未依法采取措施的情况下驾驶被保险机动车或者遗弃被保险机动车离开事故现场。
2. 饮酒、吸食或注射毒品、服用国家管制的精神药品或者麻醉药品。
3. 无驾驶证，驾驶证被依法扣留、暂扣、吊销、注销期间。
4. 驾驶与驾驶证载明的准驾车型不相符合的机动车。
5. 实习期内驾驶公共汽车、营运客车或者执行任务的警车、载有危险物品的机动车或牵引挂车的机动车。
6. 驾驶出租机动车或营业性机动车无交通运输管理部门核发的许可证书或其他必备证书。
7. 学习驾驶时无合法教练员随车指导。
8. 非被保险人允许的驾驶人。

（三）被保险机动车有下列情形之一者：

1. 发生保险事故时被保险机动车行驶证、号牌被注销的，或未按规定检验或检验不合格。
2. 被扣押、收缴、没收、政府征用期间。
3. 在竞赛、测试期间，在营业性场所维修、保养、改装期间。
4. 全车被盗窃、被抢劫、被抢夺、下落不明期间。

第四十一条 下列原因导致的人身伤亡，保险人不负责赔偿。

（一）地震及其次生灾害、战争、军事冲突、恐怖活动、暴乱、污染（含放射性污染）、核反应、核辐射。

（二）被保险机动车被转让、改装、加装或改变使用性质等，被保险人、受让人未及时通知保险人，且因转让、改装、加装或改变使用性质等导致被保险机动车危险程度显著增加。

（三）被保险人或驾驶人的故意行为。

第四十二条 下列人身伤亡、损失和费用，保险人不负责赔偿。

（一）被保险人及驾驶人以外的其他车上人员的故意行为造成的自身伤亡。

（二）车上人员因疾病、分娩、自残、斗殴、自杀、犯罪行为造成的自身伤亡。

（三）违法、违章搭乘人员的人身伤亡。

（四）罚款、罚金或惩罚性赔款。

（五）超出《道路交通事故受伤人员临床诊疗指南》和国家基本医疗保险同类医疗费用标准的费用部分。

（六）律师费，未经保险人事先书面同意的诉讼费、仲裁费。

（七）投保人、被保险人或其允许的驾驶人知道保险事故发生后，故意或者因重大过失未及时通知，致使保险事故的性质、原因、损失程度等难以确定的，保险人对无法确定的部分，不承担赔偿责任，但保险人通过其他途径已经及时知道或者应当及时知道保险事故发生的除外。

（八）精神损害抚慰金。

（九）应当由机动车交通事故责任强制保险赔付的损失和费用。

说明：上述第四十条是情形除外，即只要具有该条所列举的情形，不论任何原因造成的人身伤亡，保险人均不负责赔偿。

上述第四十一条是原因除外，即由于该条所列举的原因导致的人身伤亡，保险人不负责赔偿。

上述第四十二条是损失和费用除外，即无论任何原因，该条所列举的人身伤亡、财产损失和费用，保险人均不负责赔偿。其中第（八）项损失和费用，投保人可以增加保险费、加保附加险。

上述第四十条第（一）项，第（二）项第1、2、3、4、5、6、7目，第（三）项第1目属于《道路交通安全法》和《道路交通安全法实施条例》禁止性规定或强制性规定。

★ **机动车全车盗抢保险**

第五十二条 在上述保险责任范围内，下列情况下，不论任何原因造成被保险机动车的任何损失和费用，保险人均不负责赔偿。

（一）被保险人索赔时未能提供出险当地县级以上公安刑侦部门出具的盗抢立案证明。

（二）驾驶人、被保险人、投保人故意破坏现场、伪造现场、毁灭证据。

（三）被保险机动车被扣押、罚没、查封、政府征用期间。

（四）被保险机动车在竞赛、测试期间，在营业性场所维修、保养、改装期间，被运输期间。

第五十三条 下列损失和费用，保险人不负责赔偿：

（一）地震及其次生灾害导致的损失和费用。

（二）战争、军事冲突、恐怖活动、暴乱导致的损失和费用。

（三）因诈骗引起的任何损失；因投保人、被保险人与他人的民事、经济纠纷导致的任何损失。

（四）被保险人或其允许的驾驶人的故意行为、犯罪行为导致的损失和费用。

（五）非全车遭盗窃，仅车上零部件或附属设备被盗窃或损坏。

（六）新增设备的损失。

（七）遭受保险责任范围内的损失后，未经必要修理并检验合格继续使用，致使损失扩大的部分。

（八）被保险机动车被转让、改装、加装或改变使用性质等，被保险人、受让人未及时通知保险人，且因转让、改装、加装或改变使用性质等导致被保险机动车危险程度显著增加。

（九）投保人、被保险人或其允许的驾驶人知道保险事故发生后，故意或者因重大过失未及时通知，致使保险事故的性质、原因、损失程度等难以确定的，保险人对无法确定的部分，不承担赔偿责任，但保险人通过其他途径已经及时知道或者应当及时知道保险事故发生的除外。

（十）因被保险人违反本条款第五十八条约定，导致无法确定的损失。

说明：上述第五十二条是情形除外，即只要具有该条所列举的情形，不论任何原因造成被保险机动车的任何损失和费用，保险人均不负责赔偿。

上述第五十三条是损失和费用除外，即无论造成损失和费用的原因是什么，该条所列举的损失和费用，保险人均不负责赔偿。

上述第五十二条第（二）项属于《道路交通安全法》和《道路交通安全法实施条例》强制性规定。

★ **附加险**

险种	责任免除内容
玻璃单独破碎险	**第三条** 责任免除 安装、维修机动车过程中造成的玻璃单独破碎。
自燃损失险	**第二条** 责任免除 （一）自燃仅造成电器、线路、油路、供油系统、供气系统的损失。 （二）由于擅自改装、加装电器及设备导致被保险机动车起火造成的损失。 （三）被保险人在使用被保险机动车过程中，因人工直接供油、高温烘烤等违反车辆安全操作规则造成的损失。
车身划痕损失险	**第二条** 责任免除 （一）被保险人及其家庭成员、驾驶人及其家庭成员的故意行为造成的损失。 （二）因投保人、被保险人与他人的民事、经济纠纷导致的任何损失。 （三）车身表面自然老化、损坏，腐蚀造成的任何损失。
修理期间费用补偿险	**第二条** 责任免除 下列情况下，保险人不承担修理期间费用补偿。 （一）因机动车损失保险责任范围以外的事故而致被保险机动车的损毁或修理。 （二）非在保险人认可的修理厂修理时，因车辆修理质量不合要求造成返修。 （三）被保险人或驾驶人拖延车辆送修期间。
车上货物责任险	**第二条** 责任免除 （一）偷盗、哄抢、自然损耗、本身缺陷、短少、死亡、腐烂、变质、串味、生锈、动物走失、飞失、货物自身起火燃烧或爆炸造成的货物损失。 （二）违法、违章载运造成的损失。 （三）因包装、紧固不善，装载、遮盖不当导致的任何损失。 （四）车上人员携带的私人物品的损失。 （五）保险事故导致的货物减值、运输延迟、营业损失及其他各种间接损失。 （六）法律、行政法规禁止运输的货物的损失。

（续）

险种	责任免除内容
精神损害抚慰金责任险	第二条　责任免除 （一）根据被保险人与他人的合同协议，应由他人承担的精神损害抚慰金。 （二）未发生交通事故，仅因第三者或本车人员的惊恐而引起的损害。 （三）怀孕妇女的流产发生在交通事故发生之日起 30 天以外的。
不计免赔率险	第二条　责任免除 下列情况下，应当由被保险人自行承担的免赔金额，保险人不负责赔偿。 （一）机动车损失保险中应当由第三方负责赔偿而无法找到第三方的。 （二）因违反安全装载规定而增加的。 （三）发生机动车全车盗抢保险约定的全车损失保险事故时，被保险人未能提供《机动车登记证书》、机动车来历凭证的，每缺少一项而增加的。 （四）机动车损失保险中约定的每次事故绝对免赔额。 （五）可附加本条款但未选择附加本条款的险种约定的。 （六）不可附加本条款的险种约定的。

第二部分　免赔额和免赔率

概念：免赔额是指保险合同中约定的，保险公司不承担赔偿责任、由被保险人自行承担的损失额度，对于此额度内的损失，保险公司在理赔时将予以扣除。

免赔率是指保险合同中约定的，保险人不负赔偿责任的损失占总体损失的比例，保险公司在理赔时，将按照此比例计算不负赔偿责任的损失额度，然后在赔款中进行扣减。

内容：根据我公司机动车综合商业保险条款的约定，不同险种所使用的免赔率包括：

★ **机动车损失保险**

第十一条　保险人在依据本保险合同约定计算赔款的基础上，按照下列方式免赔。

（一）被保险机动车一方负次要事故责任的，实行 5%的事故责任免赔率；负同等事故责任的，实行 10%的事故责任免赔率；负主要事故责任的，实行 15%的事故责任免赔率；负全部事故责任或单方肇事事故的，实行 20%的事故责任免赔率。

（二）被保险机动车的损失应当由第三方负责赔偿，无法找到第三方的，实行 30%的绝对免赔率。

（三）违反安全装载规定、但不是事故发生的直接原因的，增加 10%的绝对免赔率。

（四）对于投保人与保险人在投保时协商确定绝对免赔额的，本保险在实行免赔率的基础上增加每次事故绝对免赔额。

说明：上述第（一）项中的事故责任免赔率，可以增加保险费，加保"不计免赔率险"，上述第（二）项中的绝对免赔率，可以增加保险费，加保"机动车损失保险无法找到第三方特约险"。而对于第（三）、（四）项中的绝对免赔率（额），不能通过增加保险费扩展承保。

★ **机动车第三者责任保险**

第二十七条　保险人在依据本保险合同约定计算赔款的基础上，在保险单载明的责任限额内，按照下列方式免赔。

（一）被保险机动车一方负次要事故责任的，实行 5%的事故责任免赔率；负同等事故责任的，实行 10%的事故责任免赔率；负主要事故责任的，实行 15%的事故责任免赔率；负全部事故责任的，实行 20%的事故责任免赔率。

（二）违反安全装载规定的，实行 10%的绝对免赔率。

说明：上述第（一）项中的事故责任免赔率，可以增加保险费，加保"不计免赔率险"扩展承保。而对于第（二）项中的绝对免赔率，不能通过增加保险费，加保"不计免赔率险"扩展承保。

★机动车车上人员责任保险

第四十三条 保险人在依据本保险合同约定计算赔款的基础上，在保险单载明的责任限额内，按照下列方式免赔。

被保险机动车一方负次要事故责任的，实行5%的事故责任免赔率；负同等事故责任的，实行10%的事故责任免赔率；负主要事故责任的，实行15%的事故责任免赔率；负全部事故责任或单方肇事事故的，实行20%的事故责任免赔率。

说明：上述约定的事故责任免赔率，可以增加保险费，加保"不计免赔率险"扩展承保。

★ 机动车全车盗抢保险

第五十四条 保险人在依据本保险合同约定计算赔款的基础上，按照下列方式免赔。

（一）发生全车损失的，绝对免赔率为20%。

（二）发生全车损失，被保险人未能提供《机动车登记证书》、机动车来历凭证的，每缺少一项，增加1%的绝对免赔率。

说明：对于第（一）项中的绝对免赔率，可以增加保险费，加保"不计免赔率险"扩展承保；对于第（二）项中的绝对免赔率，不能通过增加保险费，加保"不计免赔率险"扩展承保。

★附加险

险种	免赔额、免赔率内容
自燃损失险	**第二条** 责任免除 （四）本附加险每次赔偿实行20%的绝对免赔率，不适用主险中的各项免赔率、免赔额约定。
新增加设备损失险	**第二条** 责任免除 本附加险每次赔偿的免赔约定以机动车损失保险条款约定为准。
车身划痕损失险	**第二条** 责任免除 （四）本附加险每次赔偿实行15%的绝对免赔率，不适用主险中的各项免赔率、免赔额约定。
发动机涉水损失险	**第二条** 责任免除 本附加险每次赔偿均实行15%的绝对免赔率，不适用主险中的各项免赔率、免赔额约定。
修理期间费用补偿险	**第二条** 责任免除 （四）本附加险每次事故的绝对免赔额为1天的赔偿金额，不适用主险中的各项免赔率、免赔额约定。
车上货物责任险	**第二条** 责任免除 （七）本附加险每次赔偿实行20%的绝对免赔率，不适用主险中的各项免赔率、免赔额约定。
精神损害抚慰金责任险	**第二条** 责任免除 （四）本附加险每次赔偿实行20%的绝对免赔率，不适用主险中的各项免赔率、免赔额约定。

第三部分 保险合同终止或解除

概念：保险合同终止，是指出现法律规定或合同约定的情形时，保险合同的权利义务终止。保险合同解除是指投保人或保险公司依法或依保险合同约定，终止保险合同的行为，是合同终止的情形之一。对于保险合同终止后发生的事故，保险公司不予赔偿。

内容：

险种	内容
机动车损失保险	**第二十一条** 被保险机动车发生本保险事故，导致全部损失，或一次赔款金额与免赔金额之和（不含施救费）达到保险金额，保险人按本保险合同约定支付赔款后，本保险责任终止，保险人不退还机动车损失保险及其附加险的保险费。

（续）

险种	内容
机动车全车盗抢保险	**第六十一条** 被保险机动车发生本保险事故，导致全部损失，或一次赔款金额与免赔金额之和达到保险金额，保险人按本保险合同约定支付赔款后，本保险责任终止，保险人不退还机动车全车盗抢保险及其附加险的保险费。
通用	**第六十七条** 在保险期间内，被保险机动车转让他人的，受让人承继被保险人的权利和义务。被保险人或者受让人应当及时书面通知保险人。 因被保险机动车转让导致被保险机动车危险程度发生显著变化的，保险人自收到前款约定的通知之日起三十日内，可以相应调整保险费或者解除本保险合同。

第四部分 其他

概念：保险人根据本保险合同的约定，按照《道路交通事故受伤人员临床诊疗指南》和国家基本医疗保险的同类医疗费用标准核定医疗费用。

本保险合同约定的医疗费用赔偿标准和保险费厘定相匹配，对于超出本赔偿标准的医疗费用，保险人不承担赔偿责任。另外，本保险合同为机动车综合商业保险，为被保险人提供基本的风险保障，不能转移被保险人所有的赔偿责任风险。投保人可以通过增加保险费，选择其他更高保障标准的保险产品或相应附加险获得更全面的保障。

内容：

险种	内容
机动车第三者责任保险	**第三十六条** 保险人按照《道路交通事故受伤人员临床诊疗指南》和国家基本医疗保险的同类医疗费用标准核定医疗费用的赔偿金额。 未经保险人书面同意，被保险人自行承诺或支付的赔偿金额，保险人有权重新核定。不属于保险人赔偿范围或超出保险人应赔偿金额的，保险人不承担赔偿责任。
机动车车上人员责任保险	**第四十九条** 保险人按照《道路交通事故受伤人员临床诊疗指南》和国家基本医疗保险的同类医疗费用标准核定医疗费用的赔偿金额。 未经保险人书面同意，被保险人自行承诺或支付的赔偿金额，保险人有权重新核定。因被保险人原因导致损失金额无法确定的，保险人有权拒绝赔偿。

第五部分 免除保险人责任条款有关名词释义

内容	释义
合法教练员	符合《机动车驾驶员培训管理规定》，持有与培训车型相符的机动车驾驶培训教练员证的教练人员。
竞赛	专业组织在专用场地、赛道组织的专业赛事，以及在各种路面、公路进行的专业赛事，包括非法组织的各种竞速、改装比赛。
地震次生灾害	指地震造成工程结构、设施和自然环境破坏而引发的火灾、爆炸、瘟疫、有毒有害物质污染、海啸、水灾、泥石流、滑坡等灾害。
人工直接供油	机动车行驶中供油系统发生故障时，不经燃油供油装置而依靠燃油重力直接向化油器喉管注入燃油的供油方法。
自燃	在没有外界火源的情况下，由于本车电器、线路、供油系统、供气系统等被保险机动车自身原因或所载货物自身原因起火燃烧。
自然磨损	被保险机动车在正常使用过程中，没有受到意外事故和自然灾害的影响，机动车整体及零部件的摩擦损耗。

(续)

内容	释义
本身质量缺陷	被保险机动车的产品设计、原材料和零部件、制造装配或说明指示等方面的，未能满足消费或使用产品所必需合理安全要求的情形。
车轮单独损坏	未发生被保险机动车其他部位的损坏，仅发生轮胎、轮辋、轮毂罩的分别单独损坏，或上述三者之中任意二者的共同损坏，或三者的共同损坏。
玻璃单独破碎	未发生被保险机动车其他部位的损坏，仅发生被保险机动车前后风窗玻璃和左右车窗玻璃的损坏。
无明显碰撞痕迹的车身划痕	仅发生被保险机动车车身表面油漆的损坏，且无明显碰撞痕迹。
第三者	因被保险机动车发生意外事故遭受人身伤亡或者财产损失的人，但不包括被保险机动车本车车上人员、被保险人。
家庭成员	配偶、子女、父母。
本车车上人员	发生意外事故的瞬间，在被保险机动车车体内或车体上的人员，包括正在上下车的人员。
新增设备	被保险机动车出厂时原有设备以外的，另外加装的设备和设施。
饮酒	驾驶人饮用含有酒精的饮料，驾驶机动车时血液中的酒精含量大于等于 20 毫克/100 毫升的。
交通事故	车辆在道路上因过错或者意外造成的人身伤亡或者财产损失的事件，其中道路是指公路、城市道路和虽在单位管辖范围但允许社会机动车通行的地方，包括广场、公共停车场等用于公众通行的场所。
单方肇事事故	不涉及与第三者有关的损害赔偿的事故，但不包括自然灾害引起的事故。
全部损失	被保险机动车发生事故后灭失，或者受到严重损坏完全失去原有形体、效用，或者不能再归被保险人所拥有的，为实际全损；或被保险机动车发生事故后，认为实际全损已经不可避免，或者为避免发生实际全损所需支付的费用超过实际价值的，为推定全损。

【项目小结】

1. 车险承保流程由展业、投保、核保、签发单证、批改、续保六个环节组成。

2. 展业是保险人向客户宣传保险、介绍保险产品的过程，是保险经营的第一步。

3. 投保是投保人向保险人表达购买汽车保险意愿的行为，具体表现为对汽车保险条款的认真阅读和投保单的如实填写。

4. 核保是保险人对每笔业务的风险进行辨认、评估、定价，并确认保单条件，以选择优质业务进行承保的一种行为。

5. 签发单证是保险公司对交强险和商业险必须分别出具保险单、保险标志、保险卡、发票。

6. 在保险单证签发后，对保险合同内容进行修改、补充或增删所进行的一系列作业称为批改。

7. 续保是指在原有的保险合同即将期满时，投保人向保险人提出继续投保的申请，保险人根据投保人的实际情况，对原有合同条件稍加修改而继续签约承保的行为。

8. 客户投保动机：交强险作为车辆上道路行驶的必备条件，是必须购买的险种，这也是客户遵守法律的良好表现；商业险应量力而行，客户应根据自身风险状况和经济能力综合考虑购买相应的险种和额度。

【重要概念】

汽车承保　分级设置模式　核保中心模式　核保手册

【知识训练】

1. 填空题

① 核保机构设置模式分为_____模式和_____模式，其中_____模式将成为今后保险公司核保的一个重要模式。

② 交强险标志是证明投保人已经投保的标志，分_____型和_____型两种，具有前风窗玻璃的投保车辆应使用_____型。

③ 一个完整的承保流程由六个环节组成，而其核心环节由三个环节组成，即：_____→_____→_____。

④ 在保险单证签发后，对保险合同内容进行修改、补充或增删所进行的一系列作业称为_____，其所签发的书面证明称为_____。

⑤ 交强险单证分为_____、_____和_____三个类别。

2. 简答题

① 六环节承保流程包括哪些？

② 客户投保时应注意哪些事项？

③ 投保单中有哪些信息？

④ 核保工作的主要内容有哪些？

⑤ 在调查车辆过程中，查验的主要内容有哪些？

⑥ 常见的保险单证有哪些？交强险单证与商业险单证相比，有哪些区别？

【技能训练】

1. 如何替客户设计车险购买方案？

刘先生，30岁，驾龄两年，新买了一辆奥迪车，作为家庭自用，新车购置价32万元，带双安全气囊，平时一般停放在露天停车位，经常驾车出游，有两次追尾事故记录。刘先生的妻子也经常用车，驾龄一年，无不良驾驶记录。

请问：作为保险公司的业务员，你会建议刘先生如何投保车险？

2. 营运车改为非营运，保险如何处理？

王某于三年前购买了一辆夏利车，从事出租营运，并一直在当地保险公司投保。一年之后，王某感到从事出租营运太辛苦，便停止了营运，另外找了一份工作，夏利车改为上下班私用。

请问：你作为保险公司的业务员，如何建议王某处理原来的车辆保险？

【工作页】

汽车保险承保实务工作页

教师布置日期：　　年　月　日　　　　个人完成时间：　　　　（分钟）

问题：	任务：
如何替客户设计投保方案	替客户赵先生设计投保方案：赵先生，45岁，新购一辆本田轿车，是其家庭的第二辆汽车，驾驶经验丰富，主要用于商务需求

（续）

汽车保险承保要点：

特别提示：

在确定保险方案时，展业人员应将交强险和商业险结合投保，这样才能使客户获得全面保障。同时应建议车主根据自己的实际驾驶情况、车辆情况、面临风险的情况、风险承受能力、经济承受能力等因素，综合考虑如何确定投保方案。除交强险、第三者责任险外，一般车损险、盗抢险、车上人员责任险、不计免赔特约险都是消费者选择比较多的险种。同时，提醒客户，若经常行驶在雨水多的路段，车主可考虑发动机涉水损失险；若汽车新增加了设备可考虑购买新增设备损失险等。

工作步骤	注意事项
1. 如何向客户宣传公司及产品	
2. 如何指导客户填写投保单	
3. 如何指导客户确定投保方案	
4. 核保的内容是什么？结果是什么	
5. 缮制保险单证后，哪些应该给客户	
6. 是否要提醒客户，在合同期间若有合同事项变化应注意什么	

(续)

工作步骤	注意事项
7. 假如客户合同快到期了,你应如何做	

学习纪要:

项目五

汽车保险理赔实务

【项目概述】

　　汽车保险理赔是指保险车辆在发生保险责任范围内的损失后,保险人依据保险合同对被保险人提出的索赔请求进行处理的行为。理赔,可以简单理解为处理索赔。可见,理赔是站在保险公司角度而言的,而索赔是站在被保险人角度而言的。

　　被保险汽车发生风险事故后,被保险人造成的经济损失有的属于保险责任范围,有的则属于责任免除范围。即使被保险人的损失属于保险责任,损失额也不一定等于获赔额,所以,汽车保险理赔涉及双方权利与义务的实现,是保险经营中的一项重要内容。

　　根据车险理赔的操作流程,理赔过程一般包括接受报案、现场查勘、确定保险责任、立案、定损核损、赔款理算、缮制赔款计算书、核赔、结案处理、支付赔款等环节。

　　被保险人的索赔程序一般包括出险通知、配合查勘、提出索赔、领取赔款、权益转让等环节。

【建议学时】

6 学时

任务1　理赔实务

【任务目标】

　　通过"理赔实务"任务的学习,要求学生:

　　1. 了解车险理赔的概念、特点、原则。

　　2. 掌握理赔流程及各环节的具体要求。

　　3. 能根据理赔流程指导客户处理汽车保险事故。

【任务导入】

　　A、B 两机动车发生交通事故,两车均投保交强险、车损险、第三者责任险(50万元责任限额)、车上人员险(每座10万元)以及不计免赔险。经查勘定损,A、B两车车损分别为 5000 元、3500 元;A车一人受伤(医疗费3万元、误工费等在死亡伤残赔偿项下费用10万元)、B车一人受伤(医疗费5万元、残疾赔偿金等在死亡伤残赔偿项下费用20万元);A 车承担 70% 责任,B 车承担 30% 责任。保险公司一般按什么流程处理该赔案?A、B 两车可获得的保险赔款为多少?

【任务准备】

机动车保险理赔涉及保险合同双方的权利与义务的实现，是保险经营中的一项重要内容，保险人应谨慎处理保险理赔事宜。整个保险理赔过程一般包括接受报案、现场查勘、确定保险责任、立案、定损核损、赔款理算并缮制赔款计算书、核赔、结案处理、支付赔款等环节。具体流程如图5-1所示。

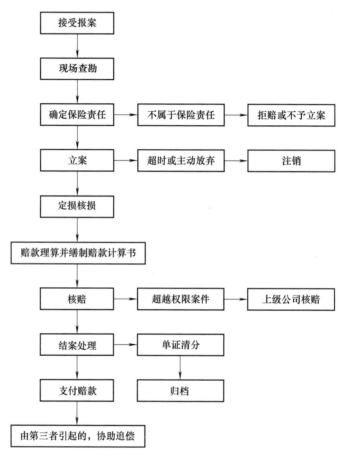

图5-1　车险理赔流程

理赔流程中各环节的主要工作及特点如下：

接受报案是指保险人接受被保险人的报案，并对相关事项做出安排。

现场查勘是指运用科学的方法和现代技术手段，对保险事故现场进行实地勘察和查询，将事故现场、事故原因等内容完整而准确地记录下来的工作过程。它是查明保险事故真相的重要手段，是分析事故原因和认定事故责任的基本依据。

确定保险责任是指理赔人员根据现场查勘记录和有关证明材料，依照保险条款的有关规定，全面分析主客观原因，确定事故是否属于保险责任范围。它是保险人对被保险人的事故损失是否给予赔偿的依据。

立案是指对符合保险赔偿的案件，业务人员在车险业务处理系统中进行正式确立，并对其统一编号和管理。它是保险人对案件进行有效管理的必要手段。

定损核损是指理赔人员根据现场查勘情况,认真检查受损车辆、受损财产和人员受伤情况,确定损失项目和金额,并取得公司核损人员或医疗审核人员的认可。它是确定保险事故损失数额的必需环节。

赔款理算是指保险公司按照法律和保险合同规定,根据保险事故的定损核损结果,核定和计算应向被保险人赔付金额的过程。它决定保险人向被保险人赔偿数额的多少与准确性。

缮制赔款计算书是指制作赔款理算过程与结果的文件。

核赔是指在保险公司授权范围内独立负责理赔质量的人员,按照保险条款及公司内部有关规章制度对赔案进行审核的工作。它是保证保险人进行准确合理赔偿的关键环节,能有效控制理赔风险。

结案处理是指业务人员根据核赔的审批金额,向被保险人支付赔款后,对理赔的单据进行清分并对理赔案卷进行整理的工作。它是理赔案件处理的收尾环节。

支付赔款是指业务人员根据核赔的审批金额,通知被保险人凭有效身份证明领取赔款。它是体现保险损失补偿职能的环节。

对个别案件来说,可能保险事故是由第三者引起的,当保险人向被保险人赔款后,可以获得向第三者进行追偿的权利,而被保险人应协助保险人追偿。

一、接受报案

保险人接受被保险人报案后,需要开展询问案情、查询与核对承保信息、调度安排查勘人员等工作,具体操作流程如图5-2所示。

在线理赔介绍

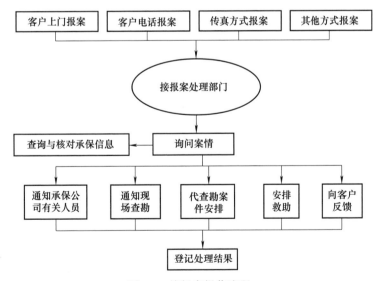

图5-2 接报案操作流程

二、现场查勘

查勘人员接到查勘通知后,应迅速做好查勘准备,尽快赶到现场,会同被保险人及有关部门开展查勘工作,具体操作流程如图5-3所示。现场查勘应由两位以上人员参加,并应尽量查勘第一现场。如果第一现场已改变或清理,要及时调查了解有关情况。

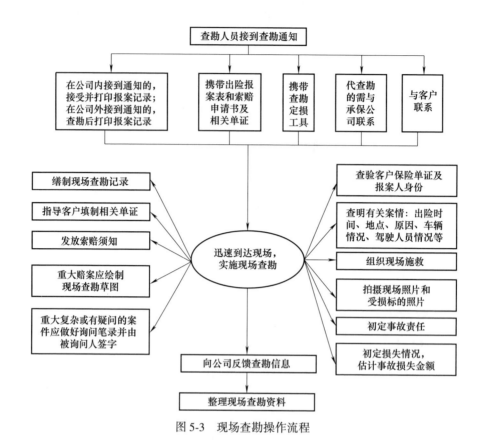

图 5-3 现场查勘操作流程

【案例 5-1】 车主电话报案称，他所投保的别克轿车于 5 月 19 日 22 时左右因倒车不慎撞到了墙上，请求查勘定损。保险公司接到报案后，迅速安排查勘人员赶赴现场，发现墙上有碰撞痕迹，但地上碎片却很少。经查勘，前保险杠、前保险杠右支架、吸能杠、前照灯、雾灯、右前翼子板、空气滤清器总成、左前纵梁等有所损坏。当查勘人员向驾驶人询问事故的经过时，驾驶人声称车辆损失是这一次事故造成的，而且反复强调要自己联系 4S 店维修。

查勘人员根据现场情况，分析得出以下疑点：第一，碰撞后地上脱落的碎片很少，而且许多比较大的碎片不知去向。第二，虽然碰撞痕迹处有部分因损失形成的新茬，但大多是旧茬。第三，车主反复强调要自己联系 4S 店维修，令人起疑。查勘人员根据疑点，认真进一步取证，后又反复询问事故经过，并向客户说明事故作假的后果，最后客户主动放弃了索赔，本次为保险公司挽回损失 3200 余元。

案例分析：正常发生的事故，现场与碰撞痕迹是相吻合的。假如查勘时发现痕迹不符，一般属于非现场事故。本案中，车主反复强调要自己联系 4S 店维修，可以理解为其目的是为了得到更高的赔偿金额，从而获得额外利益。可见，对事故处理，保险公司不应走过场，而是要对每个环节都认真调查，如果事故属实，则快速理赔，否则，拒赔。

三、确定保险责任

经过整理分析已获取的查勘资料，包括查勘记录及附表、查勘照片、询问笔录，以及驾驶证照片、行驶证照片等，结合保险车辆的查勘信息、承保信息以及历史赔案信息，分别判断事故是否属于商业机动车辆保险和机动车交通事故责任强制保险的保险责任。经查勘人员核实属于保险责任范围的，应进一步确定被保险人在事故中所承担的责任，有无向第三者追偿问题，同时，还应注意了解保险车辆有无在其他公司重复保险的情况；对重复报案、无效报案、明显不属于保险责任的报案，应按不予立案或拒绝赔偿案件处理。

确定保险责任后，还需初步确定事故损失金额，并估算保险损失金额。事故损失金额指事故涉及的全部损失金额，包括保险责任部分损失和非保险责任部分损失；保险损失金额指在事故损失金额基础上简单根据保险条款和保险原则剔除非保险责任部分损失后的金额。

对不属于保险责任的，应对事故现场、车辆、涉及的第三者车辆、财产、人身伤亡情况进行认真的记录、取证、拍照等，以便作为拒赔材料存档，同时向被保险人递交拒赔通知书。

【案例 5-2】 王某于 6 月 9 日购买新车一辆，投保了车辆损失险和第三者责任险。6 月 15 日，王某驾车回家停车后约 5 分钟，该车自燃烧毁，紧挨着的捷达轿车也被殃及烧坏。事发后，王某即向保险公司打了报案电话，提出索赔要求，该车生产厂商也赶到现场。经勘验后厂方同意赔偿同型号的新车一辆。至于修理捷达轿车一事，保险公司核定费用为 10000 元，由王某先垫付。但在同年 9 月 1 日，保险公司书面拒赔，认为王某的要求不属于保险财产保险责任范围。但王某难以接受，状告保险公司赔偿第三者责任险 10000 元。

案情分析：本案案情并不复杂，但却涉及诸多条款、法律、操作上的问题。

1) 从案情介绍看，车辆着火符合机动车辆保险自燃的定义，但自燃是车辆损失险的除外责任。

2) 本案原告诉请赔偿的是捷达轿车修理费，是保险车辆对第三者造成的损失。而机动车辆保险条款中第三者责任险的界定是："被保险人允许的合格驾驶人在使用保险车辆过程中发生意外事故，致使第三者遭受人身伤亡或财产的直接损毁，依法应当由被保险人支付的赔偿金额，保险人依照合同的规定予以赔偿。"本案由自燃引起的第三者财产的损失，当然可以认为是意外事故，但关键在于是不是"合格驾驶人在使用保险车辆过程中发生的"。从案情介绍可知，在发生事故时，①驾驶人已离开车辆；②车辆处于停放状态；③保险车辆本身未主动或被动地与捷达轿车发生接触而致捷达轿车受损，相反是保险车辆"自燃"引起捷达轿车受损。因而，捷达轿车受损，不符合第三者责任险的构成要件，所以也不属于第三者责任险的承保范围。

3) 本案被殃及捷达轿车是由于保险车辆存在缺陷造成。根据《中华人民共和国产品质量法》的规定，产品缺陷是指产品存在危及人身及他人财产安全的不合理的危险。本案中保险车辆自燃殃及捷达轿车，说明该保险车辆存在产品缺陷。因产品存在缺陷造成人身、他人财产损失的，受害人可以向生产者要求赔偿，也可以向销售者要求赔偿。王某垫付了捷达轿车修理费用，据此可向生产商或销售商提出索赔，向保险公司提出按保险合同承担赔偿保险金的责任，理由不充分。

综上所述，按照机动车辆保险条款及相关法律，本案中保险公司无义务承担第三者责任险的赔偿。但对上述自燃造成的损失，王某可以受害人身份找车辆生产商或销售商索赔。

四、立案

对在保险有效期内,且属于保险责任的赔案,理赔人员应在现场查勘结束后的规定时间内,依据出险报案表和查勘记录中的有关内容以及初步确定的事故损失金额和保险损失金额,通过车险业务处理系统进行认真、准确、翔实的立案登记,最后,计算机自动生成立案编号。立案之后,管理部门可定期对赔案的处理过程、时限进行监控。

立案处理时限一般为简单案件应于查勘结束后 24 小时内立案;复杂案件最晚于接报案后 7 日内进行立案或注销处理;对报案登记后超过规定时间未立案的案件,管理部门须给予处理;查勘所涉及的单证可在立案同时或之后收集。

五、定损核损

定损即确定事故损失,包括车辆损失、人身伤亡费用(见项目八)、其他财产损失(见项目八)、施救费用、残值处理等。核损是指由核损人员对保险事故中涉及的车辆损失和其他财产损失的定损情况进行复核,目的是提高定损质量,保证定损的准确性、标准性和统一性。定损核损的操作流程如图 5-4 所示。

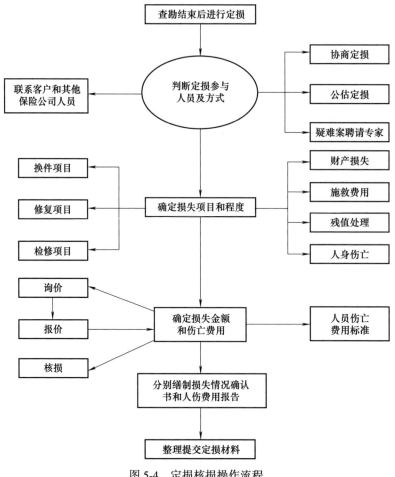

图 5-4 定损核损操作流程

1. 事故车辆损失的确定

（1）损失确定的程序

事故损失的确定，需按照合同条款规定，会同被保险人共同协商修复方式、修复价格，并取得双方共同认可。对认可后的结果，需缮制定损报告。定损报告由事故各方当事人共同签字确认；如果条件允许，参与事故处理的各保险公司理赔人员也应签字确认。其具体程序如下：

① 保险公司一般应指派两名定损员一起参与车辆定损，或直接委派公估机构定损。

② 根据现场查勘记录，认真检查受损车辆，搞清本次事故造成的损伤部位，并由此判断和确定可能间接引起其他部位的损伤。最后，确定出损失部位、损失项目、损失程度，并对损坏的零部件由表及里进行逐项登记，同时进行修复与更换的分类。修理项目需列明各项目工时费，换件项目需明确零件价格，零件价格需通过询价、报价程序确定。

③ 对更换的零部件属于本级公司询价、报价范围的，要将换件项目清单交报价员审核，报价员根据标准价或参考价核定所更换的配件价格；对属于上级公司规定的报价车型和询价范围的，应及时上报，向上级公司询价。上级公司对询价金额低于或等于自己报价的进行核准；对询价金额高于自己报价的，应重新报价。

④ 根据对车辆损伤的鉴定和核价结果，确定事故车辆损失金额，然后送核损人员审核。

⑤ 核损后，缮制损失情况确认书，双方签字，一式两份，保险人、被保险人各执一份。

⑥ 对损失金额较大，双方协商难以定损的，或受损车辆技术要求高，定损人员由于不太熟悉该车型导致难以确定损失的，可聘请专家参与定损。

⑦ 受损车辆原则上应一次定损。对大的车辆事故，一般需拆解定损。为此，各保险公司均规定了一些自己的协议拆解点。

⑧ 定损完毕后，由被保险人自选修理厂或到保险人推荐的修理厂修理。保险人推荐的协议修理厂一般不低于二级资质。被保险人自选修理厂的，车辆修复后，被保险人凭修理发票向保险人索赔。如果被保险人到保险人推荐的协议修理厂修理，一般协议修理厂都实行代垫付制度，由协议修理厂向保险人索赔，而被保险人只要将相关资料留给协议修理厂即可。

（2）损失确定原则

> **损失确定原则**
>
> ▲修复为主原则：坚持尽量修复原则，不随意更换新的零部件；能局部修复的不能扩大到整体修理
>
> ▲拆解定损原则：对损失较大或不经拆解不能确定损失的，拆解后再出具全部损失核定报告；需拆解定损的，全程跟踪车辆拆检，并记录换件项目、待检项目和修理项目
>
> ▲配件及工时定价原则：原则上按照车辆承修地购置其适用配件的最低价格为标准；涉及车辆安全、行驶、转向系统的配件，其价格可适当放宽；未购买"指定修理厂险"的，原则上不适用4S店价格；2年内新车，若客户强烈要求到4S店修理，可参照4S店协商定损
>
> ▲重新核定损失原则：未经核赔，被保险人擅自修复的，保险人有权对损失重新核定，因被保险人原因导致损失无法确定的部分，不承担赔偿责任
>
> ▲增补定损原则：原则上采取一次定损。如在修复中发现需增加修理的，在修复或更换前，通知保险人进行二次定损；增补定损项目时，应注意区分零部件损坏是在拆检过程中、保管过程中、施救过程中发生，还是保险事故发生时造成的；修理时造成的损失扩大部分，不予做增项处理

(3) 核损工作内容

① 根据抄单信息、查勘录入信息、行驶证信息、受损车辆照片信息，了解受损车辆型号、规格、年款及车身构造的类型，比对上述四处提供的车牌号码、发动机号和车架号（VIN）是否一致。

② 通过抄单信息、报案信息、查勘情况说明了解事故发生的时间、地点、原因及碰撞过程情况，确定保险责任范围。

③ 翻看现场照片记录、损失照片痕迹记录，核对出险原因、经过及大概损失情况是否相符，有无扩大损失部分。若上传资料不能完整反映事故损失的各项内容，或照片不能完整反映事故损失部位和事故全貌，应通知定损员补充相关资料。

④ 查看所有受损车辆照片，目测碰撞位置、碰撞方向，判断碰撞力大小、走向，初步确定事故损失范围，并估计可能有的损伤。

⑤ 沿着碰撞力传递路线系统地检查车辆配件的损伤，直到没有任何损伤痕迹的位置，以防遗漏间接损失。间接损失是由碰撞力的冲力沿着车身传输和惯性力的作用在车身其他部位引起的损坏。间接损失较难全面地确定和分析，但是，无论碰撞力来自哪个方向，都会使车架或车身变形。所以，核损人员在核损时必须设法找出各个部位变形的痕迹，并检查所有螺栓、垫片或其他紧固件有没有发生移动或离位，有没有露出未涂漆的金属面，内涂层有无开裂或出现裂纹等。同时，还要注意间接损失和非事故损失的区分（例如：车顶褶皱、弯曲与顶平面凹陷，发动机支脚、悬架、转向、底盘等部位机件机械磨损、老化与外力撞击损伤）。

⑥ 注意观察里程表数和车内各种开关、设施及轮胎的磨损。

⑦ 确定损伤是否限制在车身范围内，是否还包含功能部件、元件或隐藏件（如车轮、悬架、发动机、仪表板内藏件等），根据碰撞力传导范围、损伤变形情况和配件拆出来后的损失照片，区分事故损伤与拆装损伤。

⑧ 严格按拆装、钣金、机修、电工、喷漆分类确定修理项目和按碰撞线路和碰撞力传导线路确定换件项目，并及时记录照片中反映出的零配件型号、规格及零配件上的配件编码。

⑨ 根据型号、规格、年款及配件编码向市场询价，按"有价有市"的原则确定配件价格，根据当地维修工时费标准核定维修工时价。

2. 施救费用的确定

施救费用是指当保险标的遭遇保险责任范围内的灾害事故时，被保险人或其代理人、雇佣人员等为防止损失的扩大，采取措施抢救保险标的而支出的必要、合理的费用。必要、合理的费用是指施救行为支出的费用是直接的、必要的，并符合国家有关政策规定。

(1) 施救费用的确定原则

施救费用确定要严格依照条款规定，并按以下原则处理：

① 施救费用必须是抢救保险标的而支出的必要、合理的费用；否则，保险人不负责赔偿。

② 施救、保护费用与修理费用应分别理算。当施救、保护费用与修理费用相加，估计已达到或超过保险车辆的实际价值时，可按推定全损予以赔偿。

③ 车损险施救费是单独的保险金额，但第三者责任险的施救费用不是一个单独的责任

限额。第三者责任险的施救费用与第三者损失金额相加不得超过第三者责任险的责任限额。

④ 施救费应根据事故责任、相对应险种的有关规定扣减相应的免赔率。

⑤ 重大或特殊案件的施救费用应委托专业施救单位出具相关施救方案及费用计算清单。

⑥ 只对保险车辆的施救费用负责。保险车辆发生保险事故后,涉及两车以上应按责分摊施救费用。受损保险车辆与其所装货物(或其拖带其他保险公司承保的挂车)同时被施救,其救货(或救护其他保险公司承保的挂车)的费用应予剔除。如果它们之间的施救费用分不清楚,则应按保险车辆与货物(其他保险公司承保的挂车)的实际价值进行比例分摊赔偿。

(2) 常见施救费用

① 被保险人使用他人(非专业消防单位)的消防设备,施救保险车辆所消耗的费用及设备损失可以赔偿。

② 保险车辆出险后,雇用吊车(图 5-5)和其他车辆进行抢救的费用,以及将出险车辆拖运到修理厂的运输费用,在当地物价部门颁布的收费标准内负责赔偿。

图 5-5 吊车施救图

③ 在抢救过程中,因抢救而损坏他人的财产,如果应由被保险人承担赔偿责任的,可酌情予以赔偿。但在抢救时,抢救人员个人物品的丢失,不予赔偿。

④ 抢救车辆在拖运受损保险车辆途中发生意外事故造成的损失和费用支出,如果车辆是被保险人自己或他人义务来抢救的,应予赔偿;如果该抢救车辆是有偿服务的,则不予赔偿。

⑤ 保险车辆出险后,被保险人赶赴肇事现场处理所支出的费用,不予负责。

⑥ 保险车辆为进口车或特种车,发生保险责任范围的事故后,当地确实不能修理,经保险公司同意去外地修理的移送费,可予负责,并在定损单上注明送修地点和金额。但护送车辆者的工资和差旅费,不予负责。

(3) 施救情况

① 事故车辆及其他财产需要施救的,应记录被施救财产的名称、数量、重量、价值、施救方式、施救路程。

② 被施救财产已经施救的,应在查勘记录中记录已发生的施救费用。

③ 保险标的与其他财产一同施救的，应与被保险人说明施救费的分摊原则并在查勘记录中注明。

（4）常见的不合理施救

对于不合理的施救费用，保险人不予负责。

常见不合理施救
▲对倾覆车辆吊装时未对车身合理保护，致车身漆层大面积损伤
▲对倾覆车辆在吊装过程中未合理固定，造成二次倾覆的
▲在分解施救过程中拆卸不当，造成车辆零部件损坏或丢失
▲对拖移车辆未进行检查，造成拖移过程中车辆损坏扩大，如轮胎缺气或转向失灵硬拖硬移造成轮胎的损坏

3. 损余物资的残值处理

损余物资是指机动车保险项下的保险标的或第三者车辆或非车辆财产的全部或部分遭受损失且已经保险公司按合同规定予以赔偿，赔偿后的损失物仍有一定价值的物资。

残值处理是指保险公司根据保险合同履行了赔偿并取得对受损标的所有权后，对尚存一部分经济价值的受损标的进行的处理。

车险的损余物资包括更换后仍具一定价值的车辆部件、成套销售的零配件的未使用部分、推定全损车辆的未损坏部分、承保的本车车上货物及第三者的财产等。

按照保险合同规定，损余物资的处理需经双方协商，合理确定其剩余价值（残值）。残值确定后，一般采取折归被保险人并冲减损失金额的方式处理。当残值折归被保险人并扣减损失金额的处理方式与被保险人协商不成时，需将残值物品全部收回。

六、赔款理算

在赔偿顺序上，交强险是第一顺序，商业险是第二顺序。因此，交强险的赔款理算，将影响到商业险的赔款理算。

1. 交强险赔款的理算

（1）交强险承担责任划分

交强险将被保险人在事故中承担的责任分为有责和无责两级。如果有责任，不管责任大小，其赔款在死亡伤残、医疗费用、财产损失三个赔偿限额内进行计算赔偿；如果无责任，其赔款则在无责任死亡伤残、无责任医疗费用、无责任财产损失三个赔偿限额内进行计算赔偿。而商业险将被保险人在事故中承担的责任划分为全部责任、主要责任、同等责任和次要责任、无责任五个级别，所以交强险与商业险的担责划分不同。

（2）交强险赔款计算

① 基本计算公式：

总赔款＝∑各分项损失赔款＝死亡伤残费用赔款＋医疗费用赔款＋财产损失赔款

各分项损失赔款＝各分项核定损失承担金额，即

死亡伤残费用赔款＝死亡伤残费用核定承担金额

医疗费用赔款＝医疗费用核定承担金额

财产损失赔款＝财产损失核定承担金额

各分项核定损失承担金额超过交强险各分项赔偿限额的，各分项损失赔款等于交强险各

分项赔偿限额。

② 当保险事故涉及多个受害人时,基本计算公式中的相应项目表示为

各分项损失赔款=∑各受害人各分项核定损失承担金额,即

死亡伤残费用赔款=∑各受害人死亡伤残费用核定承担金额

医疗费用赔款=∑各受害人医疗费用核定承担金额

财产损失赔款=∑各受害人财产损失核定承担金额

各受害人各分项核定损失承担金额之和超过被保险机动车交强险相应分项赔偿限额的,各分项损失赔款等于交强险各分项赔偿限额。此时,各受害人在被保险机动车交强险分项赔偿限额内应得到的赔偿为

被保险机动车交强险对某一受害人分项损失的赔偿金额=交强险分项赔偿限额×[事故中某一受害人的分项核定损失承担金额/(∑各受害人分项核定损失承担金额)]

③ 当保险事故涉及多辆肇事机动车时,各被保险机动车的保险人分别在各自的交强险各分项赔偿限额内,对受害人的分项损失计算赔偿。

各方机动车按其适用的交强险分项赔偿限额占总分项赔偿限额的比例,对受害人的各分项损失进行分摊。

某分项核定损失承担金额=该分项损失金额×[适用的交强险该分项赔偿限额/(∑各致害方交强险该分项赔偿限额)]

注意:肇事机动车中的无责任车辆,不参与对其他无责车辆和车外财产损失的赔偿计算,仅参与对有责方车辆损失或车外人员伤亡损失的赔偿计算。无责方车辆对有责方车辆损失应承担的赔偿金额,由有责方在本方交强险无责任财产损失赔偿限额项下代赔。

初次计算后,如果有致害方交强险限额未赔足,同时有受害方损失没有得到充分补偿,则对受害方的损失在交强险剩余限额内再次进行分配,在交强险限额内补足。对于待分配的各项损失合计没有超过剩余赔偿限额的,按分配结果赔付各方;超过剩余赔偿限额的,则按每项分配金额占各项分配金额总和的比例乘以剩余赔偿限额分摊,直至受损各方均得到足额赔偿或应赔付方交强险无剩余限额。

④ 受害人财产损失需施救的,财产损失赔款与施救费累计不超过财产损失赔偿限额。

⑤ 主车和挂车在连接使用时发生交通事故,由主车的交强险保险人在责任限额内承担赔偿责任。

⑥ 对被保险人依照法院判决或者调解承担的精神损害抚慰金,原则上在其他赔偿项目足额赔偿后,在死亡伤残赔偿限额内赔偿。

【案例5-3】 A、B两机动车发生交通事故,两车均有责任。A、B两车车损分别为3000元、6000元,B车车上人员医疗费用8000元,死亡伤残费用7万元,另造成路产损失2000元。设两车适用的交强险财产损失赔偿限额为2000元,医疗费用赔偿限额为1万元,死亡伤残赔偿限额为11万元,试计算A、B两车可获得的交强险赔款。

解:

A车交强险赔偿计算:

A车交强险赔偿金额=受害人死亡伤残费用赔款+受害人医疗费用赔款+受害人财产损失赔款=B车车上人员死亡伤残费用核定承担金额+B车车上人员医疗费用核定承担金额+财产损失核定承担金额,其中:

B车车上人员死亡伤残费用核定承担金额＝70000元＜死亡伤残赔偿限额＝11万元；

B车车上人员医疗费用核定承担金额＝8000元＜医疗费用赔偿限额＝1万元；

财产损失核定承担金额＝路产损失核定承担金额＋B车损核定承担金额＝2000÷2+6000＝7000元＞财产损失赔偿限额＝2000元。其中，A车交强险对B车损的赔款＝财产损失赔偿限额×B车损核定承担金额÷（路产损失核定承担金额＋B车损核定承担金额）＝2000×[6000÷（2000÷2+6000）]＝1714.29元；A车交强险对路产损失的赔款＝财产损失赔偿限额×路产损失核定承担金额÷（路产损失核定承担金额＋B车损核定承担金额）＝2000×[（2000÷2）÷（2000÷2+6000）]＝285.71元。

所以，A车交强险赔偿金额＝70000+8000+2000＝80000元。

B车交强险赔偿计算：

B车交强险赔偿金额＝财产损失核定承担金额＝路产损失核定承担金额＋A车损核定承担金额＝2000÷2+3000＝4000元＞财产损失赔偿限额＝2000元。

所以，B车交强险赔偿金额＝2000元。

【案例5-4】 A、B两机动车发生交通事故，A车全责，B车无责，A、B两车车损分别为4000元、10000元，另造成路产损失2000元。设A车适用的交强险财产损失赔偿限额为2000元，B车适用的交强险无责任财产损失限额为100元，试计算A、B两车可获得的交强险赔款。

解：

A车交强险赔偿计算：

A车交强险赔偿金额＝B车损失核定承担金额＋路产损失核定承担金额＝10000+2000＝12000元＞财产损失赔偿限额＝2000元。

所以，A车交强险赔偿金额＝2000元。

B车交强险赔偿计算：

B车交强险赔偿金额＝A车损核定承担金额＝4000元＞无责任财产损失赔偿限额＝100元。

所以，B车交强险赔偿金额＝100元。但该100元赔款由A车保险人在交强险无责财产损失赔偿限额项下代赔。

2. 商业险赔款理算

商业险赔款计算时，按照条款要求应先扣除事故当事方保险公司赔付的交强险赔款，然后在商业险项下进行赔偿。

（1）第三者责任险的赔款计算

① 当（依合同约定核定的第三者损失金额－机动车交通事故责任强制保险的分项赔偿限额）×事故责任比例等于或高于每次事故赔偿限额时：

赔款＝每次事故赔偿限额×（1－事故责任免赔率）×（1－绝对免赔率之和）

② 当（依合同约定核定的第三者损失金额－机动车交通事故责任强制保险的分项赔偿限额）×事故责任比例低于每次事故赔偿限额时：

赔款＝（依合同约定核定的第三者损失金额－机动车交通事故责任强制保险的分项赔偿限额）×事故责任比例×（1－事故责任免赔率）×（1－绝对免赔率之和）

（2）车辆损失险的赔款计算

① 全部损失：

赔款=（保险金额-被保险人已从第三方获得的赔偿金额）×（1-事故责任免赔率）×（1-绝对免赔率之和）-绝对免赔额

② 部分损失：被保险机动车发生部分损失，保险人按实际修复费用在保险金额内计算赔偿：

赔款=（实际修复费用-被保险人已从第三方获得的赔偿金额）×（1-事故责任免赔率）×（1-绝对免赔率之和）-绝对免赔额

③ 施救费：施救费用在保险车辆损失赔偿金额以外另行计算，最高不超过保险金额。

【案例 5-5】 A、B 两机动车发生交通事故，两车均投保交强险、车损险、第三者责任险（50 万元责任限额）。A、B 两车车损分别为 5000 元、3500 元。A 车承担 70%责任，B 车承担 30%责任。条款规定：主要责任免赔率 15%，次要责任免赔率 5%。试计算 A、B 两车可获得的保险赔款。

解：

① 交强险赔偿：

A 车：第三者损失 3500 元，大于限额 2000 元，所以赔偿 2000 元。

B 车：第三者损失 5000 元，大于限额 2000 元，所以赔偿 2000 元。

理算案例分析

② 商业险赔偿：

A 车第三者险赔款=（依合同约定核定的第三者损失金额-机动车交通事故责任强制保险的分项赔偿限额）×事故责任比例×（1-事故责任免赔率）×（1-绝对免赔率之和）

$$=（3500-2000）×70\%×（1-15\%）$$
$$=892.5 元$$

B 车第三者险赔款=（依合同约定核定的第三者损失金额-机动车交通事故责任强制保险的分项赔偿限额）×事故责任比例×（1-事故责任免赔率）×（1-绝对免赔率之和）

$$=（5000-2000）×30\%×（1-5\%）$$
$$=855 元$$

A 车车损险赔款=（实损-第三方赔偿）×（1-事故责任免赔率）×（1-绝对免赔率之和）-绝对免赔额

$$=（5000-2000-900）×（1-15\%）$$
$$=1785 元$$

B 车车损险赔款=（实损-第三方赔偿）×（1-事故责任免赔率）×（1-绝对免赔率之和）-绝对免赔额

$$=（3500-2000-1050）×（1-5\%）$$
$$=427.5 元$$

③ 总计赔偿：

A 车获得保险赔款总额=2000+892.5+1785=4677.5 元

B 车获得保险赔款总额=2000+855+427.5=3282.5 元

（3）车上人员责任险的赔款计算

① 对每座的受害人，当（依合同约定核定的每座车上人员人身伤亡损失金额-应由机动

车交通事故责任强制保险赔偿的金额）×事故责任比例高于或等于每次事故每座赔偿限额时：

赔款＝每次事故每座赔偿限额×（1-事故责任免赔率）

② 对每座的受害人，当（依合同约定核定的每座车上人员人身伤亡损失金额-应由机动车交通事故责任强制保险赔偿的金额）×事故责任比例低于每次事故每座赔偿限额时：

赔款＝（依合同约定核定的每座车上人员人身伤亡损失金额-应由机动车交通事故责任强制保险赔偿的金额）×事故责任比例×（1-事故责任免赔率）

（4）全车盗抢险的赔款计算

① 被保险机动车全车被盗抢的，按以下方法计算赔款：

赔款＝保险金额×（1-绝对免赔率之和）

② 被保险机动车全车被盗窃、抢劫、抢夺后，受到损坏或车上零部件、附属设备丢失需要修复的合理费用，保险人按实际修复费用在保险金额内计算赔偿；被保险机动车在被抢劫、抢夺过程中，受到损坏需要修复的合理费用，保险人按实际修复费用在保险金额内计算赔偿。

七、缮制赔款计算书

业务人员对有关单证进行清理，并列出清单录入计算机自动生成赔款计算书。

赔款计算书各项目要齐全，数字要正确，损失计算要分险种、分项目计算并列明计算公式，并应注意免赔率的正确使用。

业务负责人审核无误后，在赔款计算书上签注意见和日期，送核赔人审核。

八、核赔

核赔是对整个赔案处理过程所进行的控制，是保险公司控制业务风险的最后关口。其流程如图 5-6 所示。核赔工作的主要内容及要点包括：

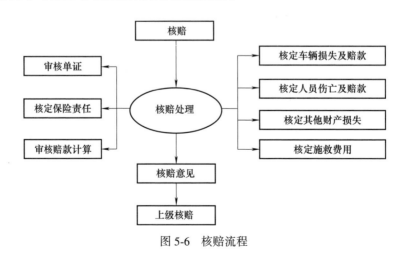

图 5-6 核赔流程

1. 审核单证

① 确认被保险人提供的单证、证明及相关材料是否齐全有效，有无涂改、伪造。

② 经办人员是否规范填写有关单证并签字，必备的单证是否齐全等。
③ 相关签章是否齐全。
④ 所有索赔单证是否严格按照单证填写规范认真、准确、全面地填写。

2. 核定保险责任

① 被保险人是否具有保险利益。
② 出险车辆厂牌型号、牌照号码、发动机号、VIN 与保险单证是否相符。
③ 驾驶人是否为保险合同约定的驾驶人。
④ 出险原因是否为保险责任。赔偿责任是否与保险险别相符。
⑤ 出险日期是否在保险期限内。
⑥ 事故责任划分是否准确合理。

3. 核定车辆损失及赔款

① 车辆损失项目、损失程度是否准确合理。
② 更换的零部件是否按照规定进行了询报价，定损项目与报价项目是否一致。
③ 换件部分拟赔款金额是否与报价金额相符。
④ 残值确定是否合理。

4. 核定人身伤亡损失与赔款

① 根据现场查勘记录、调查证明和被保险人提供的"事故认定书""事故调解书"和伤残证明等材料，按照相关规定审核。
② 核定伤亡人员数、伤残程度是否与调查情况和证明相符。
③ 核定人员伤亡费用是否合理。
④ 被扶养人口、年龄是否属实，生活费计算是否合理、准确。

5. 核定其他财产损失

根据照片和被保险人提供的有关货物、财产的原始发票等有关单证，核定其他财产损失和损失物资处理等有关项目是否合理。

6. 核定施救费用

根据案情和对施救费用的有关规定，对涉及施救费用的有关单证和赔付金额进行审核。

7. 审核赔付计算

① 残值是否扣除。
② 免赔率使用是否正确。
③ 赔付计算是否准确。

九、结案处理

赔案按分级权限审批后，业务人员根据核赔的审批金额，填发领取赔款通知书，然后通知被保险人领取赔款、财会部门支付赔款。

被保险人领取赔款后，保险人要进行理赔案卷的整理。理赔案卷按分级审批、集中留存的原则管理，并按档案管理规定进行保管。做到单证齐全，编排有序，目录清楚，装订整齐。理赔案卷须一单一卷整理、装订、登记、保管，并按赔案号顺序归档。

某保险公司机动车保险理赔材料卷宗序列表见表 5-1。

表 5-1　机动车辆保险理赔材料卷宗序列表

序号	理赔材料	页码	序号	理赔材料	页码
1	赔款收据/赔款转账支付回执		33	残疾赔偿材料证明	
2	超权限/拒赔案件审批表		34	死亡/销户/尸检/火化证明	
3	结案报告/案件追偿报告		35	受害人身份证明材料	
4	机动车辆保险赔款计算书		36	住院病历	
5	标的出险信息表		37	化验单/手术记录单/医嘱单等	
6	索赔申请书/各种管理类通知书		38	交强险地方行业性专用单证	
7	各种管理类审批表/审批流程		39	盗抢险立案证明	
8	代查勘委托书/代查勘复函		40	盗抢险公安报案回执	
9	查勘报告/询问笔录		41	机动车购车发票原件	
10	重案复勘（调查）报告/询问笔录		42	机动车辆登记证书原件	
11	事故责任认定书/调解书/其他证明		43	车辆购置税完税证明或免税证明	
12	公安出具的垫付通知书		44	机动车辆行驶证原件	
13	承诺支付/垫付医疗费用担保函		45	全套原车钥匙	
14	法院判决书/调解书/起、应诉状		46	保险单正本原件（含交强险）	
15	事故赔偿凭证		47	权益转让书原件	
16	本车损失确认书/损失照片		48	盗抢车辆找回证明	
17	第三者损失确认书/损失照片		49	盗抢车辆找回费用票据	
18	维修发票（含第三者）		50	营业执照复印件（加盖单位章）	
19	施救费发票（含第三者）		51	组织机构代码证复印件（盖单位章）	
20	其他处理费用票据（含第三者）		52	税务登记证复印件（加盖单位章）	
21	修理材料清单（含第三者）		53	赔款转账支付授权书	
22	车险人伤理赔审核表		54	赔款支付信息	
23	人伤现场查勘表/人伤调查表		55	被保险人身份证复印件	
24	医院诊断/转院/出院证明		56	委托书原件（委托他人代办时提供）	
25	垫/支付抢救费用票据		57	预付赔款申请书	
26	医疗费发票		58	材料交接回执单	
27	残疾辅助用具费用票据		59	索赔材料告知书	
28	医疗机构出具的抢救费用清单		60	其他辅助单证材料	
29	医疗费用清单		61	驾驶证正副本复印件（含第三者）	
30	伤者误工期间收入损失证明材料		62	行驶证正副本复印件（含第三者）	
31	护理人员收入损失证明材料		63	特种车驾驶资格证书复印件	
32	被抚养/赡养证明材料		64	第三者车辆保单复印件（含交强险）	

注：1. 若涉及多人受伤的人伤案件，所产生的治疗单证按每位伤者分别计算排序。
　　2. 各种管理类通知书：是指拒赔通知书、追偿通知书等。
　　3. 各种管理类审批表：是指缺失材料审批表、预付审批表、重大案件审批表等相关管理审批表。
　　4. 各种管理类审批流程：是指预付流程、诉讼流程、重大案件审批流程等相关管理流程。
　　5. 与本案无关的理赔材料，请勿放入卷宗。

【任务实施】
1. "任务导入"中的案例理赔流程

1）事故发生后，A、B两车驾驶人分别尽快向各自投保的保险公司报案，保险公司客服中心询问案情，同时，了解车辆购买险种情况：交强险、车损险、第三者责任险（50万元责任限额）、车上人员险（每座10万）以及不计免赔险。

2）保险公司安排查勘人员现场查勘，确定是否属于保险责任，并对案件立案管理。

3）根据现场查勘情况，认真检查受损车辆、受损财产和人员受伤情况，确定损失项目和金额，并取得公司核损人员或医疗审核人员的认可。经核实两车损失为：A车车损为5000元，一人受伤（医疗费3万元、误工费等在死亡伤残赔偿项下费用10万元）；B车车损3500元，一人受伤（医疗费5万元、残疾赔偿金等在死亡伤残赔偿项下费用20万元）。

4）保险理算人员根据保险事故的定损核损结果，核定和计算应向被保险人赔付金额，并制作赔款理算过程与结果的文件，具体为：

① 交强险赔偿。

财产损失：

A车：第三者损失3500元，大于限额2000元，所以赔偿2000元。

B车：第三者损失5000元，大于限额2000元，所以赔偿2000元。

医疗费用：

A车：第三者医疗费5万元，大于限额1万元，所以赔偿1万元。

B车：第三者医疗费3万元，大于限额1万元，所以赔偿1万元。

死亡伤残：

A车：第三者死亡伤残赔偿项下费用20万元，大于限额11万元，所以赔偿11万元。

B车：第三者死亡伤残赔偿项下费用10万元，小于限额11万元，所以赔偿10万元。

② 商业险赔偿。

A车第三者险赔款＝（依合同约定核定的第三者损失金额－机动车交通事故责任强制保险的分项赔偿限额）×事故责任比例×（1－事故责任免赔率）×（1－绝对免赔率之和）

＝［（3500+50000+200000）－（2000+10000+110000）］×70%

＝92050元

B车第三者险赔款＝（依合同约定核定的第三者损失金额－机动车交通事故责任强制保险的分项赔偿限额）×事故责任比例×（1－事故责任免赔率）×（1－绝对免赔率之和）

＝［（5000+30000+100000）－（2000+10000+100000）］×30%

＝6900元

A车车损险赔款＝（实损－第三方赔偿）×（1－事故责任免赔率）×（1－绝对免赔率之和）－绝对免赔额

＝5000－（2000+900）

＝2100元

B车车损险赔款＝（实损－第三方赔偿）×（1－事故责任免赔率）×（1－绝对免赔率之和）－绝对免赔额

＝3500－（2000+1050）

＝450元

A 车车上人员险赔款=（依合同约定核定的每座车上人员人身伤亡损失金额–应由机动车交通事故责任强制保险赔偿的金额）×事故责任比例×（1–事故责任免赔率）

$$= [（30000+100000）-（10000+100000）]×70\%$$
$$=14000 元$$

　　B 车车上人员险赔款=（依合同约定核定的每座车上人员人身伤亡损失金额–应由机动车交通事故责任强制保险赔偿的金额）×事故责任比例×（1–事故责任免赔率）

$$= [（50000+200000）-（10000+110000）]×30\%$$
$$=39000 元$$

③ 总计赔偿：

　　A 车获得保险赔款总额=交强险（2000+10000+110000）+三者险（92050）+车损险（2100）+车上人员险（14000）=230150 元

　　B 车获得保险赔款总额=交强险（2000+10000+100000）+三者险（6900）+车损险（450）+车上人员险（39000）=158350 元

④ 由核赔人员对整个赔案材料进行审核，然后根据核赔的审批金额，向被保险人支付赔款后，对理赔的单据进行清分并对理赔案卷进行整理归档。

2. "任务导入"案例的后处理

① 对个别案件来说，可能保险事故是由第三者引起的，当保险人向被保险人赔款后，可以获得向第三者进行追偿的权利，此时被保险人应协助保险人追偿。

② 客服人员对案件处理情况向客户回访。

【任务评价】

理赔实务任务评价表

序号	内容及要求	评分	评分标准	自评	组评	师评	得分
1	掌握理赔流程	20	说出具体流程的环节名称，并简单介绍该环节工作，每说出一个得 3 分；以满分为限				
2	掌握现场查勘	20	按现场查勘流程图要求，说出现场查勘的主要工作任务，每说出一个得 2 分；以满分为限				
3	掌握车辆定损核损	20	按定损核损流程图要求，说出需要确定损失的项目包括哪些？每说出一个得 4 分；以满分为限				
4	掌握理算赔款	40	交强险赔款理算正确，得 10 分；三者险赔款理算正确，得 10 分；车损险赔款理算正确，得 10 分；车上人员责任险赔款理算正确，得 10 分；以满分为限				

指导教师总体评价

指导教师：

年　月　日

【知识拓展】

一、机动车保险理赔的意义

理赔是保险人依照保险合同履行保险责任、被保险人享受保险权益的实现形式，因此，保险理赔涉及投保人（被保险人）和保险人的各自利益，做好理赔工作对双方都有积极意义。

1. 保险理赔对投保人（被保险人）的意义

保险理赔对投保人（被保险人）来说，能及时恢复其生产或安定其生活。因为机动车保险的基本职能是损失补偿，当被保险车辆发生事故后，被保险人就会因产生经济损失向保险人索赔，保险人则根据合同对被保险人的损失予以补偿，从而实现对被保险人生产和生活的保障。

2. 保险理赔对保险人的意义

首先，车险理赔可以发现和检验承保业务质量。例如，通过赔付额度或赔付率等指标，保险人可以发现保险费率、保险金额的确定是否合理，防灾防损工作是否有效，从而进一步改进保险企业的经营管理水平，以提高其经济效益。

其次，提高保险公司知名度。机动车保险的被保险人涉及各行各业，人数众多，是保险公司向社会各界宣传企业形象、推广公共关系的窗口。理赔工作作为保险产品的售后服务环节，其理赔人员的服务态度是否主动热情、真诚周到，服务质量是否令人满意，将直接影响保险公司在公众心目中的形象，进而影响他们是否愿意购买车险。

最后，识别保险欺诈。保险欺诈的最终目的是获取赔偿，该目的只有通过理赔才能实现。理赔人员通过加强查勘、定损、核赔等，可有效识别保险欺诈，为保险公司挽回经济损失。

二、机动车保险理赔的特点

理赔人员了解和掌握车险理赔特点是做好该项工作的前提。机动车保险与其他保险相比，理赔工作有其显著的特点，具体如下：

1. 机动车流动性大

机动车经常处于移动状态，这就导致机动车发生事故的地点和时间具有不确定性，所以保险公司必须拥有一个全天候的报案受理机制和庞大而高效的查勘定损网络来支持其理赔服务，做到随时随地都能接受报案并予以及时处理。

2. 损失频率高且损失幅度较小

机动车出险频率较高，但每起事故损失金额较小，所以保险公司经营过程中需投入的精力和费用较大。另外，个案的赔偿金额虽然不大，但由于事故数量多，总赔款额仍是巨额数字，积少成多也将对保险公司的经营产生不利影响。

3. 道德风险普遍

机动车保险欺诈骗赔现象严重，其主要原因是机动车保险具有标的流动性强、保险信息不对称、保险条款不完善、相关法律环境不健全等，这给了许多不法之徒以可乘之机。

近年来，机动车保险理赔工作难度逐渐加大，主要原因是：汽车设计、制造技术日趋成熟完善，加之以电子技术为主的高新技术在汽车上的普及应用，使得现代汽车的结构更加合理、性能更加可靠，因车辆机械原因导致的交通事故比例呈下降趋势，由人为因素引起的交通事故比例则迅速增加，而人为因素具有复杂难辨的特点。有些理赔人员没有根据机动车保险理赔现状的改变调整、充实、提高自己，再加之平时工作任务繁重，所以出现了应付任务、得过且过的做法，这对欺诈分子也是一种纵容。

4. 受制于维修企业的程度较大

由于机动车保险中对车辆损失的赔偿方式多以维修为主，所以维修企业在机动车保险的理赔中也扮演着重要角色。这主要是由于多数被保险人认为保险公司和维修企业间有相关协议，既然是保险公司"委托"维修企业对车辆维修，那么其必须负责相关事项。一旦因修理价格、工期和质量等出现纠纷时，会将保险公司和维修企业一并指责，认为是保险公司的服务质量差。事实上，保险公司只负责承担保险合同约定风险而导致的损失补偿，对事故车辆维修过程中产生的问题没有责任。

5. 被保险人的公众性

我国机动车保险业务的开展，其被保险人以前主要是企事业单位。随着私家车的增加，被保险人中私家车车主的比例在逐年增加。由于这些被保险人文化、知识、修养差异较大，再加上他们对保险、交通事故处理、车辆修理等方面的知识缺乏了解，使得他们购买保险具有较大的被动色彩。另一方面，由于利益驱动，使得查勘定损及理算人员在理赔过程中与其交流时存在较大障碍。所以要求保险人对每件案子都提供较高的服务质量，不仅是技术上的，甚至包括条款解释、行为举止、其他方面的咨询等。这样，保险人才能做到既对每个案件准确定损、合理赔偿，又能向众多被保险人宣传公司、宣传产品、树立企业形象。

三、机动车保险理赔的原则

机动车保险理赔的原则
▲主动：主动热情受理案件；主动询问、调查、了解和查勘现场
▲迅速：办得快、查得准、赔得及时
▲准确：准确认定责任范围，准确运用免赔率，准确确定损余物残值，准确计算赔付金额
▲合理：实事求是按条款办事，同时考虑实际情况，结合具体案情准确定性，合理确定事故责任，合理制定事故车辆的维修方案

理赔工作的"八字"原则辩证统一，不可偏废。如果片面追求速度，不深入调查了解，不对具体情况做具体分析，盲目下结论，或者计算不准确草率处理，则可能会发生错案，甚至引起法律纠纷。当然，如果只追求准确、合理，忽视速度，不讲工作效率，赔案久拖不决，则可能造成极坏的社会影响，损害保险公司的形象。

任务2　索赔实务

【任务目标】

1. 掌握索赔程序及相关要求。
2. 能对具体事故完成索赔事宜。

【任务导入】

赵某驾驶自己的丰田轿车外出购物时，欲将车辆停放在路旁的停车场，在车辆转弯时与消防栓发生碰撞，造成爱车的右前侧损伤（图5-7）。此次交通事故经交警部门认定，赵某负全部责任。

a）事故现场

b）从另一侧看现场

c）车辆损坏处近景

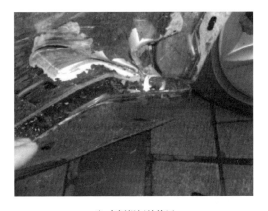

d）车辆损坏处特写

图5-7　丰田轿车与消防栓碰撞事故

赵某看到轿车右前翼子板和裙边严重损坏，需要换件、喷漆，再加上更换件的拆装工时费用等，估计得花费3000元左右，心痛不已。

赵某的爱车已购买了车辆保险，他应如何向保险公司索赔此次事故损失？

【任务准备】

汽车保险理赔是从保险公司角度而言的，而索赔是从被保险人角度而言的。当出现保险事故后，被保险人可就自己的事故损失向保险人提出索赔请求，这是被保险人的权利。那么，车险索赔到底有哪些程序，应注意哪些问题呢？

一、车险索赔程序

被保险机动车出险后被保险人向保险公司索赔时应按如下程序进行：出险通知→配合查勘→提出索赔→领取赔款→权益转让。

1. 出险通知

汽车出险后，被保险人应及时通知保险公司，否则，造成损失无法确定或扩大的部分，保险公司将不予赔偿。报案有上门、电话、传真等方式。其中，电话报案快捷方便，使用最多，人保、太保、平保等大公司的全国统一报案电话分别为 95518、95500、95511。可接受报案的部门有理赔部门、客服中心等。报案时需说明的内容包括保单号码、被保险人姓名、车型、牌照号码、出险时间、出险地点、出险原因、事故类型、受损情况、报案人姓名、联系电话、驾驶人姓名等，若涉及第三者，还需说明第三方车辆的车型、牌照号码等信息。

2. 配合查勘

接案后，保险公司会派人到现场查勘，并通过拍照、记录等手段来掌握第一手材料，这些材料是判断事故是否属于保险责任以及计算、确定赔偿金额的重要依据。如果上述材料不准确，会给判断事故是否属于保险责任和计算、确定赔偿金额造成困难。因此，被保险人应积极协助查勘。

3. 提出索赔

被保险人向保险公司索赔时，应填写索赔申请书（表 5-2），同时应根据索赔须知（表 5-3）的要求，向保险公司提供与确认事故的性质、原因、损失程度等有关的证明和资料作为索赔证据。

表 5-2　某保险公司机动车辆保险索赔申请书

被保险人			保单号码		
厂牌型号			车牌号码		
发动机号			车架号码		
出险时间	年　月　日　时　分		出险地点		
报案时间	年　月　日　时　分		是否第一现场报案		□是　□否
保险期限	自　　年　　月　　日零时起　至　　年　　月　　日二十四时止				
事故类型	□单方　□双方　□其他		车辆初次登记日期		年　月　日
使用性质	□家庭自用　□非营业　□营业　□摩托车、拖拉机　□特种车				
处理方式	□交警　□保险公司　□自行处理　□其他事故处理部门				
驾驶人员情况	驾驶人		联系电话		
	驾驶证号				
	准驾车型	□A　□B　□C　□其他	固定驾驶人		□是　□否

出险经过：（请您如实填报事故经过，报案时的任何虚假、欺诈行为，均可能成为保险人拒绝赔偿的依据。）

损失及施救情况：	《机动车辆保险索赔须知》已收悉。
	驾驶人签字：
	被保险人联系电话：
查勘员签字：	被保险人签章：
年　月　日	年　月　日

表 5-3　某保险公司机动车辆保险索赔须知

机动车辆保险索赔须知			
（被保险人名称/姓名）：			

由于您投保的机动车辆发生了事故，请您在向我公司提交《机动车辆保险索赔申请书》的同时，依照我公司的要求，提供以下有关单证。如果您遇到困难，请随时拨打××保险公司的服务专线电话"×××××"，我公司将竭诚为您提供优质，高效的保险服务。

谢谢您的合作！

机动车辆索赔材料手续明细如下：

1. □《机动车辆保险索赔申请书》
2. □机动车辆保险单正本　□保险车辆互碰卡
3. 事故处理部门出具的：□交通事故责任认定书　□调解书　□简易事故处理书　□其他事故证明（　）
4. 法院、仲裁机构出具的：□裁定书　□裁决书　□调解书　□判决书　□仲裁书
5. 涉及车辆损失还需提供：□《机动车辆保险车辆损失情况确认书》及《修理项目清单》和《零部件更换项目清单》　□车辆修理的正式发票（即"汽车维修业专用发票"）　□修理材料清单　□结算清单
6. 涉及财产损失还需提供：□《机动车辆保险财产损失确认书》　□设备总体造价及损失程度证明
　　□设备恢复的工程预算　□财产损失清单
　　□购置、修复受损财产的有关费用单据
7. 涉及人身伤、残、亡损失还需提供：
　　□县级以上医院诊断证明　　　　　　□出院通知书
　　□需要护理人员证明　　　　　　　　□医疗费报销凭证（须附处方及治疗、用药明细单据）
　　□残者需提供法医伤残鉴定书　　　　□亡者需提供死亡证明
　　□被抚养人证明材料　　　　　　　　□户籍派出所出具的受害者家庭情况证明
　　□户口　　　　　　　　　　　　　　□丧失劳动能力证明
　　□交通费报销凭证　□住宿费报销凭证　□参加事故处理人员工资证明
　　□伤、残、亡人员误工证明及收入情况证明（收入超过纳税金额的应提交纳税证明）
　　□护理人员误工证明及收入情况证明（收入超过纳税金额的应提交纳税证明）
　　□向第三方支付赔偿费用的过款凭证（须由事故处理部门签章确认）
8. 涉及车辆盗抢案件还需提供：
　　□机动车行驶证（原件）　□出险地县级以上公安刑侦部门出具的盗抢案件立案证明　□已登报声明的证明　□车辆购置附加费凭证和收据（原件）或车辆购置税完税证明和代征车辆购置税缴税收据（原件）或免税证明（原件）
　　□机动车登记证明（原件）　□车辆停驶手续证明　□机动车来历证明　□全套车钥匙
9. 被保险人索赔时，还须提供以下证件原件，经保险公司验证后留存复印件：
　　□保险车辆《机动车行驶证》　□肇事驾驶人的《机动车驾驶证》
10. 被保险人领取赔款时，须提供以下材料和证件，经保险公司验证后留存复印件：
　　□领取赔款授权书　□被保险人身份证明　□领取赔款人身份证明
11. 需要提供的其他索赔证明和单据：
　　（1）　　　　　　　　　　　　　（2）
　　（3）　　　　　　　　　　　　　（4）

(续)

敬请注意：为确保您能够获得更全面、合理的保险赔偿，我公司在理赔过程中，可能需要您进一步提供上述所列单证以外的其他证明材料。届时，我公司将及时通知您。感谢您对我们工作的理解与支持！

被保险人：		保险公司：	
领到《索赔须知》日期：　年　月　日		交付《索赔须知》日期：　年　月　日	
确认签字：		经办人签字：	
提交索赔材料日期：　年　月　日		收到索赔材料日期：　年　月　日	
确认签字：		经办人签字：	

4. 领取赔款

当保险公司确定了赔偿金额后，会通知被保险人领取赔款。被保险人应提供身份证明（原件）。找他人代领的，需被保险人签署《领取赔款授权书》和代领人身份证明（原件）。

5. 出具权益转让书

事故由第三方引起的，保险公司可先向被保险人赔偿，但被保险人需将向第三方索赔的权利转让给保险公司，再由保险公司向第三方追偿。

二、被保险人的索赔权益

1. 有及时获得损失赔偿的权益

保险公司进行查勘后，应将审查结果及时通知被保险人。若认为有关证明和资料不完整，应通知被保险人及时补充。若保险公司认定事故属于保险责任，被保险人有权获得及时赔偿。若事故不属于保险责任，保险公司应以书面形式通知拒赔。赔款获取的时间根据《保险法》第24条规定，应在保险公司与被保险人达成赔偿协议后10日内支付；若超过10日，保险公司除支付赔款外，还应赔偿被保险人因未及时获得赔款而受到的损失。

2. 有及时获得相关费用赔偿的权益

在确定事故损失过程中，被保险人不可避免地会产生一些开支。如：为取得有关证明和资料而支出的鉴定费，在牵扯第三者事故中发生的诉讼费、仲裁费、律师费等，根据《保险法》第49、51条规定，应由保险公司承担。

3. 有对保险公司赔偿提出异议的权益

被保险人如果认为保险公司的赔偿决定与自己的预期不相符，有权对其提出异议，要求保险公司予以解释，必要时可以向仲裁机关或向人民法院起诉来保护自己的合法权益。

4. 有获取保险公司代位追偿超过其支付赔款的多余部分的权益

保险公司代位追偿的金额以其向被保险人支付赔款的金额为限，若保险公司代位追偿的金额大于其支付的赔款，则超过部分应还给被保险人，保险公司不能自留下来。

5. 有就自己实际损失与保险公司赔偿的差额部分向第三方继续请求赔偿的权益

如果被保险人因事故的损失大于保险公司的赔款，即使向保险公司转让了代位追偿权，并不影响被保险人就保险公司赔偿不足部分向第三方继续请求赔偿的权利。

三、索赔注意事项

在索赔阶段，被保险人应避免一些错误做法，以免索赔受阻。

1. 未经保险公司认可不要擅自修复受损车辆

实践中，一些被保险人为不耽误使用车辆，往往先将车送修，然后再向保险公司索赔，这是一种错误的做法，会给索赔带来麻烦。根据车险条款的规定，车辆出险后，被保险人应会同保险公司检验车辆，协商确定修理项目、方式和费用。否则，保险公司有权重新核定或拒绝赔偿。

2. 被保险人不要对第三者自行承诺赔偿金额

按照车险条款规定，事故牵扯第三者的，保险公司将按有关规定在责任限额内核定赔偿金额。未经保险公司书面同意，被保险人自行承诺的赔偿金额，保险公司有权重新核定。

3. 被保险人不要在保险公司赔偿前放弃向第三者索赔的权利

在保险公司支付赔款前，向第三者请求赔偿的权利属于被保险人，此时被保险人有权放弃向第三者请求赔偿的权利，但这也意味着放弃了向保险公司索赔的权利。当保险公司向被保险人支付赔款后，被保险人未经保险公司同意，放弃对第三者请求赔偿权利的行为无效。

4. 被保险人索赔时应实事求是

若有隐瞒事实、伪造单证、制造假案等行为发生，被保险人将有可能因此受到法律制裁，还有可能遭到保险公司拒赔。

【任务实施】

1. "任务导入"中的赵某应按以下步骤完成索赔事宜

① 出险通知：事故发生后，赵某应尽快电话报案，说明事故情况：事故发生的时间、地点、原因、驾驶人、损失情况等。

② 配合查勘：赵某在现场等候查勘人员到来，然后协助查勘人员完成现场查勘定损，待定损完毕，赵某可进行车辆修理。

③ 提出索赔：赵某填写索赔申请书，提供索赔所需相关单证、资料等。然后，等候保险公司完成定损、理算、核赔等工作。

④ 领取赔款：保险公司确定了赔款金额后，会将赔款打入赵某银行卡。

⑤ 出具权益转让书：本案例不涉及权益转让事宜。

2. "任务导入"中的赵某应注意事项

① 未经保险公司认可不要擅自修复受损车辆。

② 索赔时应实事求是，不得有隐瞒事实、伪造单证等行为。

【任务评价】

索赔实务任务评价表

序号	内容及要求	评分	评分标准	自评	组评	师评	得分
1	掌握索赔流程	40	结合具体事故说出索赔流程，每说出一个环节得10分；以满分为限				
2	了解索赔权益	30	每说出一项索赔权益得10分；以满分为限				
3	了解索赔注意事项	30	每说出一项索赔注意事项得10分；以满分为限				

指导教师总体评价

指导教师：

年　月　日

【知识拓展】

一、车险索赔所需单证

根据事故不同、涉及的险种不同，车险索赔所需资料也有所差别。某保险公司所要求的索赔单证见表5-4。

表5-4 某保险公司车险索赔需车主提供的资料

车损需提供：1、2、3、5（或6）、7	物损需提供：1、3、5、7、8、9
人伤需提供：1、3、5、7、10	残疾需提供：1、3、5、7、10、11、12
死亡需提供：1、3、5、7、12、13	盗抢需提供：1、3、7、15、16、17
营运车、特种车还需提供：4	外地代查还需提供：19
法院调解、判决或仲裁委员会仲裁的还需提供：14	特殊事故还需提供：18、21
火灾、自燃及自然灾害的还需提供：20	

单证列表
1. 索赔申请书
2. 车辆损失情况确认书、维修发票、维修明细清单、施救费发票
3. 驾驶证正副本、行驶证正副本、《身体条件证明》回执
4. 从业资格证或特种车操作证（营运车、特种车）
5. 交通事故认定书（或证明）、交通事故损害赔偿调解书、交通事故经济赔偿凭证
6. 单方事故出险地派出所证明
7. 被保险人身份证或营业执照
8. 财产损失确认书、购置或修复受损财产费用发票，或工程预决算以及评估报告
9. 公路设施、路面、树木等损失明细及赔偿凭证
10. 县级以上医院的门诊病历、住院病历、诊断证明、转院证明、医疗费用清单、交通费、参加处理人员的住宿费、后续治疗证明、伤者及护理人员工资和纳税证明
11. 交通事故评残证明、残疾用具证明
12. 被扶养人户籍证明、丧失劳动能力证明、家庭关系证明
13. 交通事故死亡的法医鉴定书或医学证明书、户口注销证明、火化证明
14. 法院调解书或判决书、仲裁委员会仲裁书、付款收据
15. 保单正本、保险发票
16. 车辆来历凭证、机动车登记证书、附加税完税证明或免税证明
17. 车管所注销证明、县级以上公安机关立案证明及未侦破证明、登报声明、权益转让书
18. 非交警所辖公路、场院、码头、仓库的保险事故由派出所或法院出具的调解书、判决书
19. 代查勘材料
20. 有关部门出具的火灾鉴定报告等
21. 其他证明材料

二、索赔遭拒绝的常见情况

买了保险，不等于保险公司会赔偿你的所有损失，一些情况下的索赔，可能会遭到保险公司的拒绝。

1. 车辆在营业性修理厂维修保养期间出险

保险公司认为营业性修理厂对车辆负有保管责任，在保管期间因保管人管理不善造成车辆损毁、丢失的，保管人应承担相应责任，故保险公司不会赔偿事故损失。

2. 酒后肇事

酒后开车，会降低驾驶人的应急反应能力，增加出事故的概率，因此交通安全法规严令禁止酒后开车。违法行为产生的事故损失，保险公司拒绝赔付。

3. 被保险人、车辆驾驶人受害

根据第三者责任险的责任免除规定，被保险人、被保险车辆的驾驶人不属于第三者，当他们成为事故受害者时，不能获得保险公司的赔偿。

4. 车轮单独损坏

如果被保险车辆仅车轮单独损坏（包括轮胎、轮辋、轮毂罩），而其他部位未发生损坏，保险公司认为此损失极易产生道德风险，故在条款中规定不予赔偿。

5. 非被保险人允许的驾驶人使用保险车辆肇事

保险条款规定，驾驶人使用保险车辆必须征得被保险人的允许，否则，造成的车辆损失，保险公司不负责赔偿。

6. 利用保险车辆从事违法活动

利用保险车辆从事违法活动不利于社会安定，不符合保险稳定社会生产和社会生活的宗旨，保险公司不予保障。

【项目小结】

1. 保险理赔过程一般包括接受报案、现场查勘、确定保险责任、立案、定损核损、赔款理算、缮制赔款计算书、核赔、结案处理、支付赔款等环节。

2. 现场查勘是指运用科学的方法和现代技术手段，对保险事故现场进行实地勘察和查询，将事故现场、事故原因等内容完整而准确地记录下来的工作过程。

3. 定损即确定事故损失，包括车辆损失、人身伤亡费用、其他财产损失、施救费用、残值处理等。

4. 核损是指由核损人员对保险事故中涉及的车辆损失和其他财产损失的定损情况进行复核，目的是提高定损质量，保证定损的准确性、标准性和统一性。

5. 在赔偿顺序上，交强险是第一顺序，商业机动车保险是第二顺序。因此，交强险的赔款理算，将影响到商业机动车保险的赔款理算。

6. 核赔是对整个赔案处理过程所进行的控制，是保险公司控制业务风险的最后关口。

【重要概念】

理赔　现场查勘　立案　定损　核损　赔款理算　核赔　施救费用　损余物资　残值处理

【知识训练】

1. 填空题

① 在赔偿顺序上，_____ 是第一顺序，_____ 是第二顺序。

② 理算时，施救、保护费用与修理费用应_____。当施救、保护费用与修理费用相加，估计已达到或超过保险车辆的实际价值时，可按_____予以赔偿。

③ 一般只对保险车辆的救护费用负责。若受损保险车辆与其所装货物同时被施救，救货的费用应予_____。如果它们之间的施救费用分不清楚，则应按_____进行比例分摊赔偿。

④ 定损即确定事故损失，包括_____、_____、_____、_____、_____等。

⑤ 定损完毕后，由被保险人自选修理厂或到保险人推荐的修理厂修理。保险人推荐的协议修理厂一般不低于_____资质。

⑥ 按照保险合同规定，损余物资的处理需经双方协商，合理确定其残值。残值确定后，一般采取折归_____并冲减损失金额的方式。

2. 简答题

① 机动车辆保险理赔流程包括哪些环节？
② 现场查勘的操作流程包括哪些内容？
③ 定损核损的操作流程包括哪些内容？
④ 简述车辆定损的程序。
⑤ 车辆定损的原则有哪些？
⑥ 核赔工作的内容有哪些？

【技能训练】

1. 客户报案称：中秋节20时50分左右，自己驾驶一辆奔驰轿车行驶在乡间公路，在转弯时由于车速过快，方向没有把握好，车掉入路边沟中，并被大树挡住。

请问：① 作为查勘人员，现场查勘过程中应具体做哪些工作？
② 该案查勘的重点是什么？

2. 一辆新轿车实际价值20万元，在某保险公司投保车损险20万元，由于该车发生交通事故，导致标的车全损，查勘员小李在查勘过程中发现该车在另一保险公司也投保了一份车损险，保额也为20万元。

请问：① 该标的车辆的投保是否构成重复保险？
② 小李的保险公司对轿车的车损应如何赔付？

3. 张先生购买了一辆国产轿车，并在某保险公司购买了交强险和车辆损失险。由于这辆车的四个车轮都是普通车轮，张先生觉得不够漂亮且对其质量和安全没有信心，于是张先生就到汽车美容店给轿车更换了四个品牌车轮，价格是原来车轮的5倍，同时增加了许多其他装置。一番改装后，轿车显得与众不同，张先生甚是喜爱。但不久，该轿车发生了交通事故，轿车损坏严重，同时四个车轮坏了两个。

请问：① 本次事故损失保险公司会赔偿吗？两个撞坏的车轮保险公司会赔偿吗？
② 汽车购置后的加装装置如何才能获得保险保障？
③ 此种加装装置的车辆出事故后，查勘重点是什么？

4. 被保险人王某给自己的轿车购买了车辆损失险，1月9日上午8时30分保险公司接到王某的报案，称：1月8日王某驾驶轿车夜间11时30分在市区环城路行驶时与一大型厢式货车追尾，货车已趁夜色逃逸，目前被保险车辆已在郊区某修理厂。1月9日上午10时，受保险公司委派，查勘定损人员随即赶到修理厂，发现该轿车前部受损，需更换保险杠、左右前照灯、左右转向灯、左右雾灯、散热器、冷凝器等部件，预计费用1万元；经修理厂对该车做进一步拆检后发现，发动机因过热已严重损坏，需更换活塞、缸体、曲轴、连杆等部件,这部分修理费用为 4.2 万元。

请问:① 本案有哪些疑点?

② 作为保险公司的查勘定损人员,应如何处理该事故?

5. 甲车与乙车发生相撞事故,造成甲车、乙车受损,乙车驾驶人死亡。经认定,甲车被保险人承担事故主要责任,交警部门未明确划定事故赔偿比例。

甲车投保情况:①强制保险情况:投保了机动车辆交通事故强制责任保险,其中:财产损失责任限额 2000 元,医疗费用责任限额 10000 元,死亡伤残责任限额 110000 元。②商业保险情况:投保了机动车损失险、第三者责任险,机动车损失险保额为 100000 元,第三者责任险责任限额为 50000 元。负事故主要责任时,免赔率为 15%。

乙车投保情况:乙车只投保了交强险,其中:财产损失责任限额 2000 元,医疗费用责任限额 10000 元,死亡伤残责任限额 110000 元。

事故损失情况及调解赔偿:①乙车驾驶人医药费:12000 元;②死亡赔偿金:9000 元/年×20 年=180000 元;③丧葬费:7000 元;④死者随身手机:3000 元;⑤被抚养人生活费:110000 元;⑥事故处理人员误工费:300 元;⑦处理丧葬事宜的交通费:1000 元;⑧精神抚慰金:30000 元;⑨甲车损失 12000 元;⑩乙车损失 25000 元。

请问:甲、乙两车分别能获得多少保险赔款?

【工作页】

汽车保险理赔实务工作页

教师布置日期:　　年　月　日　　　　　个人完成时间:　　　　(分钟)

问题:	任务:
一客户车辆着火(或单方碰撞事故、双方碰撞事故、水灾事故、盗抢事故),给保险公司一理赔人员打电话,咨询保险理赔过程	作为一名汽车保险理赔人员,应如何根据保险公司规定、事故类型,指导客户完成整个理赔过程
汽车保险理赔流程要点:	
工作步骤	注意事项
1. 根据事故情况,理赔人员应指导客户首先做什么	
2. 客户应如何报案	

（续）

工作步骤	注意事项
3. 现场查勘查哪些方面	
4. 如何确定是否为保险责任	
5. 如何进行立案	
6. 如何确定车辆损失？施救费用如何处理	
7. 如何计算赔款数额	
8. 对整个案件处理过程，保险公司需要核赔吗	
9. 保险公司如何支付赔款	
10. 若事故是由第三者造成的，保险公司还应当要求客户做什么	

学习纪要：

项目六

车险事故现场查勘

【项目概述】

　　保险公司承保车辆出险后，需查勘人员及时进行现场查勘，并依据查勘结果定损。查勘技术是否科学、合理，是现场查勘能否成功的关键，直接关系到事故原因分析与事故责任认定。

　　现场查勘主要是为了解事故发生的原因并初步确定损失程度。具体有四点：理赔服务的基础环节；确定责任的关键依据；开展核查的起始步骤；风险控制的前沿阵地。

　　通过查勘，初步确定五方面的内容：确定事故的真实性和事故发生的原因；确定被保险人在事故中的相关责任；确定被保险人与保险人之间的合同责任；确定事故造成的损失项目、损失程度；确定事故造成的具体经济损失（在授权范围内）。

　　查勘人员进行现场查勘时，需按照以下原则：树立服务客户思想，坚持实事求是原则；重合同、守信用、依法办事；坚决贯彻"主动、迅速、准确、合理"八字理赔原则。

【建议学时】

6学时

任务1　案件受理与查勘准备

【任务目标】

　　1. 熟悉车险现场查勘的概念、目的、原则。
　　2. 熟悉车险案件的受理流程。
　　3. 掌握车险事故现场查勘之前的相关准备。

【任务导入】

　　赵女士在两周前为自己花费24万元买的沃尔沃S40购买了多项保险。由于是新手，独自驾车上路的第一天，就在路口与拐弯的一辆轿车发生擦碰。由于此时为上班高峰，交警对双方进行了简单的询问后，判定双方承担相同责任比例，并要求他们迅速撤离现场。

　　看着买来10多天的爱车受损，赵女士心痛不已，所幸她记住了投保公司的报案电话，于是，赶紧拨打报案电话，描述了事故经过及车辆受损情况。大约过了20分钟，保险公司查勘人员来到面前，询问了事故发生经过，查看了发生事故的现场，为她提供了必要的服务。

　　为了提高理赔服务的质量，每家保险公司都有自己特定的报案电话，保户应该记住，如：人保为 95518，平安为 95512，太平洋为 95500。

【任务准备】

一、接受报案

案件受理
流程实务

投保的机动车发生保险事故后，被保险人应及时报案，除不可抗力外，被保险人应在保险事故发生后的 48 小时内通知保险公司。

《保险法》第 22 条规定：投保人、被保险人或受益人知道保险事故发生后，应及时通知保险人。否则，造成的损失无法确定或扩大部分，保险人不承担赔偿责任。及时受理案件并调查，容易掌握事故真相，利于尽快确定损失，履行赔偿责任。

1. 报案方式

保险人一般都向被保险人提供了多种便捷、畅通的报案渠道。可采取的方式通常有电话报案、上门报案、微信报案等。其中，电话报案快捷方便，是被保险人最常用的方式。

被保险人可向保险公司报案，也可向经营单位或业务人员或代理人等报案。车辆在外地出险的，若保险人在出险地有分支机构，也可直接向其分支机构报案。

虽说保险人提供了多种报案渠道，但出险后，也会因交通不便、通信受阻、自身受伤等原因无法及时报案，此时可暂缓报案，等有条件时再报案，但一定要向保险人说明事实真相。

2. 报案记录

被保险人报案时，保险公司应对一些内容进行记录，主要包括：

① 报案人、被保险人、驾驶人的姓名和联系方式等自然信息。

② 纸质保单或电子保单的号码。以便查询保单信息，核对承保情况。

③ 出险的时间、地点、简单原因、事故形态等案件情况。

④ 保险车辆情况，如厂牌、车型、牌照等。若涉及第三方车辆，也需询问第三方车辆的车型、牌照等信息，根据这些信息查询第三方车辆是否也属于本公司承保的车辆，如果是且在事故中负有一定比例的责任，则一并登记，进行报案处理。

为保证报案记录完整、无遗漏内容，保险公司一般都事先制定出险报案表，见表 6-1，在报案时，完成表格填写即可。

表 6-1 ××财产保险公司机动车辆保险出险报案表

报案编号：

被保险人：			保险单号：		
厂牌型号：		车牌号码：	牌照底色：		车辆种类：
出险时间：			出险原因：		
报案人：			报案时间：		
报案方式：	□电话 □传真 □上门 □其他		是否第一现场报案：□是 □否		
联系人：			联系电话：		
出险地点：			出险地点邮政编码：		
出险地点分类	□高速路 □普通路 □市区路 □乡村路和机耕路 □场院及其他		车辆已行驶里程：		已使用年限：
			车辆初次登记日期：		

(续)

处理部门：□交警 □其他部门 □保险公司 □自行处理		排量/功率：	
驾驶员情况	驾驶人姓名：	初次领证日期：	年 月 日
	驾驶证号码：□□□□□□□□□□□□□□□□□□		
	准驾车型：□A □B □C □其他	性别：□男 □女	年龄：
	职业分类： □职业驾驶人 □国家社会管理者 □企业管理人员 □私营企业主 □专业技术人员 □办事员 □个体工商户 □商业服务人员 □产业工人 □农业劳动者 □军人 □其他		
	文化程度： □研究生及以上 □本科 □大专 □中专 □高中 □初中及以下		

事故经过（请您如实填写事故经过，报案时的任何虚假、欺诈行为，均可能成为保险人拒绝赔偿的依据）：

报案人签字：
年 月 日

事故处理结果：

查勘人员签字：
年 月 日

二、出险通知

业务人员在受理客户报案的同时，应提供保险车辆出险通知书和索赔须知，并指导其据实详细填写保险车辆出险通知书。

若被保险人采用电话报案，应在事后补填出险通知书。出险通知一般包括如下内容：

① 保险单证号码。
② 被保险人名称、地址及电话号码。
③ 车辆种类及厂牌型号、生产日期、第一次申领牌照日、牌照号码、发动机号码等。
④ 驾驶人姓名、住址、年龄、婚否、驾驶证号码、驾龄、与被保险人的关系等。
⑤ 出险时间、地点、原因及经过等。
⑥ 事故所涉及的第三者情况。
⑦ 处理事故的交通管理部门名称、经办人姓名及电话号码等。
⑧ 被保险人签章与日期。

三、查核保单信息

根据客户的保单号码，查询保单信息，核对承保情况。如：
① 查验出险时间是否在保险期限以内。
② 查明投保人投保了哪些险种、是否存在不足额投保、是否已经交费。
③ 出险时间是否接近保险期限起讫时间。

④ 本次出险与上起案件报案时间是否比较接近。

⑤ 核对驾驶人是否为约定驾驶人，并初步审核报案人所述事故原因是否属于保险责任。

对于不属于保险责任的，应向客户说明并耐心做好解释工作；对属于保险责任和不能确定拒绝赔偿的，应登入保险车辆报案登记簿，并立即调度查勘人员赶赴现场进一步了解情况。

四、安排查勘

对属于保险责任的事故，受理报案的人员应及时通知查勘人员现场查勘。查勘人员一般应在规定时限到达事故现场并向受理报案的业务人员报告。

假如需要马上展开救援的，需立即安排救援；当保险车辆在外地出险时，保险公司既可派自己的查勘人员前往事故现场，也可委托当地保险公司或中介公司代理查勘。

委托代理查勘时应注意：一是明确委托事项，即单纯委托查勘，还是委托查勘和定损；二是明确委托定损的权限，如委托权限是5000元，则5000元以内的损失可直接定损，若损失超过5000元则需向委托方报告，或要求进一步授权或放弃定损。

五、查勘前准备

接到保险公司调度人员调度电话后，查勘人员要及时出现场。出发前需适当做一些准备。

（1）携带查勘资料及工具

资料主要包括出险报案表、保单抄件、索赔申请书、报案记录、现场查勘记录表、索赔须知、询问笔录、事故车辆损失确认单等。

工具主要包括笔记本电脑、照明设备、通信工具、照相机、手电筒、卷尺、砂纸、笔、记录本、易碎贴、防雨装备、反光背心、反光锥、反光牌等。

① 照相机的使用规定：

设置准确日期。

尽量使用带有公司标记和查勘员代码的定制相机，以便落实查勘责任人。

带好有充足电力的电池。

有微距功能，便于拍摄单证、VIN及一些其他特写照片。

② 对"易碎贴"的使用规定：

第一现场估损符合自动核价条件的，需回收残值的配件应加贴易碎贴。

第一现场不能估损的案件，对外表损坏的配件需要加贴易碎贴。

对容易被调包和可能损坏的配件加贴易碎贴。

对需要监督拆解的车辆，在拆解关键点加贴易碎贴，以防被私自拆解。

在水损事故中，对持有疑问的配件（如电脑板等）加贴易碎贴以锁定配件。

（2）查阅抄单

① 保险期限。查验保单，确认出险时间是否在保险期限之内。对于出险时间接近保险起止时间的案件，要做出标记，重点核实。

② 承保的险种。车主是否只承保了交强险？

对于有人员伤亡的，是否承保了车上人员责任险？车上人员责任险是否为指定座位？

现场查勘
准备实务

对于因起火引发的车损案件，是否承保了自燃损失险？

对于报案称只是车窗玻璃破碎的，是否承保了玻璃单独破碎险？

③ 保险金额、责任限额。注意新车购置价以及各险种的保险金额、责任限额，以便现场查勘时心中有数。

（3）阅读报案记录

① 被保险人名称，保险车辆车牌号。

② 出险时间、地点、原因、处理机关、损失概要。

③ 被保险人、驾驶人及当事人联系电话。

六、立案

对初步核查符合保险赔偿的报案案件，业务人员应立案登记，正式确立，并统一管理。

对不符合保险赔偿的案件，应在出险通知书和机动车辆保险报案、立案登记簿上签注不予立案的原因，并向被保险人做出书面通知和必要解释。

对代理查勘的案件，应将代理查勘公司的名称一并登记。

【任务实施】

1. 客户出险环节

① 赵女士驾车出险，内心焦虑，心疼新买不久的爱车。

② 交警处理事故，判定双方同责，要求双方迅速撤离事故现场。

2. 接报案及调度环节

① 赵女士通过电话向保险公司报案，声称自己的车出险了。

② 保险公司接报案人员接听报案电话，倾听报案，询问险情，劝慰车主不要紧张，公司会马上调度查勘人员赶赴现场。

③ 接报案人员记录必要的报案信息：报案人、被保险人、驾驶人的姓名和联系方式等；保单号码；出险时间、地点、简单原因、事故形态等；保险车辆牌照、第三者车牌照等。

④ 及时调度查勘人员赶赴出险现场。

3. 查勘准备环节

① 查勘人员电话联系客户，说明自己身份及姓名，询问出险车辆位置，劝慰客户不要着急，说明自己大概需要多长时间到达事故现场（注意适度预留无法预料的延迟时间）。

② 携带查勘工具及相关资料，带好代抄单。

③ 驱车前往事故现场。

④ 基于本案属于车辆损失及预计总损失额度均比较小的案件，只需按照简易赔案程序进行处理即可。查勘员到达事故现场后，指导客户填写简易赔案处理表（表6-2）。

表6-2　××财产保险公司简易赔案处理表

下表阴影部分为客户必填内容　　　　　　报案编号：

被保险人：			保单编号：		
牌照号码		厂牌车型	初次登记日期		已使用年限
出险时间	年　月　日　时　分		第一现场		□是　□否
出险地点：	□高速路　□普通路　□市区路　□乡村路和机耕路　□场院及其他				

(续)

报案人		报案时间		联系电话	
处理部门：□交警　□其他部门　□保险公司　□自行处理					
驾驶人		驾驶证号	□□□□□□□□□□□□□□□□□□		
准驾车型	□A　□B　□C　□其他		初次领证日期		

出险经过：

被保险人（签名）：　　　　　　　　　　　　　　　　　　　　　　　　　　年　月　日

索赔材料明细表（请将下表打"√"的材料备齐后，送我公司客户服务部）

□简易赔案处理单　　□被保险人、领款人身份证　　□修车费发票及清单　　□施救费发票
□交通事故责任认定书　□交通事故赔偿调解书　　□事故证明
□行驶证正副本复印件　□驾驶证正副本复印件　　□授权委托书

本处理表仅作为对车辆受损项目和修理费用的初步确认，不作为保险人对事故赔偿的承诺。

查勘时间		查勘地点		修理厂资质	□一类　□二类　□三类　□专项
车牌号码		变速器	□手动□自动	发动机号/VIN	
第三者车号		厂牌车型		发动机号/VIN	
涉及险种	□交强险　□车损险　□第三者责任险 □玻璃险　□划痕险　□其他		事故责任	□全责　□主责　□同责 □次责　□无责　□单方	

查勘人意见：

　　　　　　　　　　　　　　　　　　　　　　查勘人员签字：

　　　　　　　　　　　　　　　　　　　　　　　　　　　　　　年　月　日

维修及更换项目	报价	核价	维修及更换项目	报价	核价
配件价格合计		工时费合计		残值		总计	

定损金额：合计人民币大写　　　　　仟　佰　拾　元　角　分（¥　　　　　）

注：① 更换配件必须报价，配件价格以保险公司核价为准。
　　② 注明需回收的配件，确已更换，但无法回收的，按核定价格的50%赔付。

被保险人：	定损人：	核价人：
年　月　日	年　月　日	年　月　日

⑤ 进行查勘，向客户出示保险索赔须知，告知索赔相关事宜，结束查勘工作。

⑥ 转入定损及赔付环节。

【任务评价】

受理案件与查勘准备任务评价表

序号	内容及要求	评分	评分标准	自评	组评	师评	得分
1	看行驶证VIN，判断该车哪国生产 另外说出4个不同VIN首位数字或字母，判断属于哪个国家生产	20	说错行驶证对应车辆是哪国生产的，扣8分；每说错一个扣3分				
2	看行驶证VIN，判断该车哪年生产 给出4个不同年份生产的汽车的VIN，能准确说出哪年生产的	20	说错行驶证对应车辆是哪年生产的，扣8分；每说错一个扣3分				
3	模拟电话报案	40	根据报案描述的内容清晰性（15分）、环节完整性（15分）、语言礼貌性（10分）等评分				
4	回答查勘之前需准备携带的资料	10	事先列出不少于5项的重要内容，每少1项扣2分				
5	回答查勘之前需准备携带的工具	10	事先列出不少于5项的重要内容，每少1项扣2分				

指导教师总体评价

指导教师：

年　月　日

【知识拓展】

1. 保险事故现场分类

（1）原始现场

原始现场也称第一现场，是指事故现场的车辆、物体以及痕迹等，仍保持着事故发生后的原始状态，没有任何改变或破坏的现场。这种现场保留了事故的原貌，可为事故原因的分析与认定提供直接证据，这是最理想的查勘现场。

（2）变动现场

变动现场也称移动现场，指由于自然因素或人为原因，致使出险现场的原始状态发生改变的事故现场。包括正常变动现场、伪造现场、逃逸现场等。

1）正常变动现场。导致出险现场正常变动的主要原因有：

① 为抢救伤者等而移动车辆，致使现场的车辆、物体或人员位置发生了变化。

② 因保护不善，导致事故现场被过往车辆、行人破坏。

③ 由于风吹、雨淋、日晒、下雪等自然因素，导致事故现场被破坏。

④ 由于事故车辆另有特殊任务，比如消防车、工程救险车等在执行任务过程中出险后，需驶离现场，致使出险现场发生了变化。

⑤ 在一些主要交通干道或繁华地段发生交通事故，为疏导交通而导致出险现场变化。

⑥ 其他原因导致事故现场变化，如车辆发生事故后，当事人没有察觉而离开现场的。

2）伪造现场。指事故当事人为逃避责任或嫁祸于人，有意改变现场遗留物原始状态的现场。

3）逃逸现场。指事故当事人为逃避责任而驾车或弃车逃逸，导致事故现场原貌被改变的现场。

(3) 恢复现场

恢复现场是指事故现场撤离后，为分析事故或复查案件，需根据现场调查记录资料重新布置、恢复的现场，如图 6-1 所示。为与前述的原始现场相区别，这种现场一般称为恢复现场。

图 6-1　特意恢复的车辆撞人现场

2. 车辆识别代码

为便于识别车辆，汽车生产厂家大多使用了车辆识别代码（Vehicle Identification Number，VIN）。VIN 相当于汽车的"身份证"，它由一组字母和阿拉伯数字组成，共 17 位，是识别汽车不可缺少的工具。

VIN 的每位代码都代表着汽车某方面的信息。按编码顺序，可以识别出该车的生产国家、制造公司或生产厂家、车辆类型、品牌名称、车型系列、车身形式、发动机型号、车型年款（生产年份）、安全防护装置型号、检验数字、装配工厂名称和出厂顺序号码等。

各国技术法规一般只规定车辆识别代码的基本要求，如：应由 17 位编码组成，字母和数字的尺寸、书写形式、排列位置和安装位置等，保证 30 年内不会重号。除对个别符号的含义有硬性规定外，其他不做硬性规定，由生产厂家自行规定其具体含义。

我国参照欧洲共同体（EEC）标准，制定了国家标准 GB 16735—2019《道路车辆　车辆识别代号（VIN）》对 VIN 进行了详细规定，如图 6-2 所示。

(1) 世界汽车制造厂识别代号（WMI）

按地理区域分配给各国，各国再分配给本国的制造厂。中国由国家发展改革委员会受理、审核、备案以及管理车辆识别代号（VIN），由中国汽车技术研究中心承办具体工作。

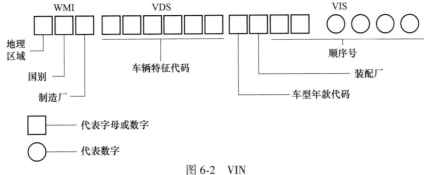

图 6-2　VIN

世界制造厂识别代号（WMI）

▲第一个字码：地理区域代码，如非洲、亚洲、欧洲、大洋洲、北美洲、南美洲

▲第二个字码：国家代码。由美国汽车工程师协会（SAE）分配

▲第三个字码：制造厂代码，由各国自行分配。若制造厂年产量少于 500 辆，代码为 9；生产规模大的汽车厂则用于分配车系

（2）车型描述部分（VDS）

VIN 编码的第 4~9 位，表示车辆类型和配置。若其中的一位或几位字符不用，必须用选定字母或数字占位。该部分编码一般包含以下信息：

① 车系。

② 动力系统：发动机型号、变速器形式。

③ 车身形式。

④ 约束系统配置：气囊、安全带等。

⑤ 校验位：第 9 位，用 0~9 或 X 表示。

（3）车型指示部分（VIS）

VIN 编码的第 10~17 位，是制造厂为区别每辆车而指定的一组字符，最后四位字符应该是数字。该部分编码一般包含以下信息：

① 车型年代：第 10 位，用字母或数字表示，但不能采用数字 0，字母 I、O、Q、U、Z（表 6-3）。

表 6-3　代表车辆生产年份的字码

年份	代码	年份	代码	年份	代码	年份	代码	年份	代码	年份	代码
1971	1	1981	B	1991	M	2001	1	2011	B	2021	M
1972	2	1982	C	1992	N	2002	2	2012	C	2022	N
1973	3	1983	D	1993	P	2003	3	2013	D	2023	P
1974	4	1984	E	1994	R	2004	4	2014	E	2024	R
1975	5	1985	F	1995	S	2005	5	2015	F	2025	S
1976	6	1986	G	1996	T	2006	6	2016	G	2026	T
1977	7	1987	H	1997	V	2007	7	2017	H	2027	V
1978	8	1988	J	1998	W	2008	8	2018	J	2028	W
1979	9	1989	K	1999	X	2009	9	2019	K	2029	X
1980	A	1990	L	2000	Y	2010	A	2020	L	2030	Y

② 装配厂：第 11 位，字母或数字。

③ 生产顺序号：最后 6 位，一般为数字。

(4) VIN 标牌的位置

对于 VIN 标牌所在的位置，各大汽车制造厂不完全一样，一般设置在：风窗玻璃左侧；仪表板上；门柱上；防火墙上；发动机、车架等大部件上；左侧轮罩内；转向柱上；散热器支架上；发动机前部的加工垫上；质保手册或车主手册上。

任务 2　现场查勘内容与方法

【任务目标】

1. 能对车险事故的当事人或知情人进行有效询问。
2. 能通过嗅闻辨别出是否喝酒；判别汽油、柴油、机油；辨别化学品。
3. 基本学会查看证件破绽、车辆特征、人员异常表情等。
4. 可以对事故现场进行基本丈量。
5. 学会拍摄事故现场的照片。
6. 知道应该收集事故现场的哪些素材。
7. 能简单绘制事故现场草图。
8. 准确填写查勘记录。

现场查勘流程介绍

【任务导入】

小王将于今年 6 月底毕业。毕业前夕，学校安排他去保险公司实习。保险公司安排田师傅带他从事外出查勘事故现场的实习。实习两个多月后，小王逐渐熟悉了这项工作。

这天，公司承保的一辆标的车报案称 20 时 25 分在一路口拐弯时擦划了一辆自行车，导致骑自行车的男子倒地、自行车受损、汽车右前翼子板被擦划，请求派人前往查勘。

接到公司调度，小王在田师傅的带领下，驱车赶赴事故现场，由于晚上路途顺利，加之距离不远，他们到达现场时，交警尚在现场处理事故。

到达事故现场后，小王配合师傅马上进行了查勘工作。

【任务准备】

查勘人员对保险事故现场查勘时，一般按照"询问、嗅闻、查看、丈量、摄影、收集、绘图、填写"的流程进行。

一、询问

现场查勘时询问的目的在于收集证据，但查勘人员需要注意的是证据收集的合法性、制作的规范性、过程的技巧性、落款的重要性。

现场查勘时的询问内容一般包括出险时间、出险地点、出险原因、出险经过、财产损失、人员伤亡、施救情况等。

(1) 出险时间

查明出险时间的主要目的是判断事故是否发生在保险期限内。对接近保险期限起止时间的案件应特别注意，更应认真查实，排除道德风险。

查明出险时间流程如图 6-3 所示。为确认真实的出险时间，查勘人员应仔细核对公安部门的证明与当事人的陈述时间是否一致，同时详细了解车辆的启程时间、返回时间、行驶路线、伤者住院时间等。若涉及装载货物出险的，还要了解委托运输单位的装货时间等。同时，对出险时间和报案时间进行比对，看是否在 48 小时之内。

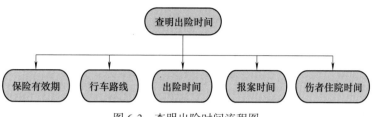

图 6-3　查明出险时间流程图

确定出险时间有时还可对事故原因的判断提供帮助。尤其是在一些特定时间、对一些特定的驾驶人群体，更是如此。

（2）出险地点

出险地点分为高速公路、普通公路、城市道路、乡村便道和机耕路段、场院及其他，查勘时要详细写明，并记录出险地的邮政编码。

查明出险地点的流程如图 6-4 所示，主要是判断事故是否在此处发生，如果不是，要查明变动原因。对擅自移动出险地点或谎报出险地点的，尤其要注意是否存在道德风险。同时，确定出险地点还可确定车辆是否超出保单所约定的行驶区域，是否属于在责任免除地发生的损失，若车辆在营业性修理场所出险、在收费停车场出险、驾驶教练车在高速公路行驶时出险等，在这些路段或场所发生的损失，或可拒赔，或可增加免赔率。

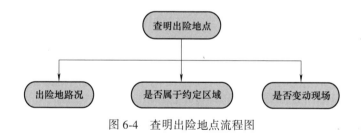

图 6-4　查明出险地点流程图

（3）出险原因

查明出险原因是现场查勘的重点，要深入调查，利用现场查勘技术进行现场查勘，并采取多听、多问、多看、多想、多分析的办法，索取证明，收集证据，全面分析。凡是与事故有关的重要情节，都要尽量收集以反映事故全貌。

注意应用好近因原则，如：火灾导致的车辆损坏，须有消防部门的证明；工程车辆、施工机械的损坏，须经当地安监部门证明。

若驾驶人有饮酒、吸食或注射毒品、被药物麻醉后使用保险车辆或无照驾驶、驾驶车辆与准驾车型不符、超载等嫌疑时，应立即协同交警部门获取相应证人证言和检验证明。

对于所查明的事故原因，应说明是客观因素还是人为因素，是车辆自身因素还是车辆以外因素，是违章行驶还是故意违法行为。

对于复杂或有疑问的理赔案件，要走访现场见证人或知情人，了解事故真相，做出询问记录，载明询问日期和被询问人地址并由被询问人确认签字。

对于造成重大损失的保险事故，如果事故原因存在疑点难以断定，应要求被保险人、造成事故的驾驶人、受损方对现场查勘记录确认并签字。

(4) 出险经过

应要求驾驶人填写，并与公安部门事故证明比对，两者应基本一致或关键内容一致。

一般说来，事故发生后，总会有受理处理的机关，需要注明，特别是那些非道路事故，更应该强调注明处理机关的名称。

(5) 事故致损的财产

协助施救受损财产是查勘人员的义务，到达事故现场后，若险情尚未控制，应立即会同被保险人及有关部门共同研究、确定施救方案，采取合理施救措施，以防损失进一步扩大。

车辆受损包括标的车和第三者车。如果当地修理价格合理，应安排就地修理，不得使车辆带"伤"行驶。如果当地修理费用过高需拖回本地修理的，应采取防护措施，拖拽牢固，以防再次发生事故，扩大损失。如果无法修复的，应妥善处理残值部分。

查清事故各方责任比例，查清标的车、第三者车上的货损和其他财产损失并确定损失程度。标的车上的货损需记录物品品名、规格、型号、数量、发运地、目的地、发票（或运单）、生产厂家等；第三者车上的货损和外界固定物的损坏，也须记录规格、型号、数量等信息。

(6) 人员伤亡情况

具体了解车上、车下人员伤亡情况，在第一时间准确区分谁是车上人员，谁是第三者。记录伤亡人员姓名、性别、年龄及基本伤情、医疗单位名称。

(7) 施救情况

对于因受损而无法继续行驶的车辆，需要进行施救。对于根据条款约定可以进行施救的事故以及按照相关规定发生的费用标准，保险公司可以给予报销。但需要注意把握以下几点：

第一，使用非专业单位的消防设施所消耗的费用及设备损坏可以赔偿。

第二，出险后雇用吊车和其他车辆抢救的费用以及将保险标的托运至修理厂的运输费用按当地物价部门的收费标准予以负责。

第三，施救费用需要贯彻分摊原则，既要按事故责任分摊施救费用，又要注意按保险标的与非保险财产的价格比例分摊施救费用。

(8) 投保情况

通过对投保情况的询问，可以有效区分是否属于保险责任。

1) 保险期限。审验出险时间是否在保险合同约定的有效期限之内，要充分注意在保单起止日10天之内的报案，尽可能排除道德风险。

2) 承保险种。明确投保的险种，对于界定需要赔付的相关损失至关重要。例如：

① 只承保了交强险，保险公司一概不考虑本车损失，第三者的损失也是按分项限额赔付。

② 只承保了第三者责任险，对于本车损失，保险公司一概不用考虑。

③ 发生车上人员伤亡时，假如没有承保车上人员责任险，则无须赔付。

④ 假如没有投保自燃损失险的机动车发生了火灾，需仔细区别火灾是否属于自燃。

⑤ 被保险车辆发生被盗、进水、起火损失后，假如没有投保新增设备险，而恰恰是新增设的设备发生了损坏，则无须对这些新增设备进行赔付。

⑥ 被保险车辆的车身有划痕时，假如车主投保了车身划痕险，则应该在限额之内赔付。

⑦ 发动机因进水而损坏，若车主投保了发动机进水损失险，则应该赔付，否则，无须赔付。

⑧ 被保险车辆有无重复保险情况，以便理赔计算时分摊赔款。

（9）汽车被盗原因分析

承保的机动车被盗窃、抢夺、抢劫之后，查勘定损人员要通过询问及时了解以下信息。

① 保险车辆是否只是车上零部件或附属设备被盗窃或损坏？

② 保险车辆是否属于被诈骗、罚没、扣押造成的损失？

③ 被保险人有无因民事、经济纠纷而导致保险车辆被抢劫、抢夺？

④ 被保险人有无将非营业标的车从事出租或租赁？

⑤ 有无租赁车辆与承租人同时失踪的现象？

⑥ 有无被保险人及其家庭成员、被保险人允许的驾驶人故意行为或违法行为造成的损失？

假如存在上述任何一种现象，都属于责任免除的范围，保险公司无须担责。

二、嗅闻

现场查勘时，通过鼻子的嗅闻，可以发现许多问题，从而对是否存在违规使用车辆或是否存在危险做出基本判断。具体包括以下几方面的内容。

（1）嗅闻驾驶人是否属于酒后驾车

通过嗅闻驾驶人是否带有酒气，判断驾驶人是否属于酒后驾车，以确定是否应该拒赔。如每天尤其是节假日的 13 时至 16 时，20 时至 23 时，青壮年男性驾驶人、经营人员驾驶的车辆，出险后应考虑是否存在酒后驾车问题，设法与公安人员一起取证。

（2）嗅闻事故现场是否有汽车运载的化学品泄漏出来的气味

嗅闻有无化学品、易燃易爆品泄漏的气味，确认安全时再靠前查勘。

（3）嗅闻有无泄漏的汽油、柴油味

汽车侧翻有可能导致燃油泄漏，遇到明火或尚未熄火的发动机产生的电火花，容易起火。

三、查看

现场查勘时，需要查看的内容主要包括：查看事故现场相关人员表情；查看驾驶人情况；出险地的地貌、建筑；查看是否属于标的车；查看出险现场痕迹及散落物，判断车损情况；查看人员受伤情况；查看第三者物或车载物的损坏情况等。

（1）查看事故现场相关人员表情

一般说来，造假者总会有一定的紧张感或存在一定的破绽，通过对事故现场人员表情的远观、近观，可以初步判断是否存在破绽。

（2）查看驾驶人情况

只有车主允许的合格驾驶人驾驶标的车时，由于非故意原因导致的损失，才有可能得到赔付。因此，验明驾驶人身份十分必要。

（3）查看出险地的地貌、建筑、路况

结合出险地的地貌、建筑等情况，可以判断事故发生的可能性及造成损失的可能性有多大。譬如，在城市道路的上坡地段，发生后车追尾前车的可能就不大，而比较大的可能是前车溜坡造成后车损失。

例如：有一辆宝马520i轿车，报案称夜间在一路段发生拖底碰撞事故（图6-5a），导致油底壳破碎，发动机完全报废，请求保险公司给予查勘、赔付。

通过现场查勘，发现报案出险地路段平坦，没有什么杂物（图6-5b），但却在车下突显一块很不协调的水泥块（图6-5c），可这块"飞来"的水泥块又无法与车底接触。路边一处拆除了路灯杆的底座，裸露的接地螺栓也低于轿车的最小离地间隙。再分析发动机油底壳破碎的痕迹（图6-5d）以及查勘事故现场，现场未见有掉落的油底壳碎片，而油底壳破损一个约20厘米×25厘米的不规则孔洞，在孔洞四周断口处的外侧棱上（包括油底壳的侧面前后断口的外侧棱）出现至少六处以上点状的被金属物击打而形成的光滑斑痕，而且处在油底壳内的隔油板右端的凸棱卷曲，该处和油底壳的上口几乎等高。表明发动机油底壳的破损是被外来的金属物多次击打形成的，而不是与水泥地和地上的金属柱相碰撞造成的。

a）车辆托底现场

b）事故现场

c）现场水泥块

d）油底壳损坏

图6-5　宝马520i轿车出险地及破碎的发动机油底壳

通过分析地貌及发动机油底壳的破碎处，可以推定该车不是在该处因托底事故造成的，应属人为因素造成的。

(4) 查看是否属于标的车及是否有违规现象

查明出险车辆是否属于标的车,这是非常重要的。同时需大致判断损失情况。

1) 查验汽车牌照与保单登记的是否一致;查验临时牌照的真实性、有效期、使用地;出险时是否仍在有效期内;临时牌照规定的行驶路径与出险地点是否相符。

2) 查验行驶证登记的车辆类型,是否为保险公司允许承保的车辆类型,以核实行驶证所登记的车辆类型与保单是否一致,被保险人是否履行了如实告知的义务,保险费率的选择是否正确;查验行驶证上的彩照与实物是否相符;对行驶证的纸质、印刷质量、字体、字号是否存在疑问;查验行驶证上的防伪标记,看是否有伪造嫌疑。

3) 核对行驶证副页上的检验合格章,看车辆是否在法定检验有效期内(注意:最常见的伪造,就是行驶证副页上的检验合格章不是由相关部门按时加盖的)。

4) 查验 VIN 是否与保单记载的一致。详细记录事故车辆已行驶里程数、车身颜色,并与保单(或批单)核对是否相符。

5) 查明车辆出险时的使用性质是否与保险单记载的一致,以及是否运载着危险品。

6) 查看车辆结构有无改装或加装。根据《机动车登记规定》(公安部令第 102 号)第十六条,在不影响安全和识别号牌的情况下,机动车所有人可以自行变更以下内容:

小型、微型载客汽车加装前后防撞装置;货运机动车加装防风罩、水箱、工具箱、备胎架等;机动车增加车内装饰等。

除此之外,其他项目均不允许改动,尤其是汽车外形、结构、颜色这三项。

汽车自行改装,有可能破坏了原有的性能,影响行车的安全。

《保险法》提到的加大风险程度的情况包括改变车厢尺寸、加高货箱栏板、增加车厢长度、增加车厢宽度、加大轮胎和增加弹簧钢板片数等。

7) 新车质量。目前,几乎所有的新车都有生产厂家标明的免费维修规定。就轿车而言,大多执行两年或五万(或四万、六万)千米的免费维修规定(任何一项达到,免费维修均中止)。在这个期限内,汽车所发生的质量事故,由生产厂家负责解决。

8) 维修质保期。为维护汽车用户的权益,原交通部出台了《机动车维修管理规定》(2005 年 8 月 1 日开始实施)。其中涉及维修质量保证期的相关条款为:

第三十七条 机动车维修实行竣工出厂质量保证期制度。

汽车和危险货物运输车辆整车修理或总成修理质量保证期为车辆行驶 20000 千米或者 100 日;二级维护质量保证期为车辆行驶 5000 千米或者 30 日;一级维护、小修及专项修理质量保证期为车辆行驶 2000 千米或者 10 日。

摩托车整车修理或者总成修理质量保证期为摩托车行驶 7000 千米或者 80 日;维护、小修及专项修理质量保证期为摩托车行驶 800 千米或者 10 日。

其他机动车整车修理或者总成修理质量保证期为机动车行驶 6000 千米或者 60 日;维护、小修及专项修理质量保证期为机动车行驶 700 千米或者 7 日。

质量保证期中行驶里程和日期指标,以先达到者为准。

机动车维修质量保证期,从维修竣工出厂之日起计算。

第三十八条 在质量保证期和承诺的质量保证期内,因维修质量原因造成机动车无法正常使用,且承修方在 3 日内不能或者无法提供因非维修原因而造成机动车无法使用的相关证据的，机动车维修经营者应当及时无偿返修，不得故意拖延或者无理拒绝。

在质量保证期内，机动车因同一故障或维修项目经两次修理仍不能正常使用的，机动车维修经营者应当负责联系其他机动车维修经营者，并承担相应修理费用。

第三十九条 机动车维修经营者应当公示承诺的机动车维修质量保证期。所承诺的质量保证期不得低于第三十七条的规定。

注：以清洁、润滑、紧固为主，并检查有关制动、操纵等安全部件统称为一级维护。车辆行驶7500~10000千米所做的正常维护保养，称为二级维护。

9）合法使用情况验证。合格机动车不合规定使用的情况主要体现在两个方面：使用性质不相符；违章装载。

① 查验与保险单载明的使用性质是否一致。从机动车辆保险的角度划分，机动车的常见使用性质一般可分为党政机关用车、企业自备用车、个人非营运车、租赁用车、出租用车、营业性用车等。

两种常见的使用性质与保单不符的情况为：

第一种情况：营运货车按非营运货车投保。这种投保方式可以明显节省保费。这种情况可以从车辆的状况、车辆的行驶里程来辨别其是否在从事营运。一旦发生了事故，可采用索取营运证复印件和机动车登记证相关信息、调查货物来龙去脉等方式取证。

第二种情况：家庭自用车或非营运车从事营业性客运。这种投保方式也可以明显节省保费。主要通过调查取证驾驶人与被保险人、乘客与驾驶人、乘客与被保险人的关系，以及标的车的行驶线路（常为车站、码头、位于郊区的大学校园门口等处）来获取从事营业性客运的有效证据。

② 违章装载。核定载荷与实际载荷是否相符。根据《中华人民共和国道路交通安全法实施条例》的规定：

第五十四条 机动车载物不得超过机动车行驶证上核定载质量，装载长度、宽度不得超出车厢。只要装载货物长度、宽度超过车厢，一旦发生了保险责任事故，即可拒赔或增加免赔。

第五十五条 客车不得超载，但按照规定免票的儿童除外，在载客人数已满的情况下，按照规定免票的儿童不得超过核定载客人数的10%。载货汽车车厢不得载客。在城市道路上，货运机动车在留有安全位置的情况下，车厢内可以附载临时作业人员1~5人。假如载客不符合规定，一旦发生保险责任事故，就可拒赔或增加免赔。

第五十六条 载货汽车、半挂牵引车、拖拉机只允许牵引一辆挂车。挂车不得载人，所牵引车的载质量不得超过本车载质量。假如牵挂不符合规定，一旦发生保险责任事故，就可拒赔或增加免赔。

10）如果是与第三方车辆发生事故，还应查明第三方车辆的基本情况。查看出险车辆时，必须注意以下几点：行驶证必须在查勘现场查验拍照取证，除非是被交警暂扣了；特殊车型须记录车辆配置、技术信息以备询价、报价之用。

（5）查看出险现场痕迹及散落物，判断车损情况

通过查看现场状况，对比事故车的损坏情况，可以分析出基本的事故情况。

分析事故损坏时，应重点把握第一碰撞点，假如是正面碰撞，第一接触点一般应该是前保险杠；如果碰的是树，前保险杠上会有树皮；如果碰的是电线杆，前保险杠上会

有灰屑；如果碰的是墙，前保险杠上会有土屑、砖屑；如果碰的是护栏，前保险杠上一般会有油漆。

另外，要学会用运动学的方法分析事故发生后所造成的痕迹，例如，图6-6所示为报案所称的一辆五十铃厢式货车与一辆帕萨特在路口相撞的现场照片（图6-6a）。通过仔细分析相撞后脱落的零部件，发现帕萨特轿车前杠中部固定牌照位置有两个孔洞，而前牌照呈近似直角的弯曲，却无碰撞痕迹，前牌照固定架无碰撞痕迹和变形（图6-6b），由此可以判定碰撞中同一部位各部件的变形不能吻合。两车的损坏不可能是在此处相撞造成的。

a）两车路口相撞

b）相撞部位特写

图6-6　五十铃厢式货车与帕萨特相撞图

（6）查看人员受伤情况

通过分析伤亡人员所处的位置，车上物体及地面所遗留的血迹等，准确判断伤亡人员究竟谁是车上人员，谁是第三者。

（7）查看第三者物或车载物的损坏情况

充分注意车辆的总载货量、载客量是否超出规定，注意在现场的货物损坏情况。帮助客户归拢有可能走失、散失的货（活）物。

四、丈量

现场丈量前，要认定与事故相关的物体和痕迹，然后逐项丈量并做好相应记录。

（1）确定事故现场方位

事故现场的方位以道路中心线与指北方向的夹角来表示。如果事故路段为弯道，以进入弯道的直线与指北方向夹角和转弯半径表示。

（2）事故现场定位

事故现场定位方法有三点定位法、垂直定位法、极坐标法等。三种方法都需选定一个固定现场的基准点，基准点必须具有永久固定性，比如可选有标号的里程碑或电线杆。

① 三点定位法是用基准点、事故车辆某一点以及基准点向道路中心线做垂线的交点三个点所形成的三角形来固定现场位置，所以此时只需要量取三角形各边的距离即可。

② 垂直定位法是用经过基准点且平行于道路边线的直线与经过事故车辆某一个点且垂直于道路边线的直线相交所形成的两个线段来固定事故现场，所以该方法只需要量取基准点

与交点、交点与事故车辆某一点两条线段的距离即可。

③ 极坐标法是用基准点与事故车辆某一点连接形成线段的距离以及线段与道路边线垂直方向的夹角来固定事故现场，所以该方法只需量取线段长度和夹角度数即可。

(3) 道路丈量

道路的路面宽度、路肩宽度以及边沟深度等参数一般都需要丈量。

(4) 车辆位置丈量

事故车辆位置用车辆的四个轮胎外缘与地面接触中心点到道路边缘的垂直距离来确定，所以只需量取四个轮胎距离即可。车辆行驶方向可根据现场遗留的痕迹判断，如从车上滴落的油点、水点，一般其尖端的方向为车辆的行驶方向等。

(5) 制动印痕丈量

直线形制动印痕拖印距离直接测量即可；量取弧形制动印痕拖印距离时，一般先四等分印痕，分别丈量等分点至道路一边垂直距离，再量出制动印痕长度。

(6) 事故接触部位丈量

事故接触部位是形成事故的作用点，是事故车辆的变形损坏点，因此，可根据物体的运动、受力、损坏形状以及散落距离等因素科学判断事故的接触部位。对其丈量时，一般应测量车与车、车与人，或者车与其他物体接触部位距地面的高度、接触部位的形状大小等。

(7) 其他丈量

若事故现场有毛发、血皮、纤维、车身漆皮、玻璃碎片、脱落的零部件、泥土、物资等遗留物，且它们对事故认定起着重要作用，则一并丈量它们散落的距离或黏附的高度等。

五、摄影

现场摄影是真实记录现场、受损标的以及其他物损等客观情况的重要手段之一，它比现场图和文字记录能更直观地反映现场和事故车的情况，是处理事故的重要证据。

查勘照片质量好坏直接影响到案件证据保留的有效性、核查的准确性及研究的客观性。

(1) 现场摄影原则

现场摄影一般应遵循以下原则：应有反映事故现场全貌的全景照片；应有反映受损车辆号牌及受损财产部位和程度的近景照片；要有某些重要局部（比如保险标的发动机号码、车辆 VIN 等）的特写照片；应坚持节省的原则，以最少的照片数量反映事故现场最佳的效果。

(2) 现场摄影内容

在事故现场，查勘人员需要拍摄的照片内容如图 6-7 所示。

(3) 现场摄影要求

现场摄影主要有以下要求：

① 有第一现场的，必须拍摄现场全景照片。

② 拍摄带有车牌号与损伤部位的全景照片。

③ 拍摄的照片要清晰，如图 6-8 所示。

④ 数码相机日期在拍摄前校准，不得擅自更改，不得使用日期校调不准的数码相机拍摄。

⑤ 拍摄能够反映局部损失的特写照片。

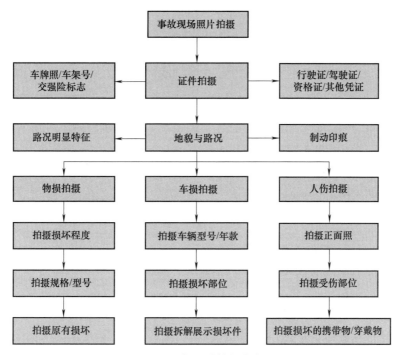

图 6-7 现场照片拍摄内容图

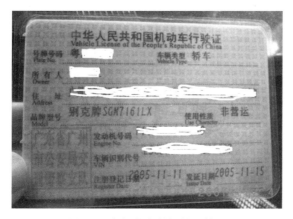

图 6-8 夜间微光拍摄的证件照

⑥ 拍摄必须保证成像清晰度，夜间拍摄时应考虑闪光灯的使用距离，必要时可借用查勘车、手电筒灯光，找固定物支撑相机以慢速曝光（不用闪光灯）拍摄。

⑦ 查勘拍摄是固定和客观记录交通事故相关证据的重要手段，必须真实、全面反映被拍摄的对象，不得有艺术加工成分。

⑧ 拍摄较大事故的车损照片时，应拍好两个 45°照片，如图 6-9 所示。即使有一侧未受损，也应拍摄，以防施救时扩大损失或在修理厂拆检后多列换件、维修项目；同时，拍摄车辆后部的 45°照片还能将出险车辆的后围板上或行李舱盖上的厂牌型号信息清楚地反映出来，方便核损、核赔人员对标的车的车型准确确认。

a) 左前45°照片　　　　　　　　　　b) 右后45°照片

图 6-9　前后 45°照片

⑨ 照片较多时应在录入影像系统时分别建立"现场照片""未拆检整车照片""拆检照片""回勘照片"等多个子文件夹，便于核损、核赔时审查。

(4) 现场摄影的方式

现场摄影时，应根据事故的实际情况和具体拍摄目的，选择不同的拍摄方式。

① 方位摄影。主要用在对事故发生地所处环境拍摄，反映事故发生地环境特征，一般采用以由高向低的俯角拍摄整个事故现场范围，若一张照片无法包括的，可采用平行连续拍摄或回转连续拍摄的方式拍照（俗称接片）。另外可将出险地一些明显标志物拍摄下来，如路牌、里程碑、方向指示牌等。此拍摄方式重在突出事故现场的全貌，目的是反映出事故车辆与其他物体之间的相互关系。

② 中心摄影。即以事故接触点为中心，近距离拍摄反映事故接触的各部位及其相关部位的局部照片，如接触点、车辆及物体的主要损伤痕迹位置。注意在拍摄时用卷尺标注高度、长度。此拍摄方式重在突出拍摄现场的中心地段，目的是反映出事故损坏部位及其相关部位的特点、状态。

③ 细目摄影。采用近距或微距拍摄路面、车身、人体、固定物上的痕迹特征的拍摄方式，如车身上附着其他车辆油漆、轮胎痕迹，沾有血迹的位置以及车架号等。用此方式拍摄时一般以镜头的主光轴垂直于被摄痕迹面，慎用闪光灯，特别是拍摄白色等浅色物体时不要用闪光灯。对细小的痕迹应摆放比例尺拍摄。目的在于突出各个具体物证，反映出重要物证的大小、形状、特征。

④ 概览摄影。以中远距离拍摄事故现场的车辆、路面散落物、被撞物体（人、车、固定物）的位置及相互关系的摄影方式。可以从出险车辆的顺向、逆向行驶方向或路中路边等多方位拍摄来交代出险标的车与事故相关物体的位置、关系。

⑤ 宣传摄影。即运用技巧突出反映事故某一侧面的拍摄。此拍摄方式重在突出事故某一侧面的状态、特点，目的是宣传教育和收集资料。

(5) 现场摄影的方法

常见的现场摄影方法有相向拍摄、十字交叉拍摄、连续拍摄和比例拍摄四种。

① 相向拍摄法。即从两个相对的方向对现场中心部分进行拍摄。该方法可较为清楚地

反映现场中心两个相对方向的情况。

② 十字交叉拍摄法。即从四个不同的地点对现场中心部分进行交叉的拍摄。该方法可从前、后、左、右四个角度准确反映现场中心的情况。

③ 连续拍摄法。即将面积较大的事故现场分段拍摄。为获得事故现场完整照片，需对分段照片进行接片，所以在分段拍摄时，各照片取景应略有重合，并要求同样的拍摄距离和光圈等。

④ 比例拍摄法。即将带有刻度的尺子放在被损物体旁边进行的摄影。该方法可确定被拍摄物体的实际大小和尺寸，常用于痕迹、碎片以及微小物证的摄影。

（6）现场摄影的技巧

现场摄影有一定的技巧，需查勘人员事先掌握，如取景、接片技术的运用，滤色镜的使用，事故现场常见痕迹拍摄等。拍摄者要突出拍摄意图，把想表现出的部位（损伤处）拍下来。

① 取景。取景时，应根据拍摄的目的和要求，合理确定拍摄的角度、距离和光照，力求所要表达的主体突出、明显和准确。

根据拍摄者立足点和被拍物体方位，拍摄角度可分俯视拍摄、平视拍摄、仰视拍摄、正面拍摄、侧面拍摄等。根据拍摄者立足点和被拍物体的远近，拍摄距离可分为远景拍摄、中景拍摄、近景拍摄、特写拍摄等。根据光线和拍摄方向，拍摄光照可分为正面光拍摄、侧面光拍摄、逆光拍摄等。针对车前的损坏，可以从中心轴线与平行方向及直角方向开始，向其损伤部位的45°角拍摄（从水平位置5个方向分别拍摄，如图6-10所示）。

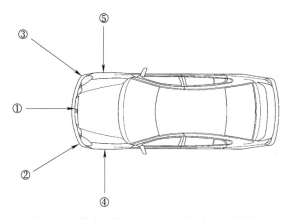

图6-10　从水平位置5个方向分别进行的拍摄

② 为记录事故发生地，应尽量让固定参照物进入拍摄画面。如事故车已被拖到停车场，而在现场或停放处与其他车辆间的间隔狭窄，给拍摄带来一定的困难，则应尽量将其他车辆移开（在现场挪动须事先得到交警许可或当事双方的承诺），保证以适当的角度拍摄较好反映损伤的照片。

③ 内部与底部有损伤时的拍摄。当内部发生损伤时，应打开发动机舱盖或行李舱盖，清楚地拍摄内部损伤情况。

当制动系统、行驶系统及侧梁发生损伤时，尽量进行底部拍摄，拍摄时需要将车举起并锁死，以确保拍摄者的安全。

④ 总成或高价值的零部件一定要拍摄照片，小的损失、低值零件视情拍摄。

⑤ 翻砂件（如发动机气缸体、变速器外壳、主减速器外壳等）出现裂纹时，直接拍摄无法反映出裂纹。可以先在裂纹处涂抹柴油，再将滑石粉或粉笔末撒在油上，用小锤敲击裂纹附近，形成一条线后再拍摄。电控模块损坏后所拍摄的照片应反映其变形。

⑥ 对碰撞痕迹的拍摄，要合理选择拍摄角度和光线，以准确反映其凹陷、隆起、变形、断裂、穿孔或破碎等特征。对于较小、较浅的凹陷一般采用侧面光、反光板、闪光灯等拍摄。

⑦ 对刮擦痕迹，如果为有颜色物质，可选择滤色镜拍摄，突出被粘挂物。

⑧ 拍摄血迹时，应选用滤色镜，如血迹滴落在泥土沾污的油路上，可用黄色滤色镜拍摄。

⑨ 拍摄制动拖印时，为反映制动拖印的起止点及其特征，可对拖印起点用白灰或树枝等进行标记，并要注意反映起点与道路中心线或路边的关系。

⑩ 现场拍摄时，可采用数码相机和光学相机两种工具。数码相机拍摄的照片便于计算机管理，便于网上传输，成像快，但缺点是易被修改、伪造，而光学相机正好相反。

（7）照片的编辑

拍摄的照片，需要进行恰当的编辑，以符合保险公司的相关要求。

① 按照照片属性（现场照片、未拆检照片、拆检照片、回勘照片）进行分类编排。

② 按照时间顺序（查勘日期、录入日期）进行编排。

③ 按照事故的发生过程进行编排。

六、收集

物证是分析事故原因最为客观的依据。事故现场物证类型有散落物、附着物和痕迹。

（1）散落物

散落物可分为车体散落物、人体散落物及他体散落物三类。车体散落物主要包括零部件、钢片、木片、漆片、玻璃、胶条等，如图 6-11 所示；人体散落物主要包括事故受伤人员的穿戴品、携带品、器官或组织的分离品；他体散落物主要包括事故现场人、车之外的物证，如树皮、断枝、水泥、石块等。

（2）附着物

附着物可分为喷洒或黏附物、创痕物与搁置物三类。喷洒或黏附物主要包括血液、毛发、纤维、油脂等；创痕物主要包括油漆微粒、橡胶颗粒、热熔塑料涂膜、反光膜等；搁置物主要包括织物或粗糙面上的玻璃颗粒等。

（3）痕迹

痕迹各有其形状、颜色和尺寸，往往是事故过程某些侧面的反映，也是事故现场物证收集的重点。痕迹可分为车辆行走痕迹、车辆碰撞痕迹及涂污与喷溅痕迹三类。

① 车辆行走痕迹主要包括轮胎拖印、压印和擦印等。

② 车辆碰撞痕迹包括车与车碰撞、车与地面撞砸与擦刮、车与其他物体碰撞与擦刮的痕迹。车与车碰撞痕迹包括正面与正面、正面与侧面、追尾等；车与地面碰撞与擦刮痕迹常见于车辆倾覆或坠落；车与其他物体碰撞与擦刮主要有车与路旁建筑物、道路设施、电线杆、树木等的接触而产生的痕迹。

③ 涂污与喷溅痕迹主要包括油污（图 6-12）、泥浆、血液、组织液等的涂污与喷溅。

图 6-11 事故现场散落的车标及灯罩玻璃碎片

图 6-12 事故现场遗留的油污

七、绘图

对重大赔案的查勘应绘制事故现场草图。事故现场草图应在出险现场当场绘制。由于是在查勘现场绘制，且绘制时间较短，对事故现场草图不要求十分工整，只要求内容完整，尺寸数字准确，物体位置、形状、尺寸、距离的大小基本成比例即可。

八、填写

现场查勘结束后填写查勘报告。

【任务实施】

1. 接报案及调度环节

① 客户出险后，要及时拨打电话，在向交警报案的同时，还应向保险公司报案。

② 保险公司接报案人员接听报案电话，倾听报案，询问险情，劝慰车主不要紧张，公司会马上调度查勘人员赶赴现场。

③ 接报案人员记录必要的报案信息：报案人、被保险人、驾驶人的姓名和联系方式等；保单号码；出险时间、地点、简单原因、事故形态等；保险车辆牌照等。

④ 及时调度查勘人员赶赴出险现场。

2. 查勘准备环节

① 查勘员电话联系客户，说明自己身份及姓名，询问出险车辆位置，劝慰客户不要着急，说明自己大概需要多长时间到达事故现场（注意适度预留无法预料的延迟时间）。

② 携带查勘工具及相关资料，带好代抄单。

③ 驱车前往事故现场。

3. 查勘环节

1) 查勘员临近到达事故现场时，电话联系客户，询问事故现场具体在哪个位置。与客户见面后，问候并自我介绍，询问案情。

2) 要求车主出示驾驶证、行驶证、保险卡，核实驾驶证是否合格有效，车辆是否按期年检，车辆投保的具体险种。

3) 确认驾驶证合格有效、车辆按期年检、车辆投保了相关险种之后，初步判断是否构成保险责任。假如构成保险责任，展开查勘工作。

4）通过询问，了解所需相关信息，并做出调查笔录。

5）借询问之机，嗅闻驾驶人身上是否有酒气，初步判断是否属于酒后驾车。

6）查看事故现场人员、地形、路面、车辆、证件等，判断事故发生的真实性及是否存在违约现象。

① 查看事故现场相关人员表情，判断是否与事故突发时人们的正常表现一致。

② 查看驾驶证准驾车型是否与出险车辆一致，是否按期审验。

③ 查看出险地的地貌、建筑、路况，判断在此处发生事故的可能性。

④ 查看行驶证是否按期年检，比对车牌照、VIN，判断是否属于标的车及是否有违规、违约使用现象。

⑤ 查看出险现场痕迹及散落物，判断车损情况。

⑥ 查看第三者受伤情况。

⑦ 查看第三者自行车损坏情况。

7）采用垂直定位法确认出险地位置；丈量制动印痕长度；丈量车辆位置；丈量与第三者自行车接触的部位等，取得汽车与自行车碰撞的第一手资料。

8）对相关内容进行拍摄。

① 拍摄驾驶证、行驶证。

② 拍摄标的车两张45°照片。

③ 拍摄发动机舱内前围板上的VIN。

④ 拍摄与自行车碰撞的事故接触点以及所造成的车辆损失部位。

⑤ 拍摄倒地并损坏了的自行车。

⑥ 拍摄受伤的第三者。

⑦ 拍摄事故现场概览照片（最好能将固定参照物拍摄进来）。

⑧ 拍摄驾驶人与标的车的合影。

9）收集事故现场可以找到的标的车或第三者的散落物；收集标的车与第三者相撞后有可能在车上的附着物。

10）绘制事故现场的简单草图。

11）指导客户填写机动车辆保险出险报案表，向客户出示保险索赔须知，告知索赔相关事宜。

12）完成现场查勘记录的填写，见表6-4，要求客户签字。

表6-4 机动车辆保险事故现场查勘记录表

保险单号：　　　　　报案编号：　　　　　文案编号：

保险车辆	厂牌型号：		发动机号：		里程表数：		使用年限：
	号牌号码：		车架号：				初次登记日期：
驾驶人：		驾驶证号码：□□□□□□□□□□□□□□□□□□					职业：
初次领证日期：　年　月　日			性别：□男　□女		年龄：	准驾车型：□A　□B　□C　□其他	
查勘时间：　年　月　日　时			查勘地点：			是否第一现场：□是　□否	
赔案类型：□一般　□特殊（□简易　□救助　□其他）双代（□委托外地查勘　□外地委托查勘）							

(续)

出险时间：	年 月 日 时	出险地点：	省 市 县 乡镇		
三者车	厂牌型号：	号牌号码：	联系电话：		行驶里程：
	驾驶人姓名：	驾驶证号码：□□□□□□□□□□□□□□□□□□			
	是否有交强险：	交强险承保商：			
	初次领证日期：	准驾车型：□A □B □C □其他		职业：	车辆使用年限：

现场查勘时查验并认真完成填写	1. 保险车辆的号牌、发动机号、车架号与保单载明的是否相符	□是 □否
	2. 出险时间是否与保险起止日期临近	□是 □否
	3. 出险地点与报案人所报是否一致	□是 □否
	4. 实际使用性质与保险单所载明的是否一致	□是 □否
	5. 保险车辆驾驶人情况与报案人所述是否一致	□是 □否
	6. 保险车辆驾驶人准驾车型与实际驾驶车辆是否相符	□是 □否
	7. 保险车辆驾驶人是否为保险合同约定的驾驶人	□是 □否 □保险合同未约定
	8. 事故车辆损失痕迹与事故现场痕迹是否吻合	□是 □否
	9. 事故是否涉及第三方人员伤亡或财产损失	□是 □否
	10. 其他需要说明的内容：	
	是否属于保险责任：□是 □否 □待确定（原因是： ）	

事故估损金额	事故损失金额估计：					
	其中：交强险损失：					
	交强险	死亡伤残：			财产损失：	
		医疗费用：			其他费用：	
	车辆损失险损失：		第三者损失：		其他损失：	
	商业保险	车辆损失险	标的损失：	第三者责任险	车辆：	其他险别
			施救费：		人员：	
					财产：	

查勘员意见（包括事故经过简单描述和初步责任认定）：	询问笔录 张 事故照片 张
被保险人/当事人签章： 查勘员签字：	

说明：1. 估损金额为人民币（元）。
　　　2. 第三方车辆不止一辆的，可增加机动车辆现场查勘记录。

注：1. 不论赔案大小，均应填写该表，而且要实事求是，是否第一现场查勘、复勘第一现场、还是没有查勘第一现场均应如实填写，手工填写的查勘员应签名并事后录入系统。
　　2. 主要内容包括出险情况、车辆情况、道路情况、报案情况等。重点是客观表述现场所见情况，对碰撞痕迹、事故发生原因、驾驶人状态进行分析，分析内容主要围绕保险条款要素，但不对是否构成保险责任进行结论性分析。

13）结束查勘工作，转入定损及赔付环节。

【知识拓展】

一、查勘的工作顺序

① 接受查勘任务调度。

② 查验保险凭证和行驶证、驾驶证。
③ 询问事故经过，确认被保险人和驾驶人的关系。
④ 勘验现场并拍摄现场照片和标的损失照片、痕迹细节。
⑤ 分析判断事故原因，初步确认保险责任。
⑥ 根据案情需要制作询问笔录。
⑦ 估算损失金额。
⑧ 向被保险人告知索赔事宜。
⑨ 假如所查勘的不是第一现场，必要时需复勘第一现场。

二、现场查勘方法

现场查勘主要采用沿车辆行驶路线查勘法、由内向外查勘法、由外向内查勘法、分段查勘法等四种。

沿车辆行驶路线查勘法要求事故发生地点的痕迹必须清楚，以便能顺利取证、摄影、丈量与绘制现场图，进而能够准确确定事故原因。

由内向外查勘法适用于范围不大、痕迹与物件集中且事故中心点明确的出险现场，此时，可由中心点开始，按由内向外的顺序取证、摄影、丈量与绘制现场图，进而确定事故原因。

由外向内查勘法适用于范围较大、痕迹较为分散的出险现场，此时，可按由外围向中心的顺序取证、摄影、丈量与绘制现场图，进而确定事故原因。

分段查勘法适用于范围大的事故现场，此时，先将事故现场按照现场痕迹、散落物等特征分成若干的片或段，分别取证、摄影、丈量与绘制现场图，进而确定事故原因。

三、查勘第一现场的要求

① 查勘人员接受了查勘调度之后，应该在5分钟内联系被保险人，做到"当日调度，当日处理"；先查勘第一现场，后查勘非第一现场；经联系有变化的查勘任务，应及时在系统中退回或电话通知调度。

② 保留了第一现场的事故必须查勘第一现场。

③ 无第三方人身伤亡的单方事故，凡损失在1000元以上的，原则上均须查勘第一现场或复勘第一现场。

④ 两车之间发生无人身伤亡的事故，依据相关法规已经撤离第一现场的，对属于行业交强险"互碰自赔"范围的，按行业"互碰自赔"的相关规定处理；对"互碰自赔"有疑问的或其他事故，应对事故车辆的相关各方核对碰撞痕迹，对痕迹有疑问的应当对第一现场进行复勘；对单车损失在2000元以上的应当复勘第一现场；对有疑问的案件，无论损失金额大小，未查勘第一现场的必须复勘第一现场。

⑤ 对在高速公路上发生的事故，应依据事故发生地高速公路的管理规定，在确保安全的情形下进行查勘，必要时可调取高速公路通行记录的影像来确认事故真伪。

⑥ 造成了物损的事故，原则上应该查勘或复勘第一现场。

⑦ 油漆单独损伤险、车轮单独损坏险、盗抢险、涉水损失险、火灾、自燃、非大面积自然灾害事故、大面积自然灾害中有疑点事故等，须查勘或复勘第一现场，走访目击证人。

四、驾驶证方面存在的问题

(1) 驾驶证方面的主要管理规定

根据《机动车驾驶证申领和使用规定》：驾驶机动车，应当依法取得机动车驾驶证；实行驾驶证准予驾驶相关车辆制度；驾驶证有效期分为六年、十年和长期；机动车驾驶人身体条件不适合驾驶机动车的，不得驾驶机动车；机动车驾驶人在一个记分周期内累积记分达到12分的，公安机关交通管理部门应当扣留其机动车驾驶证；机动车驾驶人初次申请机动车驾驶证和增加准驾车型后的12个月为实习期，在实习期内不得驾驶公共汽车、营运客车或者执行任务的警车、消防车、救护车、工程救险车以及载有爆炸物品、易燃易爆化学物品、剧毒或者放射性等危险物品的机动车，驾驶的机动车不得牵引挂车。在实习期内驾驶机动车上高速公路行驶，应当由持相应或者更高准驾车型驾驶证三年以上的驾驶人陪同。其中，驾驶残疾人专用小型自动档载客汽车的，可以由持有小型自动档载客汽车以上准驾车型驾驶证的驾驶人陪同。

(2) 验明驾驶人身份的方法

① 通过查验驾驶证真伪，确定驾驶被保险车辆者是否为合格驾驶人。

② 通过查验驾驶证准驾类型，确定驾驶被保险车辆者是否具有驾驶该车的资格。如：C本驾驶大货车、B本或C本驾驶大客车、军本驾驶民车、民本驾驶军车、普通本驾驶危险品运输车等，都属于不具备驾驶相关车辆的资格。

③ 查验保单，比照驾驶证及公安部门证明，看是否是保单约定驾驶人驾驶标的车出的险。

④ 通过询问，确定是否是被保险人允许的驾驶人驾驶被保险车辆出的险。

⑤ 通过询问和其他方式，确认驾驶人是否为酒后、吸毒或服用了相关免责范围的药物后驾驶被保险车辆出的险。

五、机动车安全技术检验

根据《中华人民共和国道路交通安全法》的规定，机动车应当从注册登记之日起，按照下列期限进行安全技术检验。

① 营运载客汽车5年以内每年检验1次；超过5年的，每6个月检验1次。

② 载货汽车和大型、中型非营运载客汽车10年以内每年检验1次；超过10年的，每6个月检验1次。

③ 小型、微型非营运载客汽车6年以内每2年检验1次；超过6年的，每年检验1次；超过15年的，每6个月检验1次。

④ 摩托车4年以内每2年检验1次；超过4年的，每年检验1次。

⑤ 拖拉机和其他机动车每年检验1次。

⑥ 对于达到强制报废规定的车辆，应该强制报废。

六、现场查勘图

(1) 现场图意义

现场图是以正投影原理的绘图方法绘制的，实质上是一张车辆事故发生地点和环境的小范围地形平面图。

（2）现场图要素

根据现场查勘要求必须迅速全面地把现场上的各种交通元素、遗留痕迹、道路设施以及地物地貌，用一定比例的图例绘制在平面图纸上。它所表现的基本内容是：

① 能够表明事故现场的地点和方位，现场的地物地貌和交通条件。

② 表明各种交通元素以及与事故有关的遗留痕迹和散落物的位置。

③ 表明各种事物的状态。

④ 根据痕迹表明事故过程，车、人、畜的动态。

（3）绘图一般要求

① 现场记录图是记载和固定交通事故现场客观事实的证据材料，应全面、形象地表现交通事故现场的客观情况。但一般案情简明的交通事故，在能够表现现场客观情况的前提下，可力求制图简便。

② 绘制各类现场图需要做到客观、准确、清晰、形象，图栏各项内容填写齐备，数据完整，尺寸准确，标注清楚。用绘图笔或墨水笔绘制、书写。

③ 现场记录图、现场比例图、现场分析图以正投影俯视图形式表示。

④ 交通事故现场图各类图形应按实际方向绘制。

⑤ 交通事故现场的方向，应按实际情形在现场图右上方用方向标标注；难以判断方向的，可用"←"或"→"直接标注在道路图例内，注明道路走向通往的地名。

⑥ 图线宽度在 0.25～2.0 毫米之间选择。在同一图中同类图形符号的图线应基本一致。

⑦ 绘制现场图图形应符合《道路交通事故现场图形符号》标准（GB/T 11797—2005）规定。

（4）比例、尺寸数据与文字标注

① 现场数据以图上标注尺寸和文字说明为准，与图形符号选用的比例、准确度无关。

② 图形中的尺寸，以厘米（cm）为单位时可以不标注计量单位。若采用其他计量单位时，必须注明计量单位的名称或代号。

③ 现场丈量的尺寸一般只标注一次。需更改时，应做好记录。

④ 标注说明应准确简练，一般可直接标注在图形符号或尺寸线上方，也可引出标注。

（5）现场记录图的绘制

现场记录图要求在现场查勘结束时当场出图，在很短的时间内，把现场复杂的情况完整无误地反映在图面上，就要求绘图者必须具备一定的业务水平和熟练的绘图技巧。现场记录图的绘制过程如下：

① 根据出险现场情况，选用适当比例，进行图面构思。

② 按近似比例画出道路边缘线和中心线。通常现场图上北下南，上北下南不易表达时，可利用罗盘确定道路走向。在图的右上方绘指北标志，标注道路中心线与指北线的夹角。

③ 根据图面绘制的道路，用同一近似比例绘制出险车辆图例，再以出险车辆为中心向外绘制各有关图例。

④ 根据现场具体条件选择基准点，应用定位法为现场出险车辆及主要痕迹定位。

⑤ 按现场查勘顺序先标尺寸，后注文字说明。

⑥ 根据需要绘制立面图、剖面图或局部放大图。

⑦ 核对。检查图中各图例是否与现场相符，尺寸有无遗漏和差错。
⑧ 签名。经核对无误，现场查勘人员、当事人或代表应签名。

【任务评价】

现场查勘任务评价表

序号	内容及要求	评分	评分标准	自评	组评	师评	得分
1	在实验室，提供若干种瓶装汽车液体（瓶体不透明），让学生嗅闻、判断	20	根据实验室提供的液体种类平均赋分，每嗅闻错一种，扣相应分值				
2	评价学生拍摄的模拟事故现场照片	60	根据拍摄照片的完整性、规范性、特指性予以评分				
3	在教室内的地面上散落几件物品，模拟事故现场，要求学生绘制事故现场草图	20	根据所绘草图质量赋分				

指导教师总体评价

指导教师：

年　月　日

【项目小结】

1. 现场查勘是理赔服务的基础环节，是确定责任的关键依据，是开展核查的起始步骤，是风险控制的前沿阵地。

2. 通过对事故现场的查勘，需要进行"五定"：确定事故的真实性和发生事故的原因；确定被保险人在事故中的责任；确定被保险人与保险人之间的合同责任；确定事故造成的损害程度、损失的具体项目；确定事故造成的经济损失（在授权范围内）。

3. 现场查勘的几项原则是：树立为保户服务思想，坚持实事求是原则；重合同、守信用、依法办事；坚决贯彻"主动、迅速、准确、合理"的八字理赔原则。

4. 保险公司受理客户车险案件的基本流程为接受报案、出险通知、查核保单信息、安排查勘、立案。

5. 车辆识别代码是"汽车身份证"，可以有效识别车辆信息，可以帮助查勘人员有效识别标的。

6. 现场查勘主要采用沿车辆行驶路线查勘法、由内向外查勘法、由外向内查勘法、分段查勘法四种。

7. 现场查勘八个环节：询问、嗅闻、查看、丈量、摄影、收集、绘图、填写。

8. 车辆的改装必须依法进行，否则，出险后就有可能失去索赔资格；凡未投保新增设备险的加装件，一律不构成车辆损失险的赔偿条件。

9. 在新车质保期、维修质保期发生的损失，要区分是否是制造质量或维修质量引起的。

10. 现场摄影是真实记录现场和受损标的的重要手段之一，照片质量直接影响证据保留的有效性、核查的准确性及研究的客观性。现场摄影的种类分方位摄影、中心摄影、细目摄影、概览摄影、宣传摄影五类。摄影的方法有相向拍摄、十字交叉拍摄、连续拍摄和比例拍摄四种。

11. 事故现场物证的类型有散落物（包括车体散落物、人体散落物及他体散落物）、附着物（包括喷洒或黏附物、刮痕物与搁置物）和痕迹（包括车辆行走痕迹、车辆碰撞痕迹及涂污与喷溅痕迹）三大类。

【重要概念】

案件受理　查勘准备　原始现场　变更现场　恢复现场　车辆识别代码　询问　嗅闻查看　丈量　摄影　收集　绘图　填写

【知识训练】

1. 填空题

① 现场查勘的目的主要是_____、_____、_____、_____。

② 通过查勘，初步确定的五方面内容有_____、_____、_____、_____、_____。

③ 八字理赔原则是_____、_____、_____、_____。

④ 机动车辆发生保险事故后，除不可抗力外，被保险人应在保险事故发生后的_____小时内通知保险公司。

⑤ 查勘之前，查勘人员需携带的查勘资料主要有出险报案表、保单抄件、索赔申请书、报案记录、_____、索赔须知、_____、事故车辆损失确认单等。

⑥ 查勘人员需携带的查勘工具主要包括笔记本电脑、照明设备、_____、_____、手电筒、卷尺、砂纸、笔、_____、易碎贴、防雨装备、反光背心、反光锥、反光牌等。

⑦ 车辆识别代码（VIN）相当于汽车的"身份证"，它由一组字母和阿拉伯数字组成，共17位，保证_____年内不会重号。

⑧ 在VIN中，代表车辆生产年份的采用数字或字母表示，但哪几个数字和字母是不采用的？不采用的数字有_____，不采用的字母有_____。

2. 选择题（以下各题，有的属单选题，有的属多选题，请选出正确答案）

① 对于没有第三方人身伤亡的单方事故，凡损失在_____元以上的，原则上均须查勘第一现场或复勘第一现场。（单选）

　　A. 500　　　　B. 1000　　　　C. 2000　　　　D. 5000

② 现场查勘主要采用哪几种方法_____？（多选）

　　A. 沿车辆行驶路线查勘法　　　B. 由内向外查勘法

　　C. 由外向内查勘法　　　　　　D. 分段查勘法

③ 现场查勘时，询问当事人的目的在于收集证据，但查勘人员需要注意证据_____。（多选）

　　A. 收集的合法性　B. 制作的规范性　C. 过程的技巧性　D. 落款的重要性

④ 标的车遇险施救时，施救费用需要贯彻分摊原则，即：_____。（多选）

　　A. 按重量分摊　　　　　　　　B. 按事故责任分摊

　　C. 按体积分摊　　　　　　　　D. 按保险标的与非保险财产价格比例分摊

⑤ 一辆投保了交强险的轿车，不幸撞死了一条价值12万元的名贵犬，交强险需要赔付的金额是_____。（单选）

　　A. 120000元　　B. 60000元　　C. 10000元　　D. 2000元

⑥ 驾驶人酒后驾车而非醉酒驾车，假如造成了10000元的标的车损失，在利用车损险理赔时：_____。（单选）

A. 拒赔　　　　　B. 赔付 10000 元　　C. 赔付 5000 元　　D. 赔付 2000 元

⑦ 当驾驶别人的车出险时，要想获得保险公司的赔付，必须符合以下哪些条件？_____（多选）

A. 车主允许驾驶　　　　　　　　B. 有符合所驾车型的驾驶资格
C. 非酒后驾驶　　　　　　　　　D. 非故意出险

⑧ 小型、微型非营运载客汽车使用 6~15 年的，每年检验_____次。（单选）

A. 1 次　　　　　B. 2 次　　　　　C. 3 次　　　　　D. 4 次

⑨ 机动车所有人不可以自行变更的内容有_____。（多选）

A. 外形　　　　　B. 结构　　　　　C. 车内装饰　　　D. 颜色

⑩ 根据《机动车维修管理规定》，一级维护、小修及专项修理质量保证期为车辆行驶_____千米或者 10 日。（单选）

A. 2000　　　　　B. 5000　　　　　C. 10000　　　　D. 15000

【技能训练】

1. 在校园内，利用一辆停放的汽车，将一辆自行车歪倒放置在车的旁边（分别在车的正前方、左前方、右前方、正后方、左后方、右后方、左侧、右侧等不同位置），模拟碰撞事故；用一件衣服模拟被撞倒地的受伤人员；在事故现场的四周散布几件小的物品，作为车祸发生后散落的物件；用一块沾水的报纸贴在车的对应位置，模拟车辆碰撞后的损失。

让每个学生利用数码相机或手机拍摄"事故"现场照片。

拍摄要求：拍摄事故现场全景；拍摄地形、地貌；拍摄车辆信息特征；拍摄相关证件（可以用学生证、身份证等代替）；拍摄车损细目；拍摄物损情况；拍摄人伤位置等。

2. 将学生每 5 人分成一组，1 人扮演查勘员，1 人扮演车主，1 人扮演出险车辆的驾驶人，1 人扮演事故现场的目击者，1 人扮演第三者车驾驶人，1 人扮演评判员。扮演被询问人员的角色，可以在表 6-5 中任意组合选择。

表 6-5　事故现场访谈演练选项

A. 车辆类型	B. 事故责任比例	C. 车辆损失程度	D. 天气状况	E. 角色	F. 年龄
A1 低档非营运轿车	B1 无责	C1 擦划	D1 晴朗的春天	E1 驾驶人	F1 男性 23 岁
A2 中档非营运轿车	B2 次责	C2 玻璃单独破碎	D2 烈日当头的夏日	E2 车上人员	F2 女性 35 岁
A3 高档非营运轿车	B3 同责	C3 轻微	D3 秋日的黄昏	E3 旁观者	F3 男性 35 岁
A4 出租车	B4 主责	C4 较重	D4 飘雪的冬日	E4 车主，但出险时未驾车	F4 女性 45 岁
A5 普通货车	B5 全责	C5 严重	D5 临近午饭时分的冬日		F5 女性 50 岁
A6 半挂车					F4 男性 58 岁
A7 客车					

注：在六项特征中，可以任意组合，形成一道个性化的题目（如 A1+B1+C3+D4+E3+F4）作答。

通过虚拟不同的事故场景、不同的事故责任比例、不同的车辆损失程度、不同的相关人员特点等,进行不同类型的事故现场访谈演练。

【工作页】

事故现场查勘工作页

教师布置日期: 年 月 日	个人完成时间: (分钟)
问题: 　　在校园内,以方便作为道具的任意一辆汽车作为目标,模拟其与固定物(或自行车或行人或小狗)发生了碰撞(碰撞位置可粘附废纸模拟),以此模拟事故现场	任务: 　　学生按3人一组进行分组,分别扮演驾驶人、受害者、查勘员,教师随机给出碰撞物、碰撞位置、天气状况等条件,要求每组进行现场查勘
查勘要点:	

工作步骤	注意事项
1. 如何进行询问	
2. 是否需要嗅闻	
3. 查看哪些方面的内容	
4. 是否需要丈量	
5. 应该拍摄哪些地方的照片	
6. 有无需要收集的东西	

（续）

工作步骤	注意事项
7. 是否需要绘图	
8. 如何填写现场查勘记录	

学习纪要：

项目七

车险事故车辆损失评估

【项目概述】

出险车辆经现场查勘和确认后，属于保险责任并需要修复时，保险公司应对出险车辆的修复方案和修复费用进行评估，确定选用哪种维修方案，特别是涉及更换零配件时，既要考虑保险公司的经济效益，又要确保事故车辆修复后能恢复其原有性能。

对于事故车辆修理范围，一般仅局限于本次事故所造成的损失。通过局部修复能恢复性能的情况，不可扩大到整体修理（如车身喷漆）；更换个别零部件能恢复性能的情况，不可更换总成。

核算维修费用时，应明确材料费用明细和工时明细，可以依据损坏零部件的原始来源，根据保险公司内部报价系统或市场价格，确定零配件的价格；根据修复的难易程度，参照当地工时费水平，确定工时费用。

【建议学时】

12 学时

任务1　碰撞事故车辆定损

【任务目标】

1. 了解事故车辆勘验流程和方法。
2. 掌握车身部件损伤的评估要领。
3. 能够完成一般事故勘验。

【任务导入】

某驾驶人刚获取驾照月余。驾驶本田CR-V驶入地下车库时，因天刚下过小雪，加之进入车库道路为下坡，驾驶人操作不当，车辆失控撞击地下车库的立柱受损（图7-1）。保险公司查勘员到达现场后对事故痕迹进行核对勘验，并对驾驶人进行询问和确认，确定事故真实无异议。

对这样一辆车身受损严重，发动机、底盘、电器件等均遭受不同损伤的汽车，

图 7-1　碰撞现场图

应该怎样制定维修方案呢？事故导致的车辆损失大致是多少呢？

【任务准备】

在机动车保险责任中，因碰撞造成的损失是最为常见的，也是损失最大的一个项目。因此，查勘定损人员必须熟悉机动车辆保险的相关险种，了解汽车的基本结构，掌握碰撞造成的损失机理，熟悉常见的修复方法，掌握汽车零部件的修理与更换标准，掌握各部位修复所需要的工时标准，才能准确进行损失评估。

一、碰撞的形式和影响

从20世纪70年代中期以来，随着车身构造、汽车设计、金属材料、悬架形式、操纵结构和发动机位置、驱动方式等方面的变化，汽车车身结构设计时既要考虑承载本身及其乘员的重量，还要求在发生碰撞事故时能最大限度地吸收能量，以减少对乘员的伤害。一般乘用车前部、后部设计有吸能结构，使中部形成一个相对安全的区域，假设车辆以50千米/时的速度碰撞坚固障碍物时，发动机舱的长度会被压缩30%～40%，但乘员舱的长度仅被压缩1%～2%（图7-2）。

图7-2 车身吸能理念

按照汽车车身的承载情况划分，汽车车身分为承载式车身和非承载式车身两种主要形式。

非承载式车身又称为车架式车身，其典型特征是在车壳下面装有一个车架结构，车壳体通过螺栓安装在车架上，发动机、变速器、悬架等大总成也安装在这个车架上，商用车多为非承载式车身，具体结构如图7-3所示。

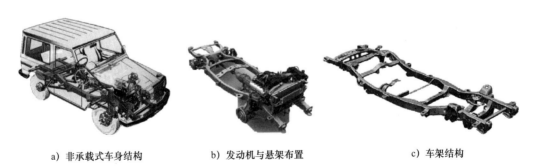

a) 非承载式车身结构　　　b) 发动机与悬架布置　　　c) 车架结构

图7-3 非承载式车身透视图

承载式车身又称为整体式车身，此类车身的典型特征是没有车架，发动机、变速器、悬架等大总成直接安装在车身结构件上，车身和乘员重量以及路面载荷冲击主要由车身整体承载。在发生碰撞事故时，碰撞力也直接作用在车身构件上，并沿着车身构件传播，如图7-4所示。

在整体式车身结构中，车身板件、横梁和纵梁通过点焊或激光焊焊接在一起或粘接在一起，形成一个整体的车身箱体结构。这种结构既轻便又结实。乘员舱的刚度比非承载式车身更大，在碰撞中，汽车的前部和后部可以按照受控的方式溃缩，而乘员舱则得到最大程度的保护。

整体式车身结构需要更复杂的装配工艺，采用了一些新材料和新技术，如厚重的冷轧钢被更轻、更薄的高强度钢或铝合金替代。因此，在维

图7-4 整体式车身及受力关系图

修此类事故车时也应当采取完全不同的修理方法，需要采用新的处理、矫直和焊接工艺。

所以碰撞对不同车身结构的汽车影响不同，从而造成修理工艺和方法的不同，最终造成修理费用的差距。非承载式车身当涉及车架变形时，可以将车身和车架分开校正或更换，承载式车身的维修则较为复杂。

承载式车身通常被设计成能很好地吸收碰撞产生的能量，因此在遭受撞击时，车身由于吸收撞击能量而变形，使得变形更为复杂多样。

1. 前部碰撞

承载式轿车前段车身的主要结构件有前纵梁、前横梁、车颈板、减振器拱形座、前横梁和散热器支架等，它们构成一个封闭的箱体结构，为发动机、变速器等动力总成提供承载空间，同时也提供了承载这些大总成的强度。另外，汽车的转向系统、前悬架机构也安装在前段车体上。因此，前车身的刚度和定位非常重要，直接影响前轮的定位和传到乘员舱的振动与噪声，要求具有较高的强度和结构；除发动机舱盖、前翼子板等外覆盖件以外，所有其他的构件都焊接在一起，以减轻车身质量，增加车身强度，如图7-5所示。

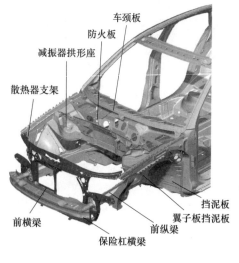

图7-5 汽车前车身结构部件

前部碰撞会导致车辆前端致损（图7-6），碰撞力取决于汽车重量、速度、碰撞范围及

碰撞源。碰撞较轻时，保险杠会被向后推，前纵梁及内轮壳、前翼子板、前横梁及散热器框架会变形；如果碰撞较重，那么前翼子板会弯曲变形并移位触及车门，发动机舱盖铰链会向上弯曲并移位触及前围盖板，前纵梁变形严重时会引发副梁变形；如果碰撞程度更剧烈，前立柱将会产生变形，造成车门开关困难，甚至车门变形；如果前部的碰撞从侧向而来，由于前横梁的作用，前纵梁就会产生相应的变形。前端碰撞常伴随着前部灯具及护栅破碎、冷凝器、散热器及发动机附件损伤、车轮移位等。

图 7-6　汽车前部碰撞损失图

2. 后部碰撞

后段车身又称为尾段或后尾，包括后风窗玻璃到后保险杠之间的所有部件，如后侧围板（后翼子板）、行李舱、后地板、后纵梁、行李舱盖、后保险杠等构件。后段车身的很多构件与前段车身相似，包含后纵梁、后减振器拱形座、后翼子板、行李舱盖、后保险杠等，如图 7-7 所示。

汽车因后部碰撞造成损伤时（图 7-8），往往是被动碰撞所致。碰撞冲击力主要取决于撞击物的重量、速度，被碰撞的部位、角度及范围。如果碰撞较轻，通常后保险杠、行李舱后围板、行李舱底板可能压缩弯曲变形；如果碰撞较重，C柱下部前移，C柱上端与车顶接合处会产生折曲，后门开关困难，后风窗玻璃与C柱分离，甚至破碎。碰撞更严重时会造成B柱下端前移，在车顶B柱处产生凹陷变形。后端碰撞常伴随着后部灯具等的破碎。

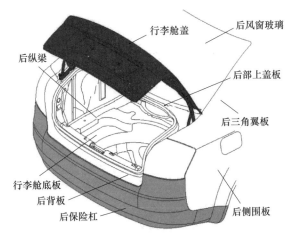

图 7-7　后段车身的主要构件

图 7-8　汽车后部碰撞损失

3. 侧面碰撞

侧面碰撞更多涉及中部车身部件，中部车身又称为乘员舱，是整个车身中强度最高的部分，但是因驾驶人驾车视线需求和乘员上、下车的需要，乘员舱的部件尤其是立柱无法制成大尺寸部件。因此乘员舱的部件设置和维修对保证乘员舱的性能非常重要。乘员舱包含的车身部件有地板、车顶、车颈板、风窗玻璃、车门、A柱、B柱、C柱等。

在确定汽车侧面碰撞时（图7-9），分析其结构尤为重要。一般说来，对于严重的碰撞，车门A、B、C柱以及车身地板都会变形。当汽车遭受的侧向力较大时，惯性作用会使另一侧车身变形。当前后翼子板中部遭受严重碰撞时，还会造成前后悬架的损伤，前翼子板中后部遭受严重碰撞时，还会造成转向系中横拉杆、转向机齿轮齿条的损伤。

如图7-10所示，别克轿车行进中车辆失控，冲到路边，车身侧面撞击电线杆造成严重损毁。对此车辆损伤评估，需要相关人员研究和了解此车的中部车身结构才能进行。

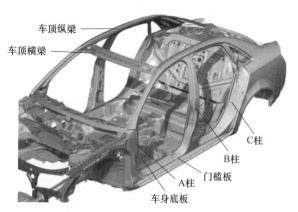

图7-9 车身中部构件及名称

图7-10 轿车车身中部受损严重

4. 底部碰撞

底部碰撞通常因路面凹凸不平、路面上有异物等造成车身底部与路面或异物发生碰撞，致使汽车底部零部件、车身底板损伤。常见损伤有前横梁、发动机下护板、发动机油底壳、变速器油底壳、悬架下托臂、副梁及后桥、车身底板等损伤，如图7-11所示。

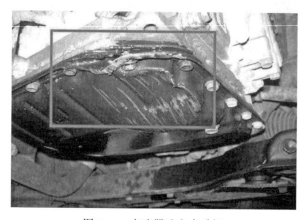

图7-11 变速器油底壳受损

5. 顶部碰撞

汽车单独的顶部受损多为刮碰高处物体或空中坠落物所致，以顶部面板及骨架变形为主。如图 7-12 所示，该车车顶面板及车顶纵梁受损，需更换。另外，汽车倾覆是造成顶部受损的常见现象，受损时常伴随着车身立柱、翼子板和车门变形、车窗破碎。

图 7-12　汽车顶部碰撞损失

二、车身定损分析

在保证汽车修理质量的前提下，"用最小的维修成本完成汽车受损部位的修复工作"是定损事故汽车的基本原则。下面以轿车普遍采用的承载式车身为例说明常见碰撞损伤后的定损。

整体式车身的结构件采用高强度钢材冲压出一定的形状，通过点焊或激光焊接工艺将这些单独的构件连接在一起，构成一个高强度的车身总成，结构件是车体的支撑骨架，如图 7-13 所示。对于损坏极其严重的事故车，有时可以通过更换车体结构件，并实施焊接的方式进行修复。非结构件是指车身面板、内饰和外饰件等，它们通过螺栓、胶粘、铰接或焊接等方式覆盖在车体外面，起到密封车身、减小空气阻力、美化车辆的作用，如图 7-14 所示，通常也称为车身覆盖件。在事故车维修中，车身结构件和非结构件通常都可以单独更换。

图 7-13　车身结构件　　　　　　　　图 7-14　车身非结构件

1. 结构钣金件的定损

处理碰撞受损的车身构件时，经常会遇到弯曲、折曲的概念。弯曲变形是指损伤部位与非损伤部位过渡平滑、连续，通过拉拔矫正可使其恢复到事故前的形状，而不会留下永久的塑性变形。折曲变形是指弯曲变形剧烈，曲率半径小于 3mm，通常在很短长度上弯曲可达

90°以上。

一般说来，车身结构钣金件只发生弯曲变形的话，维修即可；假如发生了折曲变形，则需视情维修或更换，例如，当矫正后，零件上仍有明显的裂纹或开裂，或者出现永久变形带，不经加热处理则不能恢复到事故前的形状，需更换。

决定是否更换结构板件时，应完全遵照制造厂的维修规范建议。需要切割或分割板件时，应当依据厂方的工艺要求和技术规范，例如一些制造厂不允许反复分割结构板件，另一些制造厂规定只有在遵循厂定工艺时，才允许在特定部位切割。高强度钢在任何条件下，都不能用加热法来矫正。

不能切割或分割的钣金件
▲不要割断可能降低乘客安全性的区域
▲不要割断降低汽车性能的区域
▲不要割断影响关键尺寸的地方

在承载式车身上，发动机舱的前焊接件、左右纵梁、前挡板、副车架，车身下底板的前、中、后三块钣金件，汽车行李舱的底板、悬架支撑，左右侧的A柱、B柱、C柱、上下边梁等，这些部件起到很强的支撑和承载作用，都称为结构件，下面介绍代表性结构件的定损。

（1）纵梁

纵梁是前段车身的重要构件，纵梁前段向前延伸构成发动机舱的重要支撑框架，后端延伸至驾驶舱底部与驾驶舱底板进行贴合，车身左右两侧各有一根，通常是箱型构件，如图7-15所示。纵梁与驾驶舱通过焊接结合。

除此之外，由于大多数轿车的前部车身还兼作发动机舱，是发动机、变速器、悬架、转向系统等部件的安装载体，故纵梁还加工有许多不同直径的小孔，用于装配其他附件。

为满足承载和对前悬架、转向系统等支撑力的受力要求，以及发生前部碰撞时对冲击能量吸收效率的要求，在一些高档轿车上，经常采用渐变型纵梁设计，即前纵梁钢板的厚度是渐变的，靠近保险杠的一端较薄，靠近驾驶舱的一端较厚，如同两个楔块。在受到碰撞外力时，纵梁可以呈逐级线性变形，从而达到吸收碰撞能量的作用。如图7-16所示，当纵梁受到冲击时，A、B两处的断面首先发生变形，由此形成对室内乘客的安全保护。

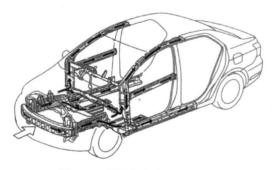

图7-15 纵梁安装位置及受力

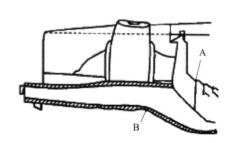

图7-16 纵梁的截面变化

纵梁是车辆中速碰撞过程中重要的吸能元件，为了使纵梁很好地溃缩吸能，纵梁表面开设有一定的冲压凹槽，以此降低某些特定位置的强度，在碰撞发生时引导纵梁变形，吸收撞击能量。如图 7-17 所示，这就是碰撞时前纵梁的折弯点。

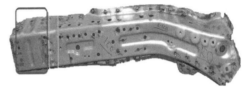

a) 外侧板件　　　　　　　　　　　　　　b) 内侧板件

图 7-17　前纵梁内板及溃缩区设置

纵梁通常由内板和外板焊接组合在一起形成箱型部件，为了便于对损坏的纵梁进行维修，汽车生产企业将纵梁作为总成向维修企业供应。纵梁的后部与车底板焊接在一起，同时也可以提高地板总成的刚度，并能够在发生侧面碰撞时提前将冲击力引导至底板结构之中。在图 7-18 中，捷达轿车纵梁的后端延伸至前排座椅下面的横梁处，从而稳定了整个底板结构，显著提升车身的刚度特性。在前部按碰撞变形原理变形的同时，与车辆底板连接处固定了车身，并能很好地将碰撞力分散到较大的区域。在对纵梁进行更换和修理的过程中，应当严格按照厂家指定的部位进行切割，并按照厂家推荐的焊接方式进行焊接，否则会破坏纵梁的刚度分布，引起纵梁性能的下降。

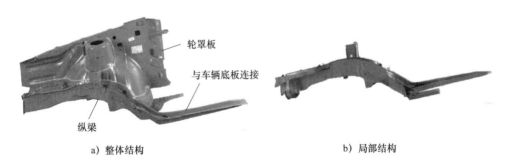

a) 整体结构　　　　　　　　　　　　　　b) 局部结构

图 7-18　纵梁及安装位置

（2）A 柱

A 柱是钢制箱型构件，向上与车顶纵梁连接，向前与前纵梁和翼子板支撑板连接，横向与前围板焊接，底部连接车门槛板和底边梁，A 柱起到在支撑驾驶舱的同时为前门提供铰接安装点的作用。当车辆前部受到撞击时，撞击力能够通过 A 立柱向底边梁、车顶纵梁和 B 柱扩散和传导，达到减少驾驶舱侵入量，保持驾驶舱生存空间的目的，如图 7-19 所示。因此要求 A 柱具有较高强度。A 柱为高强度钢板冲压成形，并拼焊为箱形结构，在较小的重量下，提供更高的强度。为了进一步提高 A 柱的强度，A 柱的空腔内部局部通常装有加强件，如图 7-20 所示。当 A 立柱受损发生折曲变形或产生孔洞时，可采用拆除原有焊点，整体更换的方式进行维修。

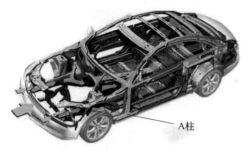

图 7-19　A 柱将来自前部的撞击力向多个方向分散

a）正面　　　b）背面　　　c）内侧加强板

图 7-20　大众 Polo 轿车 A 柱及内侧加强板

（3）B 柱

B 柱位于前门和后门之间，上端与车顶横梁及车顶焊接在一起，底部与车门槛板焊接。B 柱为前车门锁栓、后车门铰链及前排安全带卷收器和高度调节器的安装部位，更是车身侧面撞击时重要的防护构件，车身碰撞试验中，不仅要保证前车门在承受一定冲击下能够打开，同时要求 B 柱变形过程中对乘员舱伤害要尽可能小。要求 B 柱必须具有较高的强度和合理的刚度分布。图 7-21 所示为大众 Polo 轿车 B 柱。

 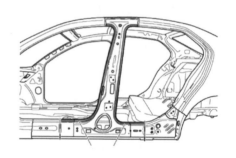

a）车身结构图　　　　　　　　　　b）车身示意图

图 7-21　大众 Polo 轿车 B 柱

B 柱的整体形状必须呈曲面状态，与车身外形保持一致。B 柱零件加工时的结构特点是成形深度较大、零件截面变化复杂，图 7-22 所示为某车 B 柱零件图。由于开设车门和空间尺寸的限制，要求 B 柱具备较高的强度，同时尺寸又不宜过大，因而通常用内部和外部构件加强板组合，形成一个强度较好的箱型结构，侧面受到碰撞时起到保护乘员的作用。一般在 B 柱箱型构件中间还会适当装有加强件。

对 B 柱进行整体更换时，应当严格按照厂家规定的程序和工艺进行切割与焊接才能保证其修复后有足够的强度。

2. 非结构钣金件的定损

非结构钣金件又称覆盖钣金件，承载式车身的覆盖钣金件通常包括可拆卸的前翼子板、车门、发动机舱盖、行李舱盖和不可拆卸的后翼子板、车顶等。

（1）发动机舱盖及附件

发动机舱盖通常用铰链连接在车颈板上，用于封闭发动机舱

图 7-22　某轿车 B 柱单件

并对空气导流。要求发动机舱盖既轻薄又有足够的刚度，同时还要隔声、减振及避免与发动机运转声产生共鸣。

发动机舱盖板由冷轧钢板冲压成的网状内板和薄壁蒙皮外板组合而成，因其表面蒙皮外板较薄，形状不稳定，主要靠内部的网状内板起增强发动机舱盖强度的作用，如图 7-23 所示。这种发动机舱盖钣金修复的难度较大，蒙皮为低碳钢板件，强度相对较低。

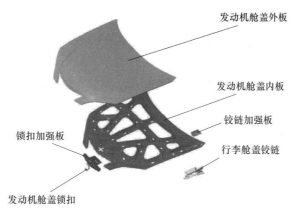

图 7-23　发动机舱盖组成

当车辆前部受到撞击时，为避免发动机舱盖受挤压后移，伤及驾驶舱，在骨架的两侧边缘处开设一定的吸能槽（图 7-24），使得发动机舱盖沿着吸能槽变形，在对事故车辆检查时应当注意吸能区的损伤。当发动机舱盖前部受到撞击时，发动机舱盖易从此处溃折，从而避免向驾驶舱内冲击，因此在维修发动机舱盖时，切勿破坏吸能凹槽。

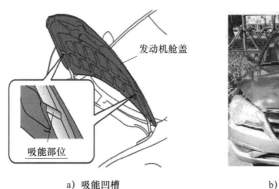 

a）吸能凹槽　　　　　　　　　　b）发动机舱盖溃折

图 7-24　发动机舱盖的吸能设计

为方便开启发动机舱盖检查和维护发动机舱，发动机舱盖带有普通的或者液压的支撑杆。发动机舱盖内表面通常装有毛毡材质的内衬，内衬能够很好地吸收发动机舱的噪声又能起到隔热的作用。为防止发动机舱盖在行驶中由于振动而自动开启，其前端装有锁止装置，该锁止装置的拉手一般都安装在驾驶舱内的仪表板左下方。在定损过程中此类小附件需要注意。

目前，多数轿车的发动机舱盖为钢质，由外板和网状骨架两部分采用翻边形式扣合而成，少数高档轿车采用铝板冲压成形。发动机舱盖遭受撞击后常见的损伤有变形、破损。钢质发动机舱盖是否需更换主要依据变形的冷作硬化程度和基本几何形状，冷作硬化程度较小、几何形状程度较好的发动机舱盖常采用钣金修理法修复，反之则更换。铝质发动机舱盖的一般变形可以通过铝件钣金进行修复，产生较大的塑性变形时通常需更换。

发动机舱盖铰链碰撞后会变形，以更换为主。发动机舱盖撑杆有铁质撑杆和液压撑杆两种，铁质撑杆基本上可校正修复，液压撑杆撞击变形后以更换为主。发动机舱盖拉索在轻度碰撞后一般不会损坏，但碰撞严重时会折断，应更换。

(2) 行李舱盖

行李舱盖板用铰链安装在后行李舱上方，行李舱盖板通常由外板和内板、内衬、锁栓隔板、支撑杆等构成，如图 7-25 所示。为了提高行李舱盖的强度，冷轧钢板内板冲压成若干加强筋并与外板通过翻边压合而成。行李舱盖的内、外板件组合形式加大了钣金维修的难度。行李舱盖受损后应看是否需要将两层分开修理。如不需分开，则不应考虑更换；若需分开整形修理，应首先考虑工时费与辅料费之和与其价值的关系，如果工时费加辅料费接近或超过其价值，则不应考虑修理。在事故中行李舱盖板严重损坏时，一般进行整体更换。行李舱盖上通常留有安装后牌照的位置，有时还安装部分尾灯。

a) 行李舱盖板

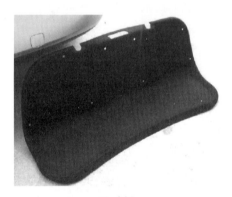
b) 内衬

图 7-25　行李舱盖板及内衬

(3) 前翼子板

若前翼子板的损伤程度没有达到必须将其从车上拆下来才能修复的程度，如整体形状还在，只是中间局部凹陷，一般不考虑更换。损伤程度达到必须将其从车上拆下来才能修复，并且前翼子板的材料价格低廉、供应流畅，材料价格达到或接近整形修复的工时费时，应考虑更换。

如果前翼子板每米长度有超过三处折曲、破裂变形，或已无基准形状，应考虑更换（一般来说，当每米折曲、破裂变形超过三处时，整形和热处理后很难恢复其尺寸）；如果每米长度有不足三处折曲、破裂变形，且基准形状还在，应考虑整形修复；如果修复工时费明显小于更换费用应考虑以修理为主。

前翼子板附件有饰条、砾石板等。饰条损伤后以更换为主，即使未被撞击，也常因钣金整形翼子板需拆卸饰条，拆下后就必须更换；砾石板因价格较低，撞击破损后一般更换即可。

3. 后纵梁

后纵梁焊接在后段车身底部，通常为箱形构件，车身设计时要求后纵梁应有足够的支撑强度以构成后部车身的安装骨架，同时后纵梁要有合理的吸能和应力分散设计，便于车辆尾部遭受撞击时对乘员舱起到足够的保护作用。

在涉及后纵梁损伤的事故中，维修时可以整体更换后纵梁也可以对纵梁进行切割，局部更换。

4. 行李舱底板

行李舱底板通常由一整块钢板冲压而成，焊接在后纵梁、后轮罩内板和行李舱底板之间，构成行李舱的底部密封件。大多数轿车的行李舱底板上还冲压出一个备胎坑，用于安装备胎。行李舱底板是车身后部的重要安全构架，在车身后部受到撞击时同车底纵梁共同起到支撑和吸能作用。行李舱底板损毁严重时，可以整体更换。

三、发动机定损分析

汽车发生一般事故时，大多不会使发动机受到损伤。只有比较严重的碰撞、发动机进水、发动机拖底时，才可能导致其损坏。

1. 发动机及附件碰撞损坏认定和修复

（1）发动机附件

正时带及附件因撞击破损和变形时以更换为主。油底壳轻度变形一般无须修理，放油螺栓处碰伤至中度以上的变形以更换为主。发动机支架及橡胶垫因撞击变形、破损以更换为主。进气系统因撞击破损和变形以更换为主。排气系统中最常见的撞击损伤形式为发动机移位造成的排气管变形。由于排气管长期在高温下工作，氧化严重，通常无法整修。消声器吊耳因变形超过弹性极限而破损，也是常见的损坏现象，应更换。

（2）散热器及附件

铝合金散热器修与换的掌握，与汽车的档次相关。由于中低档车的散热器价格较低，中度以上损伤一般可更换；高档车的价格较贵，中度以下损伤常可采用亚弧焊修复。但水室破损后，一般需更换，而水室在遭受撞击后最易破损。水管破损应更换。水泵带轮变形后通常以更换为主。风扇护罩轻度变形一般以整形校正为主，严重变形需更换。主动风扇与从动风扇的损坏常为叶片破碎，由于扇叶做成了不可拆卸式，破碎后需要更换总成。风扇传动带在碰撞后一般不会损坏，因正常使用也会磨损，拆下后如需更换，应确定是否系碰撞所致。

（3）散热器框架

根据"弯曲变形整修，折曲变形更换"的基本维修原则，考虑到散热器框架形状复杂，轻度变形时可以钣金修复，中度以上的变形往往不易修复，只能更换。

（4）铸造基础件

发动机缸体大多是用球墨铸铁或铝合金铸造的。受到冲击载荷时，常常会造成固定支脚的断裂，而球墨铸铁或铝合金铸件都是可以焊接的。

一般情况下，发动机缸体的断裂是可以进行焊接的。当然，不论是球墨铸铁或铝合金铸件，焊接都会造成其变形。这种变形通常用肉眼看不出来，但由于焊接部位附近对形状尺寸要求较高，如在发动机气缸壁附近产生断裂，用焊接的方法修复常常是行不通的，一般应考虑更换。

2. 发动机的拖底

（1）发动机拖底的形成原因

汽车发动机在以下几种情况下易"拖底"：第一，通过性能较差的汽车通过坑洼路段时，可能会因颠簸而使位于较低部位的发动机油底壳与路面相接触，从而导致"发动机拖底"；第二，汽车在坑洼程度并不严重的路段行驶，由于速度偏高，遇到坑洼时上下颠簸厉害，也可能导致"发动机拖底"；第三，汽车在路面状况良好的路段行驶，没有察觉前车坠落的石块，有可能导致"发动机拖底"；第四，汽车不慎驶入路坡等处时，被石头垫起，造成拖底。

（2）发动机拖底后的损坏范围

发动机拖底后，往往会对机件造成一些损失，这些损失可以划分为直接损失和间接损失。

直接损失：发动机拖底后，会造成油底壳凹陷；如果程度较重，还可能使壳体破损，导致机油泄漏；如果程度严重，甚至会导致油底壳里面的机件变形、损坏，无法工作。

间接损失：发动机拖底以后，如果驾驶人没有及时熄火，油底壳内的机油将会大量泄漏，导致机油泵无油可泵，使发动机的曲轴轴瓦、连杆轴瓦得不到机油的充分润滑和冷却，轴瓦很快从干磨到烧蚀，然后与曲轴、活塞抱死。另外，由于机油压力降低，发动机的凸轮轴、活塞和气缸也会因缺油而磨损。

发动机拖底之后会导致损伤，其常规赔偿范围一般只限于以下几个方面。

发动机拖底赔偿范围
▲油底壳的维修或更换
▲油底壳密封垫的更换
▲发动机机油的补充
▲机油泵的维修或更换费用

（3）非保险责任的发动机损坏

由于发动机保养不当，可能会造成机油减少，油道堵塞，连杆螺栓松动等现象。这样，在运转过程中，连杆轴瓦就会烧蚀、磨损，增大了连杆瓦座间的冲击力，最后将连杆螺栓冲断或造成螺母脱落，瓦盖与连杆脱开，其固定作用消失。这样一来，当活塞下行时，连杆冲向缸体，造成"捣缸"。发动机的这种损坏不属于保险责任，查勘定损人员必须严格掌握。若客户有异议，可以要求保存客户损坏的发动机零件及油底壳中的残留物，以供分析原因之用。

个别发动机在"捣缸"时，连杆瓦座及瓦盖脱开的瞬间，向下的冲击作用会将瓦盖击向油底壳，将油底壳打漏造成机油泄漏，油底壳破损处向外翻起。这种损坏情况，若不仔细观察，会感觉与发动机拖底的事故非常相似——区别就在于破损处内凹或外翻，凡属于拖底的故障，破损处一定内凹。处理此类问题时，要仔细分析，找出损坏原因，来确定是否属于保险责任，同时也可以有力地说服客户。

四、底盘定损分析

1. 机械零部件的定损

（1）铸造基础件

变速器、主减速器和差速器的壳体往往用球墨铸铁或铝合金铸造。受到冲击载荷时，常常会造成固定支脚的断裂,而球墨铸铁或铝合金铸件都是可以焊接的。

变速器、主减速器和差速器的壳体断裂可以焊接,但焊接会造成壳体的变形。这种变形虽然用肉眼看不出来,但会影响尺寸精度,若在变速器、主减速器和差速器等的轴承座附近产生断裂,用焊接的方法修复常常是行不通的,一般应考虑更换。

(2) 悬架系统、转向系统零件

对于非承载式车身来说,车轮定位正确与否的前提是正确的车架形状和尺寸。对于承载式车身来说,正确的车轮定位前提是正确的车身定位尺寸。车身定位尺寸的允许偏差一般为 1~3mm。

悬架系统中的任何零件都不允许用校正法修理,当车轮定位仪检测出车轮定位不合格时,用肉眼和一般量具无法判断出具体损伤和变形的零部件,因而,不要轻易做出更换某个零件的决定。

车轮外倾、主销内倾、主销后倾等都与车身定位尺寸密切相关。如果数据不对,应首先分析是否是因碰撞造成的,由于碰撞不可能造成轮胎不均匀磨损,可通过检查轮胎磨损是否均匀,初步判断事故前的车轮定位情况。

再检查车身定位尺寸,在消除了诸如摆臂橡胶套的磨损等原因、校正好车身,使相关定位尺寸正确后,再做车轮定位检测。如果此时车轮定位检测仍不合格,再根据其结构、维修手册等判断具体损伤部件,逐一更换、检测,直至损伤部件得到确认为止。上述过程复杂而繁琐,且技术含量较高,由于悬架系统中的零件都属于价格较高的安全部件,定损时切不可轻率马虎。

转向机构中的零件也同样存在类似问题。

(3) 车轮

轮辋遭撞击后以变形损伤为主,应更换。轮胎遭撞击后会出现爆胎,应更换。轮罩遭撞击后常会产生破损,应更换。

(4) 前悬架零件

承载式车身的汽车前纵梁及悬架座属于结构件,按结构件方法处理。

制动盘、悬架臂、转向节、稳定杆、发动机托架均为安全部件,变形后均应更换。减振器主要鉴定是否在碰撞前已损坏。减振器是易损件,正常使用到一定程度后会漏油,如果外表已有油泥,说明在碰撞前已损坏;如果外表无油迹,碰撞造成了弯曲变形,应更换。

(5) 转向机及制动系统

遭到撞击损伤后,从安全角度出发应该更换。安装有安全气囊的汽车,驾驶人气囊都安装在转向盘上,当气囊因碰撞引爆后,不仅要更换气囊,通常还要更换气囊传感器与控制模块等。需要注意的是,有些车型的碰撞传感器是与 SRS ECU 装在一起的,要避免维修厂重复报价。

车辆前部遭受撞击造成车轮移位时,通常会引起转向横拉杆变形,转向横拉杆与转向机本体之间采用螺栓连接,可以单独进行更换。在悬架和底盘的磕碰事故中,橡胶制动管路容易受挤压破损,金属制动管路受挤压变形,此种情况下可以拆卸管路的连接处,对管路进行成段更换,并适当补偿制动液的损失。

(6) 后桥及悬架

后悬架按前悬架方法处理;后桥按副梁方法处理。

后纵梁损坏时按前纵梁方法处理，其他同车身底板处理方法相似。备胎盖在严重的追尾碰撞中会破损，以更换为主。

（7）变速器及传动轴

中低档轿车多为前轮驱动，碰撞常会造成外侧等角速万向节破损，须更换。有时还会造成半轴弯曲，也以更换为主。

变速器损坏后，内部机件基本都可独立更换，对齿轮、同步器、轴承等的鉴定，碰撞后只有断裂、掉牙才属于保险责任，正常磨损不属于保险责任，在定损中要注意界定和区分。

从保险角度来看，变速器的损失主要是拖底，其他类型的损失极小。

2. 自动变速器拖底后的处理流程

① 报案。接到自动变速器拖底碰撞的报案后，立即通知受损车辆，就地熄火停放，请现场人员观察自动变速器下面是否有红色的液压油漏出（大部分自动变速器液压油为红色）。不允许现场人员移动车辆，更不允许任何人擅自起动发动机。

② 根据查勘结果救援。根据现场查勘结果，分别采取不同的救援处理方案。

假如自动变速器油底壳只有变形而没有漏油，可将受损车辆拖到附近修理厂。进行受损汽车的牵引时，距离原则上不要超出3千米，变速器应置于空档，车速不得大于10千米/时。

假如认定自动变速器油底壳已经漏油或虽然没有漏油但离汽车修理厂路途较远时，不允许直接牵引，要采用可以将受损车辆驮走的拖车，将其驮运到汽车修理厂。

③ 修复处理。将属于保险责任的受损车辆运到汽车修理厂修复。

自动变速器箱体损坏后，一般情况下，只需更换箱体就可以了。但有时候，汽车配件市场上可能只有自动变速器总成而没有单独的箱体。

五、电器设备定损分析

1. 蓄电池

蓄电池的损坏多以壳体四个侧面的破裂为主，应更换。

2. 发电机

发电机常见撞击损伤为带轮、散热叶轮变形，壳体破损，转子轴弯曲等。带轮变形应更换。散热叶轮变形可校正。壳体破损、转子轴弯曲以更换发电机总成为主。

3. 刮水系统

刮水片、刮水臂、刮水电动机等，因撞击损坏主要以更换为主。而固定支架、联动杆等，中度以下的变形损伤以整修修复为主，严重变形需更换。刮水喷水壶只在较严重的碰撞中才会损坏，损坏后以更换为主。喷水电动机、喷水管和喷水嘴被撞坏的情况较少，若撞坏以更换为主。

4. 冷凝器及制冷系统

空调冷凝器采用铝合金制成，中低档车的冷凝器一般价格较低，中度以上损伤一般可更换；高档车的冷凝器价格较贵，中度以下损伤常可采用亚弧焊修复。储液干燥器因碰撞变形一般以更换为主。如果系统在碰撞中以开口状态暴露于潮湿的空气中时间较长，则应更换储液干燥器，否则会造成空调系统工作时的"冰堵"。压缩机因碰撞造成的损伤有壳体破裂、带轮、离合器变形等，壳体破裂一般更换，带轮变形、离合器变形一般也更换。空调管有多根，损伤的空调管一定要注明是哪一根。汽车空调管有铝管和胶管两种，铝管常见的碰撞损伤有变形、折弯、断裂等，变形后一般校正；价格较低的空调管折弯、断裂时一般更换；价格较高的空调管折弯、断裂时一般采取截去折弯、断裂处，再接一节用亚弧焊接的方法修复。胶管破损后一般更换。

空调蒸发器大多用热塑性塑料制成，常见损伤多为箱体破损。局部破损可用塑料焊修复，严重破损一般需更换，决定更换时一定要考虑有无壳体单独更换。蒸发器换与修基本同冷凝器。膨胀阀因碰撞损坏的可能性极小。

5. 电器设备保护装置

有些电器件在遭受碰撞后，外观虽无损伤，却显示"坏了"，其实这有可能是假象。

如果电路过载或短路就会出现大电流，导致导线发热、绝缘损伤，有可能酿成火灾。因此，电路中必须设置保护装置。熔断器、熔丝链、大限流熔断器和断路器都是过电流保护装置，它们可单独使用，也可配合使用。碰撞会造成系统过载，相关保护装置会因过载而工作，电路出现断路，导致相关电器装置无法工作。此时只需更换相关的熔断器、熔丝链、大限流熔断器和断路器等即可，无需更换相关的电器件。

【任务实施】

在对事故车进行损伤核定时，有些损伤表面特征明显，例如断裂、破损、扭曲变形，通过直观目测即可确定。同时，也有些损伤症状不明显，例如形状精度要求极高的悬架摆臂、悬架、车门立柱等部件。在判断损伤时，可以通过油漆爆裂、间隙变小、是否发生接触、挤压痕迹等症状来确认损伤。常见损伤检查过程如下：

1. 碰撞点的确认

在定损时既要做到检查全面，同时也要兼顾工作效率。规范的检查程序是提高工作效率和质量的基础。检查时应做到以碰撞点为中心，按照固定的顺序和模式来进行。

（1）确认碰撞点

定损过程中，工作人员应当首先判断具体的碰撞点在哪里。如果事故发生多次碰撞，碰撞点有可能不止一个。碰撞点明确后，确认碰撞状态、碰撞痕迹的走向、碰撞点变形的深度，进而初步判断直接损伤和间接损伤范围，为下一步的损伤具体确定奠定基础。

例如，本事故中的 CR-V 车，经确认，该事故为车身撞击立柱的单方事故，根据事故现场痕迹分析，车辆右前角撞击立柱后车身向左旋转 90° 左右，并未与其他物体发生二次碰撞，只有一个碰撞点，如图 7-26 所示。碰撞点位于车辆右前方，该车在此次事故中的损伤以碰撞点为中心向四周扩散，由此确定勘验的中心和外延。

a）整体拍摄

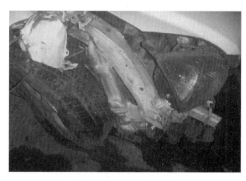
b）局部拍摄

图 7-26 车辆右前角为碰撞中心

（2）环车辆检查

确认碰撞中心后，对车辆进行环绕车身检查一周，确认有无其他间接损伤存在。在实际碰撞过程中存在多车碰撞、碰撞后车辆发生翻滚、碰撞后车辆移位后引发的二次碰撞以及救援等造成额外损伤等。为了保证定损工作的全面性和彻底性，在对损伤车辆进行检查的过程中应当遵循一定的程序和步骤。通常情况下遵循从车前部到后部，从车外部到内部，以碰撞点为中心，进行横向、纵向检查，直至检查到未见损伤区域。

2. 一次损伤的检查

车辆损伤涉及部位、部件众多，如何做到客观、全面、准确地定损，做到不遗漏？在实际工作过程中，定损人员在进行车辆碰撞区损伤诊断时，可将车辆分成多个区域，逐一检验诊断。不同的区域损伤形态和特性不同，定损时排查的重点也有所不同。不同的区域应采用不同的诊断方法。通常情况下划分为检查确定外板损伤、发动机舱内部件机械件损伤、驾驶舱内部附件的损伤、底部及底盘件损伤等。

事故车辆因发生碰撞，多处产生变形，损伤状况复杂，为方便起见，区分损伤区域时通常的理解方式为直接损伤和间接损伤。

车门、玻璃、发动机舱盖、前后保险杠等部件位于车身的最外层表面，对该区域进行系统性检验是车辆定损的第一步。车身表面部件的损伤为直接碰撞物接触所发生的损伤。如图7-27所示，该车直接碰撞点为车辆右前角部位，碰撞力推压前保险杠右侧、右前翼子板、散热器护栅、发动机舱盖右侧、右侧车灯具等，导致这些部件发生严重变形，这些损伤为碰撞物直接接触所致，统称为直接损伤。

图7-27 轿车右前部位的损伤

直接损伤往往是碰撞物直接接触导致的损伤，这类损伤往往能够找到与被碰撞物直接接触的痕迹。定损人员及查勘人员往往需要根据直接碰撞痕迹的形状、高度，现场散落物及附着物分析和认定事故。直接损伤是事故分析损伤、认定的不可缺少因素，是痕迹认证最为有效的证据。

由于车辆结构、碰撞力和角度以及其他因素的差异，一次损坏区域是多种多样的。一次损坏直接可见，较少需要测量。直接损伤部位多为车身表面覆盖件、吸能区部件以及部分机械部件。一次损伤常见的确定方法如下：

（1）查勘有无漆面爆裂，确认溃缩点

摆臂、纵梁、车身立柱等表面都喷涂防腐性能的油漆。在撞击的一瞬间，受到撞击、挤压的部件首先产生弹性变形,当变形量超过弹性变形极限引发塑性变形,撞击力消失后,弹性变形部分在弹性的作用下产生回弹,变形量消失,塑性变形则无法回弹得以保留。油漆相对金属弹性变形及塑性变形无法同步,所以在变形量较大的部位油漆折断,即爆裂。因此,可以在变形及损伤不明显的部位通过应力点油漆爆裂判定部件的损伤。图 7-28 所示为 CR-V 车下摆臂变形的溃缩点。

(2) 对比痕迹

车辆装配过程中各处缝隙应均匀,活动部件要留有足够的活动空间,避免运动干涉。另外,车辆在长期使用的过程中,表面裸露部位的材质和覆盖物老化程度不同也可以用来勘验碰撞和变形。例如,事故案例中本田车的右侧下摆臂与副车架的安装螺栓明显出现移位痕迹,由此可以判定下摆臂遭受大力挤压所致,所以存在下摆臂以及相关部件损伤的可能性,如图 7-29 所示。

图 7-28 下摆臂油漆变形痕迹

图 7-29 下摆臂与副车架连接螺栓的移位痕迹

(3) 确定痕迹的源头

事故碰撞现场存在大量的油液痕迹,或者撞击痕迹。每一处油液痕迹或者撞击痕迹都有对应的部件损伤,在定损过程中要核实渗漏点,或者查找碰撞痕迹的成因,确定碰撞痕迹所对应的碰撞物是定损工作的基本要求。如图 7-30、图 7-31 所示,CR-V 车的右前悬架处发现大量油液泄漏痕迹,查找油液的源头,最终确认为制动软管破损。

图 7-30 车辆底部有油液泄漏痕迹

图 7-31 制动软管破损

（4）尺寸测量及形状对比

副车架、横梁等部件是发动机安装和支撑的基础，对两侧车身纵梁也起到结构上的支撑作用，同时又是摆臂、转向节等部件的安装定位基础，因此副车架、横梁的损伤和变形会严重影响到车辆的操控性能。发生事故时，副车架、支撑横梁等部件不仅容易受到直接撞击，同时还会受到纵梁、摆臂等部件的挤压造成损伤。在定损过程中出现纵梁发生溃折，摆臂、转向节发生大的变形时，即使未见副车架有明显的变形损伤，也要考虑受到间接传力作用，副车架和横梁存在变形的可能，通过测量该元件的对称性确定形变。

如图 7-32 所示。对该车的副车架进行测量。该车副车架右前—左后对角线长度 1350mm，左前—右后对角线长度 1330mm，长度相差 20mm，已经远超对角线长度允许偏差 0.1% 的规定值，据此判断应当予以更换。

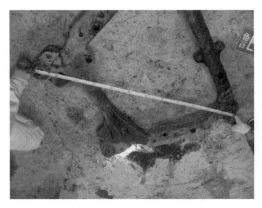
a) 测量右前—左后对角线长度

b) 测量左前—右后对角线长度

图 7-32 副车架的测量范例

在定损过程中，根据新零部件与受损零部件的形状、尺寸对比，确定零部件的损伤程度也是较为常用的定损方法。

3. 二次损伤的检查

（1）二次损伤成因

间接损伤也称为二次损伤，指发生在碰撞接触区之外，离碰撞点有一段距离的部件在碰撞力沿车身部件传递过程中所形成的损伤。也就是碰撞力从冲击区域延伸到车身毗连区，并且碰撞能量在向毗邻钣金件移动的过程中被吸收，碰撞力传递到较大范围的区域，理论上汽车的任何零件均可能受到影响。

二次损伤是车身骨架及结构件损伤的重要原因。撞击力在汽车上的传递距离和二次损坏程度取决于碰撞力的大小和作用方向以及吸收碰撞能的各个结构件的强度。许多承载式汽车车身被设计成能压溃并能吸收碰撞能的结构，以保护车内乘员，这些区域是二次损坏的多发区。如图 7-33、图 7-34 所示，该车由于右侧受到严重撞击，造成右侧底盘及悬架件受损。同时，右侧车身变形造成撞击力向车门及车身中部传递，引起车身中部变形。

二次损伤也可由传动系统和后桥的惯性力造成。由于车辆因碰撞突然停止，惯性质量仍向前高速运动，机械零部件的惯性力全部作用到固定点和支撑构件上。例如，座椅的损伤、滑道及座椅调整电动机的损伤、天窗损伤、发动机支架发生变形等，毗邻金属可能发生皱褶、撕裂或开焊。因此，定损较为严重的事故时，必须注意对座椅、天窗、悬架、车桥、发动机和变速器固定点的检查。

图 7-33　右前门无法关闭

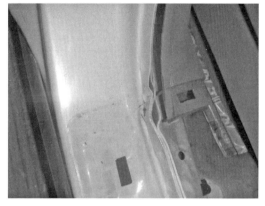

图 7-34　底边梁及 B 柱连接处变形严重

二次损伤有时不容易发觉，但它仍有一些可见迹象，二次损伤的确定一般依赖于分析和测量。

（2）二次损伤的标志

二次损伤的常见标志有钣金件皱曲，漆面褶皱和伸展，钣金件缝隙错位、接口撕裂和开焊等。如本案例中的本田车，车辆前部遭受猛烈的碰撞，考虑车身乘员舱骨架受到损伤的可能性，应检查前风窗玻璃立柱和车门窗框前上角区域之间的缝隙是否增加，比较左、右两侧缝隙是否均匀一致。

检查时还应该查看外板是否翘曲，严重碰撞通常会导致车顶盖在中部向后翘曲，如果车辆有天窗，应检查开口拐角处是否弯曲。外部覆盖板翘曲是在结构骨架上发生了二次损坏的标志。如图 7-35、图 7-36 所示，该车右前 A 柱与仪表板缝隙变大，杂物箱盖无法正常关闭，表明右侧 A 柱发生变形，A 柱后移引起底板变形。此种损伤多由前部撞击的冲击力向后传递所致，因此应当进一步检查前轮轮罩板及纵梁等部位。

图 7-35　仪表板缝隙变大

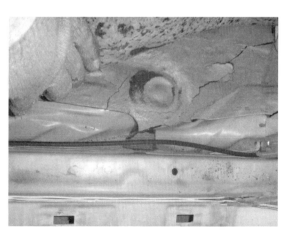

图 7-36　A 柱下端后移引起底板变形

在定损过程中，检查前部车身时可以开启发动机舱盖检查发动机舱纵梁、前围板、翼子板支撑骨架等区域是否有褶皱、爆漆、撕裂等症状，前围板处是否存在裂纹。检查中部车身时可以开关车门检查车门是否存在卡滞、关闭不严。检查后部车身时，可以通过观察行李舱底板、后纵梁等部件是否存在油漆开裂、褶皱变形或者焊点开裂的现象。在定损时要注意板件变形是否对周围部件造成牵拉和撕扯。

【任务评价】

汽车碰撞损失评估任务评价表

序号	内容及要求	评分	评分标准	自评	组评	师评	得分
1	结合轻微碰撞事故实际案例，根据事故查勘现场图片或者受损实车照片，分析事故成因，评估损伤，撰写事故现场报告	40	按照规范填写轻微事故现场理赔书，列明事故形成原因，并确定损失项目和赔付金额。每个因素5分；以满分为限				
2	结合前部碰撞具体的事故案例，教师准备事故现场查勘图片及部件定损图片，学生练习确定损失项目和维修方案，并列明清单 ① 车身部件损伤确定及维修方案 ② 发动机损伤部件确定及维修方案 ③ 底盘件损伤部件确定及维修方案 ④ 电器件损伤部位分析及维修方案 ⑤ 完成定损报告	60	能够分析事故成因，核定事故真实性和准确性；确定具体的损失项目，并进行规范拍照，同时列明修复方案；完成规范的定损报告。每个要素得10分				

指导教师总体评价

指导教师：

年　月　日

【知识拓展】　事故中汽车常见易损件介绍

一、车门组件的定损

车门包含了外板、内板。其中，内板内侧还装有车门内饰板，用以装饰车门内表面和安装音响等。车门窗框通常通过点焊或折边的形式与车门内外板结合。由于制造工艺不同，车门分为窗框拼合式车门、冲压成形车门和无窗框车门三种。在内板和外板之间的区域安装有玻璃升降机构、门锁控制机构，以及相应的控制线路和控制器，车门内外表面装有把手、按钮和开关等。车门通过铰链与门柱相连，车门铰链通过螺栓或焊接方式固定在立柱和门框上。车门总成的构成如图7-37所示。

通常厂家在车门内、外板之间安装侧防撞装置，侧防撞梁也叫车门防撞梁，用以加强车辆遭受侧面撞击时的防护。这样可以降低车门的整体重量，使得车门的强度可以合理分布，降低乘员可能遭受的侧向碰撞力量，同时也能保护车内零部件。

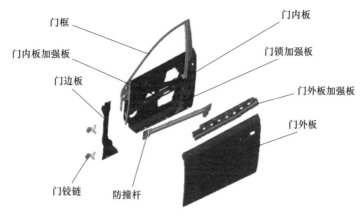

图 7-37 车门及其附件

在对车门进行维修和勘验时,应当全面勘验车门及其附件的受损情况,对损伤严重的车门,目前通常采用总成更换的方式修理。但是对于车门附件需进行核验,以确定是否能够继续使用或必须更换。图 7-38 所示为车门附件的检查与确认。车门防擦饰条碰撞变形后应更换,车门变形后,需将防擦饰条拆下整形。多数防擦饰条为自干胶式,如拆下后重新粘贴不牢固,用其他胶粘贴又影响美观,应更换。门锁及锁芯在严重撞击后会损坏,一般以更换为主。玻璃升降机是碰撞中经常损坏的部件,玻璃导轨、玻璃托架也是经常损坏的部件,碰撞变形后一般都要更换。

a) 车门密封条

b) 玻璃升降机构受损

c) 车门中控锁电动机

d) 车门内饰板

图 7-38 车门附件的检查

e) 车门锁及锁栓

f) 车门饰条

图 7-38　车门附件的检查（续）

二、保险杠组件的定损

现在的轿车前、后保险杠除了保持原有的保护功能外，还要追求与车体造型的和谐与统一，追求本身的轻量化。目前轿车的前后保险杠均采用组合式吸能保险杠，主要由外壳、吸能装置、杠体、卡扣等组成，如图 7-39 所示。外壳和缓冲材料附着在横梁上，横梁与车架纵梁之间用螺钉连接，可以随时拆卸下来。

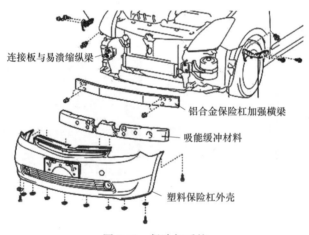

图 7-39　保险杠系统

1. 保险杠外壳

保险杠外壳为塑料材质，用螺钉或者塑料卡扣安装在翼子板与散热器支架上，通常简称为保险杠，如图 7-39 所示。目前常见的保险杠使用聚酯类和聚丙烯类两种材料，采用注射成型法制成，例如标致 405 轿车的保险杠，采用了聚酯类材料，并用反应注射模成型法制成；而大众奥迪 A6、高尔夫轿车的保险杠，采用了聚丙烯类材料用注射成型法制成。还有一种称为聚碳酯系的塑料，渗进合金成分，采用合金注射成型的方法，这样加工出来的保险杠，不但具有高强度，还具有可以焊接的优点，而且涂装性能好，在轿车上的用量越来越多。

保险杠上装有雾灯、进气格栅、装饰亮条、徽标等多个附件，这些附件通过螺栓或者卡扣安装在保险杠上，需要拆卸时可方便地从外壳上拆卸，更换保险杠时往往包含以上附件，如图 7-40 所示。

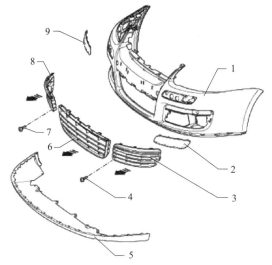

图 7-40 大众速腾保险杠及其附件
1—保险杠壳体 2—左侧保险杠盖板 3—左通风格栅 4、7—螺栓
5—扰流板 6—中通风格栅 8—右通风格栅 9—右侧保险杠盖板

保险杠用热塑性塑料制成，表面烤漆，若破损不多，可焊接，若破损较重，只能更换，如图 7-41 所示。保险杠饰条破损后基本以换为主。

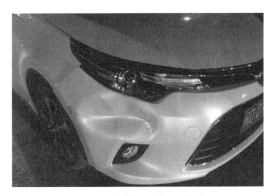 

a) 前保险杠受损轻微，可修复　　　　　　b) 后保险杠破损较重，需更换

图 7-41 保险杠损伤情况

2. 缓冲装置

按照吸能原理的不同，可以将吸能式保险杠分为自身吸能式保险杠、液压吸能式保险杠和带气腔式吸能保险杠。当前应用非常广泛的为自身吸能式保险杠。

自身吸能式保险杠由外壳、缓冲材料和保险杠骨架三部分组成。缓冲材料有缓冲泡沫式或者橡胶隔垫式，采用高密度高弹性材质制造，形状与保险杠骨架很好地吻合。在发生碰撞时，缓冲泡沫或者橡胶隔垫在碰撞力的作用下产生压紧变形，吸收碰撞能量，从而对车辆本身及被碰撞物都产生很好的缓冲。在碰撞力消失时，橡胶隔垫将恢复到原来的形状（除非它被碰撞力损坏），使保险杠恢复到原来的位置。

3. 保险杠骨架（防撞横梁，简称防撞梁）

汽车保险杠防撞横梁一般隐藏在保险杠和缓冲泡沫的后面，从外观上很难看到。防撞梁安装于纵梁前端部，碰撞的冲击力被防撞梁吸收一部分之后，通过纵梁向车辆底部传递并同时进行扩散和吸收。在高速偏置碰撞中，防撞梁可以有效地将撞击力从车身左侧（或右侧）传递到右侧（或左侧），尽可能让整个车体去吸收碰撞能量。图7-42所示为防撞梁的安装及力量传递。

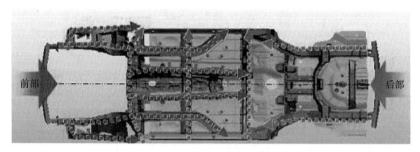

图7-42　防撞梁受到撞击后的力量传导图

保险杠防撞梁是车身吸收撞击能量的第一道主要屏障。保险杠防撞梁在碰撞的冲击力较大、弹性材料已经不能缓冲能量时，起到一定的抵抗冲击保护车体的作用。在发生低速碰撞时（一般为15千米/时以下），防撞梁可以避免撞击力对车身前、后纵梁的损害，此种损伤只需更换受损的防撞梁即可，降低维修成本。防撞梁通常是金属材质，比如铝合金、钢管等。防撞梁是车身的易损件，考虑到防撞梁要更换便利，往往设计成便于拆装的构件，通过几个螺钉安装在纵梁端部。

4. 低速吸能盒

有些轿车在防撞梁和纵梁端部之间设置低速吸能盒，吸能盒通常由屈服强度很低的钢材制成，然后通过螺栓的形式连接在车体纵梁上。低速吸能盒表面加工有一定数量的波纹，可以在车辆发生低速碰撞时溃缩，有效吸收碰撞能量，尽可能减小撞击力对车身纵梁的损害，吸能盒因此也叫溃缩箱。螺栓连接的方式可以更方便地对防撞梁和吸能盒进行更换，降低维修成本。图7-43所示为某轿车低速吸能盒。

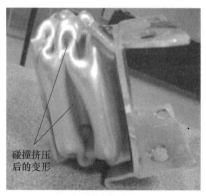

a) 低速吸能盒的位置与安装形式　　　　b) 吸能盒溃缩后

图7-43　轿车低速吸能盒

5. 进气格栅

进气格栅也称为格栅，通过螺钉或者塑料卡扣安装在保险杠上或者发动机舱盖上，表面镀铬，如图7-44所示。格栅上的百叶窗可以让气流通过，以便帮助散热器散热。轿车格栅上还带有厂家的徽标。进气格栅更换成本较低，事故车辆维修中通常以更换为主。

a) 宝马进气格栅与保险杠   b) 奔驰进气格栅单件

图 7-44 进气格栅

任务 2   火烧事故车辆定损

碰撞事故车辆
拆解与定损

【任务目标】

1. 了解车辆火灾的分类。
2. 掌握车辆火灾的勘验方法。
3. 掌握车辆火灾定损与评估要领。

【任务导入】

2018年10月22日下午，一辆高端品牌轿车在市区快速行驶时发生火灾，造成汽车及车上物品全部烧毁，火灾直接损失55万元，火灾现场如图7-45所示。

图 7-45 轿车燃烧现场

火灾发生后，事故所属地保险公司立即组织开展了火灾事故调查。

通过调查，了解到该车购买仅8个月，行驶了2.6万多千米，投保了车辆自燃损失险。车主反映，"行进中先从后视镜看到车辆后部冒烟，然后靠边停车后，看到发动机舱下方已有明火，但此时发动机舱盖上部还未有明火。"

查勘人员经过认真查勘后得知，事故车辆未有紧急制动痕迹，未发现车辆有碰撞痕迹。另外，发现在地面上有一串漏液的痕迹，但闻上去不像汽油的味道。初步怀疑该车属于自燃，不属于因碰撞导致的起火。同样属于起火燃烧，自燃和碰撞导致的起火有什么区别吗？

【任务准备】

一、汽车火灾的分类

汽车火灾尽管原因复杂，但就其实质而言，主要包括火源（着火点）、可燃物、氧气（或空气）这三大因素。围绕这几点，结合汽车结构，基本可以分析出汽车火灾的真实原因。

```
汽车起火的分类
▲自燃
▲引燃
▲碰撞起火
▲机械故障
▲经停不当
▲爆炸
▲雷击
```

1. 自燃

根据保险条款的解释，所谓自燃，是指机动车在没有外界火源的情况下，由于本车电器、线路、供油系统等车辆自身原因发生故障或所载货物自身原因起火燃烧的现象。

2. 引燃

引燃是指机动车在停放或者行驶过程中，因为外部物体起火燃烧，使车体乃至全车被火引着，导致部分或全面燃烧。如图7-46所示，某轿车停放中被楼上扔下的烟头引燃，造成部分烧毁。

图7-46 奔驰轿车左前车身烧毁

3. 碰撞起火

碰撞起火是指机动车在行驶过程中，因为发生意外事故而与固定物体或者移动物体相碰撞，假如机动车采用汽油发动机，碰撞程度又较为严重，引起部分机件的位移，挤裂了汽油管，喷射而出的汽油，遇到了运转着的发动机所发出的电火花，就会导致起火燃烧；或者位移的机件导致线束的短路，也有可能引发线束燃烧起火，从而引燃整个汽车。

4. 机械故障导致起火

由于汽车上有许多高速运转的机件（如轴承），也有在工作过程中不断产生摩擦热量的机件（如制动蹄片、轮胎），假如这些机件发生故障导致无法分离或者损坏，那么就会产生大量的摩擦热量，从而导致起火。

5. 经停不当导致汽车起火

如果汽车正常行驶或停车，不可能引起外界物体的起火。但假如停在了干草之上，或者在行驶时传动轴上被缠绕进去了易燃物品，炽热的排气管就完全有可能引燃易燃物，从而导致整个汽车的起火。

6. 爆炸

爆炸起火就是因为车内、车外的爆炸物起爆所引发的机动车起火燃烧，包括车内安置的爆炸物爆炸引爆，车外爆炸物爆炸引爆，车内放置的打火机、香水、摩丝等被晒爆引爆，车载易爆物爆炸引爆等多种形式。

7. 雷击起火

雷击起火就是机动车在雷雨天气被雷击中而起火燃烧的现象。

二、汽车自燃的原因

在汽车起火原因的分析中，碰撞、引燃、爆炸、雷击等不难识别，理赔处理时基本包含在了车损险的范围之内。但是，车辆自燃的理赔属于单独列出，其识别也存在着一定的难度。

据消防部门和车险理赔专家统计分析，汽车自燃存在着"五多"现象：小轿车多；私家车多；行驶状态发生火灾者多（约占70%）；使用5年（或10万千米）以上者多（约占70%）；火灾原因以漏油和导线短路居多（占60%以上）。汽车自燃的主要原因有：

1. 漏油

汽车燃油系统中泄漏出来的燃油是很强的易燃物。部分燃油管路压力高，因此燃油泄漏点多集中在管件接头处。无论是汽车行进还是停驶，汽车上都存在火源，如点火系产生的高压电火花、蓄电池外部短路时产生的高温电弧、排气管排出的高温废气或喷出的积炭火星等，当泄漏的燃油遇到火花，会造成起火。

在汽车上，燃油管路多经过发动机舱内，位于发动机周围，距排气管及高温电器部件很近，一旦因燃油泄漏而使混合气达到一定浓度，极易引起燃烧，造成车辆自燃。

例如，长途大客车发生的自燃事故居高不下，这是因为在运行了10多万千米后，汽车很容易出现高压线漏电现象，瞬间电压可达10000伏以上，此高压足以引燃一定浓度的汽油蒸气。

2. 漏电

发动机工作时，点火线圈自身温度很高，有可能使高压线绝缘层软化、老化、龟裂，导致高压漏电。另外，高压线脱落引起跳火也是高压漏电的一种表现形式。由于高压漏电是对准某一特定部位持续进行的，必然引发漏电处温度升高，引燃泄漏的汽油。

低压线路搭铁是引发汽车自燃事故的另一主要原因。由于搭铁处会产生大量热能，如果与易燃物接触，会导致自燃。

造成低压线搭铁的原因有：导线老化；导线断路直接搭铁；触点式控制开关因触点烧结

而发生熔焊，使导线长时间通电而过载。某些私家车用户对刚刚购置的车疼爱有加，会添加防盗器、换装高档音响、增加通信设备、开设电动天窗、添加空调等，如果因为价格等原因未在专业化的汽车维修店改装，未对整车线路布置进行分析及功率复核，难免导致个别线路用电负荷加大；在对整车进行线路维修或加接控制元件时，如果在导线易松动处未进行有效固定，有可能使导线绝缘层磨损。

3. 接触电阻过大

线路接点不牢或触点式控制开关触点接触电阻过大等，会使局部电阻过大，长时间通电时发热引燃可燃物。

4. 车载易燃物引发火灾

当车上装载的易燃物因泄漏、松动摩擦而起火时，导致汽车起火。

5. 超载

汽车超载，会导致三种可能：第一，发动机处于过度疲劳和过热状态，一旦超过疲劳极限，就有可能发生自燃；第二，车载货物较多，相互间的摩擦作用较大，货物间若捆扎不牢，有可能摩擦起火；第三，弯曲的钢板弹簧有可能与货箱相接触，导致摩擦起火，如图 7-47 所示。

图 7-47 超载起火的载重车

【任务实施】

一、车辆火灾外围勘验

对汽车火灾的分析，应当首先确认起火部位和原因。为了更好地拆装和确定本车的火灾成因，车主需将起火后的车辆残骸运至 4S 店或修理厂，对车辆举升并进行内外勘验。着火车辆的车型为英国原装进口机械增压型。该车车身全部过火，燃油箱烧毁，所有车窗玻璃破碎。四个车轮的轮胎全部烧毁，部分轮毂烧损。汽车轿厢内的所有可燃装饰及存放物品全部烧毁，行李舱内过火程度较其他部位稍轻，尚有未燃尽物品残留。经勘验掌握如下细节：

① 汽车发动机舱烧损严重，发动机舱盖烧失脱落，车门及车顶金属板件呈现高温变形、变色迹象，前部变形程度重于后部，左侧变形重于右侧。

② 汽车 4 个车轮均过火，呈现左侧车轮过火程度较右侧车轮严重的特征。其中左前车轮部分烧损，轮辐、轮辋靠近发动机部位烧失。左后车轮轮胎轮辐、轮辋全部烧失，只剩下轮毂。右前车轮和右后车轮轮胎烧失，轮辐轮辋基本保持完好。

③ 驾驶舱内仪表板烧损较重，前后 4 个车门内侧呈现前重后轻、左重右轻的金属过火状态，行李舱内仍有未过火的物品。

④ 发动机舱下方的汽车底盘部件烧损严重，前部发动机护板烧失脱落，驾驶舱后部及行李舱下方底盘基本保持原始状态。

⑤ 发动机舱前围板、前围上盖板、前翼子板内外侧、前横梁、前纵梁以及前挡泥板等发动机舱内金属车架结构均过火严重，呈现左重右轻的金属过火变色痕迹特征，如图 7-48、图 7-49 所示。

图 7-48 车身表面过火迹象

图 7-49 车身底部过火迹象

以上痕迹表明，火是由汽车发动机舱内左侧向四周蔓延的，因而认定该起火灾的起火部位为汽车发动机舱内左侧。

二、起火点的认定

起火车辆的驱动方式为前置后驱，且采用 V 型 6 缸纵置发动机。发动机舱内各部件烧损严重，曲轴带轮、发电机带轮等发动机零件左下方烧损缺失严重，位于发动机上部的部分喷油器塑料件受热熔化，总体呈现左重右轻，下重上轻的痕迹特征，表明火焰在发动机舱内是从左向右、从下向上蔓延的。

车辆底部的后侧油箱部位烧损较轻，外壳颜色仍保持金属原色，而前侧烟熏、烧损程度较重，前横梁底部受高温变色明显。表明火是从车辆下部自前向后蔓延的。发动机底部有大量机油泄漏的痕迹，如图 7-50 所示。

变速器外壳烧损熔融，排气管及底盘上有油品燃烧后形成的浓重烟熏痕迹。对应的发动机油底壳与发动机三缸、六缸侧壁上均有竖条状断裂缺失的痕迹以及不规则的孔洞痕迹，如图 7-51 所示。

图 7-50 发动机底部有大量漏油痕迹

图 7-51 第三缸活塞连杆断裂痕迹

据车主证实，车辆起火初期首先看到从底盘向后冒烟，立即下车检查，起火点在发动机下方，靠近驾驶舱一侧，其他部位都没有火。综上所述，认定火灾的起火点为发动机舱左侧下方中后部排气管附近。

三、专项勘验

因起火点确认在发动机本体，所以对起火车辆的发动机进行专项勘验，分别对发动机气缸盖罩、气缸盖、气缸垫、气缸体、油底壳以及活塞连杆组进行了拆解，发现位于发动机气缸组后部的第三缸和第六缸缸体侧壁均有竖条状断裂缺失的痕迹，大量金属碎块掉落到油底壳内；气缸盖上的第六缸气门缺失；对比发动机活塞连杆组件结构（图7-52），发现该车发动机左侧的第六缸活塞、连杆、连杆盖以及连杆轴承断裂缺失（图7-53），发动机右侧的第三缸活塞连杆组保存完好，但在连杆轴承处出现断裂口；对比此发动机的其他缸体发现，第三、第六缸体内部表面粗糙，有明显的高温受热变色痕迹，而其他缸体内表面光滑，保持金属原色。

图7-52 活塞连杆组结构

图7-53 第六缸缸体的损伤

勘验和调查结束后，在第六缸体侧壁裂口附近的排气管表面上提取了烟尘样品以及在发动机舱内提取了电器线路样品送有关火灾物证鉴定中心检验；鉴定结果为检出发动机机油成分和火烧熔痕，进一步明确认定了起火点位于车辆发动机舱左侧下方中后部排气管附近。

四、火灾原因的认定

根据当时车辆起火时间、起火地点以及车辆购置时间、使用情况、行驶道路状况等因素分析，可以排除电器线路故障和外来火源引发火灾的可能性。另外，根据车主反映，此车在着火之前未涉水，且事发当天天气良好，在高速公路上连续行驶100千米左右发生火灾，考虑该车内部进气系统及排气系统的布设位置和结构特点，正常雨水很难进入发动机缸体内，因此也可以排除发动机进水导致连杆断裂引发火灾的可能。

根据现场勘验、调查情况和对火源物证的技术鉴定结论，最终认定该起火灾的起火原因系高速运转中的发动机第六缸连杆等发生断裂，击破缸体导致大量机油泄漏，飞溅的机油遇排气管等高温表面引燃所致。

【任务评价】

火烧事故车辆定损任务评价表

序号	内容及要求	评分	评分标准	自评	组评	师评	得分
1	教师提供汽车火灾现场图片，由学生结合常见汽车火灾类型及原因，说明汽车火灾分析的要领，如何确定外来火源和自燃 ① 分析并说明外来火源火灾的勘验要领 ② 分析并说明碰撞起火的勘验要领 ③ 分析并说明车辆自燃的勘验要领	40	对每项问题，学生能够根据事故现象分析原因，或者能够根据可能的原因积极寻找事故要素，得分10分；以满分为限				
2	结合前部碰撞造成车辆火灾的具体事故案例，分析车辆碰撞火灾的成因，并提出相应的分析依据 ① 碰撞引发油品泄漏 ② 碰撞引发电路短路 ③ 碰撞引发摩擦	60	分析事故成因，确定损失项目，并列明修复方案。每个要素得分20分				

指导教师总体评价

指导教师：
年 月 日

【知识拓展】

一、火险查勘的基本要求

在查勘汽车火险现场，分析起火原因时，需掌握构成燃烧的三大基本要素。

① 导致汽车起火的火源（火花或电火花）在哪儿？
② 周围是否存在易燃物品（如：汽油、柴油、机油、易燃物等）？
③ 火源与易燃物品的接触渠道中是否有足够的空气可供燃烧？

只要牢牢把握以上三点，通过查勘车身不同位置的烧损程度，首先找出起火点位置，再分析起火原因，然后判断出汽车起火的自燃、引燃属性，就可以为下一步的准确理赔奠定基础。

二、与汽车自燃相关的几个问题

1. 发动机熄火后的自燃

发动机熄火以后，有时汽车反而会自行起火燃烧，这种现象有些令人费解。其实，当发动机熄火以后，由于失去了风冷条件，车体温度反而会有所上升，有可能导致临近燃点的汽车上的某些物品起火燃烧。

2. 汽车上的主要易燃物

汽车上的主要易燃物品有燃料、机油、导线、车身漆面、内饰、塑料制品、轮胎等，这些物品一旦遇火,就会起到明显的助燃作用。一旦火势不可控制,就有可能将全车烧毁。

3. 晒爆的打火机与自燃

有的时候,驾驶人会将一次性的气体打火机放置在仪表板处。如果汽车在烈日下暴晒,很有可能会晒爆气体打火机。爆炸的打火机完全有可能打坏仪表板,如果恰巧将仪表板上的电源线打断了,所产生的电火花就有可能将弥漫在驾驶舱内的可燃气体引燃。

4. 车厢内部是否会自行起火

车厢内部自行起火这种现象在理论上是存在的。但在实际当中,几乎不可能发生。原因是:车内没有明显的火源,再加之车的内饰品大多带有一定的阻燃功能,因此,一般不会自车内起火燃烧。

5. 防盗报警器与自燃

在汽车上擅自安装防盗报警器,一方面可能未对线路进行功率复核,另一方面防盗报警器始终在通电。如果导线偶然断开或因电流过大而烧焦时,就容易成为汽车上的一个自燃火源点。

6. 拆卸油管可能引起自燃

对于装有电喷式发动机的汽车来说,当发动机熄火以后,油管中仍然会有一定的残余汽油压力。如果维修人员在此时马上动手拆卸相关油管,则会导致汽油喷射而出,引发火灾。

7. 自燃后的轮胎

汽车起火以后,由于风向的缘故,车身两侧以及前后的轮胎燃烧程度并不一致,一般说来,顺风向的轮胎会烧得严重,逆风向的轮胎则一般不会燃烧。另外,由于地面的散热条件较好,而且地面与轮胎之间没有空气流通,所以,轮胎的接地点也不会燃烧。

8. 自燃与油箱爆炸

在影视作品中,汽车燃烧往往会伴随着油箱爆炸,这种场景是导演为了追求艺术方面的视觉冲击效果而设计出来的。在实际的汽车火灾现场,极少发生油箱爆炸。伴随着汽车的燃烧,油箱中的汽油往往只会被烧光。这是因为,在汽车起火燃烧的过程中,油箱内并无空气,燃烧着的火焰无法被引入到油箱内部。但是,车体燃烧所产生的高温会对油箱及其内部的汽油产生强烈的烘烤,导致油箱中的汽油挥发,从而产生较高的气压,将油箱盖顶开,汽油挥发而出,快速燃烧,直至烧光,如图7-54所示。

图7-54 自燃烧毁的出租车

三、火损汽车的定损

1. 火灾对车辆损坏情况的分析

(1) 整体燃烧

整体燃烧是指发动机舱内线路、电器、发动机附件、仪表板、内装饰件、座椅烧损,机械件壳体烧熔变形,车体金属件(钣金件)脱炭(材质内部结构发生变化),表面漆层大面积烧损等现象。

(2) 局部烧毁

① 发动机舱着火,造成发动机前部线路、发动机附件、部分电器、塑料件烧损。

② 轿车的车身或客车、货车驾驶舱着火，造成仪表板、部分电器、装饰件烧损。
③ 货运车辆货箱内着火，造成货箱、运载货物的烧损。

2. 火灾车辆的定损处理方法

① 对明显烧损的零部件进行分类登记。
② 对机械类零部件进行测试、分解检查。特别注意转向、制动、传动部分的密封橡胶件是否损坏。
③ 对金属件（特别是车架，前、后桥，壳体类等）考虑是否因燃烧而退火、变形。
④ 对于因火灾使保险车辆遭受损害的，分解检查工作量很大，且检查、维修工期较长，一般很难在短时期内拿出准确估价单，只能是边检查、边定损，反复进行。

3. 火灾汽车的定损

汽车起火燃烧以后，其损失评估的难度相对大些。

如果汽车的自燃没有蔓延开来，只是涉及线路、管路被烧坏，根据有关条款，无须理赔。

如果汽车的起火燃烧被及时扑灭了，可能只会导致一些局部的损失，损失范围仅限于过火部分的车体油漆、相关导线及非金属管路、过火部分的汽车内饰。只要参照相关部件的市场价格，并考虑相应的工时费，即可确定出损失金额。

如果燃烧持续了一段时间之后才被扑灭，虽然没有对整车造成毁灭性破坏，但也可能造成比较严重的损失。凡被火"光顾"过的车身外壳、汽车轮胎、导线线束、相关管路、汽车内饰、仪器仪表、塑料制品、外露件的美化装饰等可能都会报废，定损时需考虑相关更换件的市场价格、工时费用等。

如果燃烧程度严重，轿车车身、客货车驾驶舱、轮胎、线束、相关管路、汽车内饰、仪器仪表、塑料制品、外露件的美化装饰等肯定会被完全烧毁。部分零部件，如控制单元、传感器、铝合金铸造件等，可能会被烧化，失去使用价值。一些看似"坚固"的基础件，如发动机、变速器、离合器、车架、悬架、车轮轮毂、前桥、后桥等，在长时间的高温烘烤下，也会因退火而失去应有的精度，无法继续使用，此时，汽车完全报废了。

四、保险责任

根据保险条款的解释，当发生"在时间或空间上失去控制的燃烧所造成的灾害，主要是指外界火源以及其他保险事故造成的火灾导致保险车辆的损失"时，保险公司可以在车辆损失险范围内承担保险责任。

对于因本车电器、线路、供油系统等发生问题而产生自身起火造成保险车辆损失以及违反车辆安全操作原则，用有火焰的火，如喷灯、火把烘烤车辆造成保险车辆损失的均属车辆损失险的除外责任。在对因火灾造成保险车辆损失的查勘定损处理中，应严格掌握保险责任与除外责任的区分，仔细研究、分析着火原因。

任务3　水淹事故车辆定损

【任务目标】

1. 了解车辆水灾的分类和危害。

2. 掌握车辆水灾的勘验方法。
3. 掌握车辆水灾定损与评估要领。

【任务导入】

夏日，南方某地的蔡先生开着自己刚买不久的轿车外出，路遇大雨，路面积水严重。他因不熟悉路况，经过一个内有积水的铁道涵洞时，在无法确定水位的情况下，贸然将车开进，造成车辆被淹。水位线至发动机舱盖，造成车辆三分之二高度被浸泡。

由于他有急事，连续几次尝试重新起动发动机，均未果，最后周边车主提示蔡先生"不要再起动发动机了，因起动造成发动机的损毁保险公司不予赔付"，并提醒蔡先生向保险公司报案。经报案、施救、定损之后，定损人员告知：对于因进水造成的数千元的电器、内饰、生锈等损失，保险公司予以赔付，但擅自在水中起动发动机，造成发动机损毁，此部分保险公司将不予赔付。

为什么同样是因水造成的损失，有的项目可以赔付，而有的项目就不能赔付呢？

【任务准备】

车辆被水浸泡后称为水损车。因为雨水或者混合后的地表水腐蚀性很强，车辆经过浸泡后，对汽车内部的电子控制系统、电器件、内饰件、底盘悬架件、发动机以及变速器等零部件都会造成不同程度的损伤。

一、电器件损伤

当今汽车配有大量的电子电控设备，如仪表、音响、导线、空调、气囊等。另外还搭载相应的控制单元，如发动机 ECU、ABS、SRS、GPS 等，这些控制单元被水浸泡后造成内部电路板短路、插头端子产生锈斑以及线路插头产生锈蚀，容易造成电路板工作不良、线路插头腐蚀接触不良等现象，严重时，甚至引起短路烧毁的现象。图 7-55 所示为浸水后需要处理的汽车电器件。

a）浸水车电器件拆解

b）线束插头

图 7-55　车辆浸水后需要处理的电器件

二、机械件损伤

水损车影响的不仅是电器件，同时还会影响车身金属件及内饰件。如果车身被水浸没，易导致车体生锈，缩短使用寿命，降低安全性能。

发动机、变速器、发电机、空调压缩机、转向机、四轮轴承、底盘悬架等，这些部件都需要润滑油、润滑脂进行高效润滑。轴承尽管有一定的密封性能，但当被水长时间浸泡后，会导致油脂腐蚀变质，降低润滑性能，影响轴承正常使用，表现为干摩擦产生异响，严重者甚至造成轴承抱死或者传动轴断裂。

如果浸水后某些部件内部沉积的一些泥沙无法有效清理，滞留在齿轮或者传动带处，容易造成部件异常磨损，严重时可能出现异响。

另外，汽车浸水后如果处理不当则会造成更为严重的损失。例如，汽车浸水后，贸然尝试起动或者转动发动机，会造成发动机连杆严重变形，甚至造成发动机报废，如图7-56所示。正确的处置方式是在原地找专业人士处理，或者将车辆推离浸水区域后找专业人士进行处理，避免处置不当造成损失扩大化。

a) 汽车浸水后导致连杆弯曲

b) 汽车浸水后导致连杆断裂

图 7-56　发动机燃烧室进水后导致发动机连杆受损

三、内饰件损伤

乘员舱内部件，如地毯、座椅等皮革或者纺织制品，长时间浸泡易造成材质变形、表面变得粗糙甚至发霉产生异味，滋生细菌。很多轿车门饰板里面一般装有隔声棉，这些隔声棉进水后需要彻底烘干或者换掉，音响扬声器等浸水后则必须更换。内饰件的拆卸处理，如图7-57所示。如果浸水后不进行彻底处理，地毯或者隔声棉下布置的线束因水汽浓重，电器线路遇潮湿易导致电线短路。在实际的水损车处理过程中，浸水后车身底部的电器件通常需要更换，否则会造成浸水后遗症。

a) 内饰拆解晾晒图1

b) 内饰拆解晾晒图2

图 7-57　对水损车辆进行拆解晾晒

水损车辆的维修过程复杂,涉及零部件多,维修费用高,通常重度水损车辆的维修费用要占整车购置费用的50%以上。

虽然水损车在一定程度上可修复,但是修复完毕后会存在不确定的隐患,浸泡时间越长,后期出现故障的概率就越高。即使当前使用中没有发现明显问题,后续使用过程中仍会出现各种无法预知的故障,因此浸水会给车辆的行驶安全以及使用的舒适程度造成一定的隐患,这种车辆如果流入市场,必然会给消费者正常使用汽车带来困扰。

例如,水损车在修复后容易出现高速行驶时发动机突然熄火,安全气囊无法有效弹出等故障,这样的车辆价格虽然便宜,但在日常行驶中却存在严重的安全隐患,所以对此应当谨慎交易。

【任务实施】

对于水损车来说,水位如果超过了车辆的底盘,我们就称此种车辆为一般水损车;水位超过了机油标尺,可以称之为中等水损车;水位已经超过了发动机舱盖或仪表板板面,那么就叫全水损车。

一般情况下,被水浸泡过的车辆处理过程是先把座椅、内饰件、内饰板等内部部件拆卸掉,排干积水后清洗车内泥浆,视情况决定是否将发动机拆卸下来检查机械和电子器件,特别需要检查各个传感器和 ECU 主板是否在遭受浸泡后受损。

任务导入中的车辆被水浸泡 5 小时后,救援人员将车辆拖至修理厂,修理厂的处理过程是拆-洗-换-晒-装。车浸水后的修复过程如下:

(1) 确认水位高度

车辆运抵修理厂后,维修人员为将损失减至最小,立即对车辆展开拆卸。因为水分在车内滞留的时间越长,造成的危害越严重。需根据水淹高度和水淹的范围进行针对性的拆卸。经确认,该车水位淹没至车门高度中间位置,以及驾驶舱内仪表板中部,如图 7-58 所示。

(2) 拆卸仪表板

因该车仪表板下部水淹严重,而仪表板下部安装有大量的电器部件,涉及转向盘、仪表、空调、音响、气囊等部件。拆卸仪表板及内饰部件需要使用专用的工具和规范的程序,拆卸与装配过程本身会对车辆内饰造成一定程度的损伤,很多塑料件之间的扣合之处需要用专用的工具进行撬动,如图 7-59 所示。

a) 车身侧面的水位线痕迹

b) 内饰仪表板的水位痕迹

图 7-58　车身水位线的确定

c）前照灯被水浸泡　　　　　　　　d）车身侧面水位线痕迹

图 7-58　车身水位线的确定（续）

a）工作人员拆卸车辆仪表板　　　　　　　　b）车辆仪表板

c）仪表板拆卸后

图 7-59　拆卸仪表板的工作

（3）拆卸地毯及内饰附件

拆卸仪表板后，需要对座椅、地毯、地胶等部件进行拆卸，才能处理车辆底板的脏污。图 7-60 所示为拆卸座椅。拆卸地毯、地胶并冲洗、烘干后，对驾驶舱底板上存在的泥沙也需进行反复冲洗并晒干，如图 7-61 所示。由于处理工作较为繁琐，维修人员很难将底板缝隙及地毯、地胶边缘处的泥沙和印渍彻底处理干净，边角和缝隙处往往会有一定的泥沙沉积。

a）拆卸两个前座椅并晾晒

b）拆卸后排座椅（可以看到较多污泥）

图 7-60　拆卸前后排座椅

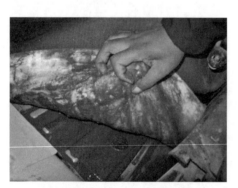
a）拆卸地胶检查，可以看到满是泥污

b）拆卸地胶

c）拆卸的座椅

d）拆卸的地胶

图 7-61　清除底板上的污水和泥沙并晾干

e) 冲洗内饰　　　　　　　　　　f) 晾晒内饰

g) 清除前　　　　　　　　　　h) 冲洗后

图 7-61　清除底板上的污水和泥沙并晾干（续）

（4）拆卸各个电器附件

电器件被水浸泡后常见的损伤形式为开关、线束插头、电路板各个晶体管器件与水接触后造成腐蚀，腐蚀处产生较大的电阻，严重影响元器件正常工作。该车车身控制单元、玻璃升降开关、空调开关、音响控制系统，以及熔丝盒、线束等部件都位于浸水线以下，这些部件都有可能严重受损，需要逐一排查。

在电器件损伤处理时，对于少量的针脚及焊点的锈蚀，通常利用酒精等溶剂进行清洗、烘干后继续使用，对于大面积或较严重情况的锈蚀，只能采用更换电路或者线束总成的方式修理。具体如图 7-62 所示。

a) 空调开关受水侵蚀严重（更换）　　　　b) 插头已经开始锈蚀（清洗）

图 7-62　浸水后电器件受损检查

c）车身控制单元外观

d）车身控制单元针脚腐蚀

e）车身控制单元电路板腐蚀

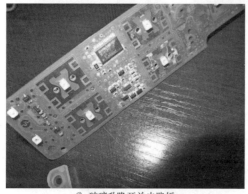
f）玻璃升降开关电路板

g）玻璃升降开关电路板腐蚀（更换）

图 7-62　浸水后电器件受损检查（续）

（5）发动机的处理

内饰拆卸完毕后开始着手对发动机进行处理，基本处理原则是逐步推进，确定合理的拆卸范围。检查时，需要拆卸保险杠、散热器、风扇、蓄电池等部件，以便于对发动机进行拆卸和检查，如图 7-63 所示。

a）拆卸保险杠等附件（正面照）

b）拆卸保险杠等附件（侧面照）

图 7-63　拆卸保险杠等附件

首先检查发电机传动带等外围部件及正时带的装配标志是否有变化，理论上传动带及带轮附着的泥沙可能导致传动带打滑造成带齿移位现象。通过检查，本车正时带的标志正常，但是带轮上附着一定锈迹，仅更换带轮即可。进一步拆卸，发现正时带张紧轮、惰轮等部件轴承中有浸水后锈蚀的迹象，决定对这些部件进行更换，如图 7-64 所示。考虑该车行驶里程较短，正时带经过清洗后可继续使用。

a) 检查正时带，传动带上有泥沙　　　　　　b) 张紧轮、惰轮轴承浸水（更换）

图 7-64　正时机构受损情况

进一步拆下发动机的进气歧管等部件，发现进气管路中有大量水分积存，如图 7-65 所示，同时也可以推测水分由此进入了发动机内部。拆下火花塞，用管路抽取燃烧室内的积水，如图 7-66 所示；将车辆举升，排放并检查机油，发现机油中有大量水分，对机油进行更换，如图 7-67 所示。

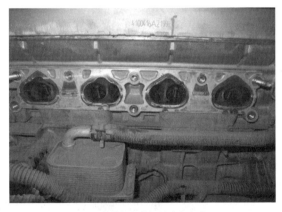

a) 拆卸进气歧管后检查气缸盖　　　　　　b) 明显看到水分积存在进气道中

c) 进气管路中存有大量污水

图 7-65　进气管中的积水

图 7-66 抽取燃烧室内积水

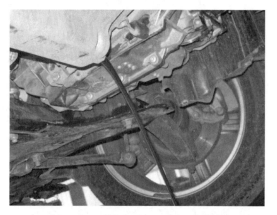
图 7-67 更换发动机机油及滤清器

(6) 变速器拆检

该车水位已经没过变速器上方的通气孔，水分从通气孔进入变速器内部，极易影响变速器油的品质而导致变速器内部锈蚀，若此种情况处置不当，极易造成变速器严重损毁甚至报废。处理过程如下：拆卸变速器放油螺栓，发现变速器油呈油水混合后的乳状，如图 7-68 所示，进一步拆卸变速器侧盖检查变速器内部锈蚀情况，因为浸水时间不长，内部锈蚀较少。

a) 拆卸变速器侧盖检查

b) 变速器油已经和水混合呈现乳状

图 7-68 检查变速器浸水情况

对于变速器浸水的情况，困扰维修人员的难题是变速器是否需要解体处理。有专业人士建议对变速器进行解体，彻底进行内部清洗，这样要更换很多配件，修理费用很高。另外考虑到该车变速器的维修方式，厂家通常不建议进行解体维修，如果发生损毁厂家的建议是整体更换。

对于此种情况的维修方式要结合情况进行具体分析，如果变速器进水后仍继续运转，那么变速器内部的耦合器、电子阀体等机构在变速器油被水污染的情况继续工作，会造成一定的磨损和锈蚀，则必须要进行拆解。

但是可以肯定本车浸水后没有自行移动，而是用专业救援车对车辆进行施救，浸水后变速器没有任何形式的运转。从变速器油底壳放出的变速器油呈油水分离的状态，由此分析耦合器未有进水或仅少量进水，不存在带水运转的磨损情况。针对以上情况，决定采用更为保守的处理方式，就是在不起动发动机及运转变速器的情况下，反复加注及排放变速器油，进行内部的冲洗，方法是每次添加 6~8 升变速器油，直至充满整个变速器为止，保持 30 分钟，然后放掉，对放出的变速器油进行沉淀并检查是否有水分，如果有水分，则更换新的变速器油重复上述步骤。该车经过 4 次加注、沉淀、放出、检查的过程，直至未发现有水分随变速器油排出为止，如图 7-69 所示。然后将变速器放在温箱中，低温烘干 48 小时。

a）放掉变速器油

b）安装放油螺塞

图 7-69　用干净的变速器油反复冲洗变速器

（7）安装

对损毁的电器部件进行更换，对生锈的线路插头进行处理后，开始逐一安装清洁烘干后的内饰部件，具体过程如图 7-70 所示。

（8）更换的部件

该车经过拆卸、清洗、调整、装配、试验等一系列过程后，最终完成水损车后的修复工作，替换掉的部分零件如图 7-71 所示。

a）安装地毯和地胶

b）安装仪表板、转向盘

图 7-70　车辆装复及试车

c) 安装前后排座椅

d) 转向柱能够看到明显的锈蚀痕迹

e) 装复后起动发动机试车

图 7-70　车辆装复及试车（续）

a) 替换掉的开关等零件

b) 前照灯进水后更换

c) 用于清洗和更换的润滑油

图 7-71　替换下来的零件

【任务评价】

水淹事故车辆定损任务评价表

序号	内容及要求	评分	评分标准	自评	组评	师评	得分
1	教师提供水损车现场图片，由学生结合常见水损车辆类型，分析本次水淹事故的定损要领 ① 水淹高度确定 ② 水淹时间核实 ③ 救援情况核定 ④ 水损等级认定	40	对于以上关键项每项满分得分 10 分，总分以满分为限				
2	教师提供具体的车辆水淹事故案例，学生分析如下问题 ① 电器件浸水后的处理 ② 机械件浸水后的处理 ③ 内饰件浸水后的处理 ④ 变速器浸水后的处理	60	分析具体部件或总成致损成因，确定损失项目，并列明修复方案，每个要素得分 15 分				
指导教师总体评价							

指导教师：

年　月　日

【知识拓展】

水损车在定损过程中也称作水淹车，一般是指车门底边以上部位被水浸泡过，浸水深度超过车轮的 1/2，水已经进入驾驶舱，造成水与车身底部部件及驾驶舱内部件长时间接触的汽车，如图 7-72 所示。

a）水损车场景　　　　　　　　　　　b）水损车的处理

图 7-72　水损车

对于水损车的理赔，现在实行的车损险保险条款，基本都将发动机内部的损失列到了免责范围。因此，对于没有购买发动机进水损失险的标的车来说，处理进水损失时，相对简单了。但是，对于已经购买了发动机进水损失险的标的车来说，界定因水灾造成的发动机损坏时，需要准确区分哪些属于进水造成的损失，哪些属于机械故障造成的损失，这一点十分重要。如果判定为非保险责任而证据又不够充足时，常常会造成保险索赔时的纠纷。

对于仓储式的停车被淹，由于所造成的损失通常是众多标的同时受损，在短时间内要对众多车型、不同受损程度的车进行较为科学的损失评估,往往会使车险评估人员感觉非常棘手。

对于海水造成的损失,要考虑到海水的强腐蚀性对汽车有可能造成毁灭性的损失。

1. 水损车的施救与处置

在遇到暴雨或洪水时,一些经验不够丰富的驾驶人,一些处理水灾受损汽车经验不多的查勘人员、维修人员,往往不知所措、措施不当,扩大了汽车损失。如:

在发动机被水淹熄火以后,绝大多数驾驶人会条件反射般地重新起动发动机,期望尽快脱离被困险境,结果加重了汽车损坏;个别救援人员因采用的施救措施不当,扩大了汽车的损坏;个别查勘定损人员无法界定水淹损失与人为扩大损失的区别;个别维修人员采取的处置措施不当,扩大了损失。

如果查勘人员到达现场时,汽车仍在水中,则必须对其进行施救。施救时一定要遵循"及时、科学"的原则,既要保证进水汽车能够得到及时救援,又要避免汽车损失进一步扩大。施救进水汽车时,应该注意如下事项。

(1) 严禁水中起动汽车

汽车浸水熄火后,驾驶人绝对不能抱着侥幸心理贸然起动,否则会造成发动机进水,导致损坏。汽车被水淹的程度较重时,驾驶人最好马上熄火,及时拨打保险公司的报案电话,或者同时拨打救援电话,等待施救。

实践证明,暴雨中受损的汽车,大多数是因为汽车在水中熄火后,驾驶人再次起动而造成发动机损坏的。据统计,大约有90%的驾驶人,当发现自己的汽车在水中熄火后,会再次起动,这是导致发动机损失扩大的主要原因。

(2) 科学拖车

施救水淹车时,一般应采用硬牵引方式拖车,或将汽车前轮托起后牵引,不要采用软牵引方式。如果采用软牵引方式拖车,一旦前车减速,被拖汽车只有选择挂档,利用发动机内部的阻力来减速。这就会导致被拖汽车发动机的转动,最终导致发动机损坏。如能将前轮托起后牵引,可避免因误挂档而引起的发动机损坏。另外,拖车时一定要将变速器置于空档,以免车轮转动时反拖发动机运转,导致活塞、连杆、气缸等损坏。对于采用自动变速器的汽车,不能长距离拖曳(通常不宜超过20~30千米),以免损伤变速器。

在将整车拖出水域后,尽快把蓄电池负极线拆下,以免各种电器因进水而短路。

(3) 及时告知车主和承修厂商

在将受淹汽车拖出水域后,应及时告知车主和承修厂商,下列措施是被保险人应尽的施救义务(最好印制格式化的告知书),交被保险人或当事人签收,以最大限度防止损失扩大。

容易受损的电器(如各类控制模块、音响、仪表、继电器、电动机、开关、电器设备等)应尽快从车上卸下,进行排水清洁,电子元器件用无水酒精清洗(不要长时间用无水酒精清洗以免腐蚀电子元器件)晾干,避免因进水引起电器短路。某些价值昂贵的电器设备,如果清洗晾干及时,完全可以避免损失;如果清洗晾干不及时,就有可能导致报废。

(4) 及时检修电子元器件

汽车电子控制模块最严重的损坏是芯片损坏。前风窗玻璃处通常设有流水槽及排水孔,可及时排掉积水,汽车被水泡过以后,流水槽下往往沉积了许多泥土及树叶,极易堵住排水孔，应及时疏通，以免排水不畅造成积水。当积水过多时，水会进入车内，可能危及汽车电子控制模块，导致电控系统发生故障，甚至损坏。一些线路因为沾水，其表皮会过早老化，出现裂纹，导致金属外露，最终使电路产生故障。装有电喷发动机的汽车，其电子控制模块更怕受潮。车主应随时注意电子控制模块的密封情况，避免因电子控制模块进水，使控制紊乱而导致全车瘫痪。

安全气囊的保护传感器有时与电子控制模块做成一体，如果电子控制模块装于车的中部，一般为此种结构，维修时只要更换了安全气囊电子控制模块，就无须再更换保护传感器。部分高档车（3.0升以上）的安全气囊传感器一般用硅胶密封，其插头镀银，水淹后一般无须更换，低档车插头镀铜，水浸后发绿，可用无水酒精擦洗，并用刷子刷，再用高压空气吹干。

一般而言，如果电子控制模块仅仅是不导电，还可进行修理；如果是芯片出现问题，就需更换了。根据车型不同，电子控制模块价格在1000~8000元之间。

各类电动机进水以后，对于可拆解的，可采用"拆解—清洗—烘干—润滑—装配"的流程处理，如起动机、发电机、天线电动机、步进电动机、风扇电动机、座位调节电动机、门锁电动机、ABS电动机、油泵电动机等；对于无法拆卸的，如刮水电动机、喷水电动机、玻璃升降电动机、后视镜电动机、鼓风机电动机、隐藏式前照灯电动机等，一般应考虑一定的损失补偿率，为20%~40%。

（5）及时检查相关机械零部件

1）检查发动机。汽车被从水中施救出来后，要对发动机进行检查。

先检查气缸有没有进水。气缸的进水会导致连杆被顶弯，损坏发动机。

检查机油里面是否进水，机油进水会导致其变质，失去润滑作用，使发动机过度磨损。检查时，将机油标尺抽出，查看机油标尺上机油的颜色。如果机油标尺上的油呈乳白色或有水珠，就要将机油全部放掉，清洗发动机后，更换新机油。

将火花塞全部拆下，用手转动曲轴，如果气缸进水，则火花塞螺孔处会有水流出。若感觉有阻力，说明发动机内可能有损坏，不要借助工具强行转动，要查明原因，排除故障，以免引起损坏扩大。

如果检查未发现机油异常，可从火花塞螺孔处加入少许机油，用手转动曲轴数次，使整个气缸壁都涂上一层油膜，以防锈、密封，同时也有利于发动机起动。

2）检查变速器、主减速器及差速器。如果上述部件进了水，其内部的齿轮油会变质，造成齿轮磨损加剧。对于采用自动变速器的汽车，还要检查控制模块是否进水。

3）检查制动系统。对于水位超过制动油泵的被淹汽车，应更换全车制动液。因为当制动液里混入水时，会使制动液变质，导致制动效能下降，甚至失灵。

4）检查排气管。如果排气管进了水，要尽快排除，以免水中杂质堵塞三元催化器和损坏氧传感器。

（6）清洗、脱水、晾晒、消毒及美容内饰

如果车内因潮湿而有霉味，除了在阴凉处打开车门，让车内水气充分散发，消除车内潮气和异味外，还需对车内进行大扫除，更换新的或晾晒后的地毯及座套。

车内清洁不能只使用一种清洁剂和保护品。应根据各部位的材质选用不同的清洁剂。多数美容装饰店会选用碱性较大的清洁剂，这种清洁剂虽然有增白、去污功效，但也有一定后患，碱性过强的清洁剂会浸透绒布、皮椅、顶篷，最终出现板结、龟裂等。应选择 pH 值不超过 10 的清洗液，配合专用抽洗机，在清洁的同时用循环水将脏东西和清洗剂带走，并将此部位内的水汽抽出。还有一种方法是采用高温蒸汽对车内真皮座椅、车门内饰、仪表板、空调风口、地毯等进行消毒，同时清除车内烟味、油味、霉味等各种异味。

（7）谨慎起动

在未对汽车进行排水处理前，严禁采用起动机、人工推车或拖车方式起动被淹汽车。只有进行了彻底的排水处理，并进行了相应润滑后，才能进行起动的尝试。

2. 车辆水灾现场勘验

（1）水的种类

评估汽车水淹损失时，通常将水分为淡水和海水。本书只对淡水造成的损失进行评估。

在对淡水水淹汽车的损失评估中，应充分注意淡水的混浊情况。多数水淹损失中的水为雨水和山洪形成的泥水，但也有下水道倒灌形成的浊水，这种城市下水道溢出的浊水中含有油、酸性物质和各种有机物质。油、酸性物质和其他有机物质对汽车的损伤各不相同，现场查勘时需充分注意，并做出明确记录。

（2）汽车的配置

定损汽车的水淹损失时，要对被淹汽车的配置进行认真详细地记录，特别注意电子元器件，如 ABS、ASR、SRS、AT、CVT、CCS、CD、GPS、TEMS 等。对水灾可能造成的受损部件，一定要做到心中有数。另外，要对真皮座椅、高档音响、车载 DVD 及影视设备等配置是否为原车配置进行确认，如果不是原车配置，确认车主是否投保了"新增设备险"。区分受损配置是否属于"保险标的"，对理赔结果影响甚大。

（3）水淹高度

水对汽车的淹没高度是确定水损程度非常重要的一个参数。一般说来，针对不同的车型，"水淹高度"通常不以具体的高度值作为计量单位，而是以汽车上某个重要的位置作为参数，轿车的水淹高度可分为六级（图 7-73），每一级的损失程度各不相同，相互之间差异较大。具体内容将在后面的损失评估时进行定性和定量分析。

图 7-73　轿车水淹高度示意图

1—制动盘和制动毂下沿以上，车身底板以下，乘员舱未进水　2—车身底板以上，乘员舱进水，而水面在驾驶人座椅座垫以下　3—乘员舱进水，水面在驾驶人座椅座垫面以上，仪表板工作台以下　4—乘员舱进水，仪表板工作台中部　5—乘员舱进水，仪表板工作台面以上，顶篷以下　6—水面超过车顶，汽车顶部被淹没

（4）水淹时间

汽车被水淹时间的长短，是评价水淹损失程度的另外一个重要参数。水淹时间长短对汽车所造成的损伤差异很大。现场查勘时，第一时间通过询问来确定水淹时间是一项重要的工作。水淹时间的计量单位一般以小时（h）为单位，通常分为六级，见表7-1。每一级所对应的损失程度差异较大，在后面的损失评估时将进行定性和定量分析。

表 7-1 水淹时间（t）与水淹级别对应表 　　　　　　　　（单位：时）

水淹级别	水淹时间	水淹级别	水淹时间
1	$t \leqslant 1$	4	$12 < t \leqslant 24$
2	$1 < t \leqslant 4$	5	$24 < t \leqslant 48$
3	$4 < t \leqslant 12$	6	$t > 48$

3. 水灾损失评估

汽车种类繁多，各类别之间略有差异。本书以社会保有量较大的乘用车为例，阐述汽车的水灾损失评估。

（1）水淹汽车的损坏形式

① 静态进水损坏。汽车在停放过程中被暴雨或洪水侵入甚至淹没属于静态进水，图 7-74 所示为停车场被淹图，属于典型的静态进水。

图 7-74　汽车静态进水图

汽车在静态条件下进水，会造成内饰、电路、空气滤清器、排气管等部位受损，有时气缸也会进水。在这种情况下，即使发动机不起动，也可能造成内饰浸水、电路短路、控制模块芯片损坏、空气滤清器、排气管和发动机泡水生锈等。对于采用电喷发动机的汽车来说，一旦电路遇水，极有可能导致线路短路，造成无法着火。如果强行起动发动机，极有可能导致严重损坏。就机械部分而言，汽车被水泡过之后，进入发动机的水分在高温作用下，会使内部运动机件锈蚀加剧，当进气行程吸水过多时，容易造成连杆变形，严重时导致发动机报废。

汽车进水后，内饰容易发霉、变质。若不及时清理，天气炎热时，会出现各种异味。

② 动态进水损坏。动态进水是指汽车行驶过程中，发动机气缸因吸入水而熄火，或在强行涉水未果、发动机熄火后被水淹没（图 7-75）。动态条件下，由于发动机仍在运转，气缸内因吸入了水会迫使发动机熄火。在这种情况下，除了静态条件下可能造成的全部损失外，还有可能导致发动机直接损坏。

水淹事故车辆定损

图 7-75 开进冰窟窿的轿车（动态进水）

（2）汽车水险的理赔分类

从保险公司的业务划分看，因暴雨造成的汽车损失，主要分五种情况。

① 由于暴雨淹及车身而进水，导致金属零部件生锈、电子元器件及内饰损坏。

② 发动机进水后，驾驶人未经排水处理，甚至直接就在水中起动发动机，导致内部机件损坏。

③ 水中漂游物或其他原因对车身、玻璃等发生擦撞、碰伤等损失，或因其他相关原因造成汽车损失。

④ 落水后，为抢救汽车，或者为了将受损汽车拖到修理厂而支付的施救、拖车等费用。

⑤ 汽车被水冲失所造成的全车损失。

（3）水淹后的损失评估

汽车不同水淹高度对应的损失见表 7-2。

表 7-2 汽车不同水淹高度对应的损失

水淹高度	特征	可能造成的损失	损失率
1	水淹高度在制动盘和制动毂下沿以上，车身底板以下，乘员舱未进水	制动盘和制动毂。损坏形式主要是生锈，生锈的程度主要取决于水淹时间的长短以及水质。通常情况下，无论制动盘和制动毂的生锈程度如何，所采取的补救措施主要是四轮的保养	约为 0.1%
2	水淹高度在底板以上，乘员舱进水，但水面在驾驶人座垫以下	四轮轴承进水；全车悬架下部连接处因进水而生锈；配有 ABS 的汽车轮速传感器磁通量传感失准；底板进水后车身底板如果防腐层和油漆层本身有损伤就会造成锈蚀	0.5%~2.5%
3	水淹高度在驾驶人座椅垫面以上，仪表板工作台以下	座椅、部分内饰潮湿和污染。真皮座椅、真皮内饰损伤严重。若水淹时间超过 24 小时，还会造成：桃木内饰板分层开裂；车门电动机进水；变速器、主减速器及差速器可能进水；部分控制模块、起动机、中高档车行李舱中的 CD 换片机、音响被水淹	1.0%~5.0%
4	水淹高度在仪表板工作台中部	发动机进水；仪表板中部音响控制设备、CD 机、空调控制面板受损；蓄电池放电、进水；大部分座椅及内饰被水淹；音响扬声器全损；各种继电器、熔丝盒可能进水；所有控制模块被水淹	3.0%~15.0%

(续)

水淹高度	特征	可能造成的损失	损失率
5	乘员舱进水，水淹高度在仪表板工作台面以上，顶篷以下	全部电器装置被水泡；发动机严重进水；离合器、变速器、后桥也可能进水；绝大部分内饰被泡；车架大部分被泡	10.0%~30.0%
6	水淹高度超过车顶，汽车顶部被淹没	汽车所有零部件都受到损失	25.0%~60.0%

任务4　新能源车辆定损

【任务目标】

1. 了解新能源汽车的基本知识。
2. 熟悉新能源汽车电器部分的定损要领。

【任务导入】

某保险公司理赔中心接到车险事故报案，驾驶人王某驾驶纯电动汽车上班，不慎底盘碰撞到石头，造成车辆受损。理赔员赶到现场对事故进行核实，确认事故造成位于车辆底部的动力蓄电池外壳受损，并可能波及内部电池组，如图7-76所示。将事故车辆转移至修理厂进一步检查，维修人员建议维修方案为更换电池总成，鉴于动力蓄电池总成售价高达5万元，以及电池组碰撞和损伤面积较小，现场定损人员对维修方案提出异议。

a) 新能源车　　　　　　　　　b) 电池壳受损

图7-76　受损车辆及受损部位

【任务准备】

目前，各个厂商都在推出纯电动车型，呈现出传统燃油汽车逐步转向新能源汽车的发展趋势。

纯电动汽车的组成包括电力驱动及控制系统、驱动力传动等机械系统、完成既定任务的工作装置等。电力驱动及控制系统是电动汽车的核心，也是区别于内燃机汽车的最大不同点。电力驱动及控制系统由驱动电机、电源和电机的调速控制装置等组成。电动汽车的其他装置基本与混合动力电动汽车相同，如图7-77所示。电动汽车的工作原理：蓄电池—电流—电力调节器—电机—动力传动系统—驱动汽车行驶。

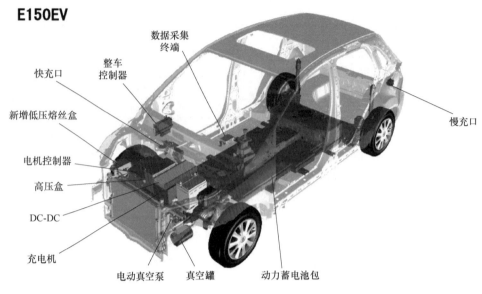

图 7-77 电动汽车系统布置

一、电源

电源为电动汽车的驱动电机提供电能，电机将电源的电能转化为机械能，通过传动装置或直接驱动车轮和工作装置。目前，电动汽车上应用最广泛的电源是铅酸蓄电池，但随着电动汽车技术的发展，铅酸蓄电池由于比能量较低，充电速度较慢，寿命较短，逐渐被其他蓄电池取代。正在发展的电源主要有钠硫电池、镍镉电池、锂电池、燃料电池、飞轮电池等，这些新型电源的应用，为电动汽车的发展开辟了广阔的前景。图 7-78 所示为动力蓄电池组。

a）电池组

b）车辆底部的电池组壳体

图 7-78 动力蓄电池组

二、驱动电机

驱动电机（图 7-79）的作用是将电源的电能转化为机械能，通过传动装置或直接驱动车轮和工作装置。目前电动汽车上广泛采用直流串励电机，这种电机具有"软"的机械特性，与汽车的行驶特性非常相符。但直流电机由于存在换向火花，比功率较小、效率较低，维护保养工作量大，随着电机技术和电机控制技术的发展，逐渐被直流无刷电机（BCDM）、开关磁阻电机（SRM）和交流异步电机所取代。

a) 实物外观

b) 内部结构

图 7-79　电动汽车驱动电机

三、DC-DC 变换器和电机控制器

DC-DC 变换器（图 7-80）安装于前机舱位置，其主要功能是在车辆起动后将动力蓄电池输入的高压电转变成低压 12V 向辅助蓄电池充电，以保证行车时低压用电设备正常工作。

图 7-80　DC-DC 变换器

电机调速控制装置是为电动汽车的变速和方向变换等设置的，其作用是控制电机的电压或电流，完成电机的驱动转矩和旋转方向的控制。

在早期的电动汽车上，直流电机的调速采用串接电阻或改变电机磁场线圈的匝数来实现。因其调速是有级的，且会产生附加的能量消耗，使电机的结构复杂，现在已很少采用。目前电动汽车上应用较广泛的是晶闸管斩波调速，通过均匀地改变电机的端电压，控制电机的电流，来实现电机的无级调速。

在驱动电机的旋向变换控制中，直流电机依靠接触器改变电枢或磁场的电流方向，实现电机的旋向变换，这使得控制电路复杂、可靠性降低。当采用交流异步电机驱动时，电机转向的改变只需变换磁场三相电流的相序即可，可使控制电路简化。此外，采用交流电机及其变频调速控制技术，可使电动汽车的制动能量回收控制更加方便，控制电路更加简单。

四、传动装置

电动汽车传动装置的作用是将电机的驱动转矩传给汽车的驱动轴,当采用轮毂电机驱动时,传统传动装置的多数部件常常可以省略。因为电机可以带负载起动,所以电动汽车上无须传统内燃机汽车的离合器。因为驱动电机的旋向可以通过电路控制实现变换,所以电动汽车无须内燃机汽车变速器中的倒档。当采用电机无级调速控制时,电动汽车可以省略传统汽车的变速器。在采用轮毂电机驱动时,电动汽车也可以省略传统内燃机汽车传动系统中的差速器。

五、行驶装置

行驶装置的作用是将电机的驱动力矩通过车轮变成对地面的作用力,驱动车轮行走。它同内燃机汽车的构成是相同的,由车轮、轮胎和悬架等组成。

六、转向装置

转向装置是为实现汽车的转向而设置的,由转向机、转向盘、转向机构和转向轮等组成。作用在转向盘上的控制力,通过转向机和转向机构使转向轮偏转一定的角度,实现汽车的转向。多数电动汽车为前轮转向,工业中用的电动叉车常常采用后轮转向。电动汽车的转向装置有电动机械转向、液压转向和液压助力转向等类型,与传统能源车辆基本一致。

七、制动装置

电动汽车的制动装置同内燃机汽车一样,是为汽车减速或停车而设置的,通常由制动器及其操纵装置组成。在电动汽车上,一般还有电磁制动装置,它可以利用驱动电机的控制电路实现电机的发电运行,使减速制动时的能量转换成对蓄电池充电的电流,从而得到再生利用。

【任务实施】

本案例中,考虑到汽车维修人员对动力蓄电池的维修不够专业,在承保部门的协助下和修理厂的配合下,定损人员联系电动汽车的电池厂家,邀请厂家派人前往修理厂现场确定电池损坏情况。电池厂家工作人员到达修理厂后,将检测设备连接至车辆OBD接口,对车辆电池进行数据读取和分析。

该车配备的动力蓄电池为三元锂电池,由多块电池组构成,总电压为330伏,检测仪显示第21组电池,电压只有5毫伏,其他电池组电压都在3700毫伏左右。初步断定,故障原因为序号21这个小电池组电压偏低,需要更换。

厂家专业人员对车辆采取断电以及专业的保护措施后,拆掉电池插接器上的4个小螺钉,拔掉电源线,拆掉动力蓄电池与车体连接的8个长螺栓,将电池组拆离车辆,如图7-81所示。

将电池组总成拆下,并进一步分解。电池组总成外壳分为上壳和下壳,上下壳之间用75个螺钉连接,壳间接触面涂有密封胶,电池外壳是一个包装,主要对电池起保护作用。设计时外壳对电池组内部要有足够的防水性能,按照行业标准,动力蓄电池防水防尘等级不得低于IP67,其中6是指防尘等级为尘密(最高级),7是指防水等级为可短时间浸水。即将电池整体浸泡在1米深水中,半小时内保证不能有水进入电池总成内部。

拆卸壳体后,确定该电池组由10个电池模块构成,每个模块10个电芯,每个电芯的电压为3.3伏,电池组标称电压330伏,电池组容量为43千瓦·时。顺着外壳的损坏位置查看内部电池损坏情况，从图 7-81 和图 7-82 可以看到某一电池模块因外力损坏。厂家维修人员对该电池模组进行更块，故障得以解决。

图 7-81　电池组分布

图 7-82　需要更换的电池模块

【任务评价】

新能源汽车定损任务评价表

序号	内容及要求	评分	评分标准	自评	组评	师评	得分
1	准备新能源车辆一部，学生现场对新能源车辆构造和部件进行识别 ① 确认动力蓄电池 ② 确认动力蓄电池控制器 ③ 确认该车的传动系统 ④ 确认能量回收装置 ⑤ 确认 DC-DC 变换器 ⑥ 了解仪表显示	40	按照规范确认，并说明功能，每答对一项得 7 分；以满分为限				
2	准备新能源车辆一部、新能源车辆常规检测设备，以及新能源车辆的检测维修手册 ① 读取车辆数据流和故障码 ② 了解动力线绝缘故障的检测方法 ③ 了解电机故障的检测方法 ④ 了解动力蓄电池温度过高的检测方法 ⑤ 了解动力蓄电池绝缘性差的检查方法 ⑥ 了解车辆充电系统故障的检测流程	60	能够根据故障现象查阅维修手册 根据维修指导说明车辆故障的检测和维修过程 能够进行简单的测量操作 以上每个项目得分 10 分，指导教师根据学生掌握情况酌情评分				

指导教师总体评价

指导教师：

年　月　日

【知识拓展】

混合动力汽车是指内燃机汽车又装配一套电力驱动系统，发动机动力和电力两种动力可进行混合使用。

混合动力汽车的动力系统由发动机、电机、动力连接装置、HV 蓄电池、电子控制单元（变压器、变换器）组成。利用电机和发动机两种动力装置来驱动车轮，同时电机在车辆行驶过程中还可以发电为 HV 蓄电池充电。根据行驶条件的不同，可以仅依靠电机驱动行驶，或者同时利用发动机和电机驱动行驶，如图 7-83 所示。下面以丰田普锐斯（Prius）Ⅲ作为案例进行介绍。

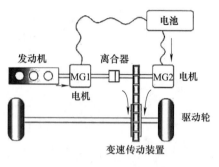

图 7-83　混合动力系统工作原理

（1）变频器总成

通常情况下变频器总成（图 7-84）安装在发动机舱内，位于动力驱动装置的上方，通过高压线缆与动力驱动装置相连。

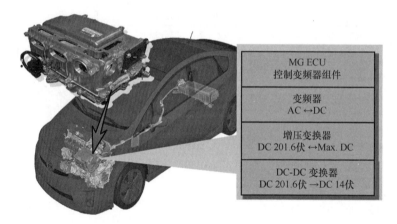

图 7-84　变频器总成

变频器将 HV 蓄电池的高压直流电转换为三相交流电来驱动电机 MG1 和电机 MG2，由 HV ECU 通过功率晶体管控制 MG1 及 MG2。此外，变频器将用于电流控制（如输出电流或电压）的信息传输到 HV ECU。电压提升后，变频器将直流电转换为交流电。MG1、MG2 桥电路（每个包含 6 个功率晶体管）和信号处理保护功能处理器已集成在智能动力模块（IPM）中，以提高车辆性能。

当需要对蓄电池充电时，变频器将电机 MG1 产生的高压交流电转换成高压直流电向 HV 蓄电池供电（AC 转为 DC）。它主要包括增压转换器、DC-DC 变换器和空调变频器。具体如下：

① 增压转换作用。将 HV 蓄电池的高压直流电转换为驱动电机的高压交流电。例如：普锐斯Ⅲ HV 蓄电池的工作电压为 DC 201.6 伏，需要蓄电池提供动力时，增压变换器将 HV 蓄电池 DC 201.6 伏增压并转换为交流电，变为 AC 650 伏，驱动电机 MG1 及电机 MG2。当需要向 HV 蓄电池充电时，增压变换器则将 AC 650 伏降到 DC 201.6 伏，向 HV 蓄电池充电。

② DC-DC 变换作用。由于电机 MG1 的输出额定电压为 AC 201.6 伏，因此，需要变换器将这个电压降低到 DC 12 伏为车辆的辅助设备，如车灯、音响系统、空调系统（除空调压缩机）和 ECU 等由 DC 12 伏供电的系统供电，及为辅助蓄电池再次充电（DC 12 伏）。DC-DC 变换器安装于变频器的下部。

③ 空调变频器供电。将 HV 蓄电池的额定电压由 DC 201.6 伏转换为 AC 201.6 伏，为空调系统中的电动变频压缩机供电。

（2）变频器的冷却系统（用于变频器、MG1 和 MG2）

由于变频器中分布多个大功率晶体管，这些器件工作在高电压高电流环境下，为维持变频器工作特性的稳定，结构上采用水冷系统对变频器进行强制散热冷却。例如比亚迪 F3M、丰田普锐斯等车辆采用了配备电动水泵的专用冷却系统，而且将其与发动机冷却系统分开，点火开关置于 ON 位置时此冷却系统即开始工作。冷却系统的散热器集成在发动机的散热器中，这样散热器的结构得到简化，空间也得到了有效利用，如图 7-85 所示。

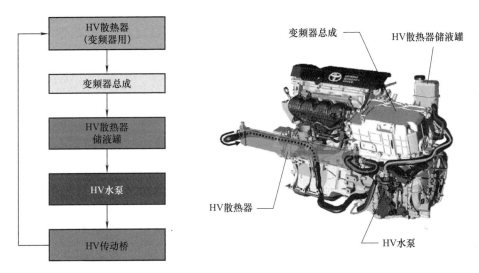

图 7-85　变频器散热系统

（3）电路保护系统

由于高压 HV 蓄电池位于车辆尾部的车身底部，为减少事故发生时高压对车身及乘员的伤害，减少由于碰撞或故障引发的高压电路短路造成的意外事故，当车辆发生碰撞时，位于 HV 蓄电池附近的电源管理系统（HV ECU）接收到安全气囊控制系统发出的安全气囊爆开信号，电源管理系统（HV ECU）通过电路控制 SMR 继电器，切断整个电源，保证高压系统工作安全。HV 蓄电池控制系统及继电器如图 7-86 所示。

（4）空调系统

混合动力车辆的空调压缩机不再采用传统的曲轴直接驱动形式，而是采用电力驱动变频空调。利用安装于变频器总成中的空调供电变频器，为电动变频压缩机供电，以提高压缩机的供电电压，维持较高的能量利用率，降低空调压缩机的能量消耗。例如：在丰田普锐斯中，此变频器将 HV 蓄电池的额定电压由 DC 201.6 伏转换为 AC 201.6 伏来为空调系统中的压缩机供电。

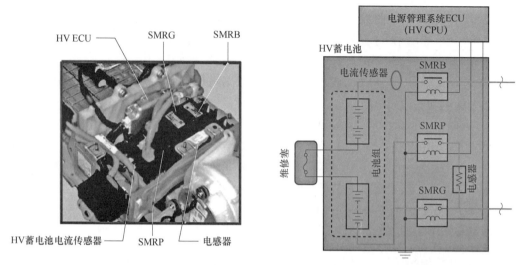

图 7-86 高压电路保护继电器

部分混合动力车型装有太阳能动力系统,借助太阳能动力控制通风系统和空调系统自动降低进入驾驶舱内空气的温度。这个系统使用太阳能电池板供电,通过电机驱动鼓风机,以此来减小停车时车内温度的升高。太阳能通风 ECU 在太阳能电池组件产生电力的情况下被激活并控制此系统,位于车顶部的太阳能电池组件吸收阳光产生电力,并向太阳能通风 ECU 和鼓风机电动机提供电力,当车外阳光照射强度高,驾驶舱内温度较高时,太阳能通风 ECU 自动起动鼓风机,对驾驶舱内进行换气,如图 7-87 所示。

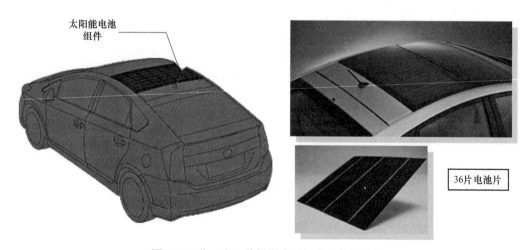

图 7-87 位于丰田普锐斯车顶的太阳能电池板

(5) HV 驱动桥

位于变频器底部的驱动桥取代了传统的变速器,驱动桥前部通过离合器连接发动机曲轴,通过输出轴以及差速装置连接传动半轴,驱动车轮。内部装有电机 MG1、电机 MG2 以及行星齿轮机构等。

(6) HV 蓄电池组

丰田普锐斯Ⅲ采用密封镍混合动力 Ni-MH 蓄电池作为 HV 蓄电池。这种蓄电池具有高蓄能、重量轻等特点。车辆正常工作时，由于蓄电池控制系统通过充电/放电来保持 HV 蓄电池 SOC（充电状态）为恒定数值，因此，车辆不依赖外部设备充电。HV 蓄电池位于后座的行李舱中或者位于车辆底部，这样可更有效地利用车内空间。

在行李舱中还包含一个检修塞，用于在必要时切断电源。维修高压电路的任何部分时，切记一定要将此塞拔下。

HV 蓄电池由 168 个蓄电池单元串联组成（1.2 伏×6 单元×28 模块），额定电压为 DC 201.6 伏。通过内部改进，使得蓄电池具有结构紧凑、重量轻的特点，这样蓄电池的内部电阻得以减小。如图 7-88、图 7-89 所示。

图 7-88 HV 蓄电池结构原理

图 7-89 HV 蓄电池单元

HV 蓄电池中蓄电池单元与蓄电池单元间为串联连接。早期车型为单点连接，接点在蓄电池上部，而新一代车型中的蓄电池与蓄电池间为双点连接，新增的点在蓄电池下部，这样蓄电池的内部电阻得以降低。

在检查或维修前拆下检修塞，切断 HV 蓄电池中部的高压电路，这样可以保证维修人员的安全。检修塞总成包括互锁的导线开关。将卡框翻起，关闭导线开关，进而切断 SMR。但是，为安全考虑，在拔下检修塞前一定要关闭点火开关。

HV 蓄电池重复充电/放电时会产生热量，为确保其工作正常，车辆为 HV 蓄电池配备了专用的冷却系统（图 7-90），行李舱右侧的冷却风扇可以通过后排座椅右侧的进气口吸入车内空气。此后，从蓄电池顶部右侧进入的空气从上到下流经蓄电池模块并将其冷却。然后，空气流经排气管和车内，最终排到车外。HV 蓄电池 ECU 控制冷却风扇的工作。HV 蓄电池 ECU 根据 HV 蓄电池内部三个蓄电池温度传感器和进气温度传感器给出的信号将 HV 蓄电池温度控制在合适的范围。

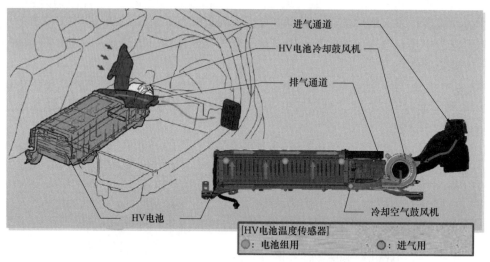

图 7-90　丰田普锐斯 HV 蓄电池通风系统

【项目小结】

1. 事故车辆维修的原则是：维修作业仅局限于本次事故所造成的损失；对于能修理的零部件尽量修复，不随意更换；对于能通过局部修复恢复性能的，不扩大到整体修理；对于能更换个别零部件恢复性能的，不去更换总成。

2. 一般说来，承载式车身结构钣金件只是发生弯曲变形的话，仅需维修；假如发生了折曲变形，则需视情维修或更换。

3. 非结构钣金件损坏时，视情决定就车修理还是拆解修理或者更换。

4. 塑料件损坏时一般需要更换，但若保险杠的损坏程度不是很严重的话，可以焊修。

5. 发动机拖底后，所造成的直接损失一般有油底壳凹陷、壳体破损、机油泄漏、机油泵损坏等；而间接损失可能有发动机曲轴轴瓦、连杆轴瓦烧蚀甚至与曲轴、活塞抱死，凸轮轴、活塞和气缸因缺油而磨损。

6. 发动机进水后，有可能导致连杆弯曲，在随后的持续运转过程中就有可能导致进一步的弯曲、断裂，甚至捣坏气缸。

7. 电器设备在汽车碰撞之后，有可能造成"损坏"的假象，需要区分是否为保护装置断开所致。

8. 汽车起火分为自燃、引燃、碰撞起火、机械故障导致起火、经停不当导致汽车起火、爆炸、雷击起火。

9. 造成汽车自燃的原因主要有漏油、漏电、接触电阻过大、车载易燃物引发火灾、超载等。

10. 汽车进水之后，一定要按照严格的程序进行施救及拖车，以免造成损失扩大。

【重要概念】

结构钣金件　非结构钣金件　塑料件　拆装项目　更换项目　待查项目　修理项目　汽车起火　汽车进水　电动汽车　混合动力汽车

【知识训练】

1. 填空题

① 汽车通常是由发动机、_____、_____、_____四大部分组成的。

② 往复活塞式汽油机由两大机构、五大系统组成,即曲柄连杆机构、配气机构、燃料供给系统、_____、_____、_____、_____。

③ 传动系统一般由_____、_____、_____、驱动桥等组成。

④ 按照承载方式划分,轿车车身可以划分为_____、_____、_____三大类。

⑤ 电器设备包括电源组、_____、_____、_____、信号装置、仪表等。

⑥ 高强度钢在任何条件下,都不能用_____矫正。

⑦ 汽车起火分为自燃、_____、_____、机械故障导致起火、经停不当导致汽车起火、爆炸、雷击起火。

⑧ 汽车进水后,一般应该采取_____牵引的方式进行施救。

2. 简答题

① 车身结构件弯曲变形、折曲变形各有什么特点?
② 机动车的保险责任事故维修与正常维修有何区别?
③ 机动车定损应该遵循什么原则?
④ 如何区分机动车的损失是否属于保险责任?
⑤ 什么情况下需要更换汽车的零部件?
⑥ 发动机、变速器拖底以后,容易造成哪些损失?
⑦ 确定汽车维修工时费时,更换项目涉及哪些?
⑧ 为什么修理工时费会存在差异?
⑨ 如何判断事故车辆是否具有修复价值?
⑩ 碰撞对非承载式车身有何影响?
⑪ 碰撞对承载式车身有何影响?
⑫ 如何把握发动机舱盖的修与换?
⑬ 确定修理件的工时费时,主要应该考虑哪些因素?
⑭ 如何确定车身的烤漆费用?
⑮ 不同类型的汽车火灾各有什么特点?
⑯ 擅自加装的汽车用电设备,为什么有可能引起汽车的自燃?
⑰ 举例分析几种常见自燃现象的产生原因及查勘注意事项。
⑱ 哪些现象需要查勘人员密切注意是否存在汽车火灾的道德风险?
⑲ 如何定损汽车火灾所造成的损失?
⑳ 为什么要严禁在水中起动汽车?
㉑ 为什么在公路上拖动水淹汽车时,不允许采用软牵引的方式?
㉒ 为什么发动机进水会导致连杆弯曲,甚至捣坏气缸壁?

㉓ 为什么保险公司大多将发动机进水后造成的内部损失列为除外责任？
㉔ 什么样的天气中因水造成的汽车损坏可以作为保险责任？
㉕ 汽车被水浸泡后，容易造成哪些损失？
㉖ 因水造成的汽车损失包括哪几项？
㉗ 为什么汽车长时间被水浸泡损失会更大？

【技能训练】

1. 一辆解放牌大货车，在行驶过程中与对面来车擦碰，造成驾驶舱右侧撕裂（图7-91）。

思考题：① 如何制定该车的维修方案？
② 该车的更换件有哪些？
③ 该车的拆装项目有哪些？
④ 该车的喷漆项目有哪些？

2. 一客户报案称其投保的捷达轿车行驶时不慎与路面上的石头相撞，造成发动机油底壳破裂，机油泄漏，车辆就在事故现场的路边，请求保险公司速来查勘。

查勘定损人员及时赶到现场，发现道路中间有几块夜间拉石料的车辆掉落的石头，其中一块被机油浸蚀，石头周围也有一片油污。经仔细检

图7-91 擦碰致损解放牌大货车

查，轿车的发动机油底壳有一孔洞，洞口向内凹，机油已漏尽，经与碰撞的石头比对，形状相吻合，汽车的停车位置距离所碰撞的石头不足50米。

事故车辆拖到维修厂以后，维修人员将其用举升机举起，对发动机进行全面检查。扳动曲轴带轮时，曲轴运转自如，拆检之后，发现机油泵集滤器、机油泵均无损坏。分别揭下曲轴轴瓦和连杆轴瓦检查，没有发现烧蚀、磨损现象。此次事故只造成了发动机油底壳的变形与断裂，没有引起其他机件的损坏。

思考题：① 该起事故是否属于保险责任？
② 针对该起事故，应该如何制定维修方案？
③ 该起事故涉及哪些拆装、检查工时？
④ 该起事故需要更换哪些零部件？

3. 一辆装用柴油发动机的东风牌自卸汽车，在行驶途中发现发动机冒烟，停车查看时起火，将整个驾驶舱、变速器、转向机等铝合金制成的部件全部烧毁。驾驶人拨打119火警电话求救，大火被消防警察扑灭。

查勘得知，该车有九成新，白天起火，驾驶人首先拨打119求救。由于是新车，电路老化问题可以基本排除，排查重点放在油路方面。询问驾驶人在行车途中有无发动机动力不足的现象，得到了"不存在"的明确答案。据此，排除了供油管漏油的可能，重点在回油管查找。进一步检查发现，回油管有一处不明原因之折痕，且位置恰好对准发动机的排气管，估计是该处漏油漏在了排气管上，引起车辆自燃（柴油自燃温度为335℃，而排气管温度高达700~800℃），该处起火后，引燃了电缆，将火引入了驾驶舱，烧掉了整个驾驶舱。

思考题：① 该车是否符合自燃特征？
② 为什么变速器、转向机等铝合金制成的部件会被烧毁？

4. 某车主报案称：他的红旗轿车于3月31日零点30分左右在一县乡公路行驶时自行起火燃烧。查勘发现：驾驶舱过火严重，仪表板总成、座椅、内饰等全部烧损，全车玻璃因过火而全部烧光，蓄电池烧损，但奇怪的是驾驶舱内没有发现转向盘骨架残留物（不可能烧得无影无踪）。发动机舱内过火较轻，仅相关电缆线、塑料件等烧损，发动机机油未参加燃烧，但机油量约为1.5升，冷却水（并非冷却液）约有2升。消声器有一个约30毫米×30毫米的旧性孔洞，消声芯已脱离。左半轴球笼没有防尘罩，左前制动片报警线脱落且拧在一起，如图7-92所示。

图7-92 燃烧之后的红旗轿车

思考题：① 为什么该车的消声器会有一个约30毫米×30毫米的旧性孔洞？为什么制动片报警线路脱落且拧在一起？为什么车上没有发现过火后的转向盘钢骨架？
② 该车是否具备正常的行驶条件？
③ 该车火灾会不会是车辆自身原因引起的？

5. 车辆在水中强行起动，导致发动机损坏，应否赔偿？

某年7月，济南地区急降大暴雨。某公司的业务员急于赶飞机，由驾驶人王某驾车送其去机场。在行至一立交桥底时，前方因发生交通事故导致道路堵塞。此时暴雨刚下过不久，雨水汇集在桥的底部，没过了王某汽车的底盘。为及时赶上班机，并尽快脱离困境，王某起动发动机想将车开到地势稍高的路段。岂料此时积水已漫过汽车排气管。发动机起动后，活塞的巨大吸力将雨水从排气管倒吸进气缸，导致曲轴连杆折断。由于该车已投保了车辆损失险，于是被保险人向保险公司就发动机的损坏提出了索赔申请。

思考题：① 在机动车辆保险条款中，因"暴雨"而构成的保险责任包括哪些？
② 本次事故造成的发动机连杆折断，是否属于保险责任？

6. 雨天进水晴天坏，应该如何理赔？

一辆轿车在行驶过程中，因发生轻度的正面碰撞而向保险公司报案，要求查勘。将车拖至修理厂，拆解发动机后发现，第三缸的活塞连杆折断、缸体损坏。

根据损坏机理分析，汽车正面的轻度碰撞，不应该导致连杆折断，更不会导致缸体损坏，原因何在？经从车主处详细了解得知，该车曾在三天前强行涉水，导致当场熄火，车主将积水进行简单清理并更换空气滤清器后，继续使用。

思考题：① 为什么该车的正面碰撞会引起连杆的折断？
② 车主涉水、更换空气滤清器后继续使用，是否影响进水损失赔付？
③ 本案例是否应该赔付损失？应赔付哪些损失？

【工作页】

车险事故车辆损失评估工作页

教师布置日期：　　年　月　日　　　　　个人完成时间：　　　（分钟）

问题：	任务：
学生分组演练，三个人一组：一人扮演报案的客户，一人扮演定损人员，一人扮演修理厂维修人员 　　场景模拟：车主为男性（女性），33岁（38岁），自己经营一家超市（或其他工作），其大众轿车（或其他中档车、高档车）的后保险杠（或前保险杠、车门、翼子板、发动机舱盖）因故损坏（可以利用报纸湿润后贴在相应部位模拟损坏），构成保险责任，请求定损	作为一名定损人员，应该如何依据车主的年龄、职业、性别、车型以及损坏情况，充分利用自己的专业知识及谈判技巧，通过自己的分析以及与客户、维修人员的沟通与谈判，准确、合理地对出险车辆进行定损
定损要点：	

	工作步骤	注意事项
定损准备	1. 准备需要的定损资料及工具	
	2. 查勘记录单	
定损步骤	1. 事故起源点及撞击、振动所引起的损伤部位	
	2. 事故车辆维修方案 ① 按照规定顺序登记损坏件 ② 需维修的件 ③ 需更换的件	
	3. 确定工时费用 ① 拆装工时费 ② 维修工时费 ③ 钣喷工时费 ④ 辅助工时费	
	4. 确定材料费用 （通过走访4S店或汽配商城获得更换件的价格）	
	5. 签订事故车辆估损单	

学习纪要：

项目八

车险事故非车损失评估

【项目概述】

汽车事故造成的损失分为车辆损失和非车损失。非车损失包括财产损失和人员伤亡。

财产损失种类繁多,对其定损的标准、技术以及掌握尺度相对困难。但总体来说,保险人应按事故现场直接造成的现有财产的实际损毁,依据保险合同的相关规定予以赔偿。确定时可与被害人协商,协商不成可申请仲裁或诉讼。但对间接损失、第三者无理索要及处罚性质的赔偿不予负责,因此,保险人的实际定损费用与被保险人实际赔付第三者的费用往往有差距,这就需要定损人员做好被保险人的解释说服工作。

出现人身伤亡,是车辆使用者最担心的事,赔偿时需要依据相关规定确定赔偿项目及赔偿标准,然后确定赔偿总额。赔偿项目包括医疗费、误工费、护理费、交通费、住宿费、住院伙食补助费、必要的营养费、残疾赔偿金、残疾辅助器具费、被扶养人生活费、后续治疗费、丧葬费、死亡赔偿金、精神损害抚慰金等。保险公司理赔人员在核定理赔案件中的人员伤亡费用时,与被保险人很容易产生矛盾和纠纷,这也是保险理赔中比较复杂、难度较大的一项工作内容。

【建议学时】

6学时

任务1 财产损失定损

【任务目标】

通过"财产损失定损"任务的学习,要求学生:

1. 了解第三者财产的分类。
2. 掌握车上货物损失以及第三者财产损失的定损方法。

山东省道路交通事故损害
赔偿纠纷快速处理

【任务导入】

标的车为某轿车,客户在小区楼下停车时,错将加速踏板当成了制动踏板,与第三者车库卷帘门相撞,造成标的车受损,第三者卷帘门损坏(图8-1)。

本案中,标的车客户停车时错将加速踏板当成了制动踏板,导致标的车与车库卷帘门相撞,造成标的车和卷帘门受损。通过前面章节,我们已经对车辆损失的定损赔偿有所了解,那么,分析此事故车辆损失外的财产损失属于哪类损失?应如何进行赔偿?

 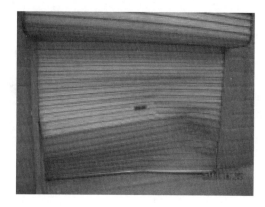

a) 事故全景　　　　　　　　　　　　　b) 受损卷帘门

图 8-1　标的车撞卷帘门事故

【任务准备】

保险事故除了能导致车辆的损失外，还有可能导致第三者的财产损失和车上承运货物的损失，从而构成第三者责任险、车上货物责任险的赔偿责任。

一、定损原则

第三者财产和车上货物的评估应坚持损失修复原则，即以修复为主。

根据损失项目、数量、维修项目和维修工时及工程造价，确定维修方案。对于损失较大或定损技术要求较高的事故，可委托专业人员确定维修方案。

无法修复和无修复价值的财产可采取更换法处理。更换时应注意品名、数量、制造日期、主要功能等。对于能更换零配件的，不更换部件；能更换部件的，不更换总成件。

二、定损方法

1. 确定物损数量

交通事故中常见的财产损失有普通公路路产、高速公路路产、供电通信设施、城市与道路绿化等。

相关财产的品名和数量可参照当地物价部门列明的常见品名和配套数量。受损财物的数量确定还必须注意其计算方法的科学性、合理性。

2. 确定损失金额

① 简单财产损失应会同被保险人一起根据财产价值和损失程度确定损失金额，必要时请生产厂家进行鉴定。

② 对受损财产技术性强、定损价格较高、难度较大的物品，若较难掌握赔偿标准时，可聘请技术监督部门或专业维修部门鉴定，严禁盲目定价。

③ 对于出险时市场已不销售的财产，可按客户原始购置发票数额为依据，客户不能提供发票的，可根据原产品的主要功能和特性，按照当前市场上同类型产品推算确定。

④ 根据车险条款规定，损失残值应协商折价归被保险人，并由被保险人进行处理。

⑤ 定损金额以出险时保险财产的实际价值为限。

3. 第三者财产分类及定损

凡不属于被保险人及其允许的驾驶人个人或家人所有，而且不在本车之上的财产，均属于第三者财产。

(1) 第三者财产主要种类

① 公共设施。包括路灯灯杆（铁、钢、塑料、钢混结构）、护栏、电缆、广告牌、广告标识、灯箱、公共汽车牌、空调室外机、树、隔离带、警示牌、石阶、消防栓等。

② 私人物品。包括手机、手表、照相机、手提电脑、自行车、电动自行车、摩托车等。

③ 店铺、商铺设施。如房屋、广告牌、啤酒、水果、食品、玻璃门等。

④ 宠物及牲畜。如猫、狗、牛、羊等。

(2) 常见第三者财产损失的定损方法

① 市政设施。市政设施遭损后，市政部门对肇事者索要的损失赔偿往往有一部分属于处罚性质以及间接损失方面的赔偿。但保险公司依据条款规定只能承担因事故造成的直接损失。因此定损人员在定损过程中应该掌握和区分在第三者索要的赔偿中，哪些属于间接费用，哪些属于罚款性质。同时，为使定损合理，定损人员要准确掌握和收集当地损坏物体的制造成本、安装费用及赔偿标准。一般情况下，各地市内绿化树木及草坪都有规定的赔偿标准及处罚标准。在定损过程中，只能按损坏物体的制造成本、安装费用及赔偿标准进行定损。

② 道路及道路设施。车辆倾覆后很容易造成道路路面的擦痕，以及燃油对道路的污染。很多情况下路政管理部门都要求对路面进行赔偿，尤其是高速公路路段。道路两旁的设施（护栏等）也可能因车辆碰撞造成损坏。对于以上两方面所造成的损失，保险公司有责任与被保险人一起同路政管理部门商定损失。因道路及设施的修复施工一般都由路政管理部门组织，所以大部分损失核定都以路政管理部门为主，但在核损时定损人员必须掌握道路维修及设施修复费用标准，定损范围只限于直接造成损坏的部分。对于路基路面塌陷应视情况确定是否属于保险责任。若在允许的载重吨位下，车辆通过所造成的路基路面塌陷，不在赔偿范围之内；若车辆严重超载，在超过允许吨位下通过所造成的路基路面损失，应由被保险人自行赔偿，不在保险公司赔偿范围之内。

③ 店铺、商铺设施。对于销售类货物的损失，可以通过索取进货发票，依据进货价格赔偿，不能提供进货凭证的，可以按略低于市场价格赔偿；对于房屋装修类的损坏，在对房屋建筑物的损失核定方面，除要求定损人员掌握有关建筑方面的知识之外（建筑材料费用、人工费用），在定损方面最好采取招标形式进行。请当地建筑施工单位进行修复费用预算招标，这样一方面便于准确定损，另一方面也比较容易说服第三者（受害者）接受维修方案。

④ 道旁农田庄稼。在青苗期按青苗费用加上一定的补贴即可，成熟期的庄稼可按当地同类农作物平均产量测算定损。

【案例 8-1】 农田庄稼受损

一辆货车在某村庄道路拐弯行驶时，挂车侧翻，导致标的车多处受损，同时造成玉米地及玉米农作物受损，如图 8-2 所示。查勘员到达现场后，根据玉米

图 8-2 挂车侧翻导致农田农作物受损

作物的受损及产量情况,与玉米农作物所有人协商沟通,达成赔偿协议,赔付物损金额为3500元。

⑤ 宠物及牲畜。宠物死亡后,了解宠物的品种,调查市场同品种宠物的价格,协商赔偿;牲畜死亡,了解该类型牲畜肉、皮毛等在市场上的价格,依据动物体重计算出赔偿金额;受伤的可协商处理。对于宠物,需注意对方提出过高的精神损失补偿,这是不应该通过保险进行赔付的。

【案例8-2】 羊群受损

一标的车在行驶中不慎撞到羊群,致标的车前部受损,部分羊受损。经查勘员现场查勘,两只羊受伤,一只羊死亡,一只羊撞断前腿,如图8-3所示。根据羊肉、皮毛在当地市场上的价格以及现场的称重,同时对受伤的两只羊与放牧人进行协商,最终达成协议,赔偿3000元。由于标的车只投保交强险,未购买商业险,故保险公司赔付标的车车主2000元,车主自行赔付第三者放牧人1000元。

a) 标的车

b) 查勘受损的羊

图8-3 羊群被撞事故

⑥ 对于较高价格或有争议的物损,可申请评估中心进行评估。对于损失较大的事故或定损技术要求较高的事故,可委托专业人员进行评估。

4. 车上货物损失的定损

(1) 车上货物损失查勘定损原则

① 查勘定损人员前往出事现场,务必要迅速,避免货物损失的扩大。

② 根据条款,只需对损坏的货物进行数量清点,并分类确定其受损程度。因为机动车辆保险条款一般都将诈骗、盗窃、丢失、走失、哄抢等造成的货物损失列为责任免除范围。

③ 易变质、易腐烂的(如食品、水果类)物品在征得保险公司有关领导同意后,应尽快现场变价处理。

④ 对机电设备应联系有关部门进行技术鉴定,确定其受损程度。对机电类设备的定损原则是:以修复为主;可更换局部零件的不更换总成;一般不轻易作报废处理;对于无恢复使用可能性的,可作报废处理,但必须将残值折归给被保险人。

⑤ 在损失金额的确定方面,应坚持从保险利益原则出发,注意掌握在出险当时标的具有或者已经实现的价值,确保体现补偿原则。

(2) 车上货物损失查勘定损方法

车上货物的损失应根据不同的物品分别定损,对一些精密仪器、家电、高档物品等应核实具体的数量、规格、生产厂,可向市场或生产厂了解物品价格。另外,对于车上货物还应取得运单、装箱单、发票,核对装载货物情况,防止虚报损失。

【案例8-3】 大蒜的理赔

季某购置了一辆大货车,并在某保险公司投保了公路货物运输保险(责任限额2万元)等一系列保险。

7月5日,他为某物流公司运输大蒜时,货车因线路老化起火,一车大蒜化为灰烬,造成损失3.8万余元。事后,季某向保险公司索赔2万元,却遭到拒绝。保险公司拒赔的理由是在《公路货物运输保险条款》中规定,蔬菜、水果、活牲畜、禽鱼类和其他动物不在保险标的范围以内。保险公司认为,大蒜属于蔬菜,所以不能赔偿。

而季某则认为,大蒜和花椒、大料一样只是调味品,不是蔬菜。8月20日,季某将保险公司告上法庭,要求其支付保险赔偿款2万元。

法院审理查明,原、被告之间签订的保险合同为有效合同。原告在被告方投保后,履行了各项投保人的义务,被告应当对其在保险期限内所发生的保险事故承担保险责任。被告辩称大蒜是蔬菜,但未提供证明材料予以证明,保险条款中也没有对蔬菜的范围做出界定。

《现代汉语词典》中对大蒜的解释:多年生草本植物,花白色带紫,叶子和花轴嫩时可以做菜。地下鳞茎味道辣,有刺激性气味,可以做调味品,也可入药。而原告拉载的蒜头即为大蒜的地下鳞茎,所以不是蔬菜,而是调味品。

12月7日,人民法院依法判决季某胜诉。

5. 施救费用的确定

施救费用是指当保险标的遭遇保险责任范围内的灾害事故时,被保险人或其代理人、雇佣人员等为防止损失的扩大,采取措施抢救保险标的而支出的必要、合理的费用。必要、合理的费用是指施救行为支出的费用是直接的、必要的,并符合国家有关政策规定。

财产需要施救的,应记录被施救财产的名称、数量、重量、价值、施救方式、施救路程。被施救财产已经施救的,应在查勘记录中记录已发生的施救费用。保险标的与其他财产一同施救的,应与被保险人说明施救费的分摊原则并在查勘记录中注明。

6. 损余物资的残值处理

损余物资是指非车辆财产的全部或部分遭受损失且经保险公司按合同规定予以赔偿,赔偿后仍有一定价值的物资。常见损余物资有承保的本车车上货及第三者的财产等。

残值处理是指保险公司根据保险合同履行了赔偿并取得对受损标的所有权后,对尚存一部分经济价值的受损标的进行的处理。

按照保险合同规定,损余物资的处理需经双方协商,合理确定其剩余价值(残值)。残值在确定后,一般采取折归被保险人并冲减损失金额的方式处理。当残值折归被保险人并扣减损失金额的处理方式与被保险人协商不成时,需将残值物品全部收回。

【任务实施】

1. "任务导入"中车辆损失外的财产损失为卷帘门受损,属于第三者财产中的店铺、商铺设施。

2. "任务导入"中损失赔偿分两部分,分别为标的车和第三者财产。标的车的损失由车辆损失险负责赔偿，定损金额为 2150 元。第三者财产的损失由交强险负责赔偿，不足的部分，则由第三者责任险负责赔偿。第三者财产定损结果如下：卷帘门规格为 2.2 米×2.4 米，计 730 元，拆卸安装工时费用为 80 元，扣除残值 80 元，最终定损金额为 730 元。

【任务评价】

财产损失定损任务评价表

序号	内容及要求	评分	评分标准	自评	组评	师评	得分
1	掌握第三者财产分类方法	30	每说出一种第三者财产分类得 10 分；以满分为限				
2	掌握第三者财产定损方法	30	每说出一种第三者财产损失定损方法得 10 分；以满分为限				
3	掌握车上货物损失的定损原则	30	每说出一种车上货物损失定损方法得 10 分；以满分为限				
4	能够列举合理施救费用的情况	10	对合理的施救费，每列出一类并简单分析得 5 分；以满分为限				

指导教师总体评价

指导教师：
年　月　日

【知识拓展】高速公路车辆救援清障服务收费标准

　　高速公路救援清障工作由高速公路管理和经营单位统筹组织实施，具体工作主要由其建立的专职救援队伍承担。××省车辆救援清障服务收费标准详见表 8-1（自 2018 年 5 月 1 日起施行，有效期至 2020 年 4 月 30 日）。

表 8-1　××省高速公路车辆救援清障服务收费标准

收费项目		收费标准	
		基价（拖行 10 千米以内收费标准。单位：元/车·次）	拖行费（拖行 10 千米以上，在基价基础上增加的费用标准，不足 1 千米按 1 千米计。单位：元/千米）
拖车	一类车	260	10
	二类车	350	15
	三类车	400	20
	四类车	500	25
	五类车	600	30
吊车	一类车	400 元/车·次	
	二类车	800 元/车·次	
	三类车	1200 元/车·次	
	四类车	1600 元/车·次	
	五类车	2500 元/车·次	
	吊货物	20 元/吨	

项目八　车险事故非车损失评估

（续）

收费项目		收费标准	
平板车		一、二类车按拖车收费标准执行。三类车1000元/车·次，四类车1200元/车·次，五类车1500元/车·次	
更换车头牵引		1200元/车·次	
货物装卸		基价	装卸费
	铲车或叉车	300元/车·次	40元/吨（不足1吨按1吨计）
	人工	80元/吨（不足1吨按1吨计）	
车辆（货物）停车看护		空车	载有货物车辆（包括货物）
	车辆	30元/车·天	35元/车·天
	单独货物	2元/吨·天	
换轮胎		50元/个（每车最高150元）	
解制动		50元/轴（每车最高150元）	

说明：

1. 拖车、吊车、平板车救援清障服务收费按被救援车辆车型计费。车型分类按交通运输部行业标准执行。
2. 吊车费是指将被救援车辆施救吊装并在停车场完成吊卸收取的费用。在同一事故现场，同一辆吊车对两辆以上事故车辆施救，每辆按60%计收。拖车费从现场拖车救援时计收。
3. 货物装卸费是指从被救援车辆卸载至场地并从场地装运至转运车辆收取的费用。从被救援车辆直接装运至转运车辆或装、卸分离时，按装卸费的50%计收。
4. 拖、吊运载国家规定的易燃、易爆及放射性等危险品和车辆，应在监管相关危险品的政府主管部门统一组织下进行，收费标准可在上述标准基础上上浮30%。
5. 救援过程中拖车同时开展吊车作业，收取拖车费后，吊车收费按50%计收。
6. 救援车辆到达现场，因车主原因不需救援的，按基价的60%计收。吊车按收费标准的50%计收。
7. 车辆（货物）停车看护费执行各市收费标准，但不得超过上述标准。
8. 上述标准为最高收费标准。本通知未列入的收费项目，其收费标准由车主与救援清障机构协商确定，存在争议的，通过价格评估、调解等方式解决。

任务2　人伤费用赔偿

【任务目标】

通过"人伤费用赔偿"任务的学习，要求学生：

1. 了解人伤的赔偿项目。
2. 掌握人伤赔偿费用的确定方法。

【任务导入】

2011年07月23日，驾驶人陈某驾驶的标的车在深圳市某地点行驶时，与行人程某发生碰撞，导致程某受伤，标的车驾驶人见状立即报警并拨打了120，120救护车将伤者送到武警医院治疗。其相关费用清单见表8-2。标的车购买险种为交强险、第三者责任险（责任限额30万元）及第三者不计免赔率。

表 8-2　第三者人伤相关费用清单　　　　　　　　　　　（单位：元）

赔偿项目	客户上报金额	保险公司核定金额（交强险项下）	保险公司核定金额（第三者责任险项下）
医疗费	31239.9	10000.0	21004.9
住院伙食补助费	1700.0	0.0	1700.0
后续治疗费	5000.0	0.0	5000.0
交通费	38.2	38.2	0.0
误工费	11561.8	4000.0	0.0
护理费	1700.0	1700.0	0.0
合计	51239.9	15738.2	27704.9

本案中，第三者发生人伤事故后，哪些费用会得到保险公司的赔偿？保险公司如何去认定这些损失？

【任务准备】

在车险理赔案件中，除车辆损失、其他财产损失赔偿外，大量的是人员伤亡赔偿。

交强险、第三者责任险、车上人员责任险等险种涉及的人员伤亡费用，理赔人员应按照有关道路交通事故处理的法律、法规规定，以及保险合同的约定赔偿，赔偿项目包括医疗费、误工费、护理费、交通费、住宿费、住院伙食补助费、必要的营养费、残疾赔偿金、残疾辅助器具费、被扶养人生活费、后续治疗费、丧葬费、死亡赔偿金、精神损害抚慰金等。

一、因就医治疗支出的各项费用以及因误工减少的收入

1. 医疗费

医疗费是指受害人在遭受人身伤害之后接受医学上的检查、治疗与康复训练所必须支出的费用。

医疗费根据医疗机构出具的医药费、住院费等收款凭证，结合病历和诊断证明等相关证据确定。医疗费等具体损失采取差额赔偿方式，实际支出多少即赔偿多少的原则。对后续治疗费采取定型化赔偿的标准。

【案例 8-4】　非医保和非外伤治疗费用的审核

大客车驾驶人张某驾驶某市客运车队所有的一辆客车，于 2011 年 10 月 23 日 11 时在市区道路上倒车撞到行人，造成行人邹某受重伤的事故。经交警部门认定，客车负全责。

伤者邹某 71 岁，经医院治疗，出院回家。但从出院记录上可以看到：伤者除因本起事故造成股骨粗隆粉碎性骨折外，原就患有慢性阻塞性肺病（COPD）等疾病，并在本次住院时因 COPD 发生了相当的治疗费用。在就全部医疗费用要求赔付未果的情况下，伤者起诉至法院，要求侵权人及保险公司全额赔偿其治疗费用 67890.55 元和其他各项损失。

为了应诉，保险公司首先委托司法鉴定部门对伤者的全部用药情况进行了司法鉴定，经审核有 15243.87 元 "属于治疗非损伤自费药品及自费项目"。为了更好地说明此鉴定结果的合理合法性，同时又委托该司法鉴定部门对伤者的非事故损伤疾病与车祸事故的因果关系进行了鉴定，形成了 "被鉴定人邹某所患慢性支气管炎、肺气肿、肺大泡等疾病与车祸损伤无因果关系" 的司法鉴定意见。

最终，法院判决时，从伤者要求全部赔偿的金额中剔除了非损伤自费药品、自费项目的

药品，核减了 17980.65 元。

案情分析：在目前的交通事故赔付实践中，法院大多不会直接认可保险公司对医疗费用的核损意见，许多保险公司不得不全额承担非事故引起的治疗费用和不符合条款约定的非医保类治疗费用。这家保险公司通过合法取证的方式，事先获得了事故损伤与既往疾病没有因果关系的鉴定意见，在诉讼答辩时提供了充分的证据材料，并最终得到了法院的支持。

2. 误工费

误工费是受害人从遭受伤害到完全治愈这一期间内（即误工时间），因无法从事正常的工作或者劳动而失去或减少的工作、劳动收入的赔偿费用。

误工包括三种情形，一是受害人本人因受伤、治疗及治疗结束后，需一段时间进行康复休息而误工；二是受害人本人因达到伤残等级无法劳动至定残之日这段时间的误工；三是受害人死亡的，其亲属因办理丧葬事宜而误工。

误工费根据受害人的误工时间和收入状况确定。误工时间根据受害人接受治疗的医疗机构出具的证明确定。受害人因伤致残持续误工的，误工时间可以计算至定残日前一天。受害人有固定收入的，误工费按照实际减少的收入计算。受害人无固定收入的，按照其平均收入计算；受害人不能举证证明其平均收入状况的，可以参照受诉法院所在地相同或者相近行业上一年度职工的平均工资计算。

对实际支出的费用和误工损失，按照差额据实赔偿的办法处理。

对于"受害人有固定收入的，误工费按照实际减少的收入计算"，有两点需要明确：

① 该固定收入须有合法证明。

② 该固定收入必须是受害人实际减少的，如果受害人受到损害后，其供职单位没有扣发或者没有全部扣发其收入，其误工费应不赔或者少赔。

3. 护理费

护理费是指受害人因遭受人身伤害，生活无法自理需要他人帮助而付出的费用。

根据护理人员的收入状况和护理人数、护理期限确定。

护理人员有收入的，参照误工费的规定计算；护理人员没有收入或者雇佣护工的，参照当地护工从事同等级别护理的劳务报酬标准计算。护理人员原则上为一人，但医疗机构或者鉴定机构有明确意见的，可以参照确定护理人员人数。

护理期限应计算至受害人恢复生活自理能力时止。受害人因残疾不能恢复生活自理能力的，可以根据其年龄、健康状况等因素确定合理的护理期限，但最长不超过二十年。受害人定残后的护理，应根据其护理依赖程度并结合配制残疾辅助器具的情况确定护理级别。

如果受害人实际护理期限超过了法院确定的护理期限，向法院起诉请求继续给付护理费的，若属确需继续护理的，法院应当判令赔偿义务人继续给付护理费用 5~10 年。

4. 交通费

交通费是指受害人及其必要的陪护人员因就医或者转院治疗所实际发生的用于交通的费用。

交通费根据受害人及其必要的陪护人员因就医或者转院治疗实际发生的费用计算。交通费一般应当参照侵权行为地的国家机关一般工作人员出差的差旅费标准支付交通费。乘坐的交通工具以普通公共汽车为主。特殊情况下，可以乘坐救护车、出租车，但应当由受害人说明使用的合理性。交通费应当以正式票据为凭；有关凭据应当与就医地点、时间、人数、次

数相符合。若不符合，应从赔偿额中扣除相应的款项。

5. 住宿费

受害人确有必要到外地治疗，因客观原因不能住院，受害人本人及其陪护人员实际发生的住宿费用，其合理部分应予赔偿。住宿费凭住宿发票计算赔款。

6. 住院伙食补助费

住院伙食补助费是指受害人在住院治疗期间或死亡的受害人在生前住院治疗期间补助伙食所需要的费用。

住院伙食补助费可以参照当地国家机关一般工作人员的出差伙食补助标准予以确定。受害人确有必要到外地治疗，因客观原因不能住院，受害人本人及其陪护人员实际发生的住宿费和伙食费，其合理部分应予赔偿。

住院伙食补助费，补助的是"住院"的"受害人"。如果受害人没有住院，就没有这项赔偿费用。

7. 营养费

营养费是指人体遭受损害后发生代谢改变，通过日常饮食不能满足受损机体对热能和各种营养素的要求，必须从其他食品中获得营养所给付的费用。营养费根据受害人伤残情况参照医疗机构的意见确定。

二、受害人因伤致残的相关费用

1. 残疾赔偿金

残疾赔偿金的性质是指对因残疾而导致的收入减少或者生活来源丧失给予的财产损害性质的赔偿。

残疾赔偿金根据受害人丧失劳动能力程度或者伤残等级，按照受诉法院所在地上一年度城镇居民人均可支配收入标准，自定残之日起按 20 年计算。但 60 周岁以上的，年龄每增加一岁减少一年；75 周岁以上的，按五年计算。

受害人因伤残但实际收入没有减少，或者伤残等级较轻但造成职业妨害严重影响其劳动就业的，可对残疾赔偿金作相应调整。

计算公式：残疾赔偿金＝受诉法院所在地上年度城镇居民人均可支配收入×赔偿年限×伤残系数

如果赔偿权利人能够举证证明，其住所地或者经常居住地城镇居民人均可支配收入高于受诉法院所在地标准的，则残疾赔偿金或者死亡赔偿金可以按照其住所地或者经常居住地的相关标准计算。

超过确定的残疾赔偿金给付年限，赔偿权利人向人民法院起诉请求继续给付残疾赔偿金的，人民法院应予受理。赔偿权利人确实没有劳动能力和生活来源的，人民法院应当判令赔偿义务人继续给付相关费用 5~10 年。

2. 残疾辅助器具费

残疾辅助器具，是因伤致残的受害人为补偿其遭受创伤的身体器官功能、辅助其实现生活自理或者从事生产劳动而购买、配制的生活自助器具。

残疾辅助器具费按照普通适用器具的合理费用标准计算。伤情有特殊需要的，可以参照辅助器具配制机构的意见确定相应的合理费用标准。辅助器具的更换周期和赔偿期限参照配制机构的意见确定。

对于超过确定的辅助器具费给付年限,赔偿权利人确需继续配制残疾辅助器具的,人民法院应当判令赔偿义务人继续给付相关费用5~10年。

3. 被扶养人生活费

根据扶养人丧失劳动能力程度,按照受诉法院所在地上一年度城镇居民人均消费性支出标准计算。

被扶养人是指受害人依法应当承担扶养义务的未成年人或者丧失劳动能力又无其他生活来源的成年近亲属。被扶养人还有其他扶养人的,赔偿义务人只赔偿受害人依法应当负担的部分。被扶养人有数人的,年赔偿总额累计不超过上一年度城镇居民人均消费性支出额。

被扶养人生活费的计算
▲未成年人,计算至18周岁
▲无劳动能力又无其他生活来源的,计算20年
▲60周岁以上的,年龄每增加1岁减少1年
▲75周岁以上的,按5年计算

计算公式:被扶养人生活费=受诉法院所在地上一年度城镇居民人均消费性支出×扶养年限。

赔偿权利人举证证明其住所地或者经常居住地城镇居民人均可支配收入高于受诉法院所在地标准的,被扶养人生活费可以按照其住所地或者经常居住地的相关标准计算。

4. 后续治疗费

可待实际发生后予以赔偿。但根据医疗证明或鉴定结论确定必然发生的费用,可与已经发生的医疗费一并赔偿。

三、受害人死亡的相关费用

1. 丧葬费

丧葬费按照受诉法院所在地上一年度职工月平均工资标准,以六个月总额计算。因人身损害造成受害人死亡的,不管受害人的职业、身份、工作、性别、年龄等情况有何不同,也不管生前是生活在城镇还是在农村,在涉及支付丧葬费标准这一问题时,不再有任何差异,都适用同一标准予以确定。

2. 死亡赔偿金

死亡赔偿金按受诉法院所在地上年度城镇居民人均可支配收入标准,按20年计算。但60周岁以上的,年龄每增加一岁减少一年;75周岁以上的,按5年计算。

计算公式:死亡赔偿金=受诉法院所在地上一年度城镇居民人均可支配收入×赔偿年限。

赔偿权利人举证证明其住所地或者经常居住地城镇居民人均可支配收入高于受诉法院所在地标准的,死亡赔偿金可以按照其住所地或者经常居住地的相关标准计算。

四、精神损害抚慰金

受害人或者死者近亲属遭受精神损害,赔偿权利人向人民法院请求赔偿精神损害抚慰金的,适用《最高人民法院关于确定民事侵权精神损害赔偿责任若干问题的解释》予以确定,原则上应当一次性给付。

机动车交通事故责任强制保险在死亡伤残责任限额内，最后赔付精神损害抚慰金。第三者责任险不负责赔偿精神损害抚慰金。

五、人身损害赔偿费用计算标准

各地因交通事故导致的人身损害赔偿，均有相关的赔偿标准，我国不同地域的标准差异较大，而且这个标准每年还要修订一次。2016~2023年山东省交通事故人身损害赔偿有关费用计算标准见表8-3，可见标准数额逐年上升。

表8-3　山东省交通事故人身损害赔偿费用计算标准　　　　（单位：元）

项　目	2016年	2017年	2018年	2019年	2020年	2021年	2022年	2023年
城镇居民人均可支配收入	31545	34012	36789	39549	42329	43726	47066	49050
城镇居民人均消费性支出	19854	21495	23072	24798	26731	27291	29314	28555
农村居民人均纯收入	12930	13954	15118	16297	17775	18753	20794	22110
农村人均生活消费支出	8748	9519	10342	11270	12309	12660	14299	14687

六、道路交通事故人体损伤致残程度分级

1. 施行时间

《人体损伤致残程度分级》是由最高人民法院、最高人民检察院、公安部、国家安全部、司法部联合发布，作为人体损伤致残程度鉴定统一适用的标准，于2017年1月1日起正式实施。

2. 伤残等级划分

损伤是指各种因素造成的人体组织器官结构破坏和/或功能障碍。残疾是指人体组织器官结构破坏或者功能障碍，以及个体在现代临床医疗条件下难以恢复的生活、工作、社会活动能力不同程度的降低或者丧失。

《人体损伤致残程度分级》将人体损伤致残程度划分为10个等级，从一级（人体致残率100%）到十级（人体致残率10%），每级致残率相差10%。每级对致残状况都做了详细规定。致残程度等级划分依据见表8-4。

表8-4　致残程度等级划分依据

等级	划分依据	等级	划分依据
一级	① 组织器官缺失或者功能完全丧失，其他器官不能代偿 ② 存在特殊医疗依赖 ③ 意识丧失 ④ 日常生活完全不能自理 ⑤ 社会交往完全丧失	二级	① 组织器官严重缺损或者畸形，有严重功能障碍，其他器官难以代偿 ② 存在特殊医疗依赖 ③ 日常生活大部分不能自理 ④ 各种活动严重受限，仅限于床上或者椅子上的活动 ⑤ 社会交往基本丧失

（续）

等级	划分依据	等级	划分依据
三级	① 组织器官严重缺损或者畸形，有严重功能障碍 ② 存在特殊医疗依赖 ③ 日常生活大部分或者部分不能自理 ④ 各种活动严重受限，仅限于室内的活动 ⑤ 社会交往极度困难	七级	① 组织器官大部分缺损或者明显畸形，有中度（偏轻）功能障碍 ② 存在一般医疗依赖，无护理依赖 ③ 日常生活有关的活动能力极重度受限 ④ 各种活动中度受限，短暂活动不受限，长时间活动受限 ⑤ 社会交往能力降低
四级	① 组织器官严重缺损或者畸形，有重度功能障碍 ② 存在特殊医疗依赖或者一般医疗依赖 ③ 日常生活能力严重受限，间或需要帮助 ④ 各种活动严重受限，仅限于居住范围内的活动 ⑤ 社会交往困难	八级	① 组织器官部分缺损或者畸形，有轻度功能障碍，并造成明显影响 ② 存在一般医疗依赖，无护理依赖 ③ 日常生活有关的活动能力重度受限 ④ 各种活动轻度受限，远距离活动受限 ⑤ 社会交往受约束
五级	① 组织器官大部分缺损或者明显畸形，有中度（偏重）功能障碍 ② 存在一般医疗依赖 ③ 日常生活能力部分受限，偶尔需要帮助 ④ 各种活动中度受限，仅限于就近的活动 ⑤ 社会交往严重受限	九级	① 组织器官部分缺损或者畸形，有轻度功能障碍，并造成较明显影响 ② 无医疗依赖或者存在一般医疗依赖，无护理依赖 ③ 日常生活有关的活动能力中度受限 ④ 工作与学习能力下降 ⑤ 社会交往能力部分受限
六级	① 组织器官大部分缺损或者明显畸形，有中度功能障碍 ② 存在一般医疗依赖 ③ 日常生活能力部分受限，但能部分代偿，条件性需要帮助 ④ 各种活动中度受限，活动能力降低 ⑤ 社会交往贫乏或者狭窄	十级	① 组织器官部分缺损或者畸形，有轻度功能障碍，并造成一定影响 ② 无医疗依赖或者存在一般医疗依赖，无护理依赖 ③ 日常生活有关的活动能力轻度受限 ④ 工作与学习能力受到一定影响 ⑤ 社会交往能力轻度受限

七、道路交通事故受伤人员临床诊疗指南

为了规范道路交通事故受伤人员医疗救治诊疗行为，提高救治成功率，降低道路交通事故伤害死亡率和伤残率，提高有限医疗资源和保险资源利用率，根据《机动车交通事故责任强制保险条例》第32条规定，卫生部委托中国医师协会、中国保险行业协会、中华医学会组织制定了《道路交通事故受伤人员临床诊疗指南》。

《道路交通事故受伤人员临床诊疗指南》明确了道路交通事故中受伤人员的诊疗原则、方法和内容；规范了医疗机构对道路交通事故受伤人员进行诊疗的行为；适用于评价对道路交通事故受伤人员以及其他原因造成的受伤人员实施的诊疗内容的必要性和合理性。

《道路交通事故受伤人员临床诊疗指南》从颅脑创伤、眼部创伤、耳鼻喉及颌面口腔创伤、胸部创伤、腹部及泌尿生殖系统创伤、四肢骨与关节创伤、脊柱与脊髓创伤、其他特殊类型创伤、早期并发症9个方面对伤情指明了主要诊断依据、基本治疗原则、相关提示，并

对部分伤情的常见并发症与后遗症给予指明。

《道路交通事故受伤人员临床诊疗指南》规定在对道路交通事故受伤人员进行临床诊疗的过程中,各项临床检查、治疗包括用药和使用医用材料,以及病房和病床等标准在当地基本医疗保险规定的范围内选择。这对调解人伤理赔的纠纷提供了有效依据。

【任务实施】

1)"任务导入"中的案件涉及交强险和第三者责任险,保险公司认可的费用有:

① 医疗费:凭票计算 31239.90 元,其中 235 元属于不合理费用。

② 伙食补助费:住院 34 天,标准 50 元/天,即:50 元/天×34 天=1700 元。

③ 后续治疗费:结合伤者为重型颅脑损伤,酌情认可后续治疗费 5000 元。

④ 交通费:伤者住院 34 天,凭票认可 38.20 元。

⑤ 误工费:伤者住院 34 天,酌情认可误工天数 120 天。因为没有提供收入减少证明,按 2008 年度深圳市最低工资标准 1000 元/30 天计算,即:1000 元/30 天×120 天=4000 元。

⑥ 护理费:伤者住院期间 1 人护理合理,因没有提供收入减少证明,按深圳从事同等级护工工资水平 50 元/天计算(深圳市法院判案惯例),即:50 元/天×34 天=1700 元。

山东道路交通事故人身、财产损害赔偿在线计算

2)"任务导入"中

减损金额:7561.8(误工费部分费用)+235(医疗费部分不合理费用)=7796.8 元。

保险公司从交强险项下赔偿第三者人伤费用=10000+38.2+4000+1700=15738.2 元。

保险公司从第三者责任险项下赔偿第三者人伤费用=21004.9+1700+5000=27704.9 元。

【任务评价】

人伤费用赔偿评价表

序号	内容及要求	评分	评分标准	自评	组评	师评	得分
1	确定医疗费	20	说出医疗费确定依据,得 20 分				
2	确定残疾赔偿金	20	说出残疾赔偿金确定依据和年限,得 20 分				
3	确定被扶养人生活费	20	说出被扶养人生活费确定依据和年限,得 20 分				
4	确定误工费	20	说出误工费确定依据,得 20 分				
5	确定死亡赔偿金	20	说出死亡赔偿金确定依据和年限,得 20 分				

指导教师总体评价

指导教师:

年　月　日

【知识拓展】

山东省高级人民法院发布《关于开展人身损害赔偿标准城乡统一试点工作的意见》

根据最高人民法院《关于授权开展人身损害赔偿标准城乡统一试点的通知》,为确保我省人身损害赔偿标准城乡统一试点工作的顺利进行,规范各类人身损害赔偿纠纷案件审理工作,2020 年 3 月 12 日,山东省高级人民法院发布《关于开展人身损害赔偿标准城乡统一试点工作的意见》，具体包括：

① 在民事诉讼中，对各类人身损害赔偿纠纷案件（含海事案件），不再区分城镇居民和农村居民，统一按照城镇居民赔偿标准计算相关项目赔偿数额。

② 对于死亡赔偿金、残疾赔偿金，按照山东省上一年度"城镇居民人均可支配收入"计算；对于被扶养人生活费，按照山东省上一年度"城镇居民人均消费性支出"计算。

③ 对于我省法院管辖的各类人身损害赔偿纠纷案件，均适用本意见。法律、司法解释另有规定的，按照相关规定执行。

④ 本意见自发布之日起施行。本意见施行后未审结的一审、二审案件，适用本意见；本意见施行前已经终审的案件，以及适用审判监督程序的再审案件，不适用本意见。

【项目小结】

1. 第三者财产和车上货物的评估应坚持损失修复原则。根据损失项目、数量、维修项目和维修工时及工程造价，确定维修方案。对于损失较大或定损技术要求较高的事故，可委托专业人员确定维修方案。无法修复和无修复价值的财产可采取更换法处理。

2. 受害人遭受人身损害，赔偿义务人应当赔偿因就医治疗支出的各项费用以及因误工减少的收入，包括医疗费、误工费、护理费、交通费、住宿费、住院伙食补助费、必要的营养费。

3. 受害人因伤致残的，赔偿义务人应当赔偿其因增加生活上需要所支出的必要费用以及因丧失劳动能力导致的收入损失，包括残疾赔偿金、残疾辅助器具费、被扶养人生活费，以及因康复护理、继续治疗实际发生的必要的康复费、护理费、后续治疗费。

4. 受害人死亡的，赔偿义务人除应当根据抢救治疗情况赔偿相关费用外，还应当赔偿丧葬费、被扶养人生活费、死亡补偿费以及受害人亲属办理丧葬事宜支出的交通费、住宿费和误工损失等其他合理费用。

5. 根据道路交通事故受伤人员的伤残状况，将受伤人员伤残程度划分为 10 级，从第 1 级（100%）到第 X 级（10%），每级相差 10%。

【重要概念】

财产损失　施救费用　损余物资　残值处理　医疗费　误工费　护理费　残疾赔偿金　被扶养人生活费　丧葬费　死亡赔偿金

【知识训练】

1. 填空题

① 保险事故除了能导致车辆的损失外，还有可能导致第三者的财产损失和车上承运货物的损失，从而构成_____、_____等险种的赔偿责任。

② 成熟期的庄稼可按_____测算定损。

③ 牲畜受伤以治疗为主，受伤后失去使用价值或死亡的，凭_____部门证明或协商折价赔偿。

④ 误工费根据受害人的_____和_____确定。

⑤ 护理期限应计算至_____时止。受害人因残疾不能恢复生活自理能力的，可以根据其年龄、健康状况等因素确定合理的护理期限，但最长不超过_____年。

⑥ 赔偿权利人举证明其住所地或者经常居住地城镇居民人均可支配收入或者农村居民人均纯收入高于受诉法院所在地标准的，残疾赔偿金可以按照_____标准计算。

⑦ 被扶养人有数人的，年赔偿总额累计不超过_____。
⑧ 丧葬费按受诉法院所在地上一年度职工月平均工资标准，以_____个月总额计算。

2. 简答题
① 常见的第三者财产损失有哪些？如何定损？
② 在对车上货物损失定损时，应注意掌握哪些原则？
③ 损余物资通常如何处理？
④ 根据我国的法规规定，人身伤亡赔偿项目有哪些？分别如何计算赔偿费用？
⑤ 同一道路交通事故中死亡的农村居民和城镇居民的赔偿费用相同吗？为什么？
⑥ 死亡赔偿金如何计算？
⑦ 被扶养人生活费如何计算？
⑧ 丧葬费如何计算？

【技能训练】

1. 2010年9月5日23时，蔡某驾车行至山东某市时，由于对方来车灯光晃眼，不慎将行人刘某轧死。受害人家属状告蔡某，要求赔偿人身损害等相关费用。其中：受害人死亡时40周岁，系城镇居民户口，共有兄弟二人；受害人妻子1969年8月6日出生，城镇居民户口；受害人儿子2003年11月8日出生，城镇居民户口；受害人父亲1942年11月11日出生，城镇居民户口；受害人母亲1944年12月9日出生，城镇居民户口。

要求赔偿数额如下：

赔偿死亡赔偿金：9437.80元/年×20年＝188756元。

丧葬费：　　　　16031元/年÷12×6＝8015.50元。

被扶养人生活费：受害人父亲：6673.75元/年×13年÷2＝43379.38元。
　　　　　　　　受害人母亲：6673.75元/年×15年÷2＝50053.13元。
　　　　　　　　受害人儿子：6673.75元/年×2年÷2＝6673.75元。

共计：296877.76元。

要求被告承担100%的赔偿责任，即赔偿受害人费用296877.76元。

请问：① 本案中，受害人家属要求的人身损害赔偿费用的计算方法是否正确？
　　　② 被扶养人生活费应如何计算？

2. 一辆运送生猪的货车，购买了车上货物责任险。某日，由于驾驶人疲劳驾驶，发生车祸，导致倾覆，驾驶人轻伤。车上共拉有50头猪，每头猪都在120千克左右，价值1800～2000元。查勘定损员在半小时内赶到了车祸现场，及时进行了清点。发现所拉的猪有死亡的，有受伤的，有走失或被哄抢的，也有被路政人员帮忙找回的。驾驶人称，当时他急于查勘事故情况，刚开始没有注意到，后来看到有人趁乱哄抢生猪时，急忙阻拦，但他一个人也管不住，就眼睁睁地看着一些人把猪拉走了。

最后，查勘定损员确认生猪情况如下：通过运货单及询问，确认本车共拉有50头生猪。事故发生后，死亡13头，受伤15头，走失及哄抢9头，无恙13头。最后保险查勘定损员对王某说，通过对本事故的查勘，认定车辆倾覆事故属实，属于保险责任。

请问：保险公司的查勘定损员应如何确定此次事故的车上货物损失？

3. 报案称，一辆威乐轿车，于4月26日17时由刘某某驾驶在一处瓷器经销店附近的路上躲避摩托车时，打方向踩制动不及，撞到了旁边的瓷器（图8-4）。

项目八 车险事故非车损失评估

查勘员在查勘现场时,发现现场路况较好,视野开阔,不太容易出现紧急避险情况。汽车前端损失轻微,而被撞瓷器损坏较多,且没有被汽车头部撞的地方也出现了众多破碎的瓷器,破碎的瓷器个别有旧岔口。感觉案件存在疑点。

由于怀疑客户造假,查勘员次日再次查勘现场,做了询问笔录。在与客户沟通中,客户表现很紧张,回答问题前后不衔接。最后,客户无法解释现场疑点,放弃了索赔,免赔金额5500元。

试问:如何识别利用交通事故虚拟物损的作案现场?

图 8-4 汽车撞瓷器现场

【工作页】

车险事故非车损失评估工作页

教师布置日期: 年 月 日 个人完成时间: (分钟)

问题:	任务:
老王开车时,由于疏忽,将一行人撞伤,经治疗两个月后,定残5级。事故中,老王在避让时还将路边的路灯杆撞坏。对此事故,保险公司应如何理赔	作为一名汽车保险理赔人员,应对该事故中的财产损失与人员伤残分别定损
财产损失定损知识要点:	
人员伤亡定损知识要点:	

	工作步骤	注意事项
财产损失	1. 路灯杆是修还是换,根据什么原则确定	
	2. 路灯杆损失金额根据什么确定	
	3. 残值如何处理	

（续）

	工作步骤	注意事项
人员伤残	1. 对行人伤残的赔偿，涉及标的车哪几个险种	
	2. 对行人伤残的赔偿，赔偿哪些项目	
	3. 确定各赔偿项目的费用时，应考虑哪些事项	
	4. 若赔偿期满后，该伤残人员因没有劳动能力和生活来源，又起诉老王，法院一般如何处理	

学习纪要：

项目九

汽车保险欺诈识别与预防

【项目概述】

汽车保险欺诈是指投保人、被保险人不遵守诚信原则，故意隐瞒有关保险车辆的真实情况，或歪曲、掩盖真实情况，夸大损失程度，或故意制造、捏造保险事故造成保险标的损害，以谋取保险赔偿金的行为。保险欺诈的存在，会直接导致赔付率升高，间接导致汽车保费的提高。因此，汽车保险欺诈对保险公司的经营效益和广大投保人购买保险成本支出都会造成较大影响。

为了有效识别保险欺诈行为，保险公司理赔人员可采取多种举措，例如：及时查勘现场，掌握第一手资料；综合分析案件，寻找欺诈突破口；掌握容易造假的出险现场的常见现象和询问方法；掌握保险欺诈案件识别技巧等。同时，还可以联合司法鉴定机构、公安机关等部门共同打击保险欺诈行为。

【建议学时】

6学时

任务1 汽车保险欺诈的成因与特征分析

【任务目标】

通过"汽车保险欺诈的成因与特征分析"任务的学习，要求学生：

1. 了解汽车保险欺诈的成因。
2. 熟悉汽车保险欺诈的常见表现形式及特征。

【任务导入】

某客户报案称，他所驾驶的一辆出租车，因观察不周，行驶中撞到了停放在路边的轿车。标的车的前保险杠、右前照灯、右前转向灯、右前翼子板、发动机舱盖受损，第三者车被撞翻到了沟里，车辆严重受损，幸无人员受伤。报案时车辆已被拖到了修理厂。经核实，该案件为修理厂代为报案。

现场查勘及分析认为：现场偏远，该位置不适合停车；出险时间在夜间，出险后没通知保险公司查勘现场，碰撞现场痕迹与本案损失程度不相符，另外第三者车与标的车均无人受伤。

第三者车为老旧车型（图9-1b），碰撞较为严重，并且碰撞部位有生锈痕迹。第三者车驾驶舱内有很多尘土，应该是很长时间没有开动过，甚至可能无法正常行驶。第三者车基本全损，并且所有受损配件，都有明显摆放的迹象。

标的车发动机舱盖与翼子板新旧程度有明显差异，有明显的人为操作嫌疑（图9-1a），在拆解过程中，明显发现有很多受损配件不是本次事故造成。

a）标的车　　　　　　　　　　　b）破旧的第三者车

图9-1　事故双方破旧车辆

后来通过核实交警现场查勘情况、复勘事故现场、调查周围目击者、分析现场残留物是否吻合、向被保险人核实事故情况、到修理厂调查了解等手段，成功识破了这起诈骗案件，挽回损失5万余元。那么，汽车保险欺诈产生的原因是什么？有哪些常见的表现形式？本案又属于哪种类型？

【任务准备】

近年来，随着国民经济的高速发展和汽车保有量的增加，汽车保险得到了较大的发展。但在快速发展的过程中，也存在一些问题，如赔付率过高、保险欺诈较多等。据统计，汽车保险欺诈金额占理赔总额的20%～30%。过高的欺诈金额会直接导致赔付率过高，间接导致汽车保费的提高。因此，汽车保险欺诈对保险公司的经营效益和广大投保人购买保险成本支出都会造成较大影响，已成为财产保险业一个巨大的"黑洞"。

与其他保险诈骗类型相比，车险欺诈具有"金额小、次数多、发现难"的特征。汽车保险从业人员应充分了解汽车保险欺诈的成因、形式及预防措施，以期有效识别。

一、汽车保险欺诈的成因分析

汽车保险欺诈往往具有很大的隐蔽性，其形成原因也相当复杂，有社会的、个人道德方面的，也有保险条款、公司运作与监管方面的。

1. 社会原因

个别投保人对保险了解不是太多，法制观念淡薄，根本不认为保险欺诈是一种犯罪行为，甚至认为是一种正常取回所交保费的手段，即使被保险公司识破，也是一种可以原谅的过错，对其社会声誉基本没有什么损害。因此，当同事、朋友和亲属请求他们帮忙欺骗保险公司时，他们往往会自愿提供帮助，为欺诈行为提供伪证。

这种社会评价，对保险欺诈起到了推波助澜的作用。由于失去了公众监督和有效的道德谴责，致使欺诈者在实施欺诈时往往有恃无恐。不少恶意骗保者得逞后，保险公司很难再找到他。而在一个信用社会，骗保事实一经确认，当事人的信用就会有不良记录，会遏制保险欺诈的发生。

2. 投保人原因

汽车保险之所以吸引欺诈分子的眼光，是因为合同规定：在不发生保险事故时，保险公司只管收取保险费而没有赔偿义务；当发生保险事故时，保险人须偿付比保险费高得多的费用给投保人。这样，在高额赔偿的诱惑下，就导致了某些缺乏道德以及因种种原因需要解脱困境的人把欺诈转移到了汽车保险行业，通过铤而走险获取额外利益。

① 有些投保人企图通过参加汽车保险，以支付保险费的较小代价，获取高额赔偿，实现发财目的。这类投保人投保动机和欺诈动机相一致，即从投保时起，就蓄意欺诈，保险合同成立后，就积极谋划欺诈行为。

② 有些投保人原来并没有利用汽车保险进行欺诈的念头，只是由于某种偶然因素的诱发，比如他人提醒，才产生了欺诈念头，所以这类投保人若无偶然因素干扰，保险欺诈行为不会产生。

③ 有些投保人对车险缺乏正确认识，认为交付保费后，如果没有发生保险事故，就等于白丢钱。必须想方设法从保险公司把保险金要回来，于是，欺诈就成了他们最好的选择。

3. 保险公司原因

① 对如何有效防止保险欺诈重视不够，目前还没有几个公司专门成立反欺诈组织。

② 承保程序不科学。承保时，多数保险公司的"验车承保"环节做得不到位，使得一些存在明显缺陷的汽车能够顺利实现高额投保。

③ 理赔程序不科学。如发生事故后，保险公司不派员去现场查勘，而是等车辆修好后，凭发票记载的金额予以赔付。再如确定赔付金额时，保险公司往往以有关单位的证明作为唯一依据，而有些证明可能与事实不符。所以，不科学的理赔程序客观上为保险欺诈开了方便之门。

④ 保险公司对某些识破了的欺诈行为处理太宽松，大多仅满足于追回被骗保险金或不承担赔偿责任，而不愿追究他们相关的法律责任，从而助长了保险欺诈行为的进一步发生。

⑤ 理赔人员素质偏低，把握不住理赔关，给欺诈者以可乘之机，甚至有些理赔人员经不住金钱诱惑，同欺诈者内外勾结，共同骗取保险金。

⑥ 保险业信息交流不畅。很多保险公司视对方为竞争对手，很少互通骗保骗赔情况，这就使得居心不良的欺诈行为可以屡屡得逞。

一些保险公司被诈骗后，为顾及自己的信誉和影响，采取不张扬的做法，使保险欺诈者更加有恃无恐。

二、汽车保险欺诈的常见表现形式及特征

1. 先出事故，后买保险

这是指汽车出险时尚未投保，出险后才投保，然后伪装成合同期内出险，达到获取汽车保险赔款的目的。

实施先险后保策略时，一般采用伪造出险日期或保险日期的手法：伪造出险日期时，一般通过关系，由有关单位出具假证明，或伪造、编造事故证明，待投保后方按正常程序向保险人报案索赔。这类案件保险人即使去现场复勘，若不深入调查了解也很难察觉；伪造保险日期时，一般是串通保险签单人员，内外勾结，利用"倒签单"手法，将起保日期提前，

瞒天过海，浑水摸鱼。有的车辆在到期脱保后要求保险人按上年保单终止日续保也属此类。无论采取何种手段，先险后保案件有一个明显特点：即投保时间与报案时间很接近，因此，对两个时间比较接近的案件务必严查。

2. 无中生有，谎报出险

这是指本来没有出现事故，投保人或被保险人却无中生有，谎称发生了险情，向保险公司提出索赔的行为。

被保险人通过"制造"虚假事故，更换车辆报废零部件，单方事故后再伪造成双方事故，本不属保险范围，事后却制造事故骗取修理金等。在这种情况下，投保人往往会采取唆使、收买他人提供虚假证明、资料或其他证据，或伪造、变造修理发票、伪造证明、私刻公章、篡改事故责任认定书等。

3. 一次出险，多次索赔

这是汽车保险理赔中最常见、最普遍的现象。常见的一险多赔诈骗案有三种类型。

① 一次事故向多个保险人索赔。是指投保人就同一保险标的、同一保险利益，同一保险责任分别向两个或两个以上保险公司订立保险合同的一种保险。投保人向多家公司购买保险，但并不将该情况通知各保险公司。发生事故后，持各公司的保险单分别索赔，以获取多重保险赔款。由于重复保险多是蓄谋已久，且隐蔽性极高，再加上各保险公司之间信息不交流，所以欺诈成功率较高。

② 一次事故多险索赔。如车辆造成货损后，投保人可在车上货物责任险和货物运输险项下同时索赔。因保险公司内部横向信息沟通不畅，投保人往往会轻而易举地索赔成功。

③ 在一次事故中，先由事故责任者给予赔偿然后再向保险公司索赔。这种骗案，数额一般不大，但在日常生活中却最常见。出险原因都是被别人追尾或被别人碰撞后，第三方负事故责任，在第三方已给予赔偿的情况下，再到保险公司谎称自己倒车所撞进行骗赔。所以对单方事故，尤其对车辆尾部损坏的单方事故进行现场查勘时要特别注意。

4. 移花接木，混淆视听

通过"移花接木"方式造假的行为，主要包括"换人、换车、换件、换货"四种方式。

车险"移花接木"索赔的方式
▲ 无证或酒后驾车，事故发生后，找人顶替驾驶人
▲ 正常维修的车辆，被换上损坏了的旧件，假冒原车件索赔
▲ 已经定损、索赔了的车，被换上另外的牌照后，再次索赔
▲ 在事故现场，原本没有损坏的车载或地面物品，被更换成了损坏的物品

【案例 9-1】 一辆奔驰 S600，于 8 月 20 日 20 时 05 分，在城区道路交叉口处，与对方车追尾，本车负全责。

接到报案后，查勘员电话联系客户，得知标的车已在修理厂，立即赶赴修理厂进行查勘。

查勘发现：标的车左右前照灯、发动机舱盖、散热器罩、前保险杠等损坏（图 9-2a），车损约为 4 万元。修理厂出示了交警部门提供的责任认定书，经审核，责任认定书真实。

因车损严重，查勘员觉得有必要对事故真实性作进一步核实，随即拨打了事故证明上第三者车的电话，但始终接不通。

由于存在疑问，查勘员赶赴交警队调查，得知该案真实存在，并获得了由交警拍摄的事故现场照片。仔细观察现场照片可以发现事发时标的车右侧并未与第三者车碰撞（图9-2b、c），但实际上标的车右侧也有损坏。

为进一步核实标的车的损失情况，查勘人员再一次赶到修理厂勘验标的车。该车为2004款奔驰S600，凭借查勘员对奔驰车的了解，判断标的车上的发动机舱盖非本车所有（图9-2d）。2004款的奔驰S600发动机舱盖下方没有中网下边框。

a）碰撞致损的奔驰S600前端

b）事故现场的左侧照片

c）事故现场的右侧照片

d）非本车所有的损坏了的发动机舱盖

图9-2　碰撞致损的奔驰S600

据此，查勘员当即与修理人员交涉，告知其如此大额的骗赔案件所需承担的法律后果。经耐心规劝，修理厂人员终于承认更换配件制造事故企图牟利的事实。

本次事故是一起典型的套用旧件骗赔案件。查勘人员凭借娴熟的专业技术、丰富的实践经验，成功识破了该案，避免了公司的损失。

这类案件高发于老旧高档车型，碰撞真实存在，交警手续齐全，所用旧件来自同型号车辆，识破难度很大。作为查勘人员，应该在日常工作中加强专业知识的积累，了解各类车辆的更新发展，同时注意收集常见车型的详细配置，逐步提高甄别能力。

5. 夸大损失，高额索赔

这是指出险汽车损失很小，被保险人却故意夸大损失程度或损失项目，以小抵大，骗取赔款。例如，被保险人将事故车上未损坏零部件用损坏零部件进行替换后再向保险公司报案。目前的一些汽车修理企业，为拉拢客户，有时会帮着客户进行欺诈骗赔。修理企业中与事故车同类型车辆的损坏零配件比较多，再加上专业人员的"参与帮忙"，所以此类案件识别较难，这就要求车辆定损人员具有较强的专业知识和丰富的理赔经验。

6. 二次撞击、扩大损失

这是指保险事故发生后，汽车修理厂或个别客户为获高额赔偿，故意扩大损失程度。

（1）客户扩大损失的原因

碰撞程度偏轻，不值得索赔，车主自行决定或修理厂建议二次碰撞。

由于保险条款将一些特定损坏规定为责任免除，被保险人为获取赔款故意造成保险责任范围内的事故，把不应赔偿行为造成的损失，通过再次的故意造险进行掩盖，使其变成应该赔偿的责任事故。如停放在家属院中的汽车，左侧前照灯出现了不明原因的损坏，保险公司是不予赔偿的，为了获得保险公司的赔偿，驾驶人故意开车撞墙，导致保险杠左侧、左侧前照灯、角灯等一起损坏，报案者谎称是自己开车时不小心撞上的，保险公司若不能识别其诈骗企图并拿到诈骗证据，则很容易从车损险中给予赔偿。

以前出现过不属于索赔范围的损伤，但与本次事故损失无法连成一体，车主自主或修理厂建议通过再撞加大损失，使其连成一体。

发生事故后，双方已私了，无责方拿到对方赔款后不想再拿出来修车，通过再碰撞制造假现场，一同修好已经获陪了的损失。

（2）修理厂骗保主要手法

通过将客户前来维修的车辆再次撞击，扩大损失，以便多估车辆损失。

拆下没有受损的零部件，更换上损坏了的零部件，要求定损。

保养或修小的事故，不法经营业户设法留下车主的身份证、行驶证、保险单等，等车主走后，将车再次碰撞，扩大损失。

车主与汽车修理厂联手，共同扩大事故损失，双方得益。

7. 故意造案，骗取赔款

这是指故意出险，造成损失，骗取赔款的行为。常见的有三种类型：

第一类，汽车趋于报废，价值较低而车辆损失保险的保额又较高。在被保险人期望获取高额赔款的欲望驱动下，故意造成汽车出险。如价值三万元的旧车以十万元投保，然后在偏僻地区将车推下山坡等。这类案件往往具有出险时间、地点精心选择的特点，所以查处难度较大，有时尽管会怀疑可能是骗案，但却很难找到证据。

第二类，由于保险条款将一些特定损坏规定为责任免除，被保险人为获取赔款故意造成保险责任范围内的事故，把不应赔偿的变成应赔偿的。如驾驶人开车时低头发短信导致车辆偏离车道并碰撞一侧路沿石，致使车辆右前侧轮胎、轮毂、轮辐外侧受到严重的刮擦，车轮的单独损坏保险公司是不予赔偿的，于是驾驶人故意驾车用车辆右前侧刮擦墙角，导致保险杠右侧、右前翼子板、车轮一起损坏，并向保险公司报案谎称意外发生了一起刮擦墙角事故并要求赔偿。

第三类，汽车修理厂利用客户前来维修的汽车，故意制造保险"责任"事故，造成标的车的损失，谋求保险公司的赔款。

8. 编造理由，冒名索赔

指事故发生后，或者属于保险合同的免责范围，或者需要自己承担较高免赔比率，于是，被保险人就想方设法编造事故原因、隐瞒事故真相，以此来欺骗交警、欺骗查勘人员，以便改换成有资格的理由骗取保险公司赔款。

为达此目的，往往采用骗取警方事故证明，或篡改事故责任认定书，或伪造事故责任认定书等，从而达到自己不可告人的目的。

【任务实施】

① "任务导入"中汽车保险欺诈的原因有社会的、个人道德方面的，也有保险条款、公司运作与监管方面的。

② "任务导入"中汽车保险欺诈的常见表现形式有移花接木、混淆视听。

【任务评价】

汽车保险欺诈的成因与特征分析任务评价表

序号	内容及要求	评分	评分标准	自评	组评	师评	得分
1	识别汽车保险欺诈的成因	20	给出一个保险欺诈成因并简单分析，得5分；以满分为限				
2	识别汽车保险欺诈的常见表现形式	40	根据具体事故准确分析该表现形式，每个要素得5分				
3	根据汽车保险欺诈的表现形式，分析其特征	40	按分类依据，每给出一个汽车保险欺诈的表现形式及简单分析得5分；以满分为限				

指导教师总体评价

指导教师：
年　月　日

【知识拓展】

部分容易造假的出险现场现象及询问方法见表9-1。

表9-1　部分容易造假的出险现场现象及询问方法

内容	现场常见现象	现场询问要点
无证或年审过期后驾车出险现场	驾驶人情绪紧张 驾驶人谎称没带驾驶证 事故现场比较异常 驾驶证上没有当年年审记录	你有无驾驶证 你驾驶证的准驾车型是什么 你何时考的驾驶证？在哪里考的证 驾驶证有无年审 为何没有年审
酒后驾车出险现场的询问	车辆经常占道、逆向行驶或在道路上不规则行驶等 事故现象以追尾碰撞居多，碰撞护栏和路边固定物体的单方事故也时有发生	请你陈述一下事故发生的详细经过，好吗 你认为是什么原因造成了本次事故的发生 发生事故时这辆车在执行什么样的具体任务 这辆车是何时、从何地出发的 这辆车要到哪里去啊

（续）

内容	现场常见现象	现场询问要点
酒后驾车出险现场的询问	道路现场留下的制动拖印较短或根本没有制动拖印 车辆损害程度一般较重 驾驶人呈现出饮酒后的特征 驾驶人及前排乘员常见伤亡	发生事故前你们是否用过餐 你们是在哪里用的餐？用餐时，一共有几个人啊 你们吃了什么饭菜？是否饮酒？哪几个人喝酒了 你认识被保险人×××吗 你与被保险人是什么关系（如属借车，则要了解清楚借车的详细经过）
不是被保险人允许的驾驶人驾车出险的现场	驾驶人对车主及被保险人的情况不太了解，可能刻意隐瞒车的来历 驾驶人可能隐瞒驾车执行什么任务 驾驶人可能隐瞒发生事故以及造成损失的现场	该车车主是谁？被保险人是谁 该车今天为何由你驾驶 你与车主是何关系？他住哪里？房子布局？妻子、孩子什么名字 你与被保险人是何关系？他住哪里？房子布局？妻子、孩子什么名字 被保险人知不知道你驾驶该车？他现在在哪里 你驾驶该车是否经过了车主的同意？他是在哪里同意的？他是何时同意的？他是以什么方式同意的 你驾驶该车发生事故时在执行什么任务
顶替肇事驾驶人承担责任的现场	事故多为酒后驾车或无证驾驶所引发的 事故现场与酒后、无证驾驶所引发的事故特点极其相似 驾驶人不能清楚说明汽车的启程、经过路线。不能清楚描述事故经过 驾驶人对车主、被保险人情况、车内物体存放、车上乘客乘坐位置不太清楚	事故发生时，你驾车执行什么任务 该车是一辆什么具体型号的车辆？车况如何 该车最近是否进行过维修？该车最近是否办理过年检 该车是何时购买的保险？都买了哪些险种 该车车主是谁？被保险人是谁？你与车主是何种关系 你认识被保险人吗？你与他是何种关系？该车今天为何由你驾驶 你驾驶该车多长时间了？平时该车由谁驾驶 请你说一下发生事故的详细经过（何时从哪里到哪里？干何事？车上坐了几个人？车上坐的都是什么人？他们分别坐在哪个位置？车速及车辆损失情况等）
未经检验合格的车辆出险现场	出险车多为残旧老款车型 外地车较多 行驶证上没有当年年检记录，或年检记录为私自刻章盖制的	你驾驶这辆车多久了？这辆车最近维修保养过吗 这辆车每年都是何时进行年检啊 该车今年是否到车辆检测部门进行过例行检测？哪天去的 该车今年是否到车管所进行过年检？哪天去的 发生事故前，你感觉这辆车的车况如何
违反装载规定的车辆出险现场	标的车多为大型拖车、长途货运车及面包车、小型客运车等，在客运高峰期大型客车也常见超载现象 现场留下的制动拖印明显，长而且宽 事故车车身下沉，轮毂发热，转向系统及制动系统可能出现故障	① 对超载货车驾驶人的询问： 发生事故时，标的车在执行什么任务 谁派你去执行这次任务的？车上装载的是什么货物？货主是谁 车上装载的货物，用什么包装的？是谁装的货？装货时你在场吗 这辆车是何时、何地装货启运的？目的地是哪里 货物总共有多少件？每件多重（便于计算总重） 你驾驶的汽车，车上除所运货物外，还运了几个人（如果是货车运客，则要问清楚乘车人的姓名、身份、地址等；如果有人货混装现象，则要问明与货物一起的人员数量、姓名等）

（续）

内容	现场常见现象	现场询问要点
违反装载规定的车辆出险现场	货车运载着较重或体积宽大的货物 客运车辆出险现场常见伤亡现象，在现场的乘客会较多	请将该批货物的清单和运货凭证提供给我们（假如对方拒绝，则要强调这对理赔非常重要，必须提供的），好吗 你认识被保险人×××吗？你与他是何种关系 ② 对超载客车驾驶人的询问： 发生事故时标的车在执行什么任务 该车何时、何地出发？到哪里去？是谁派你去执行这次任务的 车上坐的什么人（若超员，要问清楚乘车人姓名、身份、地址等） 他们与你分别是什么关系？他们都是在哪里上的车 车上有多少乘客？分别坐哪个位置？请在图上标示出他们的座位 你认识被保险人×××吗？你与他是何种关系
改变使用性质的车辆出险现场	标的车多为货车、面包车等小型民用车 客车载货的，通常座位已被拆除 驾驶人多为个体运载人员或外地人员 驾驶人对乘客的基本情况、姓名等不太了解	① 载货汽车： 发生事故时，你驾车在执行什么任务？是谁派你执行该项任务的 汽车运载的是什么货物？货主是谁？你和货主是什么关系 这批货是何时、何地装车？目的地是哪里 运输这批货物，可以收取多少运费？通过什么方式来收取运费 ② 载人汽车： 发生事故时，你驾车执行什么任务？是谁派你执行该项任务的 车上坐的什么人？共有几个人？车上乘客与你分别是什么关系 车上的乘客是何时何地上的车？目的地是哪里 他们坐车，需交纳多少车费？已经交费了吗 你认识被保险人×××吗？你与他是什么关系
人为故意制造假事故的现场	多为老款残旧、损坏严重车型、进口车型、高档车型 多为深夜和凌晨发生事故 多为在偏僻少人处发生事故，事故现场附近停有无关车辆 驾驶人多为有多年驾龄 驾驶人故意表现出急躁情绪，对事故经过很难描述清楚或虚构情节 事故中很少有人员受伤 事故双方相互揽责或推责 事故道路上很少有制动拖印，地上车身残片往往不能拼凑成型，离碰撞部位较远处也有损伤，车身上往往有旧痕迹和锈迹，或有现场不存在的漆印	驾驶人的身份（驾驶证、身份证、行驶证） 车主及被保险人的姓名等自然情况 你与车主×××是何种关系 你与被保险人×××是何种关系 该车是何时买的？多少钱买的 该车是何时买的保险？买的什么险种 该车今天为何由你驾驶 你是何时、自何地启程的 你要驾车去哪里 你这次驾车执行什么任务 事故发生时，车上坐了几个人？分别是谁 事故发生前，车速是多少 是什么原因导致了这次事故的发生 发生事故前，你采取了何种措施 请你说明一下事故发生时造成的车辆损坏部位 你是如何发现汽车起火的

(续)

内容	现场常见现象	现场询问要点
人为故意制造假事故的现场	车损部位和痕迹不吻合,气囊爆但无异味,接头异常 关键零部件有缺失现象 一般有不止一处的碰撞损伤,无法在机理上解释损伤与本次事故的关系 如果是火灾事故,存在不符合燃烧规律的现象	汽车起火时,方向是怎么样的 汽车起火时,你采取了什么措施 汽车起火时,你最先拨打的是什么电话
标的车进厂修理期间出险现场	驾驶人多为修理厂工作人员 除了现场碰撞痕迹外,还有其他修理期间出险的特征或者二次碰撞发生的痕迹 驾驶人刻意隐瞒修车事实	该车车主是谁?被保险人是谁 你与车主是何关系?他住哪里?房子布局?妻子、孩子什么名字 你与被保险人是何关系?他住哪里?房子布局?妻子、孩子什么名字 该车为何由你驾驶?车主允许你驾驶该车出厂吗 该车是什么原因送厂维修的?该车是何时进厂维修的 该次事故发生前,该车修理情况怎么样?维修费是多少

任务2　汽车保险欺诈的识别

【任务目标】

通过"汽车保险欺诈的识别"任务的学习,要求学生:

1. 了解查勘现场的相关工作及寻找揭露诈骗的突破口。
2. 掌握部分容易造假的出险现场现象及询问方法。
3. 了解常见案发现场欺诈事故查勘技巧。

【任务导入】

7月24日18时57分,某保险公司的一家支公司接到通知,一辆红旗牌轿车在行驶途中因避让前方来车倒车时从100米高的悬崖掉下。

接报案后,查勘员立即赶到事故现场查勘取证。经查,事故现场确有报案车辆掉入河中,车身翻转,损毁严重。测量出事道路,路面宽6米,路旁无堆积物等障碍。测量红旗车身宽1.5米、农用车身宽2米。事故当天天气晴朗,无雨,视线良好。驾驶人事发时左手肘部有明显擦伤,但称能自行到医院处理。安顺交警到现场对事故进行了查勘和处理。

现场查勘过后,理赔人员到医院看望受伤驾驶人,并向驾驶人了解事故经过。据驾驶人自述,驾驶人见前方有车就主动避让,因道路狭窄,倒车退让时车辆掉入悬崖,意识到有生命危险,便跳车致伤。还说当时有大雨,路面湿滑。驾驶人在对事故的陈述中,有不能自圆其说的地方,明显感觉到该驾驶人有意回避查勘员需要了解的问题。

为了解事实真相,保险公司配合交警对事故现场回勘,向周边村民了解事故发生的情景。经过调查,了解到事故当天并未下雨,有村民亲眼见有两青年将该车开到事发现场后,下来推车，将车反向推下悬崖，整个作案过程将近10分钟。而且该路段并非像驾驶人所述两车交会一定要停车避让，路面宽度完全可以满足两车双向安全行驶。经对知情人了解，肇事红旗车系深圳处理的出租车，价值不足3万元，该驾驶人买来后以价值7.5万元投保，投保时间为今年6月19日至明年6月18日，发生车祸距投保日只有35天。

本案中，保险公司判定该案是明显的骗保行为，给予了拒赔。那么，遇到保险欺诈行为，应该如何进行查勘？从哪方面寻找诈骗的突破口呢？案发现场欺诈事故查勘技巧又有哪些？

【任务准备】

保险诈骗是行为人故意实施的违法犯罪行为，此类案件大都有预谋和策划，隐蔽性较强，查处这类案件的管辖权属于公安机关，不属于保险公司。

为了有效打击保险诈骗活动，保险人应该配合公安机关做好以下几项工作。

一、及时查勘现场，掌握第一手资料

1. 及时查勘现场

在事故发生的现场，往往遗留有各种痕迹，记载着大量能够真实反映事故发生、发展过程的信息，但这些痕迹和物证极易受到自然或人为的破坏，必须及时取证。

接到客户的报案后，查勘人员应该及时赶赴事故现场，掌握一切记录现场原始情况的资料，包括现场痕迹物证、访问笔录、影视资料、损失清单、财务账本等，这些资料将对揭露诈骗起到证据作用。

2. 认真调查事故经过

一方面，查勘人员应围绕出险事故，向投保人、被保险人、受益人及目击者调查，对事故发生经过、原因、损失情况及客户经营状况、个人品行、近期异常表现、保险标的状况等与事故有关的情况详细询问，并做好调查记录。

另一方面，还应与负责事故处理或鉴定的有关部门密切配合，及时了解事故处理情况，提出涉嫌诈骗的疑点，争取公安部门的支持，围绕揭露诈骗行为进行调查取证。

二、综合分析，寻找揭露诈骗的突破口

1. 分析投保动机

对于超额投保案件，认真核实标的的实际价值，凡采用纵火、盗车等手段造成标的全损的案件，绝大多数都进行了超额投保。其投保的动机就是以损失价值较小的标的换取高额的保险赔款。

对于多次拒绝投保而后又主动上门投保的案件，应重点分析其投保动机。这类案件，大多是先出险后投保，或是风险即将发生，临危投保，转嫁损失。

2. 将有关时间联系起来分析

分析投保时间、出险时间、报案时间这三个时间之间的内在联系。

凡有预谋的诈骗案件，在几个关键时间上总有一些特殊联系。一般来说，投保时间与出险时间相隔越短，出险时间与保单责任终止时间相隔越近，出险时间与报案时间间隔越长的案件，应特别警惕，仔细分析原因，发现疑点，迅速查证。

3. 将现场痕迹物证及有关证据结合起来分析

查勘人员到达事故现场后,可以将现场痕迹物证与保单、原始记账凭证对比,分析现场标的物及损失数目与书证记载是否相符;将现场痕迹物证与有关证据对比。

通过分析证据与事实、证据与证据之间的相互关系,识破诈骗者惯用的伪造、变造有关证明材料的伎俩。

【案例9-2】 一辆帕萨特轿车的车主,报案称于夜间8时左右发生单方事故,导致汽车受损(图9-3)。

现场查勘得知:汽车的主、副气囊均已释放,但副气囊袋面有陈旧性污物,其连接线有熔着现象;汽车的前保险杠及保险杠骨架碰撞损坏且骨架左支撑受力较大,右侧较轻;发动机舱盖、冷凝器变形;前中网等处破损;发动机及变速器后移,其连接支承座(架)受损;发动机曲轴带轮轮缘上有明显旋转摩擦的痕迹。

情况分析:第一,根据前保险杠内骨架碰撞受损情况以及碰撞时车辆停放的状态,得出保险杠骨架碰撞痕迹是一次性形成的。第二,根据查勘情况,结合气囊释放后的状态、清洁

图9-3 气囊释放的帕萨特车

度及其连接线状况,说明副气囊为陈旧性释放。第三,根据该款帕萨特汽车安全气囊系统的结构特点,只要满足气囊释放条件,主、副气囊会同时释放。因此,该车保险杠内骨架的碰撞为一次性碰撞形成,但气囊释放非本次事故造成。

案例评析:估计该车因故导致气囊释放,但当时的事故无法构成索赔条件。于是,当事人自作聪明制造了故意碰撞事件,造成汽车因碰撞而释放气囊的假象。这种通过故意制造的再次碰撞,获得与前次事故一同构成损失的现象,在碰撞事故中经常遇到。

三、欺诈事故案发现场识别技巧

道路交通事故的发生离不开人、车、路、环境四个要素。针对具有欺诈嫌疑的案发现场,可从以下四个方面入手分析。

1. 人的因素

人的因素对交通事故形成的影响最为活跃。在人-车-路-交通环境构成的体系中,车辆由人来驾驶,道路由人设计、使用,交通环境由人来建设、管理并对人自己产生作用。从道路交通事故类型、交通事故发生的原因分析可以看出,有80%~85%的交通事故是由于人的违章行为造成的。由于人的主观意识存在,疏忽与故意行为不易取证,所以在交通事故中,人的因素侦查难度最大。

在道路事故中,人是指道路交通参与者或在道路上进行与交通有关活动的人员,包括行人、车辆驾驶人、乘车人以及其他交通参与者。在此,仅讨论驾驶人、乘车人及第三者的因素。

(1)驾驶人的欺诈识别

驾驶人的欺诈主要包括驾驶人顶包和故意制造交通事故两种。

1) 驾驶人顶包。驾驶人顶包多见于驾驶人酒后驾驶及驾驶人涉及刑事案件。驾驶人顶包的特征为：

① 驾驶人不是被保险人或者车主。

② 驾驶人对事故的发生过程描述不合理及不清楚行驶线路，言语叙述不流畅，可借助询问笔录及监控视频等手段固定证据，如图9-4所示。

a) 监控下驾驶舱情况　　　　　　　　　　b) 监控下驾驶人和前排乘客情况

图9-4　借助监控情况固定证据

③ 驾驶人的身材与驾驶人座椅布置不合适，可核实驾驶人身高，臂长，根据现场车辆座椅情况判断驾驶人真实性，如图9-5所示。

a) 现场车辆座椅测量尺寸　　　　　　　　b) 现场对驾驶人核实座椅情况

图9-5　驾驶人在座椅上的不舒服姿势

④ 驾驶人面部无伤情，尤其在车辆安全气囊起爆，驾驶人气囊残留毛发或淡淡血迹的情形下，可进行驾驶人的DNA鉴定固定证据，如图9-6所示。

⑤ 驾驶人多故作镇定，面部表情无慌张和心疼感，有些驾驶人流露出不愿配合查勘员的烦躁情绪。

 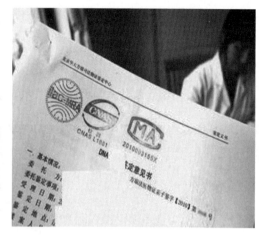

a) 驾驶人气囊残留毛发或淡淡血迹的情形　　　　b) DNA鉴定

图 9-6　气囊血迹鉴定意见

⑥ 驾驶人手机通信记录中，在案发前后有与某人长时间的通话记录，可核查驾驶人的最后一次通话记录。

驾驶人涉及刑事案件的顶包现场中，通常存在人员伤亡、肇事逃逸等严重交通违法行为。除上述的欺诈特征外，真假驾驶人的伤情鉴定尤其关键，需要借助交警及司法鉴定的支持。主副驾驶头部、上肢、下肢的受伤部位，受伤程度，驾驶舱内前风窗玻璃、气囊残留的血迹、毛发对驾乘关系的鉴别尤为重要。

2）驾驶人故意制造交通事故。驾驶人故意制造交通事故，从人的因素出发其主要特征为：

① 事故中驾驶人很少受伤，而第三者很少受伤或受伤很严重乃至死亡。

② 驾驶人多故意情绪急躁，无心疼感，对查勘员的询问不耐烦，时常催促尽快结案或投诉威胁。

③ 通常合伙作案，案发现场常见可疑人员徘徊。

（2）车上人员谎称第三者

因车上人员责任险和第三者责任险的保险金额悬殊太大，车上人员受伤谎称第三者的情况，其受伤人员的欺诈特征如下：

① 伤者受损较严重，车主多未投保车上人员责任险。

② 伤者对事故的发生经过含糊不清，亦可调取现场视频监控固定证据。

③ 伤者的衣服无明显擦痕或擦痕面积很小。

④ 伤者的受伤部位及伤情多与事故经过不符，亦可根据车内残留血迹、毛发进行 DNA 鉴定或者成伤机理鉴定，判定案发时人员所处位置或伤亡原因。

（3）第三者伤亡与本次事故无关

有些欺诈案件中，骗保人为得到高昂的赔偿金，用非本次事故的伤者甚至死者充当第三者进行欺诈，其欺诈特征除上述车上人员谎称第三者的特征情形外，针对伤者可根据腿部骨折情况进行辅助识别。

保险杠损伤是指保险杠撞击人体时，在距地面 50 厘米左右高处（以轿车为例）的人体下肢形成横带状表皮剥脱性撞痕、皮下出血和骨折。皮肤表面的损伤可因衣物的遮挡而不明显，但深部软组织的挫伤出血和胫腓骨骨折则很常见。

轿车撞击人体下肢，在距地面50厘米左右高度出现胫骨楔状骨折，楔形底边即为力的作用点，楔形的尖端指向车辆的行驶方向。保险杠损伤在迎面碰撞时损伤发生在下肢的伸侧面，后面碰撞时损伤发生在下肢的屈侧面，侧面碰撞时损伤发生在下肢的外侧面。

不同车型的保险杠距地面的高度不同。一般国产小型轿车、客车、越野车等保险杠距地面高度为50~60厘米，进口车略低，在47~57厘米；大型货车，以解放牌货车为例，保险杠距地面高度为65~80厘米；特种车有的可高达90厘米，小型轿车在紧急制动时，车的前部还可倾斜降低5~10厘米。

针对死者的第三者欺诈，一方面可根据碰撞车速估算出死者的抛距、血迹位置等，另一方面可通过申请司法鉴定进行死因鉴定和死亡时间鉴定进行识别。

2. 车的因素

车辆是现代道路交通的主要运行工具。车辆技术性能的好坏，是影响道路交通安全的重要因素。车辆技术性能不良、一些单位维修制度不完善、不落实，车辆超载都能引起事故的发生。车辆主要是指机动车和非机动车，在此仅以机动车为例，主要从碰撞力学、零部件替换、油料等方面进行分析。

（1）碰撞力学

保险事故中的碰撞力学，主要从碰撞力、受损程度、承痕体及造痕体、碰撞高度、附着物五个方面分析。

1）碰撞力。在事故中，汽车的直接损坏是由碰撞力引起的。碰撞力的大小和方向不同，对事故车辆造成的损坏也不同。

① 碰撞力的大小。碰撞力越大，对汽车的损坏就越大。汽车与被撞物体的相对速度越大、被撞物的刚度越大、接触面积越小，产生的碰撞力就越大，对事故车造成的损坏就越大。

碰撞力与碰撞面积成反比关系。同样的作用力撞击面积大时，单位面积所受碰撞力变小，即损伤范围大但变形量小。相反，若撞击面积小时，单位面积所受的碰撞力变大。

接触面积越小，损坏就越严重，撞击电线杆，则保险杠、发动机舱盖、散热器等都会发生严重的变形。发动机向后移动，碰撞所带来的影响甚至扩展到后悬架，如图9-7所示。

a）驾驶舱受损情况正面照

b）驾驶舱受损情况背面照

图9-7 严重的碰撞变形

② 碰撞力的方向。碰撞力造成大面积的损坏也同样取决于碰撞力与汽车质心相对应的方向。假设碰撞力的方向并不是沿着汽车的质心方向，一部分碰撞力将形成使汽车绕着质心旋转的力矩，该力矩使汽车旋转，从而减少碰撞力对汽车零部件的损坏。另一种情况是，碰撞力指向汽车的质心，汽车不会旋转，大部分能量将被汽车零件吸收，造成的损坏是非常严重的，如图9-8所示。

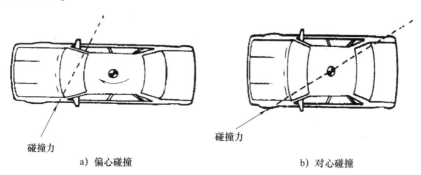

图 9-8　碰撞力与质心关系

如图9-9所示，追尾车辆及被追尾车辆受损都很严重，由此可见碰撞车速不低。但从碰撞力的方向看，碰撞法线冲量未经过两车的质心的连线，被撞车辆应发生旋转。从现场散落物看，过高的碰撞车速前车短距离内应无法迅速回正。

a) 事故现场概览

b) 标的车辆受损

c) 标的车现场散落物

d) 第三者车受损

图 9-9　造假的追尾碰撞事故现场

车辆对心碰撞或偏心碰撞力过小，车辆未发生旋转时，亦在车体变形上能清晰反映碰撞力的方向，如图 9-10 所示。

a) 碰撞力由前往后　　　　　　　　　　　　b) 碰撞力由后往前

图 9-10　痕迹所显示的碰撞力方向

除车体变形外，前风窗玻璃的破损情况也能清晰反映主副驾驶及行人的运动方向，有助于车上人员谎称第三者的鉴别，如图 9-11 所示。

a) 前风窗玻璃外侧受损情况　　　　　　　　b) 前风窗玻璃内侧受损情况

图 9-11　通过玻璃损坏可判断人员运动方向

车体的变形方向，能有效识别摆放的保险事故假现场。从图 9-12 中可看出，白色起亚车的左前照灯有明显的向外凸起，不符合受力方向及变形规律。

2）受损程度。力的作用是相互的。在实际的交通事故中，通常汽车质量越轻，碰撞中的损坏就越严重，乘员的伤亡也越大。其原因是碰撞能量的吸收与质量的平方成反比。通常意味着，保险事故中，车辆正面碰撞质量轻者受损严重。图 9-13 所示为赛欧车与奥迪 A4 车的碰撞。

图 9-12　受力不符的造假事故

a) 赛欧车受损　　　　　　　　　　　b) 奥迪车受损

图 9-13　赛欧与奥迪的正面碰撞事故

碰撞能量的吸收通常也适用于车内，车内的碰撞变形痕迹，也有助于车上人员谎称第三者的鉴别，如图 9-14 所示。

a) 座椅损坏正面照　　　　　　　　　b) 座椅损坏背面照

图 9-14　座椅损坏反映出车上人员的存在

但在车速较低碰撞中，一方明显受损严重，另一方受损过轻或碰撞痕迹杂乱、有非碰撞痕迹，则不符合常理，如图 9-15 所示。

a) 标的车受损情况　　　　　　　　　b) 第三者车受损情况

图 9-15　不符合碰撞常理的事故

3）造痕体及承痕体。车辆与其他物体碰撞，其物体本身固有的形态会作用到车体，产生相应的变形，如图9-16所示。

图9-16中除车体刮擦痕迹高度吻合之外，仅接触到的地方有痕迹，其他地方没有多余痕迹，这是最典型的刮波纹护栏痕迹。

a）车与线杆（造痕体）碰撞

b）车辆（承痕体）受损

c）车与护栏（造痕体）刮擦

d）车辆（承痕体）受损

图9-16 通过变形与刮擦痕迹判定事故情形

4）碰撞高度。车辆碰撞力与其他物体相碰撞时，会产生高度一致的碰撞点或碰撞范围，如图9-17所示。

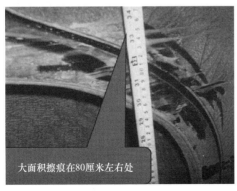

a）车辆刮蹭高度

b）碰撞墙体高度

图9-17 碰撞高度不符的事故

5）车体附着物。车辆与其他物体碰撞或刮擦，在力的作用下会在车体留下接触物的相应属性颜色，以此可鉴别碰撞物体的颜色属性，如图9-18所示。

a）车辆与树碰撞

b）碰撞位置残留蓝色物质

图9-18　碰撞中颜色附着的事故

（2）零部件替换

车险欺诈案中，多有利用废旧及假零部件顶替真零部件，然后骗取真零部件保险赔偿的情形。

① 螺栓、螺母。通常对发动机舱、底盘、前后保险杠车牌的螺栓、螺母进行观察，寻找此类案件的突破口，如图9-19所示。

② 配件编码。通过查询对比零部件的条形码、图码、厂牌标识等分辨零部件的真伪，如图9-20所示。

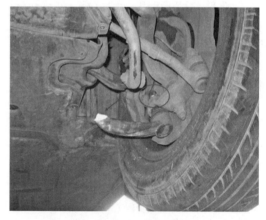

图9-19　螺栓、螺母新旧痕迹

a）原厂零部件编码

b）副厂零部件编码

图9-20　实物编码

③ 新旧程度。通过车辆左右对称零部件的新旧程度，如是否都覆盖灰尘识别零部件的替换，如图9-21所示。

a) 左侧前照灯灯外表

b) 右侧前照灯灯外表

图9-21 灰尘覆盖不一致的事故

④ 零部件属性。有些车辆零部件具有特殊材质。如车辆的制动片，因由灰铸铁制成，碰到雨天停放过夜后，制动片极易生锈，可针对其特殊属性来识别现场的真伪，如图9-22所示。

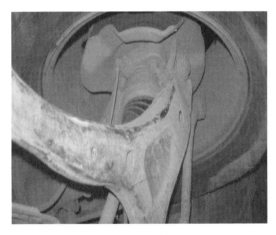
a) 制动盘内侧情况

b) 制动盘外侧情况

图9-22 易生锈的制动片

⑤ 车辆电子检测。可对汽车控制模块、气囊等电子件进行检测，检测其最后的起动时间或起爆时间，如图9-23所示。

（3）油料新旧

现场中，车辆碰撞严重或托底，事故现场会出现发动机机油或变速器油。可根据现场中残留的燃油料的新旧程度及干涸程度寻找突破口，如图9-24所示。

3. 路的因素

道路是指公路、城市道路和虽在单位管辖范围但允许社会机动车通行的地方，包括广场、公共停车场等用于公众通行的场所。道路本身的技术等级、设施条件及交通环境作为构成道路交通的基本要素，它们对交通安全的影响是不容忽视的，在某些情况下，它们可能成为导致交通事故发生的主要原因。道路的坡度、弯度，道路路面状况（影响路面和车轮之间的附着性，即摩擦系数），道路类型（如高速道路的事故率比普通道路低），道路交叉口的形式，都会对事故的发生产生影响。

a) 车辆气囊起爆

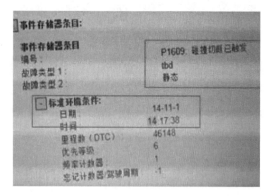

b) EDR信息

图 9-23　检测得到的起爆时间

a) 大量陈旧的机油油迹

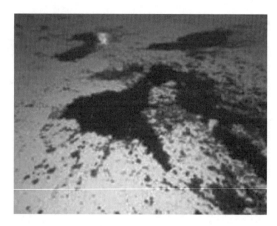

b) 新鲜机油油迹

图 9-24　现场泄漏的油液

4. 环境因素

交通环境主要是指天气状况、道路安全设施、噪声污染以及道路交通参与者之间的相互影响等。驾驶人行车的工作状况，不仅受道路条件的影响，而且还受到道路交通环境的影响。第一，交通量的影响。在影响驾驶人行车的诸多交通因素中，交通量的影响起着主导作用。交通量的大小，直接影响着驾驶人的心理紧张程度，也影响着交通事故率的高低。第二，交通混杂程度与行车速度的影响。我国的道路多为双车道混合式交通，混合交通和交通混杂程度严重是交通事故率高的重要原因之一。第三，交通信息特征的影响。汽车是在错综复杂的环境中行驶的，行车过程中，驾驶人总是通过自己的视觉、听觉、触觉等从不断变化着的交通环境中获得信息,并通过对它们的识别、分析、判断和选择,做出相应的反应。第四,恶劣天气的影响。特别是雨、雪、雾等恶劣天气条件下发生道路交通事故导致的死亡人数相对要高。

图9-25中,天气有雾,路面湿滑,但路中央多出一块水泥砖石墩,且其外表未湿,具有伪造现场嫌疑。

图9-25　湿滑的事故现场中干燥的石墩

图9-26中,车辆撞击的物体散落物分散过于均匀,非扇形放射性扩散,有伪造现场的嫌疑。

保险诈骗罪
判决案例分析

图9-26　散落物分散过于均匀的事故现场

【任务实施】

①"任务导入"中遇到保险欺诈行为,应该及时查勘现场,认真调查事故经过,掌握第一手资料。

②"任务导入"中寻找诈骗的突破口,可以从分析投保动机、将有关时间联系起来分析、将现场痕迹物证及有关证据结合起来分析这几个方面进行。

"任务导入"中案发现场欺诈事故查勘技巧主要从道路交通事故发生的人、车、路、环境四个要素进行分析,深入挖掘其相关内容。

【任务评价】

汽车保险欺诈的识别任务评价表

序号	内容及要求	评分	评分标准	自评	组评	师评	得分
1	寻找保险诈骗的突破口	15	每给出一个保险欺诈突破口并简单分析得5分；以满分为限				
2	列举部分容易造假的出险现场现象	15	每列举出一个容易造假的出险现场现象得5分；以满分为限				
3	列举部分容易造假出险现场的询问方法	30	每列举出一个容易造假的出险现场询问方法得5分；以满分为限				
4	从人、车、路、环境四因素方面列举案发现场欺诈事故的四因素识别技巧	40	每列举出一个案发现场欺诈事故的四因素识别技巧，每因素得10分；以满分为限				

指导教师总体评价

指导教师：

年　月　日

【知识拓展】

一、诈骗罪

诈骗罪是指以非法占有为目的，用虚构事实或者隐瞒真相的方法，骗取数额较大的公私财物的行为。

《中华人民共和国刑法》第266条：诈骗公私财物，数额较大的，处三年以下有期徒刑、拘役或者管制，并处或单处罚金；数额巨大或者有其他严重情节的，处三年以上十年以下有期徒刑，并处罚金；数额特别巨大或者有其他特别严重情节的，处十年以上有期徒刑或者无期徒刑，并处罚金或者没收财产。

二、保险诈骗罪

保险诈骗罪是指以非法获取保险金为目的，违反保险法规，采用虚构保险标的、保险事故或者制造保险事故等方法，向保险公司骗取保险金，数额较大的行为。"虚构保险标的"，是指投保人违背《保险法》规定的如实告知义务，虚构一个根本不存在的保险标的或者将不合格的标的伪称为合格的标的，与保险人订立保险合同的行为。

根据刑法第198条的规定，犯保险诈骗罪的，处5年以下有期徒刑或者拘役，并处1万元以上10万元以下罚金；数额巨大或者有其他严重情节的，处5年以上10年以下有期徒刑，并处2万元以上20万元以下罚金；数额特别巨大或者有其他特别严重情节的，处10年以上有期徒刑，并处2万元以上20万元以下罚金或者没收财产。单位犯保险诈骗罪的，对单位判处罚金，并对其直接负责的主管人员和其他直接责任人员，处5年以下有期徒刑或者拘役；数额巨大或者有其他严重情节的，处5年以上10年以下有期徒刑；数额特别巨大或者有其他特别严重情节的，处 10 年以上有期徒刑。

三、诈骗罪、保险诈骗罪相关问题的解释

最高人民法院、最高人民检察院《关于办理诈骗刑事案件具体应用法律问题的解释》（法释〔2011〕7 号）第 1 条：诈骗公私财物价值三千元至一万元以上、三万元至十万元以上、五十万元以上的，应当分别认定为刑法第二百六十六条规定的"数额较大""数额巨大""数额特别巨大"。各省、自治区、直辖市高级人民法院、人民检察院可以结合本地区经济社会发展状况，在前款规定的数额幅度内，共同研究确定本地区执行的具体数额标准，报最高人民法院、最高人民检察院备案。第 5 条：诈骗未遂，以数额巨大的财物为诈骗目标的，或者具有其他严重情节的，应当定罪处罚。第 6 条：诈骗既有既遂，又有未遂，分别达到不同量刑幅度的，依照处罚较重的规定处罚；达到同一量刑幅度的，以诈骗罪既遂处罚。

任务 3　汽车保险欺诈的预防

【任务目标】

通过"汽车保险欺诈的预防"任务的学习，要求学生：

1. 掌握汽车保险欺诈的防范措施。
2. 了解车险理赔常见风险与控制措施。

【任务导入】

2010 年 7 月的一天，某保险公司昆明分公司的一名查勘员奉命去协助验车，他发现打算承保的车辆是一辆去年 5 月挂牌，但却在今年 6 月出售了的二手宝马 7 系车，而且在本公司没有前期承保的记录。这一点，引起了他的怀疑，认为这么高档的车，假如没有出现重大变故的话，不太可能使用了 1 年就出售。在向车主询问打算投保的险种时，更是感觉不可思议，因为车主只打算投保交强险、车损险、自燃险、不计免赔共四个险种，而对于几乎高档车都会投保的第三者责任险、盗抢险、车上人员责任险，以及与车辆损坏相关的划痕险、玻璃单独破碎险等，即使经过提醒，车主也表示不想投保。经过仔细观察，发现车窗玻璃上贴的上个年度的交强险标志，是广州的。于是，查勘员回想起了一则新闻：

2010 年 5 月，广州暴雨倾城，在一周之内，三场暴雨接踵而至，一周降雨量高达 440 毫米，相当于广州年降雨量的四分之一，一举打破广州市百年纪录。据广东省气象台召开的新闻发布会表示，在一周内同时受到三次暴雨过程的影响，是自 1908 年广州有气象记录以来从未出现过的，破了百多年来的历史纪录。强烈的降雨量，给广州市包括众多车辆在内的财产造成了巨大的损失。

想到了这一点，查勘员进行了有针对性的了解，终于得知这是一辆在广州暴雨中被完全淹没而且持续了很久的车辆，因为原车主担心日后可能引发火灾，所以廉价售出了这辆被水长时间浸泡了的车。新车主担心该车自燃，所以打算投保与自燃相关的所有险种。

基于这一事实，保险公司拒绝了这次投保申请。那么，就此事故分析，面对汽车保险欺诈有哪些防范措施？对常见的汽车保险风险，保险公司应如何进行识别和管控？

【任务准备】

面对汽车保险欺诈日益增多的客观现实，保险公司应该认真分析其产生原因，根据各类

骗案的不同特点，采取一系列的综合预防治理方式，遏制汽车保险欺诈现象的蔓延。

追究保险欺诈者的法律责任，只是一种对保险违法行为的事后处理手段，而开展针对保险欺诈的对策研究，则是一种事前的防范，两者相辅相成。

对保险诈骗犯罪的预防是一项系统工程，需要社会的有关方面提高认识，密切配合，切实采取有力措施，堵塞漏洞，消除各种诱发犯罪因素，抑制诈骗案件的发生，把发案率降到最低点。

一、风险防范

1. 宏观防范

宏观防范覆盖面较广，主要举措有减少和抑制犯罪诱发因素，落实罪犯改造及回归社会工作等。

1）提高认识。正确的社会舆论导向对遏制欺诈非常有效。工作的重点应该放在改变人们的观念上，使保单持有者形成固定思维方式，即保险欺诈是一种非常错误的行为。保险公司应加大保险知识和相关法律、法规的宣传，增强全社会的保险意识和法制意识，正确认识保险的作用。让全社会的公民都能充分认识到保险是一种保障，而不是福利事业，减少对保险认识的误区，并自觉与违法行为做斗争，在社会上形成一个良好的经营环境。

2）司法界、新闻界协助保险界搞好预防。首先，公检法部门应忠实履行自己的职责，认真查处各类保险诈骗案件，严格执法，坚决打击犯罪分子。在办理各类保险诈骗案中，应及时将保险诈骗的状况、动态及预防经验以各类司法建议书的形式通知保险机构，以便其及时调整和改进防范措施。其次，各类出险的损失证明机关（包括公证机关）在证明过程中，应认真调查研究，严格审查，力求证明事项客观、真实、准确、合法，避免因证明失实而导致保险机构被骗。再次，新闻界可以有选择地把一些典型保险诈骗案的破获及其判决结果予以报道。

3）利用新技术、共享各种信息。在保险欺诈案中，威胁最大的是那些欺诈惯犯，他们往往一次得手后，会连续作案，而且其欺诈行为都经过精心策划，手段狡猾、隐蔽，不易被发现。但这类欺诈行为的表现形式及欺诈手段都十分相似，只是欺诈的保险人不同而已。因此，建立一个反保险欺诈中心，收集有关信息，使保险人共享信息，加强保险人之间的联系与协作，使之能够及时发现以相似手段进行的保险欺诈，将有效防范保险欺诈的发生，降低欺诈行为所造成的损失。

4）加强行业监管，规范市场行为。防范保险欺诈，仅靠保险公司的单方面努力是不够的，还需要社会各界通力合作。首先，各保险公司应充分加强行业自律，树立良好的行业形象。其次，法律部门要加强立法，从严执法，有力遏制保险欺诈。再次，保险监管部门要加强规范化管理，加大监管和打击力度，坚决制止并惩治不正当竞争行为。

2. 微观防范

微观防范是针对犯罪行为的具体防范，其主体是保险单位和从业人员。需采取的措施有：

1）严格贯彻执行《保险法》及其他法律的有关规定。保险公司的工作人员，首先必须认真学习《保险法》及有关法律，领会其精神实质，正确掌握各项法律规定，并积极向社会各界，尤其是向投保人、被保险人和受益人宣传，使他们自觉防止各种保险欺诈行为的发生。其次，当投保人、被保险人或者受益人实施保险欺诈行为，损害了保险人利益时，保险人应理直气壮地依据有关法律规定维护自己的合法权益，并积极向有关部门揭发、检举，要求对欺诈者予以行政或刑事处罚。

2）加强风险评估，提高承保质量。风险防范需从承保抓起，防微杜渐。提高承保质量可从几个方面展开：在验标与核保工作上，当投保人提出投保申请后，保险公司应严格审查申请书中所填写的各项内容和与汽车有关的各种证明材料。必要时，应对标的进行详细调查，以避免保险欺诈的发生。在实务操作上，应严格按照承保业务操作规程，对投保车辆进行风险评估。

3）完善保险条款，剔除欺诈责任。通过制定保单除外责任条款或限制承保范围条款，进行责任限制，以减少或剔除道德风险卷入的部分。

4）建立科学的理赔程序，提高理赔人员素质。理赔是保险经营中的重要环节，搞好理赔有助于保险公司的健康发展。建立科学的理赔程序，提高理赔人员的素质，对防止保险欺诈的发生有着举足轻重的作用。

5）建立风险客户"黑名单"。这个名单的设立，将对欺诈者起到威慑作用，从而保障广大汽车保户的利益。

6）提高员工素质。高素质的从业人员，是做好理赔工作、识别保险欺诈的基本条件。要求理赔人员必须及时了解和掌握新的技术、信息、修理工艺和方法，不能靠吃老本工作。对此，保险公司可以招聘一些车辆保险与理赔专业的高校毕业生从事车险理赔工作，同时，对公司老员工应经常进行新知识培训，从而保证拥有一支高水平的理赔队伍。

7）完善保险公司内部监控机制，严格管理，谨防疏漏。首先，保险公司要对所有员工加强思想教育，增强风险意识，把防范和化解风险作为公司生存和发展的根本所在。其次，保险公司内部要建立承保核审制度，对所要承揽的业务要按程序对风险进行多次识别、评估和筛选，以便有效控制责任，确保承保质量。再次，保险公司还要建立规范的理赔制度，实行接案人、定损人、理算人、审核人、审批人分离制度和现场查勘双人制，人人把关，各司其责，互相监督，严格防范，以确保理赔质量。同时，在理赔工作中，若发生以赔谋私或内外勾结欺诈等现象，必须严肃处理。

8）规避来自汽车修理厂的保险欺诈。汽车发生事故后，总是要通过汽车修理厂去"恢复至事故发生前的状态"。但是，个别汽车修理厂在利益驱动下，会想方设法谋取不当得利，如：扩大、夸大汽车损失程度；将一些本应该修复的零部件故意说成无法修复；夸大修理作业量等。

为了有效规避来自汽车修理厂的道德风险，可以采取以下措施。

① 车主自行索赔。目前，许多规模较大的汽车4S店、汽车修理厂都在代办汽车保险，同时也代车主办理向保险公司索赔的事宜。有个别汽车修理厂，车主将微小损坏的汽车交给他们以后，故意再碰撞汽车，扩大损坏程度，并以扩大了损坏程度的汽车向保险公司索赔。如果实行车主自行索赔制度，可以有效避免这一现象的发生。

② 定损人员掌握维修工艺，并了解当地维修情况。塑料保险杠的局部破损、前照灯的划磨、铝合金发动机舱盖的变形、风窗玻璃裂纹等，许多汽车修理厂明明拥有维修的能力，也故意说成无法修复，只能更换。这就需要定损人员了解当地的汽车维修情况，知道在哪个修理厂可以进行相关维修。

③ 尽量减少维修换件时的道德风险。具体方法有：

a. 尽量减少"待查项目"。一些从事故车上拆下来的零件，用肉眼和经验一时无法判断其是否受损、是否达到需要更换的程度，如转向节、悬架臂、副梁等，在这种情况下，定损人员一般将其作为"待查项目"。为了抵御道德风险，应该认真检验车辆上可能受损的零部件，尽量减少"待查项目"。例如，发电机在受碰撞后经常会造成散热叶轮、带轮变形，它们变形后在旋转时，很容易产生发电机轴弯的错觉。实际上，轴到底弯没弯、径向圆跳动量是多少，只要做一个小小的试验即可，用一根细金属丝，一端固定在发电机机身上，另一端弯曲后指向发电机前端轴心，旋转发电机，观察金属丝一端与轴心的间隙变化，即发电机轴的径向圆跳动量，弯曲程度一目了然。用这种方法，可解决空调压缩机、转向助力泵、水泵等的类似问题。

b. 拍照备查。对于暂时无法确定损坏程度，确实需要待查的零件，查勘定损人员要在其上做记号，并拍照备查，同时告知被保险人和承修的汽车修理厂。一旦对方在维修时进行了更换，应拿出做了记号的零件作证。

c. 参与验收。车辆初步修理后，保险公司的理赔定损人员，必须参与对"待查项目"的检验、调试、确认等全过程。例如，转向节待查，汽车经过初步的车身修理，安装上悬架等零部件后做四轮定位检验，假如四轮定位检验不合格，并超出调整极限，修理厂会提出要求更换转向节，于是保险公司的理赔定损人员一般也会同意更换转向节。至于更换转向节后四轮定位检验是否合格，是否是汽车车身校正不到位等其他原因，保险公司的理赔定损人员往往不再深究。实际上，四轮定位不合格完全可能是车身校正不到位等其他原因引起的，无须更换转向节。

d. 取走损坏件。如果"待查项目"确实损坏需要更换，保险公司的理赔人员必须将做有记号的"待查项目"零件从汽车修理厂带回，以免汽车修理厂将原本完好的"待查项目"零件留待下一次修理时更换使用。

用上述方法解决"待查项目"的问题，汽车修理厂将无法获得额外利益，遵循了财产保险的补偿原则，最大限度地杜绝了"待查项目"中的道德风险。

9）对查勘定损人员实施"拒赔奖励"制度。绝大多数的汽车保险欺诈，是由查勘定损人员识别的。除了对这部分人员进行思想教育外，还可以推行"拒赔奖励"制度。每当他们拒绝一起案件时，可以按照"从案""从值""从案从值"三种模式进行奖励，其中，"从案从值"模式是指在每件拒赔案例给予定额奖励的基础上，再根据拒赔额的高低给予比例奖励。

二、车险理赔常见风险与控制措施

1. 查勘环节常见风险及管控

查勘环节是保险公司在事故发生后直接面对客户的第一环节，也是保险公司识别风险和管理疏漏的最重要环节之一。查勘主要是查勘定损人员通过询问、察看、分析、咨询等手段对事故的起因、过程以及造成的损害情况进行客观准确记录和确定的过程。查勘结果是保险公司进行保险理赔的重要依据。作为保险公司一方，在查勘过程中面临的风险主要有客户因素风险、查勘人员本身原因形成的风险、流程因素形成的风险及其他风险。

（1）客户因素形成风险的识别及控制

客户因素形成风险的识别及控制见表9-2。

表 9-2　客户因素风险的识别及控制

车辆先出险后投保	如何识别	损坏部位痕迹模糊或明显陈旧 客户对定损要求不高 客户不要求现场查勘或在现场复勘时设置一定的障碍 不能提供有关事故证明单证或提供的事故单证有涂改现象
	如何控制	对于投保时间与出险时间接近的事故，特别是一周内出险的，要坚持第一现场复勘，对损失部位要仔细检查有无拆解痕迹。同时要对发生肇事的接触点进行痕迹检查，分析刮痕、擦痕以及碎落的玻璃碎片、灯具碎片等物证。拍摄现场照片必须抓住现场环境、整车方位、撞击点、受损部位及地面残留物等关键点。在此基础上认真核对客户报案描述与肇事现场的吻合性，分析事故发生的原因、时间，对存在疑点或查勘中发现与客户报案情况不符的事项，进一步调查 对于损坏部位有明显陈旧的案件，首先要做可能性分析，并对当事人或目击人做有针对性的询问笔录，必要时走访附近群众，了解详细情况或报警处理，促使客户放弃索赔 对于单方肇事案件，坚持到现场进行查勘走访，寻找旁证，了解出险时间，如有伤者，第一时间了解伤者的治疗情况，从中判断出险的准确时间，必要时向交警了解近期交通事故记录或查看交通路况录像 特殊原因没有第一现场的事故，必须认真查勘事故车辆受损部位及损失程度，与报案人叙述的事故原因经过进行核对，分析事故发生的可能性，必要时立即到事故现场进行复勘 对于报案时间发生在深夜、午饭后或节假日等敏感时间段或出险地点较为偏僻、报案人不要求现场查勘的事故，要坚持查勘现场或第一时间复勘现场 加强保险公司理赔审核人员与查勘定损人员的有效沟通，审核人员发现疑问后，及时告知查勘定损人员 加强与同业的反骗赔合作，共享骗赔案件信息，建立与交警、经侦、检察院等部门的工作联系，以防范骗赔案件的发生
碰撞痕迹与报案信息不符	如何识别	重点询问事故发生的细节，驾驶人往往无法完整地准确回答 核对碰撞部位、现场遗留痕迹等 分析撞击的力度和方向，对损失痕迹与碰撞物进行核对，判断是否有逻辑性 了解车辆型号、使用年限和保额情况，严格审查老旧车型且高保额车辆
	如何控制	加大第一现场查勘力度，重点查验碰撞痕迹与现场是否吻合 认真走访和调查现场周边人员 严格承保规定，放弃老旧淘汰车型的承保
套牌骗赔	如何识别	仔细询问车辆出险经过，了解车上乘客情况，重点询问车辆使用年限、车辆状况、近期索赔情况等，做好询问笔录 通过比对保险抄单，甄别车辆真假 仔细观察车辆牌照、铭牌的安装情况，判断是否更改、更换 认真核查发动机号或车架号识别 存在疑问的车辆，到车辆管理部门调阅车辆档案
	如何控制	提高查勘定损人员的工作责任心，加大培训和考核力度，提高查勘定损人员的专业知识，引导和提高查勘人员识别和防范渗漏的能力 快速到达第一现场，提高外围调查力度，非单方事故向第三者方了解求证 公开案情，接受公众举报 加强与职能部门的联系，调查车辆的详细资料，加大对骗赔案件的打击力度

(续)

酒后驾车或无证驾驶	如何识别	对容易出现酒后驾车时间段发生的事故，一定要在第一现场对驾驶人做询问笔录，询问出险前的活动地点、相关人员及活动内容 非单方事故要调查第三方，询问第三者事故经过，交警参与处理的案件，要向办案交警了解情况 仔细观察驾驶人座位前后空间与报案驾驶人的身高是否一致 肇事车辆内部有受伤人员留下的血迹等，而驾驶人没有受伤 驾驶人对车辆情况不甚了解
	如何控制	对特殊时间段的事故坚持第一现场查勘，加大对事故现场的调查范围 加强对案件的跟踪深度，深层次调查肇事驾驶人的信息及事故发生前的活动情况和通话记录 发现疑点，加强对报案驾驶人的说服教育和相关法律法规的宣传工作 检验车辆内遗留的血迹与驾驶人血型是否一致 了解驾驶人与车主的关系或通过与驾驶人沟通事故车辆基本性能、基本操作的谈话，判别驾驶人的真伪
客户及修理厂制造事故现场骗取赔款	如何识别	坚持第一现场查勘，仔细检查有无拆解痕迹 仔细查看受损部位与碰撞物之间的逻辑关系，认真分析出险原因，认真辨别地上残留物与车损是否相符 判断、辨别受损零配件编号、成色是否原车配件 查看没有受损的配件能不能正常使用
	如何控制	第一时间回收受损配件，对于高价值的受损配件收回公司，统一处理 提高第一现场的细节查勘，查看损坏配件安装是否牢固，损坏配件的成色和周围部位是否一致 提高工作责任心，强化逻辑推理能力，增强识假技能 加强与公安部门及同业之间的联系，了解同类车辆的出险情况 进行车辆修复过程跟踪（含配件购置过程），车辆修复后验车理赔 根据案件类型，要求报警处理
以次充好，扩大损失	如何识别	核对车辆碰撞痕迹，与第一次查勘人员沟通，了解第一现场撞击情况，对事故损失情况和事故过程做出逻辑判断，必要时复勘第一现场 查勘报损配件的安装螺钉有无拆装现象 查看报损零件编码，确定零件生产时间，与车辆生产时间比对，确定是否为顶替配件 重点查验报损配件损坏部位的新旧程度、灰尘、沙粒等附着物是否与周围配件相一致，报损轮胎花纹是否与其他轮胎花纹相一致
	如何控制	做好第一现场的查勘取证工作，严格按事故现场照片的拍摄要求，对高价值配件、易更换顶替配件现场拍照留存 定损前，查勘初始卷宗，了解第一现场损失情况 现场监督修理厂拆解车辆 严格执行损余物资管理规定，及时回收更换的零配件，特别是金额较大、可利用价值较高的
配件不影响使用，客户要求更换	如何识别	比对法，将受损配件和完好件做对比，通过测量主要参数确定是否损坏，这种方法可用于悬架、前后桥的判断 检测法，用万用表等仪器对配件主要参数进行测量，主要用于电器元件的判断 替代法，对于无法准确判断的疑难配件，可用更换新件和使用原件进行对比，判断是否损坏 拆下来的受损配件，修理厂单独保管或要求残值作价给予被保险人，然后从被保险人手中以残值价回收受损部件

(续)

配件不影响使用，客户要求更换	如何控制	坚持能修不换原则：损坏以弯曲变形（弹性变形）为主的钣金件，一般要修复处理。损坏以折曲变形（塑性变形）为主的钣金件，一般以更换为主。对于塑料件，热塑性塑料件损伤以修复为主，热固性塑料件损伤以换为主；对于机械配件，若通过加工仍无法得到装配技术要求，或通过矫正无法保证使用性能和安全技术要求，或断裂无法焊接或焊接后无法保证使用性能和安全技术要求，原则上予以更换；对于电子元件，除了安全气囊电子元件、控制单元外，其他电子元件受损必须有明显被撞击痕迹和因撞击造成变形、损伤、烧蚀，才必须更换，所有伤、断线路均可采取对接锡焊法修复 签订维修质量保证协议，解除客户的后顾之忧 客户坚持更换配件时，采取折价处理办法，由客户自行承担部分损失 防止更换件掉包，损余物资及时回收 材料价格坚持市场报价 对修理过程进行跟踪，对修理车辆进行复勘

（2）查勘定损人员因素的常见风险与管控

查勘定损人员因素的常见风险与管控见表9-3。

表9-3 查勘定损人员因素的常见风险与管控

查勘定损人员没有到第一现场查勘	如何识别	电话回访时客户反映查勘人员没有查勘第一现场 查勘及定损审核人员查看影像资料是否有第一现场照片 缺少第三者损失的第一手资料 客户的反馈和投诉
	如何控制	充实查勘定损力量，配备必要的查勘设备 强化考核机制，严格查勘定损纪律，严肃处理责任人 合理设置监控节点，查勘及定损审核人员要严格监控拍摄照片，重点检查是否有第一现场照片 科学合理地调配查勘定损资源，制定紧急预案，采取一切措施确保现场查勘
思想觉悟不高，出现违规违纪行为	如何识别	通过赔案的审核和管理，了解查勘定损人员的工作质量 通过走访、举报、抽查等不同形式，发现违规行为 加强对理赔指标的监控 建立便捷的客户投诉渠道
	如何控制	建立监督制衡机制 建立"清风簿"，对于查勘人员交回的客户礼品及时登记，由公司出面退还客户，对查勘定损人员给予一定的奖励 严肃理赔纪律，发现问题从严处理 适当提高查勘定损人员的工资待遇 建立健全个人贡献评价体系，培育良好的职业道德
责任心不强，定损质量不高	如何识别	案件照片不全，反映内容不清 查勘定损审核时，认真核对现场照片整体损失照片，分析事故的真实损失情况 查勘定损审核时，根据车辆结构和事故的接触点及轨迹，判定是否属于本次事故造成的损失 常规工作抽查质量较差 个人案均赔款始终较高
	如何控制	严格现场拆检管理和标记管理制度 坚持"以我为主"的定损原则，严禁交由维修厂定损和抄录维修厂修车明细；聘请专业技师参与定损 严格定损时限，当日受理的案件应尽量在当日完成定损工作 严格工作要求，完善考核机制，严肃处理工作失误 组织力量加大对查勘定损案件的复勘和抽查力度

2. 人伤调查环节常见风险及管控

（1）客户因素的常见风险及管控

客户因素的常见风险及管控见表9-4。

表9-4　客户因素的常见风险及管控

出险后投保	如何识别	医院查勘：通过人伤调查，询问伤者，查看医院诊疗记录，核实事故发生时间、伤者就诊经过、手术时间及伤口拆线时间，发现疑点 公安交警事故处理部门调查：与经办民警沟通，了解事故发生的准确时间 走访事故现场周围人员，核实事故发生经过及时间
	如何控制	及时进行人伤调查 尽可能进行现场查勘，事故现场复勘 走访附近目击证人，到事故处理部门核实，确认事故发生的真实时间
伤者受伤与承保车辆无关	如何识别	医院查勘：通过人伤调查核实伤者受伤部位、具体伤情是否与事故经过相吻合，发现疑点 事故现场复勘：询问事故经过，查勘碰撞痕迹，拍摄现场照片，走访附近目击证人，详细做好询问笔录 公安交警事故处理部门调查：与经办民警沟通，了解事故真实情况 与标的车驾驶人、伤者及其家属等相关人员进行单独询问，讲明利害关系及作伪证的法律后果，取得他们的配合
	如何控制	通过及时人伤调查和事故现场复勘，走访附近目击证人，到事故处理部门核实，落实事故真相，确认伤者真实受伤经过 通过复勘现场照片、碰撞痕迹、就诊记录、询问笔录及调查走访记录，确认伤者的真实受伤地点
伤者及其陪护人员情况失真	如何识别	到伤者及其陪护人员工作单位走访调查，核实其职业工种、收入状况及因伤误工情况 到伤者及其陪护人员居住地走访调查，核实其工作单位、职业工种、收入状况及因伤误工情况 询问伤者住院的同病房陪护人员，了解伤者及其陪护人员工作单位、职业工种和收入状况 到伤者家属工作单位走访调查，了解伤者家属在伤者受伤期间出勤情况及伤者工作单位、职业工种及收入状况
	如何控制	通过调查走访，确认伤者及其陪护人员真实身份、收入状况及因伤误工和陪护伤者误工情况 建立人伤调查考核和奖惩制度，对责任人进行考核
死亡、伤残人员及其被扶养人情况失真	如何识别	到死亡、伤残人员居住地村委会或居委会实地走访调查，了解死亡、伤残人员及其被扶养人的居民性质、年龄、家庭人口状况 到死亡、伤残人员居住地派出所调查了解，核实死亡、伤残人员及其被扶养人的居民性质、年龄、家庭人口状况
	如何控制	通过调查走访，确认死亡、伤残人员及其被扶养人的居民性质、年龄、家庭人口状况
超范围治疗用药及搭车开药	如何识别	医院查勘核实伤者伤情，预计医疗花费 拜访医生、护士，了解伤者治疗用药情况 核对伤者治疗用药明细清单，发现超医保目录范围的用药及搭车开药
	如何控制	医院查勘时向被保险人和经治医师宣导保险理赔政策，告知保险赔偿项目、赔偿标准及赔偿依据，动员社会力量防止超范围治疗用药及搭车开药 经调查核实，对超范围治疗用药及搭车开药不予赔付

（2）其他因素的常见风险及管控

其他因素的常见风险及管控见表9-5。

表9-5　其他因素的常见风险及管控

事故查勘和人伤调查不衔接	如何识别	查勘人员在事故查勘后，发现有人员伤亡，电话中心未做人伤调查派工时，及时通知增加人伤调查任务 查勘人员在发现有人员伤亡后，立即做人伤调查或通知人伤查勘人员调查 单证收集人员发现案件有人员伤亡后，立即通知查勘人员或人伤查勘员做人伤调查或补充
	如何控制	明确案件接受派工的查勘人员为案件查勘的第一责任人，在事故查勘后，发现有人员伤亡或其他未派工任务，应迅速通知电话中心增加人伤调查等调度任务，并负责完成或协助完成人伤调查等任务 查勘人员完成事故查勘后，将人伤查勘信息转交人伤调查人员，由人伤调查人员继续跟踪伤者的病情变化和治疗转归，指导客户事故处理
医院医务人员参与造假，扩大损失	如何识别	根据事故经过和现场急救情况，查阅入院检查结果和入院诊断书，判断伤者的治疗愈后转归的合理性 查阅伤者住院病历，审核其检查治疗用药的合理性 发现疑点，请教医院专家或到医院医务部门咨询
	如何控制	提高人伤调查专业技能，发现疑点，到医院医务部门反映，取得医院领导的理解和支持 加强与人伤调查医院的沟通联系，建立合作关系
评残鉴定不合理	如何识别	依据人伤调查信息和对伤者复勘情况，对照《人体损伤致残程度分级》标准，逐条核对伤残鉴定结论的合理性 依据人伤调查信息和对伤者复勘情况，对照人身损害受伤人员误工损失评定准则，逐条核对误工时间和后期治疗费的合理性 参照各省市自治区民政部门直属机构残疾用具配制标准和使用周期，审核残疾用具配制单位出具的残具配制费用和更换周期及赔偿年限
	如何控制	跟踪重大人伤案件的处理，对人伤调查估计有可能评残或需要配置残疾用具的伤者，尽可能陪同一起到评残机构和残具配置机构，与评残机构和残具配置机构沟通，对伤者给予准确合理的鉴定意见 发现评残机构和残具配置机构鉴定意见和建议不合理，要积极与评残机构和残具配置机构沟通，根据保险公司人伤调查信息和对伤者复勘情况，参照伤者住院病历、出院记录和鉴定前最后一次检查结果等相关资料，依据《人体损伤致残程度分级》标准、人身损害受伤人员误工损失评定准则和各省市民政部门直属机构残疾用具配制标准和使用周期，对伤者的伤残等级、误工时间、后期治疗费、残疾用具配制费用、使用周期和赔偿年限提出准确合理的建议，请评残机构和残具配置机构慎重考虑。必要时可以到各省市自治区司法厅投诉相关的鉴定机构 加强与当地评残机构和残具配置机构的沟通联系，建立合作关系

【任务实施】

①"任务导入"中，针对汽车保险欺诈的防范主要通过宏观防范和微观防范两个方面进行。

针对宏观防范，主要通过提高认识；司法界、新闻界协助保险界搞好预防；利用新技术、共享各种信息，加强行业监管，规范市场行为等方法进行。

针对微观防范，主要通过贯彻执行《保险法》及其他法律的有关规定，加强风险评估，提高承保质量，完善保险条款，剔除欺诈责任，建立科学的理赔程序，提高理赔人员素质，建立风险客户"黑名单"，提高员工素质，完善保险公司内部监控机制，严格管理，谨防疏漏，规避来自汽车修理厂的保险欺诈，对查勘定损人员实施"拒赔奖励"制度等方法进行。

②"任务导入"中，车险理赔常见风险主要以车损查勘环节和人伤查勘环节为对象，并提出控制措施。

车损查勘环节中，可以从客户因素和查勘定损人员两方面入手。

人伤查勘环节中，可以从客户因素和其他因素两方面入手。

【任务评价】

汽车保险欺诈的预防任务评价表

序号	内容及要求	评分	评分标准	自评	组评	师评	得分
1	列举保险欺诈宏观防范措施	15	每列举出一个保险欺诈宏观防范措施得5分；以满分为限				
2	列举保险欺诈微观防范措施	15	每列举出一个保险欺诈微观防范措施得5分；以满分为限				
3	列举车损查勘环节中的常见风险	15	每列举出一个车损查勘环节中的常见风险得5分；以满分为限				
4	列举车损查勘环节中常见风险的管控措施	20	每列举出一个车损查勘环节中的常见风险管控措施得5分；以满分为限				
5	列举人伤查勘环节中的常见风险	15	每列举出一个人伤查勘环节中的常见风险得5分；以满分为限				
6	列举人伤查勘环节中常见风险的管控措施	20	每列举出一个人伤查勘环节中的常见风险管控措施得5分；以满分为限				

指导教师总体评价

指导教师：

年　月　日

【知识拓展】保险大数据监管应用

我国的监管层已经注意到了新技术在保险反欺诈工作中的重要作用。2016年底，保监会就与中保信启动了全国车险反欺诈信息系统，首次搭建了全国保险反欺诈的数据平台。

2017年，保监会又相继发布《关于进一步加强保险监管维护保险业稳定健康发展的通知》《关于进一步加强保险业风险防控工作的通知》《关于强化保险监管 打击违法违规行为 整治市场乱象的通知》《关于弥补监管短板构建严密有效保险监管体系的通知》《反保险欺诈指引》等一系列重要文件，推动保险业强监管、防风险、治乱象。特别是，在《反保险欺诈应用指引第1号：车险反欺诈指引》中明确指出，保险机构要利用大数据分析、云平台等技术以及风险信息库和历史档案等数据，构建规则、模型、欺诈网络分析等针对个案或团伙欺诈的智能识别系统。

利用大数据对车险反欺诈案例分析

可见，科技与保险业的深度融合已是大势所趋，而如何通过推动保险科技的发展和应用，有效促进保险反欺诈和风控能力提升，也成为摆在监管者和险企面前的一道绕不开的重要命题。

【项目小结】

1. 汽车保险欺诈形成的原因有社会方面、投保人方面和保险人方面等多个方面。

2. 汽车保险欺诈的常见表现形式主要有：先出事故，后买保险；无中生有，谎报出险；一次出险，多次索赔；移花接木、混淆视听；夸大损失，高额索赔；二次撞击、扩大损失；故意造案，骗取赔款；编造理由，冒名索赔。

3. 汽车保险欺诈的识别方法主要有：及时查勘现场，掌握第一手资料，如及时查勘现场，认真调查事故经过等；综合分析，寻找揭露诈骗的突破口，如分析投保动机，将有关时间联系起来分析，将现场痕迹物证及有关证据结合起来分析等。

4. 预防汽车保险欺诈，主要从以下几个方面做好工作：加强保险宣传，争取全社会理解；保险公司内部解决好自己的问题；保险公司加强与相关部门的合作；规避来自汽车修理厂的保险欺诈。

【重要概念】

汽车保险欺诈 成因 特征 表现形式 造假现场 现象 询问方法

【知识训练】

1. 填空题

① 所谓欺诈，是指以使人发生_____为目的的故意行为。

② 车险"移花接木"索赔的方式主要包括：无证或酒后驾车，事故发生后，找人顶替_____；正常维修的车辆，被换上损坏了的旧件，假冒_____索赔；已经定损、索赔了的车，被换上另外的_____后，再次索赔；在事故现场，原本没有损坏的车载或地面_____，被更换成了损坏的_____。

③ 凡采用_____、_____等手段造成标的全损的案件，绝大多数都进行了超额投保。

④ 一般来说，投保时间与出险时间相隔_____，出险时间与保单责任终止时间相隔_____，出险时间与报案时间间隔_____的案件，应特别警惕，仔细分析原因，发现疑点，迅速查证。

2. 简答题

① 什么是汽车的保险欺诈？
② 汽车保险欺诈的成因是什么？
③ 汽车保险欺诈的常见表现形式有哪些？
④ 如何预防汽车保险欺诈的发生？
⑤ 如何规避来自汽车修理厂的保险欺诈？
⑥ 在酒后驾车的出险现场，应该如何询问？

【技能训练】

1. 2011 年 8 月 23 日，深圳唐先生急于去世界之窗景区观看第 26 届世界大学生夏季运动会的闭幕式，虽然他知道自己的驾驶证在本扣分周期已经被扣满了 12 分，还是冒险驾驶自己的私家车前往转车点赶赴赛场。没想到，因急于赶路，车在路上发生了交通事故，撞坏了道路旁边的公交候车亭。交警认定唐先生承担全责，他为此赔偿了路政部门 9000 余元，自已修车也花费了 3500 多元。事后，他去保险公司索赔，并未提及自己驾驶证被扣满 12 分的事实，顺利获得了相关赔款。

思考题：① 唐先生的驾驶证已在本扣分周期被扣满了 12 分，他是否还具有驾驶资质？
② 唐先生在本次事故中造成的损失，是否应该由保险公司赔偿？

2. 一辆标的车，在出险后一小时报案，标的车停留在事故现场（图 9-27a）。接到报案后，查勘人员立即赶往现场，当时交警尚未到达事故现场。

查勘发现标的车左前门门槛处有血迹（图 9-27b），但当询问驾驶人是否受伤时，事故现场的"驾驶人"却表示没有受伤，对事故发生的经过描述也含糊不清，这引起了查勘人员的警觉，感觉本案有驾驶人调包的嫌疑。

a) 事故现场

b) 左前门门槛处的血迹

图 9-27　事故现场及车内的血迹

当交警到达事故现场后，查勘员将案件中的疑点向交警一一做了说明，并随交警到交警队协助处理。在交警的审讯下，该"驾驶人"交代是本车真正的驾驶人因酒后驾车发生事故后，叫其来顶替。至此，一起出险顶包的案件被识破。

请问，判断顶替出险驾驶人的常用方法有哪些？

【工作页】

汽车保险欺诈的识别与预防工作页

教师布置日期：　　年　月　日　　　　　个人完成时间：　　　　（分钟）

问题：	任务：
查勘员小周于下午 3 时 45 分接到调度电话，让他去市区某路段查勘一个车险的出险现场。 到达报案现场，小周发现出险的是一辆丰田 RAV4，受损部位为车的前保险杠左侧，受损程度为保险杠变形且碎裂、左前照灯玻璃裂纹。报案人称自己的汽车是在原地停放时，不知被何人所撞造成了损失。但在事故现场，却没有发现前照灯玻璃碎片以及脱落的油漆碎片，于是，小周对该车是否在此地被撞产生了怀疑	作为一名查勘定损人员，在工作过程中需要认真负责，按照合同的约定，从车辆的损失形态、地形与天气、现场的痕迹、报案人的描述、交警的事故责任认定、目击者的证词等方面，认真分析事故发生的可能性，剔除欺诈成分，还原事故真相

（续）

谎称停车被撞案件的调查要点：	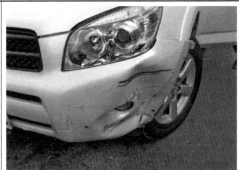
工作步骤	注意事项
1. 如何通过证件、车架号等验证现场停放的车辆确属标的车	
2. 如何验证在现场的报案人是被保险人允许的且没有违规行为的合格驾驶人 ① 驾驶人所持有的驾驶证是否与实际驾驶的车型相符且驾驶证在有效期之内 ② 如何排除驾驶人无饮酒、吸毒、被药物麻醉的现象 ③ 驾驶人对被保险人的情况是否了解 ④ 驾驶人是否属于汽车修理厂的工作人员	
3. 如何验证标的车是在报案现场被撞 ① 轮胎与地面之间是否有被碰撞后位移形成的拖印 ② 地面是否有与车体脱落的物体相吻合的脱落物 ③ 地面是否脱落有翼子板内侧附着的干枯的泥巴 ④ 如何询问驾驶人停车时间以及停车前后的相关情况	
4. 验证标的车在此地被撞的其他佐证 ① 如何利用案发地周围的摄像头等来验证标的车停放时间及是否被撞过 ② 如何询问现场人员，验证标的车停放时间及是否被撞过 ③ 检验汽车发动机的余温，判断驾驶人所称停车时间是否基本吻合	
5. 如何通过谈判说服被保险人放弃索赔	

学习纪要：

项目十

汽车保险从业人员职业道德

【项目概述】

职业道德是一种职业规范，它没有确定的形式，通常体现为观念、习惯、信念等。保险行业是特殊的服务性行业，职业道德是保险从业人员在职业观念、职业技能、职业纪律和职业作风以及职业活动中应该遵循的行为准则。近年来，随着我国车险行业管理规范化程度的提升，从业人员总体职业道德水平有了显著提高，但是车险业发展所面临的内外环境不断变化，从业人员职业道德素质建设仍然面临着诸多风险，不良职业道德问题屡见不鲜：车险销售误导的情况依然比较多，如欺骗消费者合同内容、条款等；内外勾结，联合骗保，例如车辆投保前发生事故，却在保险期间向保险公司报案出险；不正当竞争情况依然存在，如一些保险公司通过虚假方式列支向有关人员行贿，以换取对公司发展的支持。总体来看，造成上述问题的主要原因表现在两方面：一是对职业道德教育的轻视；二是保险从业人员职业道德管理缺乏有效机制。

【建议学时】

2 学时

任务1 保险职业道德要求认知

【任务目标】

通过对"保险职业道德要求认知"任务的学习，要求学生：

1. 能描述保险从业人员职业道德的基本要求、车险承保与理赔服务对保险从业人员道德的特殊要求。

2. 能辨析车险事故案例中从业人员职业道德的违法行为。

【任务导入】

刘某本为某市一家保险公司的查勘定损员。2018年初，他拿女友的身份证购买了一台二手福特汽车，并在本公司的异地分支机构购买了商业保险。之后，刘某纠集本公司的另一名查勘定损员王某、一家汽车修理厂业务员章某、另一家汽车修理厂的保险专员隆某和一家汽车配件公司的员工李某等人，合谋用旧部件更换宝马车、奔驰车的完好部件，数次用刘某的福特汽车故意撞击这些豪华车，伪造成交通事故现场，骗取保险公司的理赔金，共计30余万元。

事后，保险公司与维修发票上的维修公司核对时，发现对方并未维修过这类豪华车，该案由此露出破绽。"被捕的5名犯罪嫌疑人都是80后青年人，又有一技之长，为挣'快钱'动歪脑筋，结果身陷囹圄，令人惋惜。"办案检察官这样说。

【任务准备】

一、保险职业道德

1. 保险职业道德定义

保险职业道德是指保险从业者，在其职业活动中形成的并为大家共同遵守的道德原则和道德规范。这种规范主要依靠社会舆论、传统习惯和内心信念来维持，这是调整保险从业人员职业活动中各种关系的基本原则。

2. 保险职业道德功能

① 调节作用。保险职业道德是调整保险从业人员与社会关系的行为规范的总和。它通过各种形式的职业教育和社会舆论的力量，使保险从业人员逐渐形成一定的信念和传统，进而成为共同遵守的行为规范。

② 认识功能。良好的保险职业道德，有助于保险从业人员增强是非观念，认识事物、行为的性质，指导自身的言行。

③ 激励功能。通过保险职业道德的规定与实施，影响人们的思想，培养和提高人们的保险职业道德意识，引导人们行为的功用和效能。

二、保险职业道德的基本要求

1）诚实信用。诚信是保险行业"立业之本"，这不仅是保险法的强行规定，也是市场经济的要求和保险从业的基本要求。在承保过程中，必须规范自己的经营行为。具体体现在：

① 告知。订立合同时主动说明合同条款以及责任免除条款；发生事故后按合同约定赔偿。

② 弃权与禁止反言。弃权是指保险人放弃其在保险合同中可以主张的某种权利；禁止反言是指保险人已放弃某种权利，日后不得再向被保险人主张这种权利。

2）服务至上。如果保险从业人员对客户的服务态度好，就能提高该行业的信誉，增强保险业的生命力，反之，就会影响保险业的职业声誉。不能让客户感觉"投保容易理赔难"。在提高服务质量方面，要求做到以下三个方面。

第一，强化服务意识。言语要文明，沟通讲策略、用语讲准确、建议看场合；大事讲原则、小事讲风格；平等对待对方。

第二，提高服务质量。在坚持原则、坚持行规的前提下尽量满足客户的个性化需求；衣着大方、亲切接待、耐心解答、热诚帮助、言出必行。

第三，设身处地替客户着想，认真帮助客户设计投保方案，以同理心理解客户索赔要求。

【案例10-1】 名车被撞　理赔有猫腻

福州史先生开车不小心追尾了一辆沃尔沃，导致对方行李舱变形，交警判定史先生负全责。

保险公司表示只能理赔700元，而被撞的车主认为700元在4S店根本无法维修，保险公司告诉他只能到普通修理店修。由于争执不下，史先生坚持不在定损单上签字。对方车主则直接把车开到4S店维修，4S店给出的报价是2600多元，打完最低折扣后还需2200多元。车辆维修后，史先生拿着维修单据找保险公司理赔，却遭到拒绝。

保险公司的理由是，他们能够承担的维修费是700元，实际维修费2200多元超过定损金额太多。史先生无奈之下向保险监管部门投诉，保险公司最后才同意理赔了2200多元。

案例评析：从目前市场来看，汽车维修点的选择成为保险公司和投保人之间的矛盾。理赔员希望客户到普通修理店的根本原因，是4S店和普通修理店维修费用相差较大。部分品牌，尤其是知名品牌的汽车4S店，在一座城市往往只有一家，缺乏竞争对手的4S店维修报价明显高于市场价，保险公司认为不合理。

3）爱岗敬业。所谓爱岗，就是要热爱工作岗位，热爱保险工作；所谓敬业，就是要基于对保险的热爱而产生的神圣感、使命感、责任感和勤勉的行为倾向。敬业是爱岗的升华，是爱岗情感的表达。"居处恭、执事敬、与人忠"（孔子语）。

4）精通业务。汽车保险有众多的工作岗位，如展业、核保、查勘、定损、核赔、理算等，每个工作岗位都有其自身的特殊业务要求，每个岗位的从业人员，都应该根据自身岗位的业务要求，熟悉乃至最终达到精通业务。

5）乐于奉献。在从事保险工作的过程中，乐于奉献主要体现在以下几个方面。

第一，要以积极心态面对工作。

第二，要培养"归属意识"，与同事同甘共苦，勿"疏、畏、厌"。新从业的员工需要首先摒弃过去的经验，将自我呈现在"空杯"的状态，学会从企业主客观的眼光来看待自己所扮演的工作角色。

第三，要尽量缩短自己的"工作蜜月期"，结束新人的角色，能够独立承担工作任务，适时展现自己的才干。

第四，要有艰苦奋斗的创业精神。

第五，要经得起挫折的打击。

6）甘当公仆。作为一名保险行业的从业人员，需要甘当客户的公仆，甘当同事的公仆，甘当领导的公仆。

7）团结协作。汽车属于流动性极强的保险标的，车辆在异地出险时，代为查勘、定损的人员，应该视同自己公司所承保的车辆，认真查勘，合理定损，并给予客户必要的关怀。

8）风纪严整。保险从业人员的风纪严整包括以下几个方面。

第一，遵章守纪。包括政治纪律、组织纪律、廉政纪律等各项工作纪律。

第二，作风严谨。在思想作风方面，要实事求是、密切联系群众、批评与自我批评；在工作作风方面，要认真负责、讲究效率、严守秘密、规范语言行为。

第三，平等待人。要尊重他人人格，要讲究民主意识，要谦虚自律，要努力提高个人的各种修养。

第四，举止文明。着装要整洁规范，仪表举止要庄重，语言要准确文明。

第五，廉洁奉公。有法可依、有法必依、执法必严、违法必究。

第六，清正廉明。自重、自省、自警、自励、勤政廉洁、严格自律。包括：为人清白、立场坚定；作风正派、品行端正；廉洁从政，不谋私利。

清正廉明的修养方法为："慎独"——无人监督时不违道德；"守一"——不越雷池半

步;"四自"——自重、自省、自警、自励。

9) 公平竞争。公平竞争需要遵循自愿、平等、公平、诚实守信的原则,互相尊重,遵守公认的商业道德。

公平竞争的基本要求

▲尊重并研究学习竞争对手,不在客户中贬低对手

▲遵纪守法,不采取不正当竞争手段与同行争揽业务

10) 保守商业秘密。商业秘密的泄露途径主要包括:对外来人员缺乏防范;外出人员对所带资料保管不善;谈话被窃听;内部人员泄露秘密;人才流动;学术交流泄密;废旧载体泄露了本公司的商业秘密。

商业秘密的保护,可以通过法律手段、经济手段、管理手段三个方面来实现。法律手段包括遵循民事诉讼法、反不正当竞争法、刑法、劳动法等;经济手段包括与职员签订长期劳动合同、向职员提供优厚的待遇、给职员分配股权;管理手段包括设立商业秘密保密的机构以及制度,签订保密合同,以及其他综合手段。

三、车险职业道德的特殊要求

1. 车险承保服务的特殊要求

(1) 车险销售人员道德要求

车险销售人员要站在客户的立场帮其分析所面临的风险,量体裁衣地帮其制订车险投保方案、测算费用,让投保人有充分的选择权。车险销售人员可分为车险代理人、车险经纪人、车险直销人员和其他车险渠道销售人员。

1) 车险代理人道德要求。车险代理人职业道德的特殊要求是诚实告知义务、如实转交保费和尽可能维护保险人利益。诚信告知既适用于车险代理人与保险公司之间,也适用于车险代理人与投保人之间。车险代理人不得有以下行为:

① 不得与非法从事保险业务或保险中介业务的机构或个人发生保险代理业务往来。

② 不得超出中国保险监管部门核定的业务范围和经营区域。

③ 不得超越授权范围,损害被代理保险公司的合法权益。

④ 不得伪造、散布虚假信息,或利用其他手段损害同业的信誉。

⑤ 不得挪用、侵占保险费。

⑥ 不得向客户作不实宣传,误导客户投保。

⑦ 不得隐瞒与保险合同有关的重要情况或不如实向投保人转告投保声明事项,欺骗投保人、被保险人或者受益人。

⑧ 不得利用行政权力或者职业便利以及其他不正当手段强迫、引诱或者限制他人订立保险合同。

⑨ 不得串通投保人、被保险人或受益人恶意欺诈保险公司。

⑩ 不得做法律、法规认定的其他损害投保人、被保险人或保险公司利益的行为。

⑪ 不得泄露在经营过程中知悉的投保人、被保险人、受益人或者保险公司的商业秘密和个人隐私。

⑫ 不得利用业务便利为其他机构或者个人牟取不正当利益。

⑬ 不得给予或者承诺给予保险公司及其工作人员、投保人、被保险人或者受益人合同约定以外的利益。

⑭ 保险专业代理机构及其从业人员不得坐扣保险佣金。

⑮ 不得对保险产品的红利、盈余分配或者未来收益做出预测或承诺。

⑯ 不得虚开统一发票。

⑰ 其他违反法律法规的行为。

2) 保险经纪人道德要求。保险经纪人的特殊要求是忠于投保人。在保险执业过程中，保险经纪人不得有以下行为：

① 欺骗当事人。

② 不正当竞争。

③ 受贿。

④ 挪用客户资金。

⑤ 上报虚假材料和妨碍监管的行为。

⑥ 擅自设立保险经纪机构。

⑦ 对外投资和担保的限制。

⑧ 业务对象限制。

3) 车险直销人员道德要求。车险直销人员属于保险公司自己的员工。与其他车险销售人员相比，车险直销人员的管理更严格、服务更专业。因此，其职业道德的特殊要求是开拓创新，不断学习打破常规思维，发现并创造出更优质高效的服务方案。

4) 其他车险渠道销售人员道德要求。其他车险渠道销售人员职业道德的首要原则是自愿原则，让客户自主选择，不误导或者采用不道德的手段干扰客户。

（2）车险核保人员道德要求

车险核保人员道德的特殊要求是审慎选择风险，与车险销售人员、投保人密切协作，关注公司的长期经营目标。车险核保人员要认真审核投保人的资格、被保险机动车辆、保险费率等内容，认真负责，全面掌握信息，仔细勘察被保险机动车辆，并能向车险销售人员和投保人得体而令人信服地解释其决策的理由，不断为客户提供忠告和服务。争取最好的承保条件，保证保险公司具有长期的承保利润，避免片面追求规模的短期行为。

2. 车险理赔服务的特殊要求

（1）车险理赔人员道德要求

车险理赔人员职业道德的特殊要求：首先，要遵循"重合同、守信用"的原则，向客户提供充分的证据，理性处理客户因拒赔而引发的纠纷；其次，要实事求是地处理赔付；第三，要"主动、迅速、准确、合理"地给客户赔付。

车险理赔人员在处理各种车险赔案时，应严格按照保险条款的规定受理赔案、确定损失；为投保人理算赔款，应该提供充足证据；在拒赔时，更应该耐心细致地为被保险人解释法律法规及合同条款的适用。具备较高素质的从业人员，能时刻刻将实事求是原则贯彻在车险理赔过程中，尤其是在通融赔付方面，更能体现保险公司理赔人员的道德水平。不断提高理赔服务水平，积极主动、不拖延、准确地分清责任、合理定损，体现出良好的职业风貌。

（2）车险公估人道德要求

车险公估人职业道德的特殊要求是客观公正。《保险公估从业人员职业道德指引》明确要求,在执业活动中以客观事实为根据,采用科学、专业、合理的技术手段,得出公正合理的结论。《保险公估从业人员执业行为守则》中要求,车险公估从业人员不得与保险公估标的当事人约定保险公估结论,也不得就保险公估结论向保险公估标的当事人做出承诺。

车险公估人要做到客观公正,必须不接受不当利益,不屈从于外界压力,不因外界干扰而影响专业判断,不因自身利益而使独立性受到损害。坚持原则、秉公办事、不偏不倚、不谋私利,防止陷入各利益方的纠纷之中。

【任务实施】

① 职业道德是汽车保险从业人员行为的底线。导入案例中刘某身为在岗的汽车保险从业人员,利用职务之便内外勾结骗保骗赔,知法犯法,违背了保险从业人员职业道德的基本要求——风纪严整,属于保险从业人员的严重失德行为。

② 内外勾结骗保骗赔,不仅超越了道德底线,而且陷入了违法犯罪的歧途,使一些保险消费者丧失了对保险公司的信任,直接关系到保险业的信誉,关系到保险企业的经营效益和业务发展。导入案例中刘某在保险公司工作期间,利用职务上的便利,套取该公司资金,数额巨大,其行为已构成职务侵占罪,依法应追究其刑事责任。刑法第271条职务侵占罪中规定:公司、企业或者其他单位的人员,利用职务上的便利,将本单位财物非法占为己有,数额较大的,处五年以下有期徒刑或者拘役。其他涉案人员也将根据情节轻重,处以相应的量刑或处罚。

③ 案例评析。目前车险欺诈案件呈现出专业化、团伙化、多样化、隐蔽化等特点,而各类保险欺诈的存在和得逞,反映出保险企业和行业内外部存在很多薄弱环节需要不断改进和完善。一是理赔人员的责任心和职业道德素养至关重要,员工教育培训需要常抓不懈,避免出现内外勾结谋取不当得利的问题。二是行业内外对保险欺诈行为的惩处力度有待加强。对制造假案骗赔的机构和个人,目前社会层面缺乏应有的违规行为及诚信度记录和相关惩戒,司法层面对涉案金额不高的案件处罚力度较弱,行业内部也缺乏明确的行政处罚措施,尚未起到足够的震慑作用。三是理赔反欺诈技能有待进一步提升。与修理企业专门从事车辆修理的人员相比,理赔定损人员整体技能不足,应对不良汽修厂造假骗赔缺乏充足的能力和经验。

【任务评价】

保险职业道德要求认知任务评价表

序号	内容及要求	评分	评分标准	自评	组评	师评	得分
1	说出车险从业人员职业道德的基本要求	20	每说对一个得2分				
2	说明各类车险销售人员职业道德的特殊要求,并举例说明其不能作为的事项	40	每说对一类销售人员职业道德的特殊要求得10分,以满分为限				
3	说明车险核保人员职业道德的特殊要求	20	每说对一个特殊要求得5分				
4	说明车险理赔服务中各关系人道德的特殊要求,并对其举例说明	20	每说对一个关系人道德的特殊要求得4分,举例恰当得2分,以满分为限				

（续）

指导教师总体评价

指导教师：
年 月 日

【知识拓展】保险从业人员职业道德评价的方式

保险从业人员职业道德评价是针对保险从业人员的职业行为，按照保险从业人员的职业道德标准，运用社会舆论、大众媒体、内心道德法庭等手段做出善恶判断并表达褒贬态度。

保险从业人员职业道德评价的目的是依据一定的职业道德标准，通过善恶评价、道德责任的认定等培养保险公司员工优良的职业道德品质，树立保险业良好的道德风尚，提高社会整体职业道德水平。

道德评价一般通过传统习惯、社会舆论、内心信念等方式实现。道德评价能够影响社会风尚，协调人际关系，实现道德从现有向应有的转化，达到扬善抑恶的目的。

1. 传统习俗的评价功能

传统习俗是评价人们行为善恶的最基本的标准。传统习俗也是道德评价得以巩固和保留的外在形式，在人们的道德判断活动中，道德评价常常与道德评价者所生活在其中的传统习俗观念密切联系。

2. 社会舆论的评价功能

社会舆论是指社会大众关于社会道德现象的评价和态度，具有价值导向的功能。现代社会舆论的主要形式是大众传媒，包括报纸、广播、影视和互联网等。社会舆论主要采取赞扬、歌颂以及贬斥等方式对某种社会现象发表公开评判和意见。

3. 内心信念的评价功能

内心信念是人们进行道德评价的内在标准。人们总是在一定的内心信念支配下，衡量和评价自己的行为，判断自己的行为哪些是道德的或应该做的，哪些是不道德的或不应该做的。

三种评价方式的关系

社会舆论和传统习俗是道德评价的外在方式，反映道德评价的广泛性与群众性，对保险从业人员的行为具有外部约束作用。内心信念则是道德评价的自我方式，表现了保险从业人员对于职业道德评价的自觉性和深刻性。

在保险实务中，保险从业人员职业道德评价包括两个方面，即外部评价和从业人员的自我评价。

任务2　保险职业道德监督与教育认知

【任务目标】

通过对"保险职业道德监督与教育认知"任务的学习，要求学生：

1. 能利用车险职业道德监督及惩戒的相关规定分析车险事故案例。
2. 能分析车险职业道德案例中可采用的职业道德教育的方法及内容。

【任务导入】

戚某为某保险公司的员工,从事汽车保险行业已有 10 多个年头,对车险理赔业务及流程了如指掌。可戚某对自己的经济状况一直很不满意。他决定用自己的"业务能力"搞钱。2017 年的一天,戚某的朋友张某驾驶摩托车时将人撞伤,戚某在投保人张某不知情的情况下,以花言巧语骗取张某的事故认定书,并伙同医生李某和王某两人伪造交通事故受害方病案,虚开伤者治疗费用发票,以此骗取保险赔偿金 3.6 万元。2018 年 3 月,戚某手头紧张之时看到儿子的保险单,便通过借用复印他人的驾驶证,伪造事故协议书及赔偿协议,再骗盖辖区派出所印章,伪造事故受害人病案及其医疗发票,"轻车熟路"地再骗取保险金 2.5 万元。2018 年 4 月戚某所属保险公司内部核查时,终于发现了戚某所为。警方接报后将戚某抓获归案。

【任务准备】

一、保险职业道德的监督与考核

1. 保险从业人员职业道德的监督

汽车保险职业道德监督机制的建立,必须结合"政府推动、行业自律、企业内控、社会监督"等多种渠道,形成全方位的监督体系,职业道德监督效果才可以真正体现出来。

保险业主管机构的介绍

(1) 政府监督

银保监会及其派出机构可组织开展《保险法》及其保险规章规定的执行情况,对保险公司的违法违规行为进行检查或者抽查。《保险法》第 133 条规定:保险监督管理机构依照本法和国务院规定的职责,遵循依法、公开、公正的原则,对保险业实施监督管理,维护保险市场秩序,保护投保人、被保险人和受益人的合法权益。其执法检查监督内容和监督措施见如下规定。

法律规定

《保险法》第 116 条 保险公司及其工作人员在保险业务活动中不得有下列行为:(一)欺骗投保人、被保险人或者受益人;(二)对投保人隐瞒与保险合同有关的重要情况;(三)阻碍投保人履行本法规定的如实告知义务,或者诱导其不履行本法规定的如实告知义务;(四)给予或者承诺给予投保人、被保险人、受益人保险合同约定以外的保险费回扣或者其他利益;(五)拒不依法履行保险合同约定的赔偿或者给付保险金义务;(六)故意编造未曾发生的保险事故、虚构保险合同或者故意夸大已经发生的保险事故的损失程度进行虚假理赔,骗取保险金或者牟取其他不正当利益;(七)挪用、截留、侵占保险费;(八)委托未取得合法资格的机构从事保险销售活动;(九)利用开展保险业务为其他机构或者个人牟取不正当利益;(十)利用保险代理人、保险经纪人或者保险评估机构,从事以虚构保险中介业务或者编造退保等方式套取费用等违法活动;(十一)以捏造、散布虚假事实等方式损害竞争对手的商业信誉,或者以其他不正当竞争行为扰乱保险市场秩序;(十二)泄露在业务活动中知悉的投保人、被保险人的商业秘密;(十三)违反法律、行政法规和国务院保险监督管理机构规定的其他行为。

第 131 条 保险代理人、保险经纪人及其从业人员在办理保险业务活动中不得有下列行为:(一)欺骗保险人、投保人、被保险人或者受益人;(二)隐瞒与保险合同有关的重要情况;(三)阻碍投保人履行本法规定的如实告知义务,或者诱导其不履行本法规定的如实告知义务;(四)给予或者承诺给予投保人、被保险人或者受益人保险合同约定以外的利益;(五)利用行政权力、职务或者职业便利以及其他不正当手段强迫、引诱或者限制投保人订立保险合同;(六)伪造、擅自变更保险合同,或者为保险合同当事人提供虚假证明材料;(七)挪用、截留、侵占保险费或者保险金;(八)利用业务便利为其他机构或者个人牟取不正当利益;(九)串通投保人、被保险人或者受益人,骗取保险金;(十)泄露在业务活动中知悉的保险人、投保人、被保险人的商业秘密。

> 第164条 违反本法规定,有下列行为之一的,由保险监督管理机构责令改正,处五万元以上三十万元以下的罚款;情节严重的,可以限制其业务范围、责令停止接受新业务或者吊销业务许可证:(一)未按照规定提存保证金或者违反规定动用保证金的;(二)未按照规定提取或者结转各项责任准备金的;(三)未按照规定缴纳保险保障基金或者提取公积金的;(四)未按照规定办理再保险的;(五)未按照规定运用保险公司资金的;(六)未经批准设立分支机构的;(七)未按照规定申请批准保险条款、保险费率的。
>
> 第84条 保险公司有下列情形之一的,应当经保险监督管理机构批准:(一)变更名称;(二)变更注册资本;(三)变更公司或者分支机构的营业场所;(四)撤销分支机构;(五)公司分立或者合并;(六)修改公司章程;(七)变更出资额占有限责任公司资本总额百分之五以上的股东,或者变更持有股份有限公司股份百分之五以上的股东;(八)国务院保险监督管理机构规定的其他情形。
>
> 第166条 保险代理机构、保险经纪人违反本法规定,有下列行为之一的,由保险监督管理机构责令改正,处二万元以上十万元以下的罚款;情节严重的,责令停业整顿或者吊销业务许可证:(一)未按照规定缴存保证金或者投保职业责任保险的;(二)未按照规定设立专门账簿记载业务收支情况的。
>
> 第154条 保险监督管理机构依法履行职责,可以采取下列措施:(一)对保险公司、保险代理人、保险经纪人、保险资产管理公司、外国保险机构的代表机构进行现场检查;(二)进入涉嫌违法行为发生场所调查取证;(三)询问当事人及与被调查事件有关的单位和个人,要求其对与被调查事件有关的事项做出说明;(四)查阅、复制与被调查事件有关的财产权登记等资料;(五)查阅、复制保险公司、保险代理人、保险经纪人、保险资产管理公司、外国保险机构的代表机构以及与被调查事件有关的单位和个人的财务会计资料及其他相关文件和资料;对可能被转移、隐匿或者毁损的文件和资料予以封存;(六)查询涉嫌违法经营的保险公司、保险代理人、保险经纪人、保险资产管理公司、外国保险机构的代表机构以及与涉嫌违法事项有关的单位和个人的银行账户;(七)对有证据证明已经或者可能转移、隐匿违法资金等涉案财产或者隐匿、伪造、毁损重要证据的,经保险监督管理机构主要负责人批准,申请人民法院予以冻结或者查封。

(2) 行业自律

保险行业协会除组织签订自律公约外,还可以指定行业指导性条款费率和技术服务标准,推进车险业信用体系建设,进行车险中介机构和车险从业人员行业自我管理等,实现对车险从业人员进行全程、动态的管理。全程是指车险从业人员从进入到退出保险市场的全过程,包括与保险公司签订车险代理合同、取得车险展业证书、执业活动、公司间流动、退出市场等环节。动态是通过信息系统实时掌握车险从业人员各方面情况并实施管理。

(3) 社会监督

建立一个由保险公司与保险产品的社会测评指标、车险中介及从业人员的社会测评指标以及保险认知与保险需求指标三个维度构成的社会监督测评三维指标体系。对投保人和社会公众进行满意度、需求和专项调查三种形式的抽样调查。系统建设分为指标体系设计、社会调查组织与实施以及决策支持系统建设三个阶段,以及业务理解、测评方案、抽样设计、调查实施、分析建模、决策建设和持续改进七个环节。

2. 保险从业人员职业道德的考核机制

1) 确立保险从业人员职业道德建设的总体目标,并具体化为每个成员的行为准则和行为目标。对于达到预期目标的,给予一定的奖励。而对于没有道德目标要求或职业道德不合格的从业人员,给予惩罚或加强对其培训和教育,使其行为逐渐合乎职业道德行为规范。把职业道德评价和评优、升迁等联系起来,激励先进。

2）采取多样的从业人员职业道德评价方式。引导保险从业人员职业道德的自我评价和组织从业人员的互相评价，并注重客户的意见反馈和评价。可以通过设立意见箱、投诉站、监督电话等公众意见平台，广开门路以接受公众监督和社会评价。

3）形成有效的激励机制。职业道德激励机制大体包括两方面：一是主体的自我评价激励，即自我设定遵守道德规范的动力机制。在道德养成过程中要致力于培养道德主体科学的道德理性、强烈的道德情感、高尚的道德良心，并将此作为推进道德主体进入高层次道德境界的内在驱动。二是通过客观外在的社会评价补偿、奖励或谴责、鞭笞等手段强化行为。要建立和完善回报机制、德行补偿机制，使有德者切实得到应有的物质奖励和精神奖励。在道德惩罚方面，建立惩戒机制和警示机制，惩罚失德者，抑制不道德行为。为此还要注意建立健全相应的制度和措施，保证道德赏罚落到实处。

汽车保险职业道德失德惩戒机制主要有五类：政府综合管理部门做出的失德公示、保险监管部门做出的监管性惩戒、由各保险公司做出的市场性惩戒、通过媒体传播的社会性惩戒和司法部门做出的司法性惩戒。其中，保险监管部门做出的监管性惩戒在《保险法》第7章法律责任有较详细的处理规定。针对汽车保险从业人员道德的违法违规行为可采取以下处罚措施。

① 责令限期改正。若拒不依法履行保险合同约定的赔偿或者给付保险金义务，可责令违法行为人停止违法行为并在一定期限内将其恢复到合法状态。

② 罚款。根据违法行为的性质、情节和危害程度，处以不同金额的罚款。

③ 给予行政处分。属于国家工作人员的，视情节轻重，给予警告、记过、记大过、降级、降职、撤职、留用察看和开除等处分。

④ 吊销经营保险代理业务许可证或经纪业务许可证。

⑤ 构成犯罪的，移送司法机关依法追究刑事责任。

⑥ 限制保险公司业务范围、责令停止新业务或吊销经营保险业务许可证。

车险从业人员的违规惩罚

二、保险职业道德的教育

职业道德的教育是有关部门对保险从业人员有意识施加影响的活动。目的在于提高从业人员的整体职业道德素质，培养出一支合乎要求的从业队伍。

1. 职业道德教育的主要形式

通过树立正面的学习典型，对员工进行塑造教育；通过对某些存在偏见和有违职业道德的行为加以疏导、转化，使之合乎职业要求。

2. 基本原则与方法

① 理论联系实际。不要就教育而教育，应该与岗位需求结合起来进行教育。

② 表扬与批评相结合。对良好职业道德的行为进行赞许和鼓励，使之得到肯定并巩固下来；对不良职业道德的行为进行谴责，使其受到否定并得到克服。

③ 身教与言教相结合。既要通过说理或形象的教育方法，达到启发人的思想政治觉悟、提高人的职业道德素质的目的；又要通过教育者自己的以身作则和模范带头作用，对教育对象产生积极的影响。

④ 说服教育与严格组织纪律相结合。对于教育之后仍然违犯规则的行为，给予严肃的纪律处分，以儆效尤。

3. 加强职业道德修养

所谓修养，是指个人在政治、学识、道德、技艺、素养等方面自觉进行学习、磨炼、陶冶、提高的功夫，以及经过长期努力所能够达到的某种能力和素质。

① 目的和任务。通过对职业道德理论和规范的认识与体验，提高自身的职业道德素质，达到道德上的理想人格，即提高职业道德品质，提高职业道德境界。

② 内容。职业道德修养包括认识修养、情感修养、信念修养、习惯培养等多个方面。

所谓认识的修养，是指认识本职业活动的社会意义和道德价值，并认识本职业的道德关系和调节各种关系的职业道德规范。

所谓情感的修养，是指将职业道德认识同个人道德观相结合而产生的对现实职业道德关系和职业行为的爱憎、好恶。它是构成职业道德品质的主要环节。

所谓信念的修养，是指人们在一定的认识基础上，对某种思想理论、学说和理想所抱的坚定不移的观念和真诚信服、坚决执行的态度。信念是产生职业道德的内在动力，它有三个层次：全心全意为人民服务；维护人民利益；不损害人民利益。

所谓习惯的培养，是指在日常职业行为中，按照社会要求的行为习惯去规范自己的言行，使之合乎社会要求，达成保险从业人员职业道德的基本要求和特殊要求。

③ 提高修养的途径和方法。树立正确的人生观、内心自省、躬行实践，这是提高个人修养的有效途径及必要方法。

【任务实施】

① 利益诱惑是许多汽车保险从业人员守不住职业道德底线的原因。导入案例中戚某利用自己的专业知识和职业便利，先后实施两起保险欺诈案件。第一起案件中借助已发生的保险事故，伪造交通事故受害方病案，虚开伤者治疗费用发票；第二起案件中在未发生保险事故的情况下，伪造事故及一系列相关索赔材料，违反了《保险法》第116条的规定：保险公司及其工作人员在保险业务活动中不得有下列行为：（六）故意编造未曾发生的保险事故、虚构保险合同或者故意夸大已经发生的保险事故的损失程度进行虚假理赔，骗取保险金或者牟取其他不正当利益。

② 针对汽车保险从业人员的违法违规行为，根据行为的恶劣程度和职业道德惩戒机制，对其进行惩戒。导入案例中戚某骗取保险金的过程，未涉及保险公司其他人员，也未涉及保险公司包庇营私的现象，因此属于个人欺诈行为。戚某两次共骗取保险赔偿金6.1万元，构成数额巨大的保险欺诈罪，可以移送司法机关依法追究刑事责任。刑法第198条规定，进行保险诈骗活动，数额巨大或者有其他严重情节的，处五年以上十年以下有期徒刑，并处二万元以上二十万元以下罚金。

③ 保险公司应以该案例为典型事例，对相关从业人员开展保险职业道德教育。遵纪守法，依规执业，才能快乐生活。

【任务评价】

保险职业道德监督与教育认知任务评价表

序号	内容及要求	评分	评分标准	自评	组评	师评	得分
1	列举保险监管机构职业道德监督检查的内容	40	保险从业人员的种类，每列出一项得2分，以满分为限				

(续)

序号	内容及要求	评分	评分标准	自评	组评	师评	得分
2	列举保险职业道德的失德惩罚措施	20	每列出一个措施得2分，以满分为限				
3	说出职业道德教育的方法	20	每列出一个方法得5分，以满分为限				
4	列举职业道德修养的内容	20	每列出一个内容得5分				

指导教师总体评价

指导教师：

年　月　日

【知识拓展】 保险业诚信建设

相对于其他行业，保险业对诚信有更高的要求。无论是销售误导还是理赔难，核心问题都是缺乏诚信，在此背景下，构建与和谐社会相适应的保险业诚信显得极为迫切。

1. 保险业诚信缺失的现状

① 保险人及其代理机构诚信缺失。主要表现在：误导消费者，不履行如实告知义务；理赔难，不及时履行保险合同约定的义务；保险公司恶性竞争，偿付能力不足。

② 保险消费者诚信缺失。主要表现在：不履行如实告知义务，隐瞒风险信息，骗取赔偿金；投保人先出险，后投保；伪造与保险事故有关的证明、资料和其他证据，编造虚假的保险事故原因或夸大事故程度，以获得不当利益；低值物品高额投保，肇事骗赔；制造保险事故，故意造成保险财产损失或人身伤亡事故。

2. 加快发展和完善保险业诚信体系建设的措施

① 完善信息披露制度，加快保险信用信息建设。透明化使一切不诚信都暴露出来，从而降低不诚信行为。建立保险从业人员和保险消费的信用档案，建立起全方位的信用信息网络，实现保险机构、保险监管机构与社会间的信息资源的共享机制。

② 加强保险监管，健全法律完善制度，强化惩戒失信机制。建议出台机动车辆保险理赔管理指引、人身保险业务经营规则等文件，制定车险理赔服务标准和监管指标，完善治理销售误导的规章制度。

③ 建立保险公司市场退出的保障机制。建立保险公司市场退出保障基金，通过法律保障保险公司对消费者履行诚信。

④ 加强保险机构内控，发挥保险行业协会作用。认真抓好诚信教育，提高理赔质量，及时真实地提供有关人员和经营方面的信息，自觉接受社会监督。行业协会逐步建立信用信息公开查询系统，组织签订行业自律公约，并加强自律惩戒。

⑤ 培育保险诚信文化，倡导诚信观念。诚信观念的落脚点是每个保险从业人员树立规则意识，建立一种以诚信为核心的企业文化，提升凝聚力、向心力和感召力。

【项目小结】

1. 介绍了保险职业道德的定义、功能、基本要求。

2. 从车险承保服务和理赔服务两个方面，介绍了保险从业人员职业道德的特殊要求。

3. 陈述了保险职业道德监督机制的组成、监督检查内容，以及保险职业道德惩戒机制的分类和违法违规的处罚措施。

4. 在职业道德教育方面，通过不同的教育形式，遵循基本的教育原则与方法，来加强保险从业人员的职业道德修养。

【重要概念】

保险职业道德　诚实信用　服务至上　爱岗敬业　精通业务　乐于奉献　甘当公仆　团结协作　风纪严整　公平竞争　保守商业秘密　承保服务　理赔服务　监督检查　违法违规处罚　职业道德教育

【知识训练】

1. 填空题

① 保险职业道德的功能：＿＿＿＿、＿＿＿＿、＿＿＿＿。

② 保险职业道德教育的基本原则：＿＿＿＿、＿＿＿＿、＿＿＿＿、＿＿＿＿。

③ 对保险代理人的三项特殊要求：＿＿＿＿、＿＿＿＿、＿＿＿＿。

④ 保险理赔的八字方针：＿＿＿＿、＿＿＿＿、＿＿＿＿、＿＿＿＿。

2. 简答题

① 保险职业道德的定义是什么？

② 保险职业道德的基本要求是什么？

③ 保险销售人员道德的特殊要求有哪些？

④ 保险核保人员道德的特殊要求有哪些？

⑤ 保险理赔服务对从业人员道德的特殊要求是什么？

⑥ 保险职业道德监督机制的组成有什么？

⑦ 保险职业道德监督惩戒机制如何分类？

⑧ 如何加强自身的职业道德修养？

【技能训练】

1. 8月底的一个周末，彭先生和家人驾奔驰车外出旅游，莫名其妙地被一辆拉沙子的货车追了尾，彭先生的车左后部位被撞坏。警察认定追尾的货车负全部责任。经询问，肇事货车在某保险公司投保了交强险、第三者责任险，彭先生就没太着急。可没想到，9月13日他接到肇事驾驶人电话，说保险公司让他自己把修车的8万元钱垫上才能取车，开口就向彭先生借8万元钱，说去保险公司报销后再把钱还给彭先生。彭先生听了这件事情之后很吃惊，反问道："我的车被你撞坏了给我造成了损失，我不找你要钱就不错了，你怎么黑白颠倒地让受害一方垫钱？再说这修车款也应该你方保险公司出才对呀！既然车辆投了保，怎么还要我自己垫钱？"肇事的货车驾驶人满腹委屈地说："春节过后我才从湖北来京打工，全家人攒了两万多元帮我买了辆二手货车拉货，每月收入也就1000多元。因为是新手，在老乡推荐下，才花钱投了保险。这回是我第一次理赔，起初，看到自己追尾了奔驰车，心里很害怕，但想到有保险，心也就放了下来。可那天接到保险公司电话，心又慌了。业务员告诉我，车修好了，可以和您一起去取，不过我要先付8万元给修理厂，等手续办完再去保险公司报销。可我刚刚结婚，也没有赚到钱，那么多钱我垫付不起呀！无奈之下，我只得先向您借。"而彭先生更没想到的是，拒绝借钱给肇事驾驶人的后果就是不能取车。无奈之下，彭先生打电话到保险公司。负责理赔的经理说："我给你个建议，就是你派人追着这个驾驶

人,让他想办法。"这弄得彭先生一头雾水:"我开了16年车了,经历了不少理赔案件,还从来没有听说过有这样的保险公司!"

保险公司一位负责人表示,按照法律赔偿的逻辑顺序,肇事的货车驾驶人对彭先生造成的损失,应该先由肇事驾驶人赔,之后他再把给彭先生的赔款包括事故认定、修理等费用清单拿到保险公司报销。他说,从法律合同关系上,保险公司承保的是货车,而不是彭先生的奔驰车,如果彭先生要越过货车驾驶人直接向保险公司索赔,只能通过法院打官司。

事情陷入僵局,肇事方驾驶人无力垫付高昂的修车费,他投保的公司又不愿意先垫付修理费,修理厂不交费就不同意取车,摆在彭先生面前的似乎只有一条路,自己先掏钱修理被别人撞坏的车。事情真的就没有办法解决吗?

请依据《保险法》相关规定,找出解决问题的办法。

2. 孙女士在某市12月举办的一次"亲子教育会"上偶然认识了同一会场的王女士,王女士自称是某保险公司的副经理。由于两人谈得比较投机,临别时互相留了联系方式。

几天后,王女士电话告知孙女士,目前保险公司推出一项业务,购买某几种车险可以赠送一定额度的人身意外伤害保险,而且以她们的关系,保费不但可以大幅度优惠,而且所有手续都可为其代办。

于是孙女士将各项保费总计0.8万余元,全部交给了王女士代办,王女士以保险公司名义打了收条,并加盖了单位公章。但之后,她迟迟没有把保险单据送给孙女士。

次年7月,孙女士所驾车辆和其他车辆发生碰撞,她在事故中负主要责任。随后孙女士找保险公司理赔,保险公司拒绝理赔。声称孙女士没有在其公司投保,该公司也无王姓的副经理,收据印章系伪造。孙女士当即给王女士打电话,对方已关机。

① 遭遇这种以保费低廉为诱饵,借助熟人信任关系骗保的事情时,车主应该如何防范?

② 保险公司应如何加强对员工和保险代理人的监管,用更透明的途径将车险办理流程及业务操作规范告知客户,以降低客户在办理车险过程中的意外风险?

【工作页】

汽车保险从业人员职业道德工作页

教师布置日期:　　年　月　日　　　　个人完成时间:　　(分钟)

问题:	任务:
小韩是一所高职学院汽车专业的大三学生,其表哥自己开了一家汽车修理厂,为了锻炼自己的专业能力,每逢假期他就去表哥的汽车修理厂见习,自然也目睹了表哥是如何站在汽车修理厂的角度去跟保险公司打交道的。现在临近毕业了,小韩应聘去一家保险公司实习,并打算在保险公司就业。他应该注意些什么	作为一名打算进入保险公司工作的大学毕业生,应该如何提升自己的职业道德
学习要点:	

(续)

学习内容	注意事项
1. 如何培养自己的诚实信用品质	
2. 如何锻炼自己服务至上的理念	
3. 如何做到爱岗敬业	
4. 如何使自己做到尽快精通保险公司的理赔业务	
5. 作为一名年轻的大学生，怎样才能使自己做到"乐于奉献"	
6. "甘当公仆"的具体含义是什么	
7. 如何与同事"团结协作"	
8. 作为保险行业的从业人员，"风纪严整"主要应该从哪几个方面具体做好	
9. 为什么要倡导"公平竞争"	
10. 保守商业秘密的必要性是什么	

学习纪要：

参 考 文 献

[1] 赵长利,李景芝. 汽车保险与理赔[M]. 3版. 北京:国防工业出版社,2015.
[2] 李景芝,赵长利. 汽车保险理赔[M]. 3版. 北京:机械工业出版社,2015.
[3] 李景芝,赵长利. 汽车碰撞事故查勘与定损实务[M]. 北京:人民交通出版社,2009.
[4] 张晓明,欧阳鲁生. 机动车辆保险定损员培训教程[M]. 北京:首都经济贸易大学出版社,2007.
[5] 王云鹏,鹿应荣. 车辆保险与理赔[M]. 2版. 北京:机械工业出版社,2010.
[6] 王灵犀,王伟. 机动车辆保险与理赔实务[M]. 北京:人民交通出版社,2004.
[7] 王永盛. 车险理赔查勘与定损[M]. 3版. 北京:机械工业出版社,2014.
[8] 张勇,李红松,屈翔,等. 汽车保险与理赔[M]. 重庆:重庆大学出版社,2006.
[9] 池小萍. 保险学[M]. 北京:对外经济贸易大学出版社,2006.
[10] 李洁. 保险概论[M]. 北京:清华大学出版社,2005.
[11] 魏华林,林宝清. 保险学[M]. 3版. 北京:高等教育出版社,2011.
[12] 刘子操,刘波,保险概论[M]. 北京:中国金融出版社,2005.
[13] 魏巧琴. 保险公司经营管理[M]. 4版. 上海:上海财经大学出版社,2012.
[14] 温世扬. 保险法[M]. 北京:法律出版社,2003.
[15] 徐文虎,陈冬梅. 保险学[M]. 2版. 上海:上海人民出版社,2014.
[16] 曾娟. 机动车辆保险与理赔[M]. 北京:电子工业出版社,2005.
[17] 张庆洪,何清堃. 机动车辆保险[M]. 北京:机械工业出版社,2006.
[18] 祁翠琴. 汽车保险与理赔[M]. 2版. 北京:机械工业出版社,2012.
[19] 梁军. 汽车保险与理赔[M]. 北京:人民交通出版社,2005.
[20] 周延礼. 机动车辆保险理论与实务[M]. 北京:中国金融出版社,2001.
[21] 龙玉国,龙卫洋,胡波涌. 汽车保险创新和发展[M]. 上海:复旦大学出版社,2005.
[22] 柯良栋. 道路交通安全法及相关规定[M]. 北京:中国人事出版社,2003.
[23] 李建华,王立. 中华人民共和国道路交通安全法实施条例适用指南[M]. 北京:中国法制出版社,2004.
[24] 国务院法制办政法司. 中华人民共和国道路交通安全法释义[M]. 北京:人民交通出版社,2003.